BUSINESS
&
LAW

法商实务系列
企业法律顾问

劳动用工
全流程
法律风险防控指引

张　扬　莫碧琪 ◎ 著

中国法治出版社
CHINA LEGAL PUBLISHING HOUSE

序　言

在当今这个快速变化的时代，企业面临着前所未有的竞争压力与挑战。劳动法律法规的不断完善与劳动者法律意识的日益增强，对企业应对劳动用工法律风险的能力提出了更高的要求。作为律师，我们深知企业在劳动用工管理中所面临的种种困境与需求，因此撰写《劳动用工全流程法律风险防控指引》一书，旨在为企业提供全面、实用的法律指导与风险防范策略。

本书凝聚了我们多年从事劳动法律服务的实践经验和深厚理论功底。在撰写过程中，我们深入研究了国家及地方劳动法律法规，结合大量实际案例，对企业劳动用工管理中的常见法律风险进行了系统梳理和深入分析。我们希望本书能够帮助企业更好地理解和把握劳动法律法规的精神实质，提升劳动用工管理的规范性和合法性，从而有效防范和化解法律风险。

本书内容全面，结构清晰，涵盖了企业劳动用工管理的各个方面。从招聘及入职管理到劳动合同的签订与管理，从劳动关系的履行与变更到劳动关系的解除与终止，我们均进行了详细阐述和深入剖析。同时，我们还针对企业劳动用工管理中的热点、难点问题，如加班与加班费、女员工特殊保护、商业秘密保护等，提出了切实可行的法律建议和应对方案。

在撰写本书的过程中，我们始终坚持问题导向和实用原则。我们深知，企业最需要的是能够解决实际问题的法律指南，而不是空洞的理论说教。因此，我们在书中不仅提供了丰富的法律条文和案例分析，还结合企业实际情况，给出了具体的操作步骤和注意事项，力求使企业在遇到法律问题时能够迅速找到解决方案。

此外，我们还特别注重本书的时效性和针对性。随着劳动法律法规的不断更新和完善，企业劳动用工管理也面临着新的挑战和机遇。因此，我们在书中及时更新了相关法律法规和政策文件，确保企业能够及时了解和掌握最新的法律动态和政策导向。同时，我们针对不同类型的企业和行业特点，提供了差异化的法律建议和应对方案，以满足企业的个性化需求。

在此，我们要特别感谢中国法治出版社的王佩琳编辑。她一直是我们团队背后最坚实的支持者与推动者。在本书的编辑出版过程中，她凭借专业的素养、认真的态度和执着的精神，为本书的最终面世付出了大量心血。同时，我们也要感谢团队里的每一位同事，大家在工作中齐心协力、并肩作战，共同为企业提供法律服务、办理案件、汇集案例总结经验、研讨应对方案，才有了今天这本书的诞生。此外，我们还要感恩家人的无私支持，正是他们在背后的默默付出，才让我们能够心无旁骛地精进自身业务。最后，我们深感荣幸能够学习法律并从事律师实务工作，律师工作充满魅力与挑战，也带给我们无比的快乐与坚定的信念。

我们相信，本书的出版将为企业劳动用工管理提供有力的法律支持和保障。我们期待与企业携手共进，共同推动劳动关系的和谐稳定与企业的健康发展。同时，我们也欢迎广大读者对本书提出宝贵意见和建议，以便我们不断完善和改进。

张扬　莫碧琪

二〇二五年五月于广州

目　录

第一章　招聘及入职管理 …………………………………… 001

第一节　招　　聘 / 003
　一、谨防招聘信息中的用工条件变成劳动合同的承诺 / 003
　二、录用通知书的法律效力 / 006
　三、招聘员工时应避免用工歧视 / 010
　四、公司应避免招用尚未从其他用人单位离职的应聘者 / 013

第二节　入　　职 / 016
　一、入职登记表的法律效力 / 016
　二、劳动合同并非证明劳动关系确立的唯一证据 / 021
　三、公司在员工入职时应履行主动告知义务 / 025
　四、公司针对特殊岗位对女员工有告知义务 / 028
　五、入职登记表中的告知信息可以作为解雇不诚信员工的重要证据 / 032

第三节　特殊用工法律关系建立 / 037
　一、公司招用已退休返聘人员的注意事项 / 037
　二、公司招用大学生实习可以不建立劳动关系 / 040
　三、劳务派遣中用工单位退工的合规操作 / 047
　四、劳务外包中发包单位的用工风险 / 052
　五、劳务派遣转变为劳务外包需注意的问题 / 057
　六、非全日制用工关系的建立与注意事项 / 061
　七、特殊工时工作制劳动用工关系的建立与注意事项 / 067

八、公司能否通过签订合作协议的方式规避劳动关系 / 070

第二章　劳动合同的签订与管理 ……………………… 075

第一节　签订劳动合同 / 077

一、公司未及时签订书面劳动合同须支付员工二倍工资差额 / 077

二、公司应提防员工找人代签劳动合同 / 082

三、劳动合同应设置劳动者通信地址条款 / 085

四、公司应持有劳动合同的原件 / 087

第二节　试 用 期 / 089

一、公司应与试用期员工签订劳动合同并为其购买社保 / 089

二、试用期期限及试用期工资不得违反法定标准 / 094

三、公司应明确约定试用期的录用条件 / 096

第三节　劳动合同的续签 / 101

一、第一次签订的劳动合同到期后的续签问题 / 101

二、公司不得单方解雇已连续两次签订固定期限劳动合同的员工 / 105

第三章　劳动用工管理 ……………………………………… 109

第一节　公司的规章制度 / 111

一、公司规章制度需满足合法性及有效性的要求 / 111

二、公司规章制度的内容须合理并具有可操作性 / 118

三、员工严重违反公司规章制度的认定 / 121

四、职场性骚扰与企业责任 / 124

第二节　工作岗位与工作地点的调整 / 127

一、公司因生产经营需要对员工合法调岗的三原则 / 127

二、公司因客观情况发生重大变化对员工进行调岗 / 132

三、公司对不能胜任工作的员工进行调岗 / 135

四、公司通过竞聘的方式对管理层员工进行调岗 / 140

五、公司应告知员工拒绝调岗的后果 / 142

六、员工明示或默认同意调岗的法律效力 / 144

　　　　七、员工因公司搬迁而拒绝到岗的处理 / 147

　　　　八、孕期女员工工作调整的注意事项 / 150

　第三节　考勤与请假 / 153

　　　　一、考勤表需员工签名 / 153

　　　　二、采用指纹或人脸识别考勤方式需要征得员工同意 / 155

　　　　三、员工代打卡考勤的认定 / 158

　　　　四、员工使用虚拟软件作弊打卡的认定 / 161

　　　　五、公司应当建立完善的请假制度 / 164

　第四节　保密义务与竞业限制 / 166

　　　　一、员工违反保密义务的认定 / 166

　　　　二、赔偿条款是保密协议的重要条款 / 170

　　　　三、窃取商业秘密需要承担赔偿责任 / 172

　　　　四、竞业限制义务需要通过协议明确约定且仅限部分人员适用 / 174

　　　　五、公司在员工离职时应明确竞业限制是否生效 / 177

　　　　六、员工违反竞业限制义务需要承担违约责任 / 180

　第五节　劳动关系履行过程中的企业损害赔偿 / 182

　　　　一、违反《劳动合同法》规定的违约金条款无效 / 182

　　　　二、公司为员工提供专项培训后的服务期约定 / 186

　　　　三、员工行为给公司造成损害的赔偿责任认定 / 190

　第六节　股权激励 / 196

　　　　一、如何通过期股与期权激励员工 / 196

　　　　二、股权激励能否作为竞业限制的补偿 / 199

　　　　三、股权激励退出机制的设置 / 202

第四章　劳动报酬与劳动待遇 ………………………………… 205

　第一节　员工的薪酬待遇 / 207

　　　　一、劳动用工中的月平均工资制 / 207

　　　　二、工资支付发生争议由公司负举证责任 / 209

　　　　三、公司扣除员工工资需谨慎 / 213

四、公司单方降低劳动报酬员工未提异议，不应视为员工默认接受 / 215

五、公司不得单方调整"三期"女员工的薪酬待遇 / 219

六、女员工产假后返岗薪酬待遇不得变更 / 221

七、绩效奖金及年终奖的发放规则 / 223

八、离职后员工能否追索年终奖 / 225

第二节　加班与加班费 / 229

一、加班事实的举证责任及加班审批管理 / 229

二、加班费的计算基数 / 233

三、工资表中的项目明细与加班费之间的法律关系 / 236

四、加班与值班应有所区分 / 240

第三节　员工的休息休假 / 242

一、公司如何正确安排员工的年休假 / 242

二、午休时间及加班事实的认定 / 245

三、如何应对员工"泡病假"的行为 / 251

四、女员工产假到期前公司的提示告知义务及纠纷应对 / 253

第四节　社保福利待遇 / 256

一、员工自愿不买社保的法律效力 / 256

二、住房公积金缴纳的基本规则 / 259

三、女员工生育津贴的发放 / 263

四、女员工享受生育相关奖励假的规则 / 268

五、工伤的认定标准 / 270

六、员工参加公司团建活动受伤是否属于工伤 / 274

七、达到法定退休年龄员工的工伤认定规则 / 279

八、新型农村合作医疗保险支付的费用可抵扣工伤赔偿 / 285

九、公司不足额缴纳工伤保险需支付一次性伤残补助金的差额 / 287

十、职业病危害补贴的发放 / 289

十一、员工因病或非因工死亡的待遇 / 291

十二、人身损害赔偿不能免除公司的工伤保险责任 / 294

第五章　劳动关系的解除与终止 ……………………………………… 299

第一节　员工解除劳动合同 / 301

　　一、员工辞职理由是公司是否需要支付经济补偿金的重要证据 / 301

　　二、员工提出辞职后不得反悔 / 305

　　三、公司拒收员工辞职通知并不影响员工的辞职行为 / 309

　　四、员工不按照法律规定提出辞职的法律责任 / 311

　　五、员工不按规定到岗能否视为自动辞职 / 313

第二节　公司解除劳动合同 / 315

　　一、公司合法解雇员工的两大要素 / 315

　　二、使用关联公司的规章制度解雇员工是否合法 / 319

　　三、推定公司单方解雇员工的认定 / 325

　　四、公司解雇员工时应尽告知义务并通知工会 / 328

　　五、公司不得以末位淘汰制度解除与员工的劳动合同 / 332

　　六、公司不得以股权变动为由解除劳动合同 / 334

　　七、公司公开离职员工的私密个人信息属侵犯隐私权 / 338

　　八、推定协商一致解除劳动合同的认定 / 342

　　九、弄虚作假类型员工的解雇要点 / 344

　　十、消极怠工类型员工的解雇要点 / 349

　　十一、对抗管理类型员工的解雇要点 / 354

　　十二、违法及违反公序良俗类型员工的解雇要点 / 360

　　十三、解雇严重违纪员工的期限 / 364

第三节　劳动关系的终止 / 368

　　一、公司结业时与员工终止劳动关系的合规操作 / 368

　　二、公司应与离职员工结清工资等费用 / 372

　　三、公司需要支付代通知金的情形 / 374

　　四、劳动合同期满后员工仍在岗工作的法律风险 / 376

　　五、"长期两不找"的劳动关系认定 / 377

　　六、已达退休年龄或已享受基本养老保险的员工与公司的
　　　　关系认定 / 380

七、女员工退休年龄的认定 / 382

八、女员工"三期"内劳动合同到期的处理 / 388

第六章 处理劳动纠纷的法律程序 ……………………… 393

第一节 工伤认定程序 / 395

一、工伤认定申请期限 / 395

二、不服工伤认定结论的流程 / 396

三、工伤保险待遇的计算标准 / 399

第二节 劳动仲裁程序 / 405

一、劳动仲裁申请时效 / 405

二、劳动仲裁管辖权的确定 / 407

三、申请人撤回劳动仲裁申请的后果 / 408

四、劳动仲裁先行裁决的适用 / 409

五、劳动仲裁终局裁决的确定 / 410

第三节 诉讼程序 / 412

一、提起诉讼的时效 / 412

二、诉讼管辖权的确定与争夺 / 414

三、诉讼请求超出仲裁请求范围的处理 / 415

第一章

招聘及入职管理

第一节 招　聘

一、谨防招聘信息中的用工条件变成劳动合同的承诺

风险提示

劳动合同属于合同的一种，在具体操作上也需要适用合同法中规定的一般原则。根据《中华人民共和国民法典》（以下简称《民法典》）的规定，当事人之间订立合同，可以采取两种方式，一种是"要约—承诺"的方式，另一种是"要约邀请—要约—承诺"的方式。一方发出要约，另一方作出承诺，合同即成立；一方发出要约邀请，另一方接受邀请发出要约，之前发出要约邀请的一方作出承诺，合同也成立。

所谓的要约，是指邀请对方发出承诺的行为，根据《民法典》第四百七十二条的规定，认定为要约需要具备以下两个条件：（1）内容具体确定；（2）表明经受要约人承诺，要约人即受该意思表示约束。要约邀请，则是向不特定的公众发出邀请信息，希望不特定的公众发出要约、自己再作出承诺的行为。一般情况下，寄送的价目表、拍卖公告、招标公告、招股说明书、商业广告等都属于要约邀请，符合上述要约条件的则除外。

例如，餐厅的餐单，法律会将其认定为要约邀请，餐单上的菜品及价格是餐厅用来邀请顾客点餐的，顾客根据餐单进行点餐的行为属于要约，服务生写单确认下单则属于承诺，如此合同成立。所以，若顾客根据餐单点餐而服务生说这个菜已经卖完了，顾客是不能起诉餐厅承担违约责任的，因为这个时候合同还没有成立。又如，一位作家出版了一本小说，原价50元，但因为销量不好，有一天这位作家对外叫卖："本书五折大甩卖！25块一本！"这位作家的叫卖行为属于要约，当有人回应："我要买10本！"则该回应行为属于承诺，这位作家必须要按照一本书25块钱的价格卖10本给这个作出承诺的人。

当事人一方一旦对"要约"作出"承诺"，双方的合同即成立。不按照

合同约定履行的一方就需要承担违约责任。

当一家公司对外发布招聘信息时，就是向社会上符合条件的应聘者发布信息，并希望得到回应，然后，公司根据应聘的人进行选择并决定录用。因此招聘信息是要约邀请，应聘者应聘是要约，公司的录用行为是承诺。在这个过程之后，公司会与员工签订劳动合同，通过劳动合同明确约定公司与员工之间的权利与义务。当劳动合同中所约定的内容跟招聘广告上的内容有冲突时（如招聘信息中约定入职后月工资为5000元，但签订劳动合同的时候约定入职后月工资为4000元），如果员工在劳动合同上签了字，则视为劳动关系双方就之前招聘和应聘时所确定的内容进行了变更，最终要以劳动合同约定的为准。若公司在录用员工后没有跟员工签订劳动合同，公司就要对招聘信息中所确认的内容兑现承诺，如果公司不兑现承诺，就会被认定为违约。

以案说法

如果没有新的约定，公司须按照招聘信息的待遇条件履行承诺[①]

某信息技术公司对外发布了一则招聘信息，招聘信息中的主要内容有：公司招聘程序员一名，要求本科学历，月薪为5000元，工作地点为广州市某区。陈某参加公司应聘后，公司觉得陈某合适，便与陈某签订了劳动合同。在劳动合同中，双方并没有对陈某的月基本工资进行约定。实际上，劳动合同签订后，公司每月发给陈某的月工资为4300元，并没有按照之前招聘信息中所说的月薪5000元的标准发放。陈某向公司提出，当初的招聘信息中说明月薪为5000元，希望公司填补每月700元的差额。而公司认为陈某应聘的是程序员的岗位，每个月都要加班，算上加班费，陈某的月工资并不低于5000元。

【律师评析】

案例中，信息技术公司在对外发布招聘信息的时候明确了招募的员工月薪为5000元，按照普通人的理解，应是指基本工作时间的工资，并不包括

---

① 本书案例除标注来源之外，皆为作者在某些真实案例的基础上，为说明法律问题，编辑、加工而成。

加班费，因为加班费是根据加班的实际情况进行支付的。

如上文阐述，招聘信息是要约邀请，陈某根据要约邀请向公司作出了属于要约性质的应聘行为，公司的录用行为则属于承诺。如果公司与陈某没有对月工资进行重新约定，公司需要按照招聘信息中提出的条件，按照基本工资 5000 元的标准向陈某支付工资。

应对方案

1. 招聘信息是要约邀请，应聘者是根据招聘信息中的内容应聘的。如果日后公司无法作出与招聘信息中相同的承诺，则容易引发不必要的纠纷。所以招聘信息只需要写明招聘的岗位以及简单的要求即可，如公司招聘平面广告设计员，招聘信息可说明要求应聘者熟练掌握 Photoshop、CorelDRAW、Adobe Illustrator 等软件，待遇面议。工作地点、工作时间和工资等与签订劳动合同紧密相关的内容尽量不要写在招聘信息中，可以在应聘者前来应聘后双方另行协商，并将协商后的事项写入劳动合同中。

2. 劳动合同是劳动关系双方协商一致后的结果，双方最终应按照劳动合同中所约定的内容履行劳动关系。公司一方如果对员工不能按照招聘信息中的内容作出承诺，应在劳动合同中明确具体的信息，避免员工日后以公司承诺和实际履行不一致为理由对公司提起诉讼。

法律依据

《中华人民共和国民法典》

第四百七十一条 当事人订立合同，可以采取要约、承诺方式或者其他方式。

第四百七十二条 要约是希望与他人订立合同的意思表示，该意思表示应当符合下列条件：

（一）内容具体确定；

（二）表明经受要约人承诺，要约人即受该意思表示约束。

第四百七十三条 要约邀请是希望他人向自己发出要约的表示。拍卖公告、招标公告、招股说明书、债券募集办法、基金招募说明书、商业广告和宣传、寄送的价目表等为要约邀请。

商业广告和宣传的内容符合要约条件的，构成要约。

第四百七十九条 承诺是受要约人同意要约的意思表示。

第四百八十三条 承诺生效时合同成立，但是法律另有规定或者当事人另有约定的除外。

二、录用通知书的法律效力

风险提示

一些公司在招聘中确定了应聘者后，会向应聘者发出录用通知书，以告知应聘者已经被公司录用，并希望应聘者与公司签订建立劳动关系的文件。笔者在前文对招聘过程中的要约和承诺问题作了说明，而公司在招聘过程中发出录用通知书的行为，其实是向应聘者又发出了一个要约，希望应聘者前来"承诺"。录用通知书的英文为"offer"，与法律上"要约"的英文是相同的。

根据《民法典》第四百七十六条的规定，若受要约人有理由相信要约是不可撤销的，并且已经为履行合同做好合理准备工作，则要约在送达受要约人之后，是不可以撤销的。另外，一些录用通知书会给予员工一个报到的时间，报到时间其实可以视作要约的期限，在录用通知书送达员工后，公司不可以在录用通知书上要求报到的期限内单方撤销。因此笔者认为，录用通知书在一定程度上是不可撤销的要约。

收到录用通知书后，是否签约的主动权就在应聘者的身上。如果公司在发出录用通知书后觉得不妥想要反悔，只能在应聘者没有签收录用通知书之前撤回。应聘者收到录用通知书后公司却单方面撤销的，法律会认为公司的行为违反了诚实信用原则，公司要承担"缔约过失责任"，应聘者因此而产生的损失，由公司负责赔偿。

以案说法

1. 公司发放录用通知书后反悔不录用，需赔偿应聘者的损失

健某生物医药公司于2016年3月招聘研发人员，公司向社会发布招聘信息后引来了数十人投简历应聘。公司经过多轮面试,最终决定录用某大学毕业的吴某。

公司的研发岗位重要,且公司看重吴某的才学,于是公司在 2016 年 3 月 30 日用快递的方式向吴某寄送了录用通知书,录用通知书称公司经过慎重考虑决定录用吴某担任研发人员,并欢迎吴某前来公司办理入职手续,吴某须在 2016 年 4 月 15 日前携带身份资料等文件前来报到。快递信息显示次日吴某本人签收了文件。

2016 年 4 月 10 日,公司行政人事部门工作人员发现了一份陈某投递来的简历,查看简历后邀陈某面试。工作人员与陈某见面后,认为陈某更加适合公司研发岗位,但公司预算有限,于是想撤销对吴某的录用。2016 年 4 月 11 日,公司向吴某发出撤销录用通知书。

吴某收到撤销录用通知书后联系公司,称自己在收到录用通知书后与原任职公司办理了离职手续,如果公司决定不录用他,则属于违约行为,要求公司对他进行赔偿。而公司认为自己都没有跟吴某签订劳动合同,现在撤回录用通知书是没有过错的。

【律师评析】

健某生物医药公司在决定录用吴某的情况下向吴某发出了录用通知书,在通知书中明确要求吴某在 4 月 15 日之前来公司报到,并且吴某签收了该通知书。因此,在 4 月 15 日之前,公司是不能单方面撤销这份录用通知书的。公司向应聘者发出录用通知书,应聘者在看到录用通知书后完全有理由相信公司已经决定录用自己,并且要为入职做准备(如租房、向原工作单位辞职等),而一旦公司单方面撤销录用通知书,势必会给应聘者造成损失。

根据《民法典》第五百条第三项的规定,当事人在订立合同过程中有违背诚实信用原则的行为,给对方造成损失的,应当承担赔偿责任。本案中,吴某在收到录用通知书后向原公司辞职,如今健某生物医药公司却反悔不录用吴某,吴某可以要求健某生物医药公司赔偿自己因为辞职而产生的工资损失。因为法律没有对赔偿损失的数额作明确规定,具体该赔多少钱,由法官就个案考虑实际情况来作出裁判。

2. 公司应当在录用通知书上载明员工入职报到的时间

恒某电子公司因为业务发展需要再招聘一名程序员。公司通过面试后，决定录用吴某，于是在 2015 年 10 月 20 日以快递的方式向吴某发出了录用通知书。通知书上称公司决定录用吴某并希望吴某尽快到公司办理入职手续。快递信息显示吴某在 10 月 25 日签收了文件。

公司发出录用通知书后一直没有得到吴某的答复，打电话给吴某也没有人接。因为人手不足急需要程序员入职，公司于是在 11 月 10 日再次通过对外招聘录用了王某。12 月 15 日，吴某带资料前来公司报到入职，公司说："找你这么久都没有回应，打你电话也打不通，公司已经找其他人入职了。"吴某不服，说自己这段时间出国旅游，且录用通知书上也没有说明报到时间限制，因此要求公司给予他程序员的岗位。

【律师评析】

公司在向吴某发出的录用通知书中，并没有明确要求吴某前来公司报到的时间，夸张点说，吴某持有这份录用通知书，可以想什么时候报到就什么时候来报到。

本案中，公司称因为缺人而吴某迟迟不来报到、电话也打不通，无奈再另外请人，难道在这种情况下公司还要留个位置给吴某以便他随时来？公司的观点看似有道理，但实际上公司会吃亏主要是因为没有做好事先防范，没有在录用通知书中写明细节，反而使得该通知书给公司造成不利影响。

应对方案

1. 如非重要的工作岗位，建议公司不要随意发录用通知书，因为在一般情况下，录用通知书一经发出并由对方签收后，公司是不能单方撤销的。但是如果公司在录用通知书中设定了失效条件，则在出现失效条件的时候录用通知书失效。这样可以避免录用通知书发出去之后对方拖延时间迟迟不来报到，同时，当入职员工存在欺诈、提供资料不齐等情况时，保证公司有不予录用的权利。

公司给应聘者发出的录用通知书里，应该设定一些生效的条件，这样可以避免公司发出录用通知书后将所有的主动权都交给应聘者而导致公司遭受损失。例如，公司可以在录用通知书上写明"员工收到录用通知书之日起××日内应回复"，或设定具体的录用通知书失效条件，如应聘者"体检不合格""迟延回复""入职资料不齐全"的，公司有权单方面决定不予录用。

录用通知书是公司额外给自己增加的义务，这么做无疑会增加引发纠纷的风险，所以笔者建议如非重要的工作岗位，公司一般情况下不要随意发录用通知书。对于一般岗位，公司只需要口头通知录用并向应聘者告知报到时间即可。

2. 要约在送达受要约人之前可以撤回，受要约人收到要约后，发出要约一方是不可以单方面撤销的。录用通知书是要约的性质，如果公司寄出录用通知书后由应聘者签收了，公司就不可以单方面提出反悔，否则应聘者可以凭借快递签收凭证来主张公司存在缔约过失责任并要求公司赔偿。相反，公司也可以通过快递签收凭证来证明快递尚未送达应聘者，以此来主张自己单方面撤销录用通知书的合法性。

至于目前社会上普遍存在的快递由他人代签收的问题，有的公司会有疑问：他人代签收录用通知书是否属于应聘人自己签收？这种情况下录用通知书能撤销吗？笔者认为这个问题目前虽然存在争议，但是在法庭上若应聘者持有公司发出的录用通知书原件，法官一般情况下还是会认定自签收之日起公司原则上不得单方撤销录用通知书（除非如前文所述录用通知书上设定了期限或通知书失效的条件）。

法律依据

《中华人民共和国民法典》

第一百四十一条 行为人可以撤回意思表示。撤回意思表示的通知应当在意思表示到达相对人前或者与意思表示同时到达相对人。

第四百七十五条 要约可以撤回。要约的撤回适用本法第一百四十一条的规定。

第四百七十六条 要约可以撤销，但是有下列情形之一的除外：

（一）要约人以确定承诺期限或者其他形式明示要约不可撤销；

（二）受要约人有理由认为要约是不可撤销的，并已经为履行合同做了合理准备工作。

第五百条 当事人在订立合同过程中有下列情形之一，造成对方损失的，应当承担赔偿责任：

（一）假借订立合同，恶意进行磋商；

（二）故意隐瞒与订立合同有关的重要事实或者提供虚假情况；

（三）有其他违背诚信原则的行为。

三、招聘员工时应避免用工歧视

> 风险提示

公司招聘新员工，肯定希望能招到最适合公司的人，也当然会在招聘前设定录用标准。一些公司在招聘信息中会写明应聘条件，如"未婚者优先""211大学毕业者优先""气质好、样貌佳者优先""不招女性只招男性"等。

《中华人民共和国就业促进法》（以下简称《就业促进法》）第三条规定："劳动者依法享有平等就业和自主择业的权利。劳动者就业，不因民族、种族、性别、宗教信仰等不同而受歧视。"如果公司在招聘人员的过程中有歧视性的限制条件而导致应聘者不服提起诉讼，那么公司可能会面临承担赔偿责任的风险。对于一些特殊的工作岗位，如食品或医疗等行业的一些岗位，法律允许公司招聘的时候不录用患有乙肝的人（对于患乙肝的员工，公司也可以进行调岗）。而对于非特殊工种，公司不能设定招聘录用门槛。

> 以案说法

公司以性别不符为由拒绝应聘者，侵犯了应聘者平等就业的权利[1]

2014年6月，正在找工作的郭某在第三方招聘网站上看到某烹饪公司要招两名文案的招聘信息，郭某认为自己的各项条件均符合烹饪公司的需求，

---

[1] 杭州市中级人民法院（2015）浙杭民终字第101号判决书。本书参考的裁判文书，除另有说明外，均来源于中国裁判文书网，https://wenshu.court.gov.cn/，最后访问时间：2025年5月21日。判词摘录时根据行文需要对裁判文书原文有微调。

于是就在网上投递了简历。郭某确认烹饪公司收到了简历，却一直没有等来公司的回复，于是打电话询问自己的应聘情况。烹饪公司工作人员答复，文案工作因为要经常出差，所以只招男不招女。郭某不服，她认为自己完全可以胜任该工作，于是到招聘现场又应聘了一次，但得到的还是同样的答复。郭某觉得自己身心受到了伤害，以后找工作的信心也受到了打击，于是向法院起诉，要求烹饪公司向她书面道歉，并支付精神损害抚慰金 50000 元。

烹饪公司收到法院传票后觉得自己十分冤枉，认为招聘的岗位具有特殊性，除了早晚常态加班外，还须经常陪同校长去外地出差、应酬，出差周期长、应酬次数多，所以请女性做这份工作会很不方便。烹饪公司认为自己设定限制性条件不仅不是歧视女性，反而是充分尊重和照顾女性。

【判词摘录】

◆ 我国宪法明确规定：妇女在政治的、经济的、文化的、社会的和家庭生活等各方面享有同男子平等的权利。用人单位在发布招聘启事和进行岗位说明时应尽可能地充分详尽，方便应聘者对竞聘岗位了解和选择，但用人单位不能以性别差异等理由限制妇女平等就业和自主择业的权利。

◆ 本案中烹饪公司直接以郭某为女性、其需招录男性为由拒绝郭某应聘，一审法院认定其行为侵犯了郭某平等就业的权利正确。

◆ 一审综合侵权人的过错程度等因素，判令烹饪公司赔偿郭某精神损害抚慰金 2000 元并无不当。

◆ 郭某主张烹饪公司赔偿精神损害抚慰金 50000 元，并对其进行赔礼道歉，法院不予支持。

应对方案

公司应当审查自己的招聘信息、岗位录用条件信息等是否存在歧视性条款，除非是法律允许的特殊行业的具体岗位，否则一般情况下在招聘信息或岗位录用条件信息中设定限制条件都是违法的，侵害了员工的平等就业权。公司在招聘信息中对性别、学历、血型、星座、属相等方面作出限定性条件的，均属于歧视性条款。

有人会问，公司在招聘时是否可以设定"有同行业××年工作经验的优先考虑"的条件？笔者认为这样的限定并不涉及歧视，而是公司择优录用人才的正常做法。

其实招聘信息或岗位录用信息不需要穷尽公司的要求，发布信息的目的无非是招揽人才，公司在日后面试应聘者的过程中具体做出筛选即可。

法律依据

《中华人民共和国就业促进法》

第三条 劳动者依法享有平等就业和自主择业的权利。

劳动者就业，不因民族、种族、性别、宗教信仰等不同而受歧视。

第二十六条 用人单位招用人员、职业中介机构从事职业中介活动，应当向劳动者提供平等的就业机会和公平的就业条件，不得实施就业歧视。

第二十七条 国家保障妇女享有与男子平等的劳动权利。

用人单位招用人员，除国家规定的不适合妇女的工种或者岗位外，不得以性别为由拒绝录用妇女或者提高对妇女的录用标准。

用人单位录用女职工，不得在劳动合同中规定限制女职工结婚、生育的内容。

第二十八条 各民族劳动者享有平等的劳动权利。

用人单位招用人员，应当依法对少数民族劳动者给予适当照顾。

第二十九条 国家保障残疾人的劳动权利。

各级人民政府应当对残疾人就业统筹规划，为残疾人创造就业条件。

用人单位招用人员，不得歧视残疾人。

第三十条 用人单位招用人员，不得以是传染病病原携带者为由拒绝录用。但是，经医学鉴定传染病病原携带者在治愈前或者排除传染嫌疑前，不得从事法律、行政法规和国务院卫生行政部门规定禁止从事的易使传染病扩散的工作。

第三十一条 农村劳动者进城就业享有与城镇劳动者平等的劳动权利，不得对农村劳动者进城就业设置歧视性限制。

《人力资源和社会保障部、教育部、卫生部关于进一步规范入学和就业体检项目维护乙肝表面抗原携带者入学和就业权利的通知》

……除卫生部核准并予以公布的特殊职业外，健康体检非因受检者要求不得检测乙肝项目，用人单位不得以劳动者携带乙肝表面抗原为由予以拒绝招（聘）用或辞退、解聘。……

《人力资源社会保障部、教育部等九部门关于进一步规范招聘行为促进妇女就业的通知》

二、依法禁止招聘环节中的就业性别歧视。各类用人单位、人力资源服务机构在拟定招聘计划、发布招聘信息、招用人员过程中，不得限定性别（国家规定的女职工禁忌劳动范围等情况除外）或性别优先，不得以性别为由限制妇女求职就业、拒绝录用妇女，不得询问妇女婚育情况，不得将妊娠测试作为入职体检项目，不得将限制生育作为录用条件，不得差别化地提高对妇女的录用标准。国有企事业单位、公共就业人才服务机构及各部门所属人力资源服务机构要带头遵法守法，坚决禁止就业性别歧视行为。

四、公司应避免招用尚未从其他用人单位离职的应聘者

风险提示

《中华人民共和国劳动合同法》（以下简称《劳动合同法》）第九十一条规定，用人单位招用与其他用人单位尚未解除或者终止劳动合同的劳动者，给其他用人单位造成损失的，应当承担连带赔偿责任。

根据该法条的规定，公司在招聘员工的时候，要事先审查该名员工是否已经与上一家公司终止了劳动关系。如果公司招用了与上一家公司还存在劳动关系的劳动者，那么公司将有可能面临被索赔的法律风险。

员工入职后公司需要为其购买社保。如果公司在为刚入职员工购买社保的时候发现该名员工因为尚与其他公司存在劳动关系而无法参保的情况，应当立即与该名员工断绝一切用工关系。

> 以案说法

公司招用未从其他公司离职的员工，可能需要与该员工一并对其他公司的损失承担赔偿责任

A 软件公司于 2016 年 3 月底在一场招聘会上面试了前来应聘的谭某，公司发现谭某有多年的软件研发工作经验，于是录用了他。

谭某入职不久的 2016 年 4 月初，A 软件公司收到了 B 软件公司发来的律师函，B 公司称谭某一直以来都在 B 公司工作，因为双方对软件著作权归属存在争议，遂产生纠纷，谭某目前尚未从 B 公司离职，双方依然存在劳动关系。B 公司认为 A 公司招用谭某涉及技术资料外泄问题，B 公司遭受了经济损失，要求 A 公司停止聘用谭某，并与谭某一起承担赔偿责任。

【律师评析】

因为谭某尚未从 B 公司处离职，所以他与 B 公司还存在劳动关系。A 公司在招用谭某的时候没有做好调查，没有了解清楚谭某应聘的时候有没有从上一家公司离职，所以 A 公司有一定的责任。根据《劳动合同法》第九十一条的规定，A 公司招用了尚未与 B 公司解除劳动合同的谭某，如果 B 公司因此发生经济损失，A 公司要与谭某一起承担赔偿责任。

> 应对方案

1. 为了防止招用尚未从上一家公司离职的员工，公司应当要求应聘者提供上一家公司加盖公章的《离职证明》。

2. 如果应聘者无法提供《离职证明》，而公司又希望招用该应聘者，公司可以要求其提供上一家公司的信息并派人主动联系上一家公司，对应聘者进行背景调查，收集应聘者已离职的证据。如果应聘者既没有提供《离职证明》，又不愿意向公司提供上一家公司的联系方式，则公司在招用该名应聘者时要慎重。

3. 公司可以要求员工在入职时作出声明，明确自己与其他公司不存在劳动关系。员工作虚假证明的，若公司日后遭遇索赔，可以向该名员工追偿损失。公司可以在《劳动合同》中专门设定相应条款并由员工签名确认，如

"本人在签订本劳动合同时确认与其他公司不存在尚未完结的劳动关系"。

法律依据

《中华人民共和国劳动合同法》

第九十一条 用人单位招用与其他用人单位尚未解除或者终止劳动合同的劳动者，给其他用人单位造成损失的，应当承担连带赔偿责任。

《违反〈劳动法〉有关劳动合同规定的赔偿办法》

第六条 用人单位招用尚未解除劳动合同的劳动者，对原用人单位成经济损失的，除该劳动者承担直接赔偿责任外，该用人单位应当承担连带赔偿责任。其连带赔偿的份额应不低于对原用人单位造成经济损失总额的百分之七十。向原用人单位赔偿下列损失：

（一）对生产、经营和工作造成的直接经济损失；

（二）因获取商业秘密给原用人单位造成的经济损失。

赔偿本条第（二）项规定的损失，按《反不正当竞争法》第二十条的规定执行。

《中华人民共和国反不正当竞争法》

第二十二条 经营者违反本法规定，给他人造成损害的，应当依法承担民事责任。

经营者的合法权益受到不正当竞争行为损害的，可以向人民法院提起诉讼。

因不正当竞争行为受到损害的经营者的赔偿数额，按照其因被侵权所受到的实际损失或者侵权人因侵权所获得的利益确定。经营者故意实施侵犯商业秘密行为，情节严重的，可以在按照上述方法确定数额的一倍以上五倍以下确定赔偿数额。赔偿数额还应当包括经营者为制止侵权行为所支付的合理开支。

经营者违反本法第七条、第十条规定，权利人因被侵权所受到的实际损失、侵权人因侵权所获得的利益难以确定的，由人民法院根据侵权行为的情节判决给予权利人五百万元以下的赔偿。

第二节 入　职

一、入职登记表的法律效力

风险提示

一些公司长期以来对人事管理不够重视，在新员工入职时并未与之签订书面劳动合同，仅让员工填写入职登记表、入职申请表等便草草了事。因为大多数公司让员工签订的入职登记表并不能完全涵盖劳动合同的所有必备条款，所以一般情况下法院不会将入职登记表认定为劳动合同。如果员工以没有与公司签订书面劳动合同为由要求公司支付二倍工资，公司即使存有员工填写的入职登记表，也不能免除未与员工签订书面劳动合同的法律责任。

如果员工填写的入职登记表或入职文件中的内容涵盖了劳动合同中的必备条款，那么在这种情况下，法院则会认为员工入职时签署的文件具备劳动合同的要件，虽然文件名称不是劳动合同，但也可以认定这份文件属于书面劳动合同。

以案说法

1. 入职登记表不能等同于书面的劳动合同

李某于2014年9月23日入职某信息咨询公司。入职时，某信息咨询公司并未与李某签订书面劳动合同，仅让他填写了入职登记表。入职登记表中对李某的工作部门、职位、劳动报酬等作出约定。李某填写完毕后，该表由公司单方面予以保管。

2015年2月28日李某离职，之后便以公司未与其签订书面劳动合同为由诉至法院，要求公司支付因未签订书面劳动合同的二倍工资差额。某信息咨询公司则认为入职登记表中已对劳动合同要求的各项条款作出约定，应视为双方签订的劳动合同。

【律师评析】

本案中，入职登记表虽然已经对劳动者的工作部门、职位、劳动报酬作出约定，但是劳动合同的必备条款还有合同期限、工作时间和休息休假、社会保险、劳动保护、劳动条件和职业危害防护等内容，本案的入职登记表缺少部分劳动合同的必备条款，因此该入职登记表不能等同于书面的劳动合同，某信息咨询公司的主张不能得到法院的支持。

2. 入职登记流程文件未包含劳动合同的必备条款，不能视为签订书面劳动合同

2013 年 2 月，甘某通过应聘进入珍某建设实业公司工作，担任安装预算员一职。甘某入职时填写了一份用于入职登记的《招工简历表》，表中甘某写明了自己的姓名、年龄、性别、学历以及家庭情况，表的末尾由公司填写，明确了甘某的入职日期、到职薪金，以及部门和领导确认录用的签名。

甘某入职一个月，多次要求公司与其签订劳动合同，但公司均不予理会。之后，甘某根据公司要求填写了《试用期考核表（一）》和《试用期考核表（二）》，对自己的工作能力进行自我评价，但公司随后在 5 月向他发出延长试用期通知。甘某不服，向公司提出了辞职，并且起诉要求公司支付未签订劳动合同的二倍工资差额。

公司应诉认为，《招工简历表》等文件均可以认定为劳动合同，这些文件已经具备了劳动合同的主要条款，公司不需要向甘某支付二倍工资差额。

【律师评析】

珍某建设实业公司要求员工入职时填写的《招工简历表》《试用期考核表（一）》《试用期考核表（二）》《延长试用期通知》，是珍某建设实业公司招用和考核员工的内部流程，其没有劳动合同应有的必备条款，更不具劳动合同特性，因此不能替代劳动合同。

珍某建设实业公司并未与甘某签订书面劳动合同，甘某要求珍某建设实业公司向其支付未签订劳动合同二倍工资差额有事实和法律依据。

3. 如果入职登记表包含劳动合同的必备条款，可视为书面劳动合同[①]

张某于 2016 年 5 月 3 日入职利某家具公司。张某在入职前填写了《员工入职登记表》，表中记载了张某的个人身份信息以及入职后的相关工作承

---

① 成都市中级人民法院（2017）川 01 民终 11930 号民事判决书。

诺。除了《员工入职登记表》，公司还要求张某签署了《利某定制家具入厂须知》，该须知第二条载明："我公司先将张某录为（技术工/学徒工/实习工），试用期为1个月，试用合格转为合同工签订《劳动合同》，否则延长试用期至2个月，工资按85%发放。试用期间10天内自己要求离职的员工，视为自动放弃试工报酬，公司将不支付工资。（试用期/学习期）工资为10000元/月，从2016年5月7日至2017年5月7日止。注：学徒工入职签订《劳动合同》，合同期间提出离职的扣除该员工学习期间所有培训费、生活费、住宿费等，按违反《劳动合同》办理。"

在劳动关系的履行过程中，张某与公司产生纠纷，张某向法院提出公司未与其签订书面劳动合同，要求公司支付二倍工资差额。

【判词摘录】

◆ 双方未签订劳动合同是事实，对于利某家具公司与张某所签《员工入职登记表》及《利某定制家具入厂须知》是否可以视为双方已签订劳动合同的问题，经审查，张某填写的《员工入职登记表》中载明了张某的身份信息、岗位职务、劳动报酬。

◆ 张某与利某家具公司所签《利某定制家居入厂须知》中亦载明了张某的劳动报酬、合同期限（自2016年5月7日起至2017年5月7日止）、须遵守的规章制度。

◆ 张某入职后，利某家具公司与张某也是按照上述内容实际履行。由于本案中张某与利某家具公司所签《员工入职登记表》《利某定制家具入厂须知》中已包含了工作内容、劳动合同期限、劳动报酬等主要内容，双方并按上述内容实际履行，应当视为利某家具公司与张某签订了书面劳动合同。

应对方案

1. 书面的劳动合同无疑是证明签订劳动合同最为直接、有效的证据，在此不再赘述劳动合同的必备条款、法定要件。需要提醒公司注意的是，与员工签订劳动合同应当根据实际情况调整劳动合同内容，不能想当然地直接套用劳动行政管理部门提供的版本，或者采用"拿来主义"到网上下载他人的版本后一字不改地使用，针对不同的员工尤其是销售人员应注意其特殊性，在劳动合同中作出不同的约定。另外，约定劳动报酬、工作地点等条款时也要注意符合公司的实际情况，这样签订的劳动合同才能最大限度地保障公司的权益。签订劳动合同不需要使用固定的模板，公司可根据实际情况进行调整，只要注意具备劳动合同法定必备的条款即可，因此公司应当好好设计劳动合同，以便更好地保护自身的合法权益。

2. 入职登记表并非必然地不能作为已签订书面劳动合同的证据，入职登记表能否视为劳动合同的关键在于它是否满足劳动合同法定的必备条款。此外，入职登记表的签订也要体现公司与员工双方合意，最直观的表现就是入职登记表有双方的盖章、签名，并且各持一份。最后需要说明的是，入职登记表能否作为有效证据，不在于其形式是表格还是其他，而在于其条款、内容均符合劳动合同的法定要件，只要满足以上条件，入职登记表作为认定已签订劳动合同的合法证据并无不妥。

法律依据

《中华人民共和国劳动合同法》

第十七条 劳动合同应当具备以下条款：

（一）用人单位的名称、住所和法定代表人或者主要负责人；

（二）劳动者的姓名、住址和居民身份证或者其他有效身份证件号码；

（三）劳动合同期限；

（四）工作内容和工作地点；

（五）工作时间和休息休假；

（六）劳动报酬；

（七）社会保险；

（八）劳动保护、劳动条件和职业危害防护；

（九）法律、法规规定应当纳入劳动合同的其他事项。

劳动合同除前款规定的必备条款外，用人单位与劳动者可以约定试用期、培训、保守秘密、补充保险和福利待遇等其他事项。

《广东省高级人民法院、广东省劳动人事争议仲裁委员会关于劳动人事争议仲裁与诉讼衔接若干意见》

八、劳动者与用人单位虽未签订名称为劳动合同的书面协议，但双方签订的包含工资、岗位、工作时间、劳动期限等内容的书面协议，具备劳动合同本质特征的，应当认定双方已经订立书面劳动合同。

《上海市劳动合同条例》

第十条 劳动合同应当具备以下条款：

（一）劳动合同期限；

（二）工作内容；

（三）劳动保护和劳动条件；

（四）劳动报酬；

（五）劳动纪律；

（六）劳动合同终止的条件；

（七）违反劳动合同的责任。

劳动合同除前款规定的必备条款外，当事人可以协商约定其他内容。

《上海市劳动和社会保障局关于实施〈上海市劳动合同条例〉若干问题的通知》

二、关于劳动合同的订立

3. 劳动合同必备条款不全，但不影响主要权利义务履行的，劳动合同成立。

《北京市劳动合同规定》

第十二条 劳动合同应当载明用人单位的名称、地址和劳动者的姓名、性别、年龄等基本情况，并具备以下条款：

（一）劳动合同期限；

（二）工作内容；

（三）劳动保护和劳动条件；

（四）劳动报酬；

（五）社会保险；

（六）劳动纪律；

（七）劳动合同的终止条件；

（八）违反劳动合同的责任。

《浙江省高级人民法院民事审判第一庭、浙江省劳动人事争议仲裁院关于审理劳动争议案件若干问题的解答（四）》

一、劳动合同缺少《劳动合同法》第十七条第一款规定的劳动合同期限、工作内容、劳动报酬、劳动保护、劳动条件等部分内容的，该劳动合同是否成立，用人单位要否支付未签订书面劳动合同的二倍工资？

答：劳动合同能够确定合同双方当事人主体身份且能够认定该合同系双方的真实意思表示，一般可认定合同成立。对合同欠缺的劳动合同期限、工作内容、劳动报酬、劳动保护、劳动条件等部分内容，可依照《劳动合同法》第十八条及相关规定确定。劳动者主张二倍工资的，不予支持。

二、劳动合同并非证明劳动关系确立的唯一证据

风险提示

公司与员工之间没有签订书面的劳动合同，或者公司虽然与员工签了劳动合同但却都扣着不给员工一份，这是目前很多公司的陋习。这些公司往往会认为，如果员工手上没有劳动合同，公司日后想解雇员工时，员工无法证明自己与公司有劳动关系，公司就可以侥幸逃避法律责任。书面的劳动合同毋庸置疑是公司与员工之间存在劳动关系最直接有效的凭证，却并不是唯一凭证。根据《劳动合同法》第七条的规定，双方的劳动关系从用人单位用工之日起即已建立。2014年上海市第二中级人民法院审理了一起案件，案中劳动关系双方没有签订书面劳动合同，庭审中公司方否认与员工之间存在劳动关系，最终法院以一套工作服和两条与公司的手机通话记录作为证明公司与员工之间已建立劳动关系的证据。[①]

在劳动纠纷案件中，员工无法向法院提供书面劳动合同的，并不会必然地产生员工败诉的后果，员工可以通过除劳动合同外的其他证据来证明自己和公司之间存在劳动关系，如工资支付凭证、工作证、工作服等。即使员工

---

① 上海市第二中级人民法院（2014）沪二中民三（民）终字第1207号民事判决书。

提供的证据证明力较弱，只要这些证据之间能够形成证据链，法院就可以确认双方之间存在劳动关系。有法官认为："我国法律规定，用人单位在招用劳动者时未与劳动者签订书面劳动合同，但用人单位和劳动者符合法律、法规规定的主体资格，劳动者受用人单位的劳动管理、从事用人单位安排的有报酬劳动，其提供的劳动是用人单位业务组成部分，且有工资支付凭证或职工工资发放名册、缴纳各项社会保险费记录的，或者有用人单位向劳动者发放的工作证、服务证等能证明身份的证件，劳动者填写的用人单位招工招聘登记表、报名表、考勤记录、其他劳动者证言等，双方存在事实劳动关系。"[1]

以案说法

1. 工作服、同事的证人证言等可以作为认定劳动关系的证据[2]

肖某经朋友王某介绍到某酒店设备公司做搬运工，主要负责装卸货物，并将货物分类存放在库房中，具体由酒店设备公司物流部经理为其安排工作。肖某在酒店设备公司工作期间，双方并未签订书面劳动合同。

2012年7月19日上午，酒店设备公司经理安排肖某调整货架位置，肖某所站的铁板断裂导致其从货架上摔下，酒店设备公司将肖某送往医院治疗。之后，由于酒店设备公司否认其与肖某存在劳动关系，肖某将公司诉至法院，以印有"×××"字样的工作服及长期在公司工作的证人王某等人提供的证言作为证据，要求确认双方的劳动关系。

酒店设备公司认为公司的主要经营范围是酒店用品销售，偶有笨重物品需要搬运时才会雇请临时搬运工，肖某属于设备公司临时雇请的搬运工。公司提供了员工的工资表若干份以及为全体职工缴纳的社会保险明细，拟证明肖某不在员工之列。此外，公司认为肖某领取的报酬也只是劳务费，并提供了肖某签字确认的《搬运人员领取劳务报酬的凭证》及《情况说明》，证明公司与肖某之间不存在劳动关系。

---

[1] 国家法官学院案例开发研究中心编：《中国法院2015年度案例·劳动纠纷（含社会保险纠纷）》，中国法制出版社2015年版，第3页。

[2] 重庆市第一中级人民法院（2013）渝一中法民终字第04071号民事判决书。

【判词摘录】

◆ 在本案中，肖某为证明自己与酒店设备公司之间存在劳动关系，在一审中举示了工作服加以证明，并申请了证人陈某、王某甲、王某乙出庭作证。肖某举示的工作服上印有"×××"字样，酒店设备公司也认可"×××"系业内对酒店设备公司的一般称呼。因此，该证据可以作为证明双方存在劳动关系的直接证据。证人王某甲、王某乙均临时性地为酒店设备公司做过搬运工作，他们对为酒店设备公司搬运工的工作性质有较深入的了解，在其均陈述肖某是酒店设备公司的"固定工"，长期固定地为酒店设备公司从事搬运工作的情况下，其所作的证言具有较高的可信度。综合上述证据，可以认定肖某与酒店设备公司之间存在劳动关系。

◆ 酒店设备公司举示的《搬运人员领取劳务报酬的凭证》上有肖某的签字，举示的社会保险应缴明细上加盖有社会保险局的印章，且肖某对其真实性均无异议，故法院对该两份证据的真实性予以确认。但是，从社会保险应缴明细上可以看出，酒店设备公司于2010年6月至2011年6月为王某缴纳了社会保险，说明王某与酒店设备公司之间至少在该期间内存在劳动关系，《搬运人员领取劳务报酬的凭证》上除了有肖某的签字外，亦有王某的签字，酒店设备公司亦陈述王某与肖某均系酒店设备公司的临时搬运工，双方之间不存在劳动关系。因此，酒店设备公司举示的上述证据之间以及酒店设备公司自行所作的陈述之间存在矛盾，法院对该两份证据的证明目的不予采信。

◆ 相较而言，肖某举示证据所具有的证明力略大于酒店设备公司举示证据所具有的证明力，且酒店设备公司举示的部分证据之间存在矛盾和冲突，在此情况下，酒店设备公司上诉请求认定双方之间不存在劳动关系，所依据的证据不够充分，法院对酒店设备公司的上诉请求不予支持。

2. 规律性、周期性的工资发放记录可以作为认定劳动关系的证据

迪某餐饮公司成立于2016年3月14日。2016年9月1日，该公司开设了一家餐厅，余某是餐厅的店长。公司于2016年9月1日餐厅开业时与余某签订了书面的劳动合同。

2016年11月底，余某因为与公司之间产生矛盾而辞职，双方就余某入职的时间产生了不同的说法。余某提出，自己在 2016 年 3 月餐厅筹建期间就入职公司，具体参与了餐厅选址和装修工作。余某提交了银行流水证据，公司的法定代表人刘某甲或财务刘某乙从 2016 年 3 月开始每个月以个人账户向余某转入 7000 元的固定费用，该数额跟余某与公司签订劳动合同后所获得的工资数额一致。而公司则否认余某的说法，认为签订书面劳动合同的时间才是劳动关系的开始时间。

【律师评析】

公司在 2016 年 9 月之前向余某支付的费用在支付时间上具有一定的规律性，该特点符合劳动报酬按月发放的特征，且与余某主张的月工资水平、工资发放时间相对应，因此不可当然排除 2016 年 9 月之前公司支付的款项系因余某为公司提供工作而产生。

公司未提供其他证据对余某入职时间予以证明，双方劳动关系自 2016 年 3 月开始的待证事实的存在具有高度可能性，据此可以认定自 2016 年 3 月起，双方当事人存在合法有效的劳动关系。

应对方案

不少公司负责人误认为只要劳动关系双方不签订劳动合同，便能规避劳动关系，而实际上在发生涉及劳动关系认定的纠纷时，员工可以打印银行的工资支付流水、社保缴费记录以证明双方存在劳动关系。有公司会提出：支付酬劳仅能证明双方存在劳务关系而并不能证明存在劳动关系，酬劳只是劳务费而并非工资。对于这样的抗辩观点，若员工能提供规律性、周期性、稳定性的工资发放记录，法院是不会采信公司的意见的。员工也可以以社保缴费记录证明自己跟公司之间存在劳动关系，通常在这种情况下，法院都会倾向于支持员工的主张认定员工和公司之间存在劳动关系。基于此，公司应当严格执行《劳动合同法》的规定，自用工之日起一个月内与员工订立书面劳动合同，避免因未签合同导致二倍工资赔偿风险。同时，公司应建立劳动合同登记系统，设置到期预警功能，确保及时续签或终止劳动合同。

> 法律依据

《中华人民共和国劳动合同法》

第七条 用人单位自用工之日起即与劳动者建立劳动关系。用人单位应当建立职工名册备查。

第十条 建立劳动关系，应当订立书面劳动合同。

已建立劳动关系，未同时订立书面劳动合同的，应当自用工之日起一个月内订立书面劳动合同。

用人单位与劳动者在用工前订立劳动合同的，劳动关系自用工之日起建立。

《劳动和社会保障部关于确立劳动关系有关事项的通知》

二、用人单位未与劳动者签订劳动合同，认定双方存在劳动关系时可参照下列凭证：

（一）工资支付凭证或记录（职工工资发放花名册）、缴纳各项社会保险费的记录；

（二）用人单位向劳动者发放的"工作证"、"服务证"等能够证明身份的证件；

（三）劳动者填写的用人单位招工招聘"登记表"、"报名表"等招用记录；

（四）考勤记录；

（五）其他劳动者的证言等。

其中，（一）、（三）、（四）项的有关凭证由用人单位负举证责任。

三、公司在员工入职时应履行主动告知义务

> 风险提示

公司在招聘员工时，会通过面试向应聘者询问各种公司希望了解的问题。公司选员工，员工也在选公司。根据《劳动合同法》第八条的规定，公司作为用人单位，要向劳动者履行主动告知义务和被动告知义务。

主动告知义务，是指公司在招聘时，要主动地如实告知应聘者工作内容、工作条件、工作地点、职业危害、安全生产状况、劳动报酬。除此之外，公司还要承担被动告知义务，当应聘者想了解其他与应聘工作有关的信息时，公司也要如实告知。

公司未履行告知义务需要承担怎样的法律后果，《劳动合同法》没有作出进一步的规定，但是如果公司未按照上述法律规定履行告知义务，日后员工有可能会以签订劳动合同时公司未尽告知义务导致自己产生错误的理解为由提出劳动合同无效的主张，又或者主张公司存在欺诈行为。若法院认定劳动合同无效且给员工造成损失，公司作为有过错的一方就需要向员工承担赔偿责任，同时还需要向员工支付经济补偿金。

以案说法

公司应主动告知员工职业病的危害

陈某于2016年6月入职某化工燃料公司担任工厂工人。陈某入职时，公司并没有向陈某告知其日后工作中有可能会出现的职业病危害。

2017年2月，在公司组织的体检中，陈某被检查出患有左耳重度混合性听力损失及右耳中度传导性听力损失，体检报告写明，建议公司将陈某调离噪声作业场所。陈某认为自己在公司工作期间患上职业病，公司在其入职时没有按照法律规定对工作中有可能患职业病的问题进行告知，于是向公司提出索赔。

【律师评析】

应聘时，该份工作是否有让自己患上职业病的风险是员工重点考虑的因素，这关系到员工的切身利益。基于此，《劳动合同法》第八条规定了用人单位负有如实告知员工职业危害的义务。

本案中，化工燃料公司面对诉讼需要举证证明在陈某入职时已经主动向他告知了职业病危害。如果公司无法举证证明该事项则会面临败诉的风险，届时公司不只要对陈某承担赔偿责任，还有可能在陈某提出解除劳动合同时支付经济补偿金。

应对方案

1. 劳动合同中必须列明员工的工作内容、工作地点和劳动报酬，上述三项是《劳动合同法》第十七条规定的劳动合同必备条款。如果公司在与员工签订的劳动合同中没有明确工作内容、工作地点和劳动报酬，并且没有书面文件能够证明员工签收确认、知悉上述事项，公司则会因为无法举证证明已尽告知义务而遭遇被员工起诉的风险。

2. 公司可以考虑制作一份书面的基本情况告知函，内容涉及《劳动合同法》所规定的公司主动告知事项，通过书面方式向入职员工履行告知义务。告知函交入职员工阅后签名，之后交还公司保存，该告知函在日后发生纠纷时可以成为重要证据，以防员工提出公司未尽告知义务。

3. 对于一些有职业病危害的特殊行业及高危行业，公司可以单独制作确认函让入职员工签名确认。确认函中要明确员工知悉入职后工作所可能发生的职业病危害，或知晓工作属于高危行业并同意入职。

法律依据

《中华人民共和国劳动合同法》

第八条　用人单位招用劳动者时，应当如实告知劳动者工作内容、工作条件、工作地点、职业危害、安全生产状况、劳动报酬，以及劳动者要求了解的其他情况；用人单位有权了解劳动者与劳动合同直接相关的基本情况，劳动者应当如实说明。

第十七条　劳动合同应当具备以下条款：

（一）用人单位的名称、住所和法定代表人或者主要负责人；

（二）劳动者的姓名、住址和居民身份证或者其他有效身份证件号码；

（三）劳动合同期限；

（四）工作内容和工作地点；

（五）工作时间和休息休假；

（六）劳动报酬；

（七）社会保险；

（八）劳动保护、劳动条件和职业危害防护；

（九）法律、法规规定应当纳入劳动合同的其他事项。

劳动合同除前款规定的必备条款外，用人单位与劳动者可以约定试用期、培训、保守秘密、补充保险和福利待遇等其他事项。

《中华人民共和国职业病防治法》

第三十三条 用人单位与劳动者订立劳动合同（含聘用合同，下同）时，应当将工作过程中可能产生的职业病危害及其后果、职业病防护措施和待遇等如实告知劳动者，并在劳动合同中写明，不得隐瞒或者欺骗。

劳动者在已订立劳动合同期间因工作岗位或者工作内容变更，从事与所订立劳动合同中未告知的存在职业病危害的作业时，用人单位应当依照前款规定，向劳动者履行如实告知的义务，并协商变更原劳动合同相关条款。

用人单位违反前两款规定的，劳动者有权拒绝从事存在职业病危害的作业，用人单位不得因此解除与劳动者所订立的劳动合同。

《就业服务与就业管理规定》

第十二条 用人单位招用人员时，应当依法如实告知劳动者有关工作内容、工作条件、工作地点、职业危害、安全生产状况、劳动报酬以及劳动者要求了解的其他情况。

……

四、公司针对特殊岗位对女员工有告知义务

[风险提示]

在招聘会上或者在公司面试员工的场合，大多情况下都是公司向求职者询问相关的情况并决定是否录用，而鲜见求职者向公司"问三问四"。其实，我国劳动法律是赋予了员工知情权的，只是目前公司与求职者相比较为强势，加上好工作难找，求职者无意间"放弃"了自己的知情权。法律规定员工有如实向公司告知情况的义务，也有知情的权利。公司在招用员工时，应当如实告知员工工作内容、工作条件、工作地点、职业危害、安全生产状况、劳动报酬，以及员工要求了解的其他情况；公司有权了解员工与劳动合同直接相关的基本情况，员工应当如实说明。

针对女员工，用人单位需履行更严格的告知及保障义务。根据《女职工劳动保护特别规定》，女员工未来可能出现怀孕及生育等情况，公司应当对工作

环境予以评估，对于有毒、有害工作环境，向女员工进行特别说明，如果女员工怀孕，则必须对其进行岗位调整，否则有可能被应急管理部门责令整改及罚款。

> **以案说法**

怀孕女员工有权申请调离存在危害的岗位，公司拒绝调岗请求的应当提供证据证明原岗位不具有危害性[①]

曾某在皮革公司负责操作开布机，其主张该岗位所在车间的气味较浓。

2018年初曾某怀孕，因担心工作环境影响胎儿发育，就该岗位是否适合孕妇工作以及调岗问题与皮革公司进行沟通，提出需询问专业机构其工作场所中存在的化学物质对孕妇是否存在危害，并向皮革公司申请调岗，皮革公司对此未进行回应和解释。曾某于2018年7月3日提出休假，皮革公司未予批准，并于2018年7月5日以曾某未回来上班属自动离职为由，强制其搬离公司宿舍，解除双方的劳动关系。

皮革公司在诉讼中提供了有关大气污染物排放的五份检测报告，但检测标准和检测方法与国家职业卫生标准的相关规定不一致。2018年11月18日，曾某生产一男婴。双方发生争议后，曾某请求皮革公司向其支付违法解除劳动关系的赔偿金和少发的工资等。法院判决公司支付赔偿金136400元和少发的工资4702.51元。

【判词摘录】

◆ 为保障怀孕女职工的身心健康，我国法律对孕期女职工禁忌从事的劳动范围予以明确规定，用人单位应提供适宜女职工健康妊娠的工作环境。

◆ 公司未能证明涉案工作场所空气中的有毒物质浓度符合国家职业卫生标准，也未同意曾某的调岗请求，明显不当。曾某未到岗上班，且提供请假条请假，不存在过错。皮革公司不予批准且以曾某未到岗上班为由解除双方的劳动关系，应被认定为违法解除，并承担相应的法律责任。

---

① 广州市中级人民法院（2019）粤01民终18084号民事判决书。

应对方案

1. 当女员工入职向公司询问所应聘工作的相关情况时，公司不应对其进行隐瞒。若故意不告知或故意隐瞒而导致他人错误地签订劳动合同，会产生合同无效的后果，公司也有可能需要承担相应的违约责任。

2. 存在噪声超标、有毒物质接触、放射性物质危害，以及需要从事高空、高温作业的岗位，属于经期、孕期、哺乳期女员工禁忌从事的岗位，公司在签订劳动合同之前，应以书面形式向女员工如实告知岗位风险，并取得女员工签字确认。

3. 公司发现女员工怀孕后，应立即评估其工作环境，必要时及时为女员工安排调岗，调往安全岗位。

法律依据

《中华人民共和国劳动合同法》

第八条 用人单位招用劳动者时，应当如实告知劳动者工作内容、工作条件、工作地点、职业危害、安全生产状况、劳动报酬，以及劳动者要求了解的其他情况；用人单位有权了解劳动者与劳动合同直接相关的基本情况，劳动者应当如实说明。

《女职工劳动保护特别规定》

第十三条 ……

用人单位违反本规定附录第一条、第二条规定的，由县级以上人民政府安全生产监督管理部门责令限期改正，按照受侵害女职工每人1000元以上5000元以下的标准计算，处以罚款。用人单位违反本规定附录第三条、第四条规定的，由县级以上人民政府安全生产监督管理部门责令限期治理，处5万元以上30万元以下的罚款；情节严重的，责令停止有关作业，或者提请有关人民政府按照国务院规定的权限责令关闭。

附录：女职工禁忌从事的劳动范围

一、女职工禁忌从事的劳动范围：

（一）矿山井下作业；

（二）体力劳动强度分级标准中规定的第四级体力劳动强度的作业；

（三）每小时负重6次以上、每次负重超过20公斤的作业，或者间断负重、每次负重超过25公斤的作业。

二、女职工在经期禁忌从事的劳动范围：

（一）冷水作业分级标准中规定的第二级、第三级、第四级冷水作业；

（二）低温作业分级标准中规定的第二级、第三级、第四级低温作业；

（三）体力劳动强度分级标准中规定的第三级、第四级体力劳动强度的作业；

（四）高处作业分级标准中规定的第三级、第四级高处作业。

三、女职工在孕期禁忌从事的劳动范围：

（一）作业场所空气中铅及其化合物、汞及其化合物、苯、镉、铍、砷、氰化物、氮氧化物、一氧化碳、二硫化碳、氯、己内酰胺、氯丁二烯、氯乙烯、环氧乙烷、苯胺、甲醛等有毒物质浓度超过国家职业卫生标准的作业；

（二）从事抗癌药物、己烯雌酚生产，接触麻醉剂气体等的作业；

（三）非密封源放射性物质的操作，核事故与放射事故的应急处置；

（四）高处作业分级标准中规定的高处作业；

（五）冷水作业分级标准中规定的冷水作业；

（六）低温作业分级标准中规定的低温作业；

（七）高温作业分级标准中规定的第三级、第四级的作业；

（八）噪声作业分级标准中规定的第三级、第四级的作业；

（九）体力劳动强度分级标准中规定的第三级、第四级体力劳动强度的作业；

（十）在密闭空间、高压室作业或者潜水作业，伴有强烈振动的作业，或者需要频繁弯腰、攀高、下蹲的作业。

四、女职工在哺乳期禁忌从事的劳动范围：

（一）孕期禁忌从事的劳动范围的第一项、第三项、第九项；

（二）作业场所空气中锰、氟、溴、甲醇、有机磷化合物、有机氯化合物等有毒物质浓度超过国家职业卫生标准的作业。

五、入职登记表中的告知信息可以作为解雇不诚信员工的重要证据

[风险提示]

根据《劳动合同法》第三条的规定，公司与员工在订立劳动合同时应当遵循诚实信用的原则。公司在招聘员工时，除了负有一定程度的主动及被动告知义务外（详见本节第三部分），也有权利向应聘人员了解一些与签订劳动合同直接相关的基本情况。公司在招聘员工的一般操作中，通常会采取让员工填写入职登记表、入职申请表等表格的方式了解员工的基本情况。

员工要在入职登记表中填写他们的基本信息如姓名、年龄、性别、家庭成员信息和住址等，公司应该充分利用入职登记表来维护自己的合法权利。有的应聘者提供虚假身份证或学历证明前来应聘，导致公司受到欺骗而错误地招聘了不诚信的员工，公司如果发现员工不诚信而想辞退，需要举证证明辞退该员工的合法性。因此，公司应该在入职登记表中作出告知或声明，要求员工对自己入职时提供的身份资料以及学历资料等文件的真实性负责，若员工提供虚假资料或填写的信息虚假不实或有隐瞒，公司可以立即单方面解除劳动合同并无须支付任何补偿或赔偿。

关于员工向公司提供虚假资料未尽如实说明义务是否构成欺诈，主要看是否具备以下构成要件。第一，员工的欺诈故意，即员工主观上有通过欺诈行为与公司订立劳动合同的意图。第二，员工的欺诈行为，即员工实施积极欺诈行为，如告知公司虚假情况，或者存在消极欺诈行为，如故意隐瞒真实情况。第三，公司因为员工的欺诈行为陷入错误，即公司因为员工的虚假信息或者隐瞒行为，对员工的个人情况产生错误的认识。公司应当举证证明员工的欺诈行为与其错误认识之间存在因果关系。第四，公司因为错误而作出意思表示，即公司基于对员工个人情况的错误认识，决定与员工订立劳动合同。公司应当举证证明错误认识与订立合同行为之间存在因果关系。公司之所以与员工订立劳动合同正是因为员工欺诈行为导致的错误认识，也就是

说，错误认识对于公司是否作出订立劳动合同的决定具有决定意义。[1]

需要提醒的是，告知或声明仅是开除不诚信员工的重要证据，公司在招聘的时候还是需要对员工提供的资料进行一定的审查和辨别，及时发现不诚信的面试者，避免面试者入职后再对其解雇。

司法实践中，一些法院会让公司来举证证明员工存在欺诈，或者要求公司举证证明员工隐瞒事实的行为足以对公司录用产生决定性的影响，公司如果不能举证则要承担举证不能的败诉后果。

以案说法

1. 公司有权了解员工与劳动合同直接相关的基本情况，员工应当如实说明

王某在网上发布的简历显示自己的学历为大专，并依此于2011年5月通过应聘进入某酒店工作，担任销售经理一职，双方签订了劳动合同。劳动合同中明确约定，若劳动者在签订劳动合同时采取欺骗手段，故意隐瞒个人重要事项，公司有权解除合同，且不受应提前30日以书面形式通知的期限限制。

除了签订劳动合同，公司还要求王某填写一份《员工应聘入职登记表》，登记表上有一栏要求王某填写自己在何时何地受到何种处分或奖励。王某在该份登记表上仅填写了自己的姓名、性别、联系电话及相关工作经历，未填写奖惩内容。

2012年4月，酒店无意中了解到王某曾经在2002年时因犯盗窃罪被法院判处有期徒刑一年，因吸毒被强制戒毒6个月。考虑到聘用有犯罪和吸毒史的人对酒店的名誉有影响，且入职的时候王某没有如实报告，于是酒店单方面向王某提出解除劳动合同。王某不服，认为自己工作合格，公司单方面解除劳动合同违反法律规定。

【律师评析】

王某、酒店的两份合同均约定：王某签订合同时采取欺骗手段，故意隐瞒个人重要事项的，酒店有权解除合同等。王某、酒店劳动合同的签订，是一种双向选择。

---

[1] 朱江主编：《北京市第二中级人民法院经典案例分类精解·劳动争议卷》，法律出版社2013年版，第81-82页。

公司招用员工时，应当如实告知员工工作内容、工作条件、工作地点、职业危害、安全生产状况、劳动报酬及员工要求了解的其他情况；公司有权了解员工与劳动合同直接相关的基本情况，员工应当如实说明，员工对自身的基本情况不得隐瞒。这有利于公司合理地使用劳动者，有利于劳动合同的顺利履行。

酒店制定的《员工应聘入职登记表》上有何时何地受到何种处分或奖励等栏目，说明酒店在招聘时，就要求了解员工的基本情况，并安排其相应的岗位。但王某在该表上仅填写自己的姓名、性别、联系电话等内容，该表其余内容王某均未填写。王某网上填写的个人简历是大专学历，亦未如实告知其受过有关部门刑事处罚的经历，致使酒店招聘王某为销售经理。王某的前述行为，违反了法律相关规定和合同的约定。

2. 公司未能证明员工的行为构成法律上的欺诈、胁迫等行为的，不得以此为由解雇员工[①]

张某应聘科技公司的时候，公司要求张某填写入职申请表。在该份入职申请表中，张某在学历一栏填写自己毕业于某科技大学工程管理专业本科。

科技公司通过面试张某并查看他填写的入职申请表后觉得他挺合适，于是聘用张某担任公司的通信部部长一职。

两年多以后，一次偶然的机会，科技公司发现张某的学历造假，实际上张某并不是本科毕业，而是某科技大学公共关系专业专科毕业。科技公司觉得受到了欺骗，于是起诉要求确认与张某签订的劳动合同无效，并提出张某如果是专科学历毕业只能在公司担任普通销售人员，而普通销售人员的年薪为5万元，所以要求法院判决张某将其超过应得部分的劳动报酬偿还给公司。

【判词摘录】

◆ 科技公司作为用人单位，对劳动者的个人简历、学历、工作经历等应当进行核查，而张某在应聘时应当先给用人单位提供有关个人信息的真实资料。现张某所填写的入职申请表中关于学历的情况是虚假的，其行为明显与诚实、信用等道德准则相悖，法院对此提出严厉的批评。

---

① 朱江主编：《北京市第二中级人民法院经典案例分类精解·劳动争议卷》，法律出版社2013年版，第79-80页。

◆ 科技公司主张在张某应聘时企业对应聘者有学历、同行业工作经历等相关条件的要求，但该公司在诉讼中未能提供证据予以证明，故法院对科技公司此诉讼主张，不予采信。

◆ 科技公司对张某进行了面试，该公司享有核查应聘者个人资料真实性的权利，但科技公司未及时行使此权利，故该公司应承担相应的后果。科技公司在面试后经协商与张某签订了劳动合同，虽然张某提供的学历不真实，但其行为尚未构成法律上的欺诈、胁迫等行为，在科技公司不能提供证据证明学历、工作经历是录用张某的决定性条件的情况下，法院确认科技公司是在自愿的基础上与张某签订的劳动合同，该劳动合同不属于《中华人民共和国劳动法》（以下简称《劳动法》）、《劳动合同法》规定的无效合同，故对科技公司要求确认张某与科技公司所签劳动合同无效的请求，法院不予支持。

应对方案

1. 如表1-1，公司应在入职申请表或入职登记表中拟定一段员工声明，要求员工确认对自己所提供的身份资料信息及其他资料的真实性负责，如果有不诚信行为，公司可以对其进行处罚。

表1-1　某公司员工入职登记表中的声明栏和承诺栏

员工声明	本人确认，公司已如实告知工作内容、工作地点、工作条件、职业危害、安全生产状况、劳动报酬以及本人要求了解的情况。 　　本人在本表提供的个人信息、学历证明、资格证明、身份证明、工作经历等个人资料均真实，本人充分了解上述资料的真实性是双方订立劳动合同的前提条件，如有弄虚作假或隐瞒的情况，属于严重违反公司规章制度，同意公司有权解除劳动合同或对劳动合同做无效认定处理，公司因此遭受的损失，本人有对此赔偿的义务。 　　本人确认，本表所填写的家庭地址为邮寄送达地址，公司向该通信地址寄送的文件或物品，如果发生收件人拒绝签收或其他无法送达的情形，本人同意，从公司寄出之日起视为公司已经送达。
本人承诺以上所有信息真实有效，且可以作为审查依据，若出现问题愿意承担法律责任，自填表之日起一个星期之内把所需资料交给公司，若本人信息更新及时通知公司，否则按公司规定处理。 　　签名：　　　　　　　　　　　　　　　　　　　　　　　日期：	

2. 一些公司会要求员工入职时提供自己的学历学位证书复印件、身份证复印件等资料交公司留底保存。公司需要明白：保留员工提交的资料复印件的目的是日后出现问题时便于举证证明员工提交了虚假资料。

基于举证的目的，公司应当要求员工在提交资料复印件时在上面签名确认。例如，学历、工作经历是录用员工的决定性条件，公司可以要求员工在学历证明文件及简历（涉及工作经验）的复印件上面亲笔签名确认并注明自己提交的文件是真实的。

3. 公司的规章制度应当对提供虚假简历、学历等问题的处理作出明确规定，规章制度应当合法有效、经过民主程序制定、让员工知悉且签收确认。如此一来，在员工存在提供虚假资料的行为时，公司就可以以员工严重违反公司的规章制度为由与之合法解除劳动关系，从而保护公司的合法权益。

> 法律依据

《中华人民共和国劳动合同法》

第八条　用人单位招用劳动者时，应当如实告知劳动者工作内容、工作条件、工作地点、职业危害、安全生产状况、劳动报酬，以及劳动者要求了解的其他情况；用人单位有权了解劳动者与劳动合同直接相关的基本情况，劳动者应当如实说明。

第二十六条　下列劳动合同无效或者部分无效：

（一）以欺诈、胁迫的手段或者乘人之危，使对方在违背真实意思的情况下订立或者变更劳动合同的；

（二）用人单位免除自己的法定责任、排除劳动者权利的；

（三）违反法律、行政法规强制性规定的。

对劳动合同的无效或者部分无效有争议的，由劳动争议仲裁机构或者人民法院确认。

《最高人民法院关于适用〈中华人民共和国民法典〉总则编若干问题的解释》

第二十一条　故意告知虚假情况，或者负有告知义务的人故意隐瞒真实情况，致使当事人基于错误认识作出意思表示的，人民法院可以认定为民法典第一百四十八条、第一百四十九条规定的欺诈。

《最高人民法院关于审理劳动争议案件适用法律问题的解释（一）》

第四十四条 因用人单位作出的开除、除名、辞退、解除劳动合同、减少劳动报酬、计算劳动者工作年限等决定而发生的劳动争议，用人单位负举证责任。

第三节 特殊用工法律关系建立

一、公司招用已退休返聘人员的注意事项

风险提示

一些员工虽然已经到了退休年龄，但是身体依旧健康。若该员工是公司的技术骨干或者为公司服务多年的老员工，公司往往会希望员工接受返聘继续为公司提供服务，而该员工如果身体好又希望继续在公司工作多赚点钱，也会答应公司的挽留。

有公司会认为，返聘退休员工既方便又无法律风险，如不需再为其缴纳社保，又可以随时解除与员工间的劳动合同，并且无须支付经济赔偿金，等等。但实际上，公司返聘退休员工风险还是很大的。

根据《劳动合同法》第四十四条的规定，劳动者开始依法享受基本养老保险待遇的，劳动者与用人单位的劳动合同终止。也即是说，公司与已享受基本养老保险待遇的员工之间不存在劳动关系，双方因为法律规定无法存在劳动关系。但司法实践中，社会保险行政部门认定工伤并不以双方存在劳动关系为前提，换言之，退休返聘员工因工受伤仍有可能被认定为工伤，公司有承担工伤赔偿责任的风险。

以案说法

退休返聘员工因工受伤的，公司应承担赔偿责任

江某于 2013 年入职某科技公司，一直工作至 2023 年 12 月 31 日。因为年龄已到，所以江某办理了退休手续。工作期间，江某是公司的技术骨干，因此公司希望江某继续在公司工作，江某同意。双方于 2024 年 1 月 1 日签订了一份《劳动合同》，约定科技公司每月向江某支付工资 1 万元。2025 年 3 月 10 日，江某在上班时意外坠楼以致伤残，江某及家属认为这属于工伤，要求公司赔偿。

【律师评析】

虽然江某已经退休，享受职工基本养老保险待遇，但依然在为科技公司工作，属于公司的雇员。雇员在工作过程中发生意外而受伤的，公司需要承担雇主赔偿责任。公司如果没有为江某购买工伤保险或雇主责任险，就需要为江某支付医疗费用。

应对方案

1. 公司作为雇主，对于已退休返聘员工受雇佣期间的伤亡需要承担赔偿责任，并且不存在免责事由。因此，公司对员工的身体健康必须予以重视，公司可以要求已退休员工在返聘前先进行体检并提供相关报告证明，如果该员工身体欠佳，公司则需要慎重考虑是否返聘该员工。

2. 公司聘请退休人员，用工过程中出现伤亡的，公司需要支付医疗费等相关费用，赔付的项目及范围较大。部分地区如上海、浙江、四川等已经出台特定人员参加工伤保险的办法，各地公司可以自行查看当地的政策规定，并按照政策规定及时为退休人员参加工伤保险。

3. 公司应当考虑为员工购买商业保险，并在购买商业保险时明确商业保险的用途是赔付该员工在受雇佣期间所产生的人身伤亡损失。公司应与员工另行签订书面确认书约定清楚购买商业保险的目的，若日后退休返聘员工出现人身伤亡的意外，公司才可以通过商业保险来减轻或完全转嫁自己的赔偿风险。如果不约定商业保险的购买目的，则很可能会出现退休返聘员工（或家属）在获得保险赔付后又再次向公司要求赔偿的情形，因为退休返聘员工（或家属）可以声称公司购买的商业保险是额外赠送给员工的福利。

法律依据

《中华人民共和国劳动合同法》

第四十四条　有下列情形之一的，劳动合同终止：

（一）劳动合同期满的；

（二）劳动者开始依法享受基本养老保险待遇的；

（三）劳动者死亡，或者被人民法院宣告死亡或者宣告失踪的；

（四）用人单位被依法宣告破产的；

（五）用人单位被吊销营业执照、责令关闭、撤销或者用人单位决定提前解散的；

（六）法律、行政法规规定的其他情形。

《最高人民法院关于审理人身损害赔偿案件适用法律若干问题的解释》

第三条　依法应当参加工伤保险统筹的用人单位的劳动者，因工伤事故遭受人身损害，劳动者或者其近亲属向人民法院起诉请求用人单位承担民事赔偿责任的，告知其按《工伤保险条例》的规定处理。

因用人单位以外的第三人侵权造成劳动者人身损害，赔偿权利人请求第三人承担民事赔偿责任的，人民法院应予支持。

《广东省高级人民法院、广东省劳动人事争议仲裁委员会关于劳动人事争议仲裁与诉讼衔接若干意见》

十六、劳动者达到法定退休年龄或者已经享受基本养老保险待遇的，劳动关系终止。劳动者所受伤害如被社会保险行政部门认定为工伤，劳动者要求用工单位参照《广东省工伤保险条例》规定的工伤保险待遇支付有关费用的，应予支持，但不包括一次性就业补助金。

《浙江省用人单位招用不符合确立劳动关系情形的特定人员参加工伤保险办法（试行）》

一、本省行政区域内的国家机关、企业、事业单位、社会团体、民办非企业单位、基金会、律师事务所、会计师事务所、平台企业、村（社区）组织等和有雇工的个体工商户（以下称用人单位）可按照本办法规定为其招用的不符合确立劳动关系情形的下列特定人员（以下称特定人员）单险种参加工伤保险、缴纳工伤保险费：

（一）大龄劳动者（达到法定退休年龄且不超过65周岁）；

（二）实习学生，包括大中专学校统一安排的学期性实习学生、签订实习协议或学校开具实习介绍函的学生、自行联系实习单位的实习学生和用人单位使用的勤工助学学生；

（三）在见习单位（见习基地）见习的离校2年内未就业高校毕业生和16—24岁登记失业青年；

（四）新就业形态劳动者；

（五）在家政服务机构从业的家政服务人员；

（六）在职村干部和专职社区工作者；

（七）由第三方平台服务机构或平台统一管理，参与影视、舞台剧制作的群众演员。

单险种参加工伤保险的特定人员年龄应不小于16周岁，参保的特定人员年龄达到65周岁的，其工伤保险关系即时终止（处于停工留薪期的除外）。

国家法律法规政策对上述特定人员职业伤害保障另有规定的，从其规定。

二、公司招用大学生实习可以不建立劳动关系

风险提示

大学生到公司实习越来越常见，尤其是一些人手不足且希望减少劳动用工成本的公司，非常欢迎大学生到公司顶岗实习。实习生跟公司之间是否建立了劳动关系，决定了公司用工责任的轻重，如果实习生与公司并未建立劳动关系，则公司无须根据《劳动法》和《劳动合同法》以及相关劳动法律法规对实习生履行义务，但公司亦应对实习生承担安全保障责任及损害赔偿

责任。《关于贯彻执行〈中华人民共和国劳动法〉若干问题的意见》第十二条规定："在校生利用业余时间勤工助学，不视为就业，未建立劳动关系，可以不签订劳动合同。"根据上述规定可以看出，公司可以不跟实习生签订劳动合同，但是如果公司与实习生签订了劳动合同，则双方就建立了劳动关系。最高人民法院曾发布案例认为："即将毕业的大专院校在校学生以就业为目的与用人单位签订劳动合同，且接受用人单位管理，按合同约定付出劳动；用人单位在明知求职者系在校学生的情况下，仍与之订立劳动合同并向其发放劳动报酬的，该劳动合同合法有效，应当认定双方之间形成劳动合同关系。"[1] 对公司而言，可以不与实习生签订劳动合同，以避免被法律认定为双方建立了劳动关系。

如果实习生不与公司建立劳动关系，公司则无须为实习生购买社保。如果实习生在实习期间受到了人身伤害（如实习上下班途中遭遇车祸、实习过程中受到人身伤害等），对于该情形能否认定工伤，各地不同法院对不同案件的裁判观点和判决结果，并未达成一致的意见。而实习生能否向公司主张相应的人身损害赔偿或补偿？根据《民法典》第一千一百九十二条的规定，提供劳务一方因劳务受到损害的，根据双方各自的过错承担相应的责任。笔者认为，实习生虽然没有跟公司建立劳动关系，但是两者之间是一种劳务关系，所以公司需要根据过错程度承担赔付责任。此外，部分地区如北京、海南等，已出台规定明确用工单位可以自愿为本单位实习生、见习人员单险种参加工伤保险、缴纳工伤保险费。因此，公司与实习生双方不建立劳动关系的，虽无须为其购买社保，但实习生一旦在工作中出了事故，就会对公司造成不利后果，因此公司应考虑为实习生购买商业保险或根据地区政策选择为实习生购买工伤保险以避免这方面的风险。

---

[1] 参见"郭懿诉江苏益丰大药房连锁有限公司劳动争议案"，载《最高人民法院公报》2010年第6期（总第164期）。

> 以案说法

1. 公司明知求职者是在校学生仍与之订立劳动合同的,该劳动合同合法有效[①]

某大学大四学生季某得知升某空调公司招聘文员,于是携带了学院提供的《毕业生双向选择就业推荐表》到公司去应聘。公司对季某进行了面试之后,认为季某非常符合该岗位的条件,于是决定录用季某,并与季某签订了《劳动合同协议书》。但是因为季某尚未毕业,公司没有给她购买社保。一天,季某于下班途中发生车祸受伤,后经劳动部门确认属于工伤。季某要求公司对自己的工伤进行赔偿。公司认为季某还是未毕业的大学生,双方签订的劳动合同并无法律效力,双方没有建立劳动关系因此无须支付工伤赔偿。

【判词摘录】

◆ 就本案而言,升某空调公司具有当然的用工主体资格,而具有劳动权利能力和劳动行为能力的季某,亦已基本完成学业,不再受限于教育管理。在招聘、应聘过程中,升某公司对季某应聘的办公室文员一职并没有在学历上予以要求,季某虽未拿到毕业证书,但不影响合同生效……同时,升某空调公司对季某的身份已经作了全面的了解,对其已完成学业,可以正常上班工作,但尚未毕业等情形亦已知晓。

◆ 据此可以认定,双方当事人在订立劳动合同过程中意思表示真实、明确,无欺诈、威胁等情形。由于升某空调公司与季某签订之劳动合同约定的工作任务、劳动报酬等权利义务内容未与法律、法规相违背,亦不存在显失公平的情形,故比照劳动法律的规定,涉案劳动合同不存在无效的情形,依法应为有效。

2. 在校学生在公司实习的,可以不建立劳动关系

陈某是某大学机械制造学院大四学生,在学校规定的实习期间,陈某在某机械制造公司的机械检修室上班实习,公司每月向陈某支付1000元的补

[①] 参见《中国指导案例》编委会编:《人民法院指导案例裁判要旨汇览——劳动·社保卷》,中国法制出版社2013年版,第9-10页。

助。2014 年 1 月 6 日，陈某跟随师傅检修设备时，设备发生故障导致陈某手指造成永久性伤害。陈某认为自己在工作期间受到人身伤害，于是向司法机关提出确认自己与公司具有劳动关系，自己应得到工伤赔偿。

【律师评析】

本案中，大学生与公司之间是否存在劳动关系以及大学生实习期间发生意外是否属于工伤范围是案件处理的关键。根据原劳动部《关于贯彻执行〈中华人民共和国劳动法〉若干问题的意见》第十二条的规定，在校生利用业余时间勤工助学，不视为就业，未建立劳动关系，可不签订劳动合同。在目前的司法实践中，针对大学生在实习期间与公司不存在劳动关系的情况，各地法院对于是否认定工伤的问题，在不同案件上有不同的观点和判决结果。陈某的起诉，未必能得到法院的支持。

但是，即使陈某受伤不属于工伤，也不意味着公司就完全没有责任。因为陈某与公司之间是劳务关系，陈某在实习工作中受到了身体上的损伤，公司应该对他进行赔偿。

应对方案

1. 对于学校制作的《毕业生双向选择就业推荐表》《就业情况信息表》《顶岗实习表》等，公司盖章应慎重。

大学生实习时，往往会带着学校出具的实习协议或者是实习回执，要求公司盖章，以作为学生实习的依据计算学分。在笔者看来，对于一些协议或回执，有一定的法律问题需要公司予以注意。

表 1-2 实习顶岗回执示例

××学院学生就业顶岗实习联系函回执					
学生姓名		专业班级		联系电话	
单位名称（全称）		单位联系人		是否愿意成为我院就业顶岗实习合作企业	

续表

单位详细地址		单位联系电话	固定：（区号：非常重要）
单位性质	□国家机关　　□国有企业 □外商投资企业　□私营企业 □民营企业　　□其他：___		手机：
企业指导教师	姓名	联系电话	
是否接受学生就业	□是　□否	就职岗位	
单位盖章： 　　　　　　　　　　　　　　　　　　　　　　　　年　月　日			

备注：本回执由实习单位填写后，由学生于顶岗实习开始后二周之内负责带（寄）回学校。

如表1-2，该回执中"是否接受学生就业"一栏就存在问题，公司若在该项目中的"是"上面打钩，是否就意味着承诺该学生毕业后接受其进入公司工作呢？实习生与公司之间的关系并非劳动关系，并且实习生未正式就业，公司不应在此时对该学生毕业后能否入职公司作出承诺。

另外，还有一些学校为了计入应届毕业生的就业数据，要求实习生把就业情况信息表交给公司盖章。笔者认为，公司不应该配合学校方面作假，因为公司盖章就意味着该学生并非实习生的身份，而是正式就业。公司与实习生再另行签订实习协议确认实习关系的，也并不一定能够完全否定之前所盖章的就业情况信息表的效力。

表1-3 就业情况信息表示例

广州　　　　　　学院　　　届毕业生就业情况信息表

系别：_____ 专业班级：_____ 学号：_____

毕业生基本信息	姓名		性别		QQ号码	
	手机				家庭电话	
	电子邮箱				非常重要 常用邮箱	
	离校后信件可接收详细地址	_____省_____市_____区（县）_____				

单位基本信息	用人单位全称			
	单位机构码		依托单位规模（人）	
	用人单位详细地址	_____省_____市_____区（县）_____		
	邮政编码			
	单位性质	1. 机关 □国家机关（公务员）□党群系统 □政法系统 　　□社会团体 □其他 2. 企业 □国有 □集体 □股份合作 □有限责任 □联营 　　□股份有限 □港澳台 □外商 □私营 □其他 3. 事业 □高校 □普教 □科研 □医疗 □其他		
	所属行业	□农林牧渔业 □采矿业 □制造业 □电力、燃气及水的生产和供应业 □建筑业 □教育 □交通运输、仓储和邮政业 □信息传输、计算机服务和软件业 □批发和零售业 □金融业 □住宿和餐饮业 □房地产业 □水利、环境和公共设施管理业 □居民服务和其他服务业 □卫生、社会保障和社会福利业 □文化、体育和娱乐业 □公共管理和社会组织 □国际组织 □租赁和商务服务业 □科学研究、技术服务和地质勘查业 □其他		

单位联系信息	联系人1	姓名		联系电话	固定：（区号：非常重要）
		职务			手机：
		电子邮箱			非常重要 常用邮箱
	联系人2	姓名		联系电话	固定：（区号：非常重要）
		职务			手机：
		电子邮箱			非常重要 常用邮箱

续表

就职信息	就职部门		就职岗位	
	薪酬（试用期转正后）			
	单位盖章	年　月　日	毕业生签名	年　月　日

温馨提示： 此表需存档，请用钢笔如实填写，字迹要端正清楚。

例如，上列就业情况信息表（表1-3）显示有"就职信息"栏目，该栏目中有"就职部门""就职岗位"以及关于试用期转正后薪酬的项目，学生到公司实习并非直接就业，公司也没有义务承诺学生在毕业后可以入职公司。若公司在该表中的"就职信息"栏目填写了相关信息并在信息表上盖章，则会存在承诺该学生毕业后可入职并确认日后薪酬的风险。

2. 公司即使不希望与实习生建立劳动关系，也需要与实习生签订实习协议书，双方通过实习协议书就实习期间各自的权利义务作出相应的约定。针对笔者在上述第一点所提到的问题，若公司为了实习生能够顺利毕业不得不为实习生填写实习协议，可以在其中设定具体条款如："乙方（实习生）若需要应学校方面的要求与甲方（公司）签订校方提供的实习协议版本或实习表，甲方可考虑配合乙方签订，但签订的目的在于协助乙方顺利获得实习成绩并毕业，双方的实习约定仍然以本实习协议为准。"

3. 公司如果不与实习生建立劳动关系，则没有为其购买社保的强制义务。目前只有部分地区明确了用工单位可以自愿为本单位实习生、见习人员单险种参加工伤保险、缴纳工伤保险费。鉴于实习生在实习期间受到人身伤害有可能无法获得工伤赔偿而需要公司支付赔偿，笔者建议使用实习生较多的公司可考虑购买团体人身意外商业保险转移相应风险。

除了购买团体人身意外保险，公司还应当与实习生签订协议或在实习协议里增加相应条款，明确约定公司为实习生购买团体人身意外保险的目的。约定购买团体意外保险的目的，是避免实习生在实习期间受到意外伤害时既获得保险赔付又向公司要求索赔的风险发生。

法律依据

《中华人民共和国民法典》

第一千一百九十二条　个人之间形成劳务关系，提供劳务一方因劳务造成他人损害的，由接受劳务一方承担侵权责任。接受劳务一方承担侵权责任后，可以向有故意或者重大过失的提供劳务一方追偿。提供劳务一方因劳务受到损害的，根据双方各自的过错承担相应的责任。

提供劳务期间，因第三人的行为造成提供劳务一方损害的，提供劳务一方有权请求第三人承担侵权责任，也有权请求接受劳务一方给予补偿。接受劳务一方补偿后，可以向第三人追偿。

《最高人民法院关于审理人身损害赔偿案件适用法律若干问题的解释》

第三条　依法应当参加工伤保险统筹的用人单位的劳动者，因工伤事故遭受人身损害，劳动者或者其近亲属向人民法院起诉请求用人单位承担民事赔偿责任的，告知其按《工伤保险条例》的规定处理。

因用人单位以外的第三人侵权造成劳动者人身损害，赔偿权利人请求第三人承担民事赔偿责任的，人民法院应予支持。

《关于贯彻执行〈中华人民共和国劳动法〉若干问题的意见》

12. 在校生利用业余时间勤工助学，不视为就业，未建立劳动关系，可以不签订劳动合同。

三、劳务派遣中用工单位退工的合规操作

风险提示

《劳动合同法》第六十五条及《劳务派遣暂行规定》第十二条明确规定了用工单位可以将被派遣员工退回劳务派遣单位的法定事由。因此，用工单位只有在符合法定事由的前提下，方可将被派遣员工退回劳务派遣单位，否则将承担相应法律责任；给被派遣员工造成损害的，劳务派遣单位与用工单位承担连带赔偿责任。

用工单位将被派遣员工违法退工，可能会导致员工产生两类损失，一类

是退回后无工作期间收入减少，另一类是退工后进而遭受派遣单位解除劳动合同。一般来说，派遣单位解雇被退回的员工，直接或间接地都与退工有关，员工此时会要求用工单位与派遣单位连带承担支付解约补偿金或违法解约赔偿金的责任以及补足违法退工期间的工资收入差额。

【以案说法】

1. 用工公司违法退工给被派遣员工造成损害的，劳务派遣单位与用工单位承担连带赔偿责任[①]

程某与某派遣公司签订劳动合同，劳动合同期限为2018年3月5日至2021年3月4日。而后，派遣公司将程某派遣至某工程公司工作。

工程公司主张，程某因工作能力不佳，在2019年度劳务派遣人员考核中未能达到合格标准。程某不能胜任现岗位工作，且拒绝服从调整工作岗位的安排，严重违反了用工单位的规章制度。2020年6月30日，工程公司根据《劳务派遣人员暂行管理办法》的某项规定，"年底考核民主测评低于90%，不予以聘用，退回派遣单位"，决定将程某退回派遣公司。

派遣公司以程某严重违反用工单位规章制度为由，向程某发出《关于解除劳动合同的通知》。

程某主张，工程公司是违法退工、派遣公司是违法解除劳动合同，用工单位和劳务派遣单位应对自己的违法解除劳动合同赔偿金承担连带责任。

【判词摘录】

◆ 发生劳动争议，当事人对自己提出的主张，承担举证证明责任。工程公司提交的《劳务派遣人员暂行管理办法》第五章第二条规定，"公司人力资源部及用工单位每年年底通过民主测评、考察谈话结合用工单位意见对劳务派遣人员进行考核"，工程公司于2020年6月30日对程某进行考核不符合《劳务派遣人员暂行管理办法》的时间要求。因此，该《劳务派遣人员暂行管理办法》不能作为工程公司合法退回程某的制度依据。

◆ 结合各方陈述及提交的证据可知，工程公司和派遣公司均未提交充分证据证明程某存在《劳动合同法》第三十九条和第四十条第一项、第二

[①] 广州市中级人民法院（2021）粤01民终18794、18795号民事判决书。

项规定情形。故，工程公司将程某退回派遣公司属于违法退工，派遣公司据此解除劳动合同属于违法解雇，两公司应对程某的违法解除劳动合同赔偿金承担连带责任。

2. 被派遣员工违反用工单位规章制度的，用工单位有权退工

马某于2013年1月入职某人力资源公司，马某签署、确认的人力资源公司的《派遣员工管理手册》和《劳动合同》，均载明存在偷盗行为的、违反用工单位规章制度或工作纪律情节严重被用工单位退回的，人力资源公司有权单方面解除劳动合同。

人力资源公司和航空公司签订了《劳务派遣协议》，马某后被派遣至某航空公司客舱部担任清洁工。马某签署了由航空公司制定的《综合治理承诺书》，承诺书载明偷盗机上供应品的行为属于严重违反用工单位的规章制度，航空公司可将马某退回人力资源公司。

2021年6月9日，马某作为飞机航后预防性消毒协助工作人员，在作业过程中前后两次偷盗机供品，分别为6个面包、数罐啤酒和饮料。事发后，马某按照航空公司要求写了事件经过，之后航空公司派人与马某进行了两次谈话，马某承认偷盗机供品并同意接受处罚。

2021年8月17日，航空公司以派遣员工严重违反用工单位的规章制度为由，将其退回某人力资源公司。

2021年8月19日，人力资源公司以马某违反公司的《派遣员工管理手册》为由，正式解除劳动合同。

马某以人力资源公司违法解雇为由，要求人力资源公司和航空公司支付赔偿金。

【律师评析】

人力资源公司和航空公司签订了《劳务派遣协议》，约定由人力资源公司向航空公司提供劳务派遣服务，人力资源公司为用人单位，航空公司为用工单位。马某在未经过航空公司同意的前提下，擅自取用飞机上的面包、饮料构成偷盗机上供应品的行为。马某签署的由航空公司制定的《综合治理承诺书》已载明偷盗机上供应品的行为属于严重违反用工单位的规章制度，航空公司可将马某退回人力资源公司。航空公司以马某偷盗机供品违反《综合治理承诺书》为由,将马某退回人力资源公司处并无不妥。

马某签署确认的《派遣员工管理手册》以及马某和人力资源公司签订的《劳动合同》中均已载明存在偷盗行为的、违反用工单位规章制度或工作纪律情节严重被用工单位退回的,人力资源公司有权单方面解除劳动合同。故,人力资源公司依据《派遣员工管理手册》的规定以及《劳动合同法》第三十九条的规定解除与马某的劳动合同,并无不妥。

综上所述,马某要求航空公司和人力资源公司连带承担支付违法解除劳动关系赔偿金的请求依据不足。

应对方案

1. 用工单位的退工理由要具备正当性和合法性。用工单位并非只要被派遣员工违反规章制度即可退回,用工单位须充分考虑被派遣员工的主观过错程度及其危害性、用工单位是否存在激化矛盾的因素等综合判定,否则可能因被派遣员工行为未达到《劳动合同法》第三十九条中"严重违反用人单位的规章制度"的严重程度而被认定退回不当,承担相应责任。

2. 用工单位的规章制度作为退工依据须完善且公示。用工单位可以将严重违反规章制度的员工退回派遣单位,因此用工单位的规章制度应当列明派遣员工严重违反规章制度的具体情形,例如制定完善的《上岗规定》、要求员工签订《承诺书》承诺遵守用工单位的员工管理办法,并且约定"与派遣员工解除上岗合同并将其退回"等处罚条例。同时,用工单位的规章制度要通过法定程序来制定,并予以公示才能生效,未经公开的制度对员工不具有约束力。

3. 用工单位退工程序应合法。用工单位应将退工通知以书面形式送达被派遣员工并明确告知其退工理由及退工后的权利和义务。及时通知派遣单位退回员工的名单及退回理由,便于派遣单位及时调整人员安排及处理相关事项。

法律依据

《中华人民共和国劳动合同法》

第三十九条 劳动者有下列情形之一的,用人单位可以解除劳动合同:

（一）在试用期间被证明不符合录用条件的；

（二）严重违反用人单位的规章制度的；

（三）严重失职，营私舞弊，给用人单位造成重大损害的；

（四）劳动者同时与其他用人单位建立劳动关系，对完成本单位的工作任务造成严重影响，或者经用人单位提出，拒不改正的；

（五）因本法第二十六条第一款第一项规定的情形致使劳动合同无效的；

（六）被依法追究刑事责任的。

第四十条 有下列情形之一的，用人单位提前三十日以书面形式通知劳动者本人或者额外支付劳动者一个月工资后，可以解除劳动合同：

（一）劳动者患病或者非因工负伤，在规定的医疗期满后不能从事原工作，也不能从事由用人单位另行安排的工作的；

（二）劳动者不能胜任工作，经过培训或者调整工作岗位，仍不能胜任工作的；

（三）劳动合同订立时所依据的客观情况发生重大变化，致使劳动合同无法履行，经用人单位与劳动者协商，未能就变更劳动合同内容达成协议的。

第四十一条 有下列情形之一，需要裁减人员二十人以上或者裁减不足二十人但占企业职工总数百分之十以上的，用人单位提前三十日向工会或者全体职工说明情况，听取工会或者职工的意见后，裁减人员方案经向劳动行政部门报告，可以裁减人员：

（一）依照企业破产法规定进行重整的；

（二）生产经营发生严重困难的；

（三）企业转产、重大技术革新或者经营方式调整，经变更劳动合同后，仍需裁减人员的；

（四）其他因劳动合同订立时所依据的客观经济情况发生重大变化，致使劳动合同无法履行的。

裁减人员时，应当优先留用下列人员：

（一）与本单位订立较长期限的固定期限劳动合同的；

（二）与本单位订立无固定期限劳动合同的；

（三）家庭无其他就业人员，有需要扶养的老人或者未成年人的。

用人单位依照本条第一款规定裁减人员，在六个月内重新招用人员的，应当通知被裁减的人员，并在同等条件下优先招用被裁减的人员。

第六十五条 ……

被派遣劳动者有本法第三十九条和第四十条第一项、第二项规定情形的，用工单位可以将劳动者退回劳务派遣单位，劳务派遣单位依照本法有关规定，可以与劳动者解除劳动合同。

《劳务派遣暂行规定》

第十二条 有下列情形之一的，用工单位可以将被派遣劳动者退回劳务派遣单位：

（一）用工单位有劳动合同法第四十条第三项、第四十一条规定情形的；

（二）用工单位被依法宣告破产、吊销营业执照、责令关闭、撤销、决定提前解散或者经营期限届满不再继续经营的；

（三）劳务派遣协议期满终止的。

被派遣劳动者退回后在无工作期间，劳务派遣单位应当按照不低于所在地人民政府规定的最低工资标准，向其按月支付报酬。

四、劳务外包中发包单位的用工风险

风险提示

劳务外包的本质是发包单位与承包单位的劳务外包（承揽）合同法律关系，根据《民法典》第七百七十条的规定，"承揽合同是承揽人按照定作人的要求完成工作，交付工作成果，定作人给付报酬的合同。承揽包括加工、定作、修理、复制、测试、检验等工作"。发包单位与承包单位签订劳务外包（承揽）合同，将某项工作任务外包给承包单位并向其支付合同对价，由承包单位自行安排劳动者完成工作。

一般来说，对于承包方或其雇佣的劳动者在完成工作过程中造成第三人损害或者自己损害的，发包方不承担侵权责任。即发包方与劳动者之间不存在任何法律关系，发包方无须承担劳动者损害赔偿责任。但是，如果发包方未尽审慎义务，其选聘的承包方不具有相应的专业资质，或者发包方的指示具有过错，此时劳动者受伤或者造成第三人受伤等情况一旦发生，发包方需要承担相应的赔偿责任。

以案说法

1. 发包方在选聘承包方时，应尽到审慎选聘义务

材料加工公司因为行车需要维修找到杨某，杨某雇用了一名装修工人孙某。杨某并无经营行车维修业务的资质，便挂靠在一家装修公司名下。

杨某以装修公司的名义与材料加工公司签订了《维修合同》。杨某指派孙某去公司进行行车维修。孙某在维修过程中从高空坠落，导致骨折。

孙某认为其为公司提供劳务，即与材料加工公司之间存在劳务关系，于是起诉公司承担包括医疗费在内的数项费用。材料加工公司则认为，材料加工公司已将行车维修业务外包给杨某，孙某之所以到材料加工公司进行行车维修是因为杨某的指派，材料加工公司与孙某之间不存在任何关系，孙某无权要求材料加工公司进行赔偿。

【律师评析】

材料加工公司与杨某（装修公司）达成维修项目的承揽合同合意，材料加工公司向杨某（装修公司）支付维修项目的对价，杨某（装修公司）承担维修行车的工作并自行指派孙某完成，而孙某并非受材料加工公司管理。因此，材料加工公司与杨某（装修公司）之间建立的是承揽关系，材料加工公司为发包单位，杨某（装修公司）为承包单位。杨某雇佣孙某并对其进行管理，孙某与杨某之间成立劳务关系，而材料加工公司与孙某之间不存在任何法律关系。

虽然发包方与劳动者之间不存在任何关系，对劳动者受伤或者造成第三人受伤等情况无须承担责任，但发包方在选聘承包方时，应尽到审慎义务，比如审核承包方的相应资质等。否则，发包方需因自己未尽到审慎义务，选聘承包方存在过错而承担相应的责任。如果材料加工公司明知杨某没有维修行车的资质且与装修公司存在挂靠关系仍然与杨某合作，可能需要承担相应的赔偿责任。

2. 承包方的雇员在从事雇佣活动中受到人身损害，发包方未尽审慎选聘义务的，需根据其过错程度承担赔偿责任

正某公司将嘉华广场装修工程发包给不具有施工资质的李某1，李某1承包了案涉项目的装修并雇佣李某2到案涉工地从事水电工作，李某2在现场的工作由李某1安排，李某1向其支付工资。

2021年7月17日，李某2明知切割机没有安装防护罩仍直接使用，在和同事切割铁线管的过程中，由于砂轮片烂了，李某2被砂轮片割伤手，受伤后被送往医院住院治疗。随后，李某2起诉正某公司与李某1赔偿其损失31229.08元。

【律师评析】

本案中，李某2作为从事二十余年水电工作的成年人，在本案工作过程中没有提高安全意识，也没有做好安全防护措施，明知切割机没有安装防护罩仍直接使用，从而遭受事故伤害，其自身存在较大过错。

正某公司承揽案涉房屋装饰装修工程后，应当委托具有相应资质的施工单位或具有个体装饰装修从业者上岗证书的个人施工，正某公司未能核实李某1是否有相应的上岗证书及安全施工条件即将项目分包给李某1，在选任上存在过失，为此埋下安全隐患。

李某1作为定作人，明知李某2的行为具有危险性，未对李某2作业的行为作出必要的安全指示和管理，亦应承担一定的过错责任。

所以，综合考虑本案的实际情况，李某2需对自己的损失承担主要责任，正某公司、李某1共同承担余下的相应责任。

3. 发包方不存在定作、指示或者选任过错的，不承担侵权赔偿责任[①]

孙某1与第三人孙某2是同胞兄弟，孙某1和孙某2均持有《特种作业操作证》，准操项目包括高处安装、维护、拆除作业。孙某1的薪资由孙某2发放，双方未约定工资计算标准。

2020年起，孙某2等人多次为睿某公司安装或更换户外大牌（广告布、灯箱等）。睿某公司的员工在微信群中通知孙某2每个项目的作业时间和地

---

① 上海市浦东新区人民法院（2022）沪0115民初17939号民事判决书。

点，并办理施工许可证。作业时的小型工具由孙某2自备，租用吊车、脚手架的费用由孙某2垫付。双方在对完工的项目结算时，按照每一次施工的户外大牌面积计算费用，工具的租金由睿某公司承担。

2021年9月3日，孙某2通知孙某1到场进行作业。22：00许，孙某1在室外采取从楼顶坐座板下行的方式进行广告牌安装作业时，因工作绳突然断裂，从距离地面高度约6米处坠地受伤，当即由救护车送至医院抢救。其间睿某公司为孙某1垫付了10万元医疗费，其表示无须在本案中处理。

事发后，当地应急管理局牵头，会同相关部门组成事故调查组，对相关人员进行调查问询。孙某2陈述："当天要装两块广告牌，所以我们就把四根绳子分别系在两块广告牌的楼顶位置，把原来的生命绳也作为工作绳使用了……当时也是图省力，这样操作可以省去一次解绳再系绳的操作……安全带都戴了，安全帽没戴……"2021年11月5日，调查组出具《高处坠落重伤事故调查报告》，认定本次事故的直接原因是孙某1在现场安全措施不到位的情况下开展作业，过程中工作绳被防水沿沿口割断导致坠落地面。

孙某1认为，睿某公司作为雇主，对自己的生产安全未尽到管理义务和安全保障义务，导致自己遭受人身损害，故应当承担赔偿责任。

【判词摘录】

◆ 根据相关法律规定，承揽人在完成工作过程中造成第三人损害或者自己损害的，定作人不承担侵权责任；但是，定作人对定作、指示或者选任有过错的，应当承担相应的责任。孙某1和孙某2均持有《特种作业操作证》，定作人睿某公司选任孙某2承包户外大牌安装、更换项目，不存在定作、指示或者选任过错。

◆ 本案事故发生的直接原因，系孙某1在工作中未按照相关安全施工规范使用坠落保护系统，仅使用了工作绳而未使用生命绳，工作绳断裂致其摔伤，睿某公司对本次事故的发生不存在过错，故无须对孙某1承担赔偿责任。

应对方案

1. 公司在与承包单位签订合同之前，应审查承包单位的主体资质，可以要求承包单位提供营业执照、专业资质证明等材料予以审查，避免事后因选聘承包单位存在过错而承担赔偿责任。

2. 公司可以在外包（承揽）合同中明确约定只对服务结果进行验收，由承包单位承担对劳动者的管理和安全保障义务。公司同时可以在外包（承揽）合同中明确约定，公司与承包单位派至公司工作的劳动者之间不存在劳动关系、劳务关系或其他任何用工关系。劳动者的工资发放、社会保险缴纳、劳动保障等由承包单位负责，若出现问题，公司不承担相关责任。

3. 公司应与承包单位约定服务费，至于劳动者的工资以及补贴等应由承包单位发放。公司不得直接向劳动者发放任何工资性质的费用，否则存在被认定为双方存在事实劳动关系的法律风险。

4. 公司可以在外包（承揽）合同中明确约定如果承包单位擅自分包、转包，或者聘用不符合项目资质要求的劳动者，承包单位应承担违约责任。

法律依据

《中华人民共和国民法典》

第七百七十条 承揽合同是承揽人按照定作人的要求完成工作，交付工作成果，定作人支付报酬的合同。

承揽包括加工、定作、修理、复制、测试、检验等工作。

第一千一百九十三条 承揽人在完成工作过程中造成第三人损害或者自己损害的，定作人不承担侵权责任。但是，定作人对定作、指示或者选任有过错的，应当承担相应的责任。

《最高人民法院关于审理劳动争议案件适用法律问题的解释（二）》

第一条 具备合法经营资格的承包人将承包业务转包或者分包给不具备合法经营资格的组织或者个人，该组织或者个人招用的劳动者请求确认承包人为承担用工主体责任单位，承担支付劳动报酬、认定工伤后的工伤保险待遇等责任的，人民法院依法予以支持。

第二条 不具备合法经营资格的组织或者个人挂靠具备合法经营资格的单位对外经营，该组织或者个人招用的劳动者请求确认被挂靠单位为承担用工主体责任单位，承担支付劳动报酬、认定工伤后的工伤保险待遇等责任的，人民法院依法予以支持。

《最高人民法院关于审理工伤保险行政案件若干问题的规定》

第三条　社会保险行政部门认定下列单位为承担工伤保险责任单位的，人民法院应予支持：

（一）职工与两个或两个以上单位建立劳动关系，工伤事故发生时，职工为之工作的单位为承担工伤保险责任的单位；

（二）劳务派遣单位派遣的职工在用工单位工作期间因工伤亡的，派遣单位为承担工伤保险责任的单位；

（三）单位指派到其他单位工作的职工因工伤亡的，指派单位为承担工伤保险责任的单位；

（四）用工单位违反法律、法规规定将承包业务转包给不具备用工主体资格的组织或者自然人，该组织或者自然人聘用的职工从事承包业务时因工伤亡的，用工单位为承担工伤保险责任的单位；

（五）个人挂靠其他单位对外经营，其聘用的人员因工伤亡的，被挂靠单位为承担工伤保险责任的单位。

前款第（四）、（五）项明确的承担工伤保险责任的单位承担赔偿责任或者社会保险经办机构从工伤保险基金支付工伤保险待遇后，有权向相关组织、单位和个人追偿。

五、劳务派遣转变为劳务外包需注意的问题

风险提示

《劳动合同法》在 2012 年 12 月 28 日作过一次修改，这次修改对劳务派遣的问题作出了更严格的规定，修改的主要原因在于劳务派遣单位过多过滥，许多用工单位长期大量使用被派遣劳动者，被派遣劳动者的合法权益得不到有效保障。具体的法律变更情况如下：（1）原规定劳务派遣公司注册资本不得少于 50 万元，2012 年《劳动合同法》规定注册资本不得少于 200 万元；（2）劳务派遣公司需要经劳动行政部门特别登记许可方可经营；（3）2012 年《劳动合同法》严格要求被派遣劳动者应与普通劳动者同工同酬，且工作岗位持续时间不得超过 6 个月；（4）劳务派遣用工人数不得

超过国务院劳动行政部门所规定的比例。2014 年，《劳务派遣暂行规定》出台，对劳务派遣的适用作了详细的规范。

因为劳务派遣受到了严格的限制，所以许多劳动密集型公司不得不对过往大量使用劳务派遣工的情况作出调整和改变。劳务派遣转变为劳务外包，是不少公司突破劳务派遣限制、用以替代劳务派遣的重要方法。

从法律上看，劳务外包实际上是发包公司和承包方之间建立了承揽合同关系，《民法典》第七百七十条是劳务外包的法律基础，该条规定："承揽合同是承揽人按照定作人的要求完成工作，交付工作成果，定作人支付报酬的合同。承揽包括加工、定作、修理、复制、测试、检验等工作。"劳务派遣与劳务外包两者之间最大的区别在于：劳务派遣是劳务公司将人"送进来"，由用工单位具体对派遣员工进行管理和安排生产；劳务外包是用工单位将业务"送出去"，让劳务公司来承接任务进行生产（如图 1-1）。

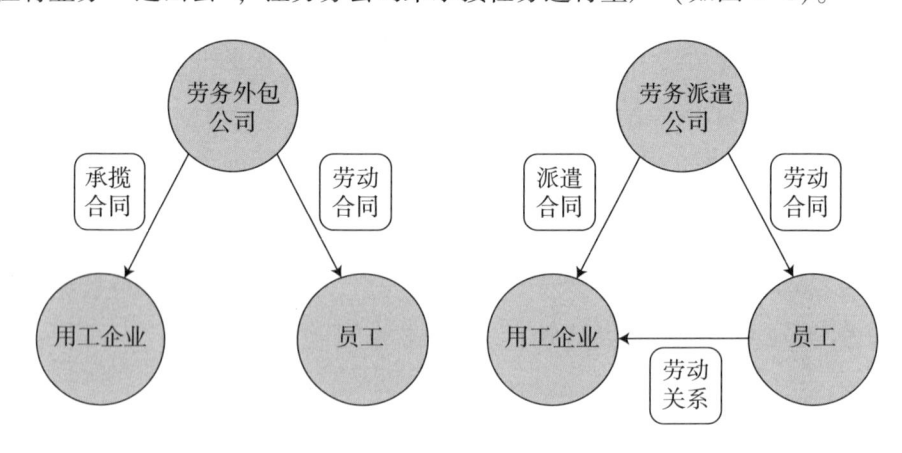

图 1-1　劳务外包和劳务派遣的区别

公司在使用劳务外包时要注意避免"换汤不换药"的情况出现，笔者在为工业性公司提供法律顾问时常发现，目前许多劳务外包公司是由原来的劳务派遣公司转变而来，在劳务派遣转外包的过程中，只是将原来的合同名称从"劳务派遣"改成"劳务外包"，而在实际操作中依旧是劳务公司将人派遣到用工公司中去工作，仍然是由用工公司管理员工。这种"假外包，真派遣"的做法是得不到法律认可的，根据《劳务派遣暂行规定》第二十七条的规定，这种做法依然会被认定为员工和用工公司之间存在劳务派遣的关系。一些地方政府还会对"假外包,真派遣"的劳务派遣公司、实际用工公司给予严厉的经济处罚。

> 以案说法

签订劳务外包合同并不能排除劳务派遣的实质

某装卸劳务公司与港口集团公司下属的某港务公司签订了一份《装卸作业承包合同》。某港务公司将港口货柜装卸业务外包给该劳务公司,合同约定每月港务公司向劳务公司支付装卸费总额的10%作为管理费。在实际履行的过程中,劳务公司按照港务公司要求负责招收工人并派到港务公司的港口工作,港务公司对工人进行管理。王某是劳务公司的员工,与劳务公司签订了劳动合同,被派到港务公司处工作,在一次钢材装卸作业中不慎受伤造成七级伤残。据查,劳务公司没有为王某购买工伤保险。王某提起法律程序,认为港务公司在自己受伤的事情上也存在过错,要求港务公司与劳务公司一起承担工伤赔偿责任。港务公司认为自己与劳务公司之间属于劳务外包的关系,不应承担责任。

【律师评析】

本案中,如果劳务公司、港务公司跟王某之间的关系被法院认定为劳务外包关系,那么港务公司就不需要为王某的受伤负责。如果法院将他们之间的关系认定为劳务派遣关系,根据《劳动合同法》第九十二条的规定,港务公司在存在过错的情况下,要和劳务公司一起承担连带赔偿责任。

在本案中,虽然劳务公司跟港务公司之间签订的是《装卸作业承包合同》,约定港务公司的港口装卸作业外包给劳务公司处理,但是在实际操作中却是劳务公司按照港务公司的要求派人到港务公司工作,派去的员工均接受港务公司的管理。劳务公司和港务公司之间涉嫌存在"假外包,真派遣"的行为,因此劳务公司、港务公司与王某之间应当被认定为存在劳务派遣关系。

> 应对方案

1. 用工单位与劳务公司之间需要签订《劳务外包合同》。首先,合同名称要明确是劳务外包,避免采用人才派遣合同、劳务派遣合同等表述。其次，在劳务外包合同中要明确外包的项目以及具体的结算金额和结算方式。需要注意的是，结算金额不能通过"数人头"的方式计算，因为按人数计算费用的方式是劳务派遣的计价形式，这样可能被法院和行政机关认定为"假外包，真派遣"。用工单位向劳务公司支付的费用为劳务服务费，劳务服务费一般根据工作量及工作成果进行结算。

2. 用工单位将业务发包给劳务公司完成，用工单位为了保障服务质量，可以对劳务公司的工作进行监督，但是不能对劳务公司的员工进行直接管理，更不能把用工单位的管理制度和规定直接适用于劳务公司的工作人员。用工单位可以将制定好的管理制度和规定交予劳务公司，由劳务公司在该外包项目中对自己的员工进行管理和约束。笔者建议，用工单位可以与劳务公司商议，由用工单位指派一位管理人员在劳务公司驻点作为对接人，用工单位需要发出指令时均向驻点管理人员发出，由驻点管理人员安排劳务工作人员进行工作。

法律依据

《中华人民共和国民法典》

第七百七十条　承揽合同是承揽人按照定作人的要求完成工作，交付工作成果，定作人支付报酬的合同。

承揽包括加工、定作、修理、复制、测试、检验等工作。

《中华人民共和国劳动合同法》

第五十七条　经营劳务派遣业务应当具备下列条件：

（一）注册资本不得少于人民币二百万元；

（二）有与开展业务相适应的固定的经营场所和设施；

（三）有符合法律、行政法规规定的劳务派遣管理制度；

（四）法律、行政法规规定的其他条件。

经营劳务派遣业务，应当向劳动行政部门依法申请行政许可；经许可的，依法办理相应的公司登记。未经许可，任何单位和个人不得经营劳务派遣业务。

第六十三条　被派遣劳动者享有与用工单位的劳动者同工同酬的权利。用工单位应当按照同工同酬原则，对被派遣劳动者与本单位同类岗位的劳动者实行相同的劳动报酬分配办法。用工单位无同类岗位劳动者的，参照用工单位所在地相同或者相近岗位劳动者的劳动报酬确定。

劳务派遣单位与被派遣劳动者订立的劳动合同和与用工单位订立的劳务派遣协议，载明或者约定的向被派遣劳动者支付的劳动报酬应当符合前款规定。

第六十六条　劳动合同用工是我国的企业基本用工形式。劳务派遣用工是补充形式，只能在临时性、辅助性或者替代性的工作岗位上实施。

前款规定的临时性工作岗位是指存续时间不超过六个月的岗位；辅助性工作岗位是指为主营业务岗位提供服务的非主营业务岗位；替代性工作岗位是指用工单位的劳动者因脱产学习、休假等原因无法工作的一定期间内，可以由其他劳动者替代工作的岗位。

用工单位应当严格控制劳务派遣用工数量，不得超过其用工总量的一定比例，具体比例由国务院劳动行政部门规定。

《劳务派遣暂行规定》

第二十七条　用人单位以承揽、外包等名义，按劳务派遣用工形式使用劳动者的，按照本规定处理。

六、非全日制用工关系的建立与注意事项

> **风险提示**

什么是非全日制用工？《劳动合同法》第六十八条规定："非全日制用工，是指以小时计酬为主，劳动者在同一用人单位一般平均每日工作时间不超过四小时，每周工作时间累计不超过二十四小时的用工形式。"

实践中，公司与员工签订非全日制劳动合同并不需要到劳动部门备案，因此十分方便，也给当今社会的劳动用工带来了极大的好处。自2008年1月1日《劳动合同法》开始施行，公司必须为全日制用工的员工购买社保，可以为非全日制用工的员工购买基本的养老保险、医疗保险和工伤保险（其中公司必须缴纳工伤保险费）。但法律规定在一些公司（尤其是劳动密集型公司）中并没有得到很好的实施，这不单是公司节省成本导致，更可能的原因在于：部分劳动者目前难以承担社保个人缴纳部分的费用，以及劳动者流动性极大。根据现行社保政策，若员工从公司离职后不再续买社保，则日后

无法享受社保待遇。因此许多劳动密集型公司采取了全日制及非全日制用工制度并存的方式，用工要求不变，由员工自行选择签订哪种合同。员工一旦选择非全日制用工，公司会将节省的社保成本的一部分转化为津贴发还给员工。这种操作制度往往得到了较好的执行，因为公司避免了潜在的劳动风险，还可以将节省的社保成本用于发放非全日制用工的津贴。对员工来说，这样也满足了他们的实际需求并切实提高了他们的福利待遇。

公司通常无须对非全日制的员工支付加班费，解除与非全日制员工的劳动关系时也无须支付任何经济补偿金或经济赔偿金。虽然公司适用非全日制用工能节省用工成本且有较大自主性，但是公司在适用该制度时仍需要严格按照法律要求进行操作。根据非全日制用工相关法律条文的规定，公司与员工建立非全日制劳动关系的，需要签订非全日制劳动合同，并让员工明确知道自己作为非全日制员工的权利和义务，避免公司在员工不知情的情况下诱骗员工签订非全日制劳动合同。同时，公司应当严格按照法律规定每月发放两次工资，同时应为员工购买工伤保险。若公司不为员工购买工伤保险，需要将购买工伤保险的费用以工资的形式支付给员工，并明确约定由员工自己购买。另外，在工作时间上，若有证据证明公司超过4小时用工，则司法机关会否定双方的非全日制用工关系，视为双方建立了全日制劳动用工关系。

以案说法

1. 公司与员工建立非全日制劳动关系的，需要签订非全日制劳动合同[①]

宋某是某经营公司的员工，2012年1月12日公司与他签订了非全日制劳动合同。宋某在签订合同时还签订了同意书，同意非全日制用工的模式。

2013年9月，宋某因多年来自己未购买社保，权利受到了损害，于是提起诉讼。宋某提出自己平日上班是从凌晨四点到晚上七八点，并提供了没有登记上下班时间的考勤表，要求法院确认自己与经营公司之间不是非全日制劳动关系，而是全日制的劳动关系。

【判词摘录】

◆ 宋某与经营公司签订了非全日制劳动合同，且附有宋某签名的申请

---

① 广州市中级人民法院（2014）穗中法民一终字第2791号民事判决书。

书，申请书显示宋某了解非全日制和全日制用工的规定，自愿签订非全日制劳动合同。宋某主张其是在领导的诱导下签订了非全日制劳动合同，但未能提供证据证明其主张，应当承担举证不能的不利后果。双方确认工资每月支付2次。

◆ 根据《中华人民共和国劳动争议调解仲裁法》（以下简称《劳动争议调解仲裁法》）第六条的规定，当事人对自己提出的主张有责任提供证据。宋某主张其实际是全日制用工，工作时间为凌晨四点至晚上七八点，提供了考勤表，但考勤表上只有出勤记录，不能证明其工作时间。

综上，宋某与经营公司关于非全日制用工劳动合同中的约定和实际履行均符合法律规定，宋某请求确认双方存在全日制用工劳动关系无事实及法律依据，法院不予支持。一审法院根据双方当事人的诉辩、提交的证据对本案事实进行了认定，并在此基础上依法作出原审判决，合法合理，且理由阐述充分，二审法院予以维持。

2. 非全日制劳动关系下，双方都可以随时通知对方终止用工且无须支付经济补偿金

刘某是某报社的送报员，报社与刘某签订的是非全日制劳动合同，刘某在签订合同时，还签订了一份同意适用非全日制劳动用工的《申请书》，《申请书》写明其已全面了解《劳动合同法》关于非全日制与全日制用工的规定，并请求签订非全日制劳动合同。

刘某平日负责05：00—09：00的送报工作，工资按每小时4.6元支付，每个月15日及25日各发一次工资。刘某完成日常的送报工作后，额外会帮助报社收购废报纸或在外为报社向客户或读者进行征订，报社会根据刘某的工作成果额外支付提成和奖励。

2011年7月，报社认为刘某工作表现差且存在违规行为，因此与其解除劳动关系。刘某不服提起诉讼，他认为自己与报社之间表面上是非全日制劳动关系，实际上自己是全日制用工，要求报社向自己支付经济赔偿金。刘某向法院提交了公司的考勤表，考勤表记载刘某几乎天天都出勤，但并未记录具体上下班时间，刘某根据考勤表的记载要求公司支付休息日及法定休假日的加班费。

刘某离职前 12 个月的月平均工资为 4226.6 元。

【律师评析】

双方签订的劳动合同约定刘某的工作时间按照非全日制用工制度执行，刘某向报社递交的《申请书》也写明其已全面了解《劳动合同法》关于非全日制与全日制用工的规定，并请求签订非全日制劳动合同。上述《申请书》及《劳动合同》是刘某的真实意思表示，没有违反法律的规定。

虽然考勤表显示刘某休息日和法定休假日也上了班，但因刘某是非全日制用工，现没有证据证实平时报社用工是否超过 4 小时，而且刘某的工资由绩效工资和每月数额不固定的提成组成，报社实际上支付给刘某的月均工资为 4226.6 元，该数额已超出劳动合同约定的工资金额，刘某要求支付休息日和法定休假日加班工资的诉讼请求无法得到支持。

根据《劳动合同法》第七十一条的规定，非全日制用工双方当事人任何一方都可以随时通知对方终止用工。终止用工，用人单位不向劳动者支付经济补偿。本案中，报社可以随时通知刘某终止用工，刘某要求报社支付违法解除劳动合同的赔偿金的理由依据不足，无法获得赔偿金。

3. 公司与员工建立非全日制劳动关系的，由员工以个人身份自行缴纳养老保险费

黄某于 2011 年 7 月入职某经营公司，双方签订非全日制劳动合同，且黄某在同意签订非全日制劳动合同的申请书上签名确认。2011 年 9 月 12 日，黄某酒后驾驶一辆二轮摩托车在街上与一辆重型专项作业车发生碰撞并当场死亡。事后，劳动部门对黄某的死亡不认定为工伤。

事发后，黄某家属向经营公司提出索赔，要求经营公司支付丧葬补助金和一次性抚恤金。

【律师评析】

《中华人民共和国社会保险法》（以下简称《社会保险法》）第十二条第三款规定，无雇工的个体工商户、未在用人单位参加基本养老保险的非全日制从业人员以及其他灵活就业人员参加基本养老保险的，应当按照国家规定缴纳基本养老保险费，分别记入基本养老保险统筹基金和个人账户。根据该条规定和双方劳动合同约定，黄某应自行缴纳基本养老保险费。

《社会保险法》第十七条规定，参加基本养老保险的个人，因病或者非因工死亡的，其遗属可以领取丧葬补助金和抚恤金。据此，黄某的丧葬补助金和一次性抚恤金本应由基本养老保险统筹基金支付，由于黄某自己未缴纳基本养老保险费，其家属无法从基本养老保险统筹基金中获赔上述费用，并非公司的过错，黄某家属要求公司承担丧葬补助金和一次性抚恤金缺乏事实依据。

应对方案

1. 公司若与员工建立非全日制劳动关系，需要签订非全日制劳动合同。非全日制劳动合同与一般的全日制劳动合同在条款上稍有不同，劳动关系条款中要明确双方实行非全日制劳动关系，并以小时为单位计算工资，明确工伤保险的缴纳方法等。

2. 公司除了需要与员工签订非全日制劳动合同，还必须要求员工签订同意书或申请书，由员工在同意书或申请书上签名确认，以明确自己清楚地知道全日制用工和非全日制用工的区别并同意与公司签订非全日制劳动合同。虽然法律并没有明确要求公司与员工签订同意书或申请书，但是在笔者经办的非全日制劳动用工认定的案件中，劳动仲裁委员会或法院时常会询问并查明员工是否知晓自己是与公司建立非全日制劳动关系的事实。由员工签订同意书或申请书，可以避免员工签订非全日制劳动用工合同到底是自愿还是不知情的争议（如图1-2）。

申　请　书

　　本人已全面了解《劳动合同法》关于非全日制和全日制用工的规定。现本人请求签订非全日制用工劳动合同。

　　特此申请。

　　　　　　　　　　　　　　　　　　申请人：
　　　　　　　　　　　　　　　　　　日　　期：

图1-2　可得到法院认可的非全日制用工申请书

3. 公司应当规范制作并保存工资明细资料。非全日制用工劳动报酬是以小时计薪，小时计酬标准不得低于公司所在地人民政府规定的最低小时工资标准，同时结算支付周期最长不得超过 15 日。如果员工提交的工资明细证明公司支付的小时工资低于当地最低小时工资标准，或者超过 15 日发放工资，法院就会否定双方存在非全日制劳动关系。

4. 非全日制的员工在同一公司一般平均每日工作时间不超过 4 小时，每周工作时间累计不超过 24 小时。如果员工要否认与公司存在非全日制劳动关系，可以从工资支付方面着手，也可以从考勤方面予以证明。如果员工的考勤记录显示工作时间超出了上述法律规定的时间限制，法院就会否定双方存在非全日制劳动关系。

根据法律规定，使用非全日制劳动用工的公司可以随时辞退非全日制员工而无须支付经济补偿，也无须支付加班费，因此往往出现公司滥用非全日制劳动用工的情形。笔者在此提醒用人单位，非全日制用工并不能完全替代全日制用工。公司在使用非全日制用工时，应该严格遵守法律规定，且不应借助非全日制用工的便利故意损害员工的合法权益。

法律依据

《中华人民共和国劳动合同法》

第六十八条 非全日制用工，是指以小时计酬为主，劳动者在同一用人单位一般平均每日工作时间不超过四小时，每周工作时间累计不超过二十四小时的用工形式。

第六十九条 非全日制用工双方当事人可以订立口头协议。

从事非全日制用工的劳动者可以与一个或者一个以上用人单位订立劳动合同；但是，后订立的劳动合同不得影响先订立的劳动合同的履行。

第七十条 非全日制用工双方当事人不得约定试用期。

第七十一条 非全日制用工双方当事人任何一方都可以随时通知对方终止用工。终止用工，用人单位不向劳动者支付经济补偿。

第七十二条 非全日制用工小时计酬标准不得低于用人单位所在地人民政府规定的最低小时工资标准。

非全日制用工劳动报酬结算支付周期最长不得超过十五日。

《中华人民共和国社会保险法》

第十二条 ……

无雇工的个体工商户、未在用人单位参加基本养老保险的非全日制从业人员以及其他灵活就业人员参加基本养老保险的，应当按照国家规定缴纳基本养老保险费，分别记入基本养老保险统筹基金和个人账户。

第十七条 参加基本养老保险的个人，因病或者非因工死亡的，其遗属可以领取丧葬补助金和抚恤金；在未达到法定退休年龄时因病或者非因工致残完全丧失劳动能力的，可以领取病残津贴。所需资金从基本养老保险基金中支付。

七、特殊工时工作制劳动用工关系的建立与注意事项

> 风险提示

我国现行工时制度有三种：标准工时制、综合计算工时工作制和不定时工作制。大部分公司实行的都是标准工时制，即每日工作 8 小时，每周工作 40 小时，公司安排员工工作超出"法定标准工作时间"，若不能安排补休，则应向员工支付相应加班工资。部分公司根据有关法律规定，可以实行综合计算工时工作制和不定时工作制的特殊工时工作制。

综合计算工时工作制针对的是因工作性质特殊需连续作业的岗位，或受季节和自然条件限制需要集中作业的岗位，采用的以周、月、季、半年、年等为周期综合计算工作时间的一种特殊工时制度，其平均日工作时间和平均周工作时间应与法定标准工作时间基本相同。在综合计算工时工作制下，员工工作时间超过法定工作时间的部分，按不低于正常工作时间工资的 150% 支付加班工资；公司安排员工在法定节假日上班的，按不低于正常工作时间工资的 300% 支付加班工资。

不定时工作制是公司因为生产特点、工作特殊需要或职责范围的关系，无法按照标准工作时间衡量或需要机动作业而采取的一种特殊工时制度。根据《工资支付暂行规定》第十三条的规定，实行不定时工时制，一般不执行加班工资的规定，但员工同样享有休息休假的权利。而各地对于法定节假

日是否需要支付加班工资，有不同的规定。

因此，公司实施综合计算工时工作制与不定时工作制这两种特殊工时制是必须依法通过人力资源和社会保障部门审批的。如果公司未取得相关审批或已超出审批期限而对员工实行特殊工时制，将面临行政处罚并需向员工承担相应责任。即使公司取得了审批，在实行特殊工时制的过程中也应当注意保证员工休息休假的权利。

以案说法

公司实施特殊工时制需经劳动行政部门批准[①]

2015年4月23日，靳某入职某押运公司，先后从事押运员、守库员、车长等工作。2015年7月22日，经当地人力资源和社会保障局批准，该押运公司的押运人员等实行不定时工作制。2016年5月、2019年6月，双方先后签订两份书面劳动合同，均约定实行不定时工作制，押运公司未给靳某缴纳社会保险费。

2021年6月5日，靳某以押运公司未向其缴纳社会保险、未足额支付加班费、合同约定工资低于当地最低工资标准为由向该分公司邮寄《解除劳动合同通知函》，押运公司于当日签收。后双方因解除劳动合同经济补偿金、加班工资等发生争议。

【判词摘录】

◆ 根据劳动法等相关法律规定，经劳动行政部门批准后，可以实行特殊工时制度，实行不定时工作制的可以不支付延长工作时间加班工资。故法院对靳某要求押运公司支付该期间延长工作时间加班工资的主张不予支持。

◆ 但实行不定时工作制的员工，其平均日、周工作时间亦应与法定标准工作时间基本相同，并非可以随意安排员工加班，仍要采取轮休调休、集中工作、集中休息等适当方式确保职工的休息休假权利，即保证其每周双休及法定节假日休息。

应对方案

1. 公司拟实行特殊工时工作制的，应按照规定，明确岗位、人员范围，

---

① 汉中市中级人民法院（2022）陕07民终287号民事判决书。

不得擅自扩大实行范围，并应按照所在地的政策要求及时向所在地的人力资源和社会保障部门申报审批。

2. 人力资源和社会保障部门准予实行特殊工时工作制的，一般会根据申请设定有效期。有效期满后公司仍需要继续实行特殊工时工作制的，需要及时重新办理申报。

3. 公司应合理确定劳动定额，合理安排员工休息休假，保障员工休息的权利。

4. 各地对于特殊工时工作制的有效期期限、适用范围、支付加班工资的要求存在差异，公司应关注本省市有关特殊工时工作制的政策规定并遵照执行。

法律依据

《中华人民共和国劳动法》

第三十八条　用人单位应当保证劳动者每周至少休息一日。

第三十九条　企业因生产特点不能实行本法第三十六条、第三十八条规定的，经劳动行政部门批准，可以实行其他工作和休息办法。

《关于企业实行不定时工作制和综合计算工时工作制的审批办法》

第四条　企业对符合下列条件之一的职工，可以实行不定时工作制。

（一）企业中的高级管理人员、外勤人员、推销人员、部分值班人员和其他因工作无法按标准工作时间衡量的职工；

（二）企业中的长途运输人员、出租汽车司机和铁路、港口、仓库的部分装卸人员以及因工作性质特殊，需机动作业的职工；

（三）其他因生产特点、工作特殊需要或职责范围的关系，适合实行不定时工作制的职工。

第五条　企业对符合下列条件之一的职工，可实行综合计算工时工作制，即分别以周、月、季、年等为周期，综合计算工作时间，但其平均日工作时间和平均周工作时间应与法定标准工作时间基本相同。

（一）交通、铁路、邮电、水运、航空、渔业等行业中因工作性质特殊，需连续作业的职工；

（二）地质及资源勘探、建筑、制盐、制糖、旅游等受季节和自然条件限制的行业的部分职工；

（三）其他适合实行综合计算工时工作制的职工。

第七条 ……

地方企业实行不定时工作制和综合计算工时工作制等其他工作和休息办法的审批办法，由各省、自治区、直辖市人民政府劳动行政部门制定，报国务院劳动行政部门备案。

《工资支付暂行规定》

第十三条 用人单位在劳动者完成劳动定额或规定的工作任务后，根据实际需要安排劳动者在法定标准工作时间以外工作的，应按以下标准支付工资：

（一）用人单位依法安排劳动者在日法定标准工作时间以外延长工作时间的，按照不低于劳动合同规定的劳动者本人小时工资标准的150%支付劳动者工资；

（二）用人单位依法安排劳动者在休息日工作，而又不能安排补休的，按照不低于劳动合同规定的劳动者本人日或小时工资标准的200%支付劳动者工资；

（三）用人单位依法安排劳动者在法定休假节日工作的，按照不低于劳动合同规定的劳动者本人日或小时工资标准的300%支付劳动者工资。

实行计件工资的劳动者，在完成计件定额任务后，由用人单位安排延长工作时间的，应根据上述规定的原则，分别按照不低于其本人法定工作时间计件单价的150%、200%、300%支付其工资。

经劳动行政部门批准实行综合计算工时工作制的，其综合计算工作时间超过法定标准工作时间的部分，应视为延长工作时间，并应按本规定支付劳动者延长工作时间的工资。

实行不定时工时制度的劳动者，不执行上述规定。

八、公司能否通过签订合作协议的方式规避劳动关系

风险提示

由于劳动关系的特殊性质，我国立法体现了对员工的倾斜性保护，对公

司设置了大量强制性义务，例如公司必须在用工之日起一个月内与员工签订书面合同；公司在劳动关系中须执行国家劳动标准为员工提供相应的劳动条件和劳动保护；公司应当及时支付员工劳动报酬；公司应当为员工缴纳社会保险费与住房公积金；公司不得随意解除与员工的劳动合同关系，否则需要支付经济补偿金或经济赔偿金。

然而，如果公司和个人之间是合作关系，则因合作关系为平等民事主体之间建立的关系，双方可以在不违反法律法规的前提下协商各自应享受的权利和应承担的义务。换言之，公司与个人建立合作关系，会相较于建立劳动关系承担更少的法定义务和更低的成本支出。

因此，一些公司为了规避劳动关系下用人单位应履行的法定义务，而与员工签订合作协议约定各自的权利义务并排除法定义务。但是，合同性质的认定并非根据合同的名称，而是根据合同内容所涉及的法律关系，即合同双方所设立的权利义务来进行认定的。如果合作协议的内容和实际履行符合劳动关系的法律特征，那么仍然无法规避风险。

> 以案说法

1. 双方虽签订合作协议，但合同性质符合人格从属性和经济从属性特征的，仍然为劳动关系而非合作经营关系[①]

聂某与林氏公司签订了《合作设立茶叶经营项目的协议》（以下简称《合作协议》），协议约定林氏公司投资茶叶项目，聘任聂某为茶叶经营项目经理，负责管理和经营。在目标公司设立之前，聂某按基本工资加业绩的方式获得报酬；目标公司设立之后，聂某按持股比例获得目标公司的收益。

协议签订后，聂某到该项目上工作，工作内容为接待、茶叶销售等。由于目标公司尚未成立，林氏公司法定代表人按照每月基本工资10000元的标准，每月15日通过银行转账向聂某发放上一自然月工资。聂某请假需经林氏公司法定代表人批准，且实际出勤天数影响工资的实发数额。

一年后，林氏公司通知聂某终止《合作协议》。聂某遂提起诉讼，要求林氏公司支付未签订书面劳动合同二倍工资差额、未足额支付的工资以及违

---

① 北京市高级人民法院（2019）京民申986号民事裁定书。

法解除劳动合同的赔偿金等。

法院经审理认为，《合作协议》符合劳动合同的特征，因此确认林氏公司与聂某之间为劳动关系，林氏公司单方终止《合作协议》属于违法解除劳动合同，应向聂某支付赔偿金。

【判词摘录】

◆ 林氏公司与聂某签订的《合作协议》系自愿签订的，不违反强制性法律、法规规定，属有效合同。

◆ 对于合同性质的认定，应当根据合同内容所涉及的法律关系，即合同双方所设立的权利义务来进行认定。双方签订的协议第一条明确约定聘任聂某为茶叶经营项目经理，"聘任"一词一般表明当事人有雇佣劳动者为其提供劳动之意；协议第三条约定了聂某的取酬方式，无论在双方设定的目标公司成立之前还是之后，聂某均可获得"基本工资""业绩"等报酬，与合作经营中的收益分配明显不符。"合作经营"合同的典型特征是共同出资，共担风险，本案合同中既未约定聂某出资比例，也未约定共担风险，与合作经营合同不符。

◆ 从本案相关证据上看，聂某接受林氏公司的管理，按月汇报员工的考勤、款项分配、开支、销售、工作计划、备用金的申请等情况，且所发工资与出勤天数密切相关。

◆ 双方在履行合同过程中形成的关系，符合劳动合同中人格从属性和经济从属性的双重特征。故原判认定聂某与林氏公司之间存在劳动关系并无不当。

2. 主播与经纪公司之间不具备从属性特征的，不构成劳动关系[①]

2017年11月29日，李某与某咖公司签订《艺人独家合作协议》，主要约定，某咖公司作为经纪公司为李某提供才艺演艺互动平台、提供优质推荐资源，李某在某咖公司的合作互动平台上进行才艺演艺从而获得相关演艺收入，并获得某咖公司优质资源包装推荐机会。

李某从事主播的过程中，其直播地点、直播内容、直播时长、直播时间段并不固定，收入主要是通过网络直播吸引网络粉丝在网络上购买虚拟礼物

[①] 重庆市第一中级人民法院（2019）渝01民终1910号民事判决书。

后的赠予，直播平台根据与李某、某咖公司的约定将收益扣除部分后转账给某咖公司，某咖公司根据与李某的约定将收益扣除部分后转账给李某，转账时间和金额均不固定，有些转账名目上载明为工资。

李某诉称：劳动关系存续期间，某咖公司未与其签订劳动合同，未为其购买社会保险，至今仍拖欠工资。请求法院确认双方在2017年11月2日至2018年3月31日期间存在劳动关系，由某咖公司向其支付二倍工资差额27168.39元、欠付工资7500元及经济补偿金3712.5元，并确认双方劳动关系自李某口头解除之日即2018年3月29日解除。

某咖公司辩称：双方签订的是合作协议，其为李某提供直播资源和政策。李某主播收入是网友的打赏、礼物，平台从收入中提成50%，某咖公司收到平台的钱后按比例与李某分配，并不向李某发放工资；李某的工作内容不是其经营范围；李某的直播行为不受其管理，直播时长不由其控制，直播内容是李某自己策划，直播地点自己选择；李某自己注册平台账号，自己管理账号，某咖公司仅作备案。因此，双方不存在劳动关系，其诉讼请求依法应予驳回。

【判词摘录】

◆ 首先，从管理方式上看，某咖公司没有对李某进行劳动管理。虽然李某通过某咖公司在第三方直播平台上注册并从事网络直播活动，但李某的直播地点、直播内容、直播时长、直播时间段并不固定，李某亦无须遵守某咖公司的各项劳动规章制度。

◆ 其次，从收入分配上看，某咖公司没有向李某支付劳动报酬。李某的直播收入虽由某咖公司支付，但主要是李某通过网络直播吸引粉丝获得打赏所得，某咖公司仅是按照其与直播平台和李某之间的约定比例进行收益分配，某咖公司无法掌控和决定李某的收入金额，双方在合作协议中约定的保底收入应属于某咖公司给予直播合作伙伴的保障和激励费用，并非李某收入的主要来源，故某咖公司基于合作协议向李某支付的直播收入不是用人单位向劳动者支付的劳动报酬。

◆ 最后，从工作内容上看，李某从事的网络直播活动并非某咖公司业务的组成部分。李某从事网络直播的平台由第三方所有和提供，网络直播本身不属于某咖公司的经营范围，某咖公司的经营范围仅包括直播策划服务，并不包括信息网络传播视听节目等内容,虽然双方合作协议约定某咖公司享有李某直播作品的著作权,但不能据此推论李某从事直播活动系履行职务行为,故李某从事的网络直播活动不是某咖公司业务的组成部分。

◆ 因此,李某与某咖公司之间不符合劳动关系的法律特征,法院对李某基于劳动关系提出的各项诉讼请求未予支持并无不当。

应对方案

1. 如合同签订双方欲建立非劳动关系的其他关系,条款设置就应当避免约定劳动关系相应的权利义务,如在合作合同关系、经纪合同关系中设置双方的权利义务时,不应设置劳动报酬、社会保险等法律、法规明确规定的应当纳入劳动合同的事项,履行合同过程中也不应履行法律、法规规定的由劳动关系中用人单位应履行的缴纳社保、按月发放工资报酬等义务,以免混淆法律关系。

2. 认定劳动关系是否成立的关键在于双方是否存在人身从属性与经济从属性,如果公司并非想要建立劳动关系,则应避免在履行过程中对工作时间、地点、内容、方式的管理行为或用公司的规章制度约束对方。

3. 公司应当按照双方约定及项目性质进行结算,避免按月或按周等周期性、规律性的支付行为。

法律依据

《中华人民共和国劳动合同法》

第十条 建立劳动关系,应当订立书面劳动合同。

已建立劳动关系,未同时订立书面劳动合同的,应当自用工之日起一个月内订立书面劳动合同。

用人单位与劳动者在用工前订立劳动合同的,劳动关系自用工之日起建立。

第二章
劳动合同的签订与管理

第一节　签订劳动合同

一、公司未及时签订书面劳动合同须支付员工二倍工资差额

风险提示

《劳动合同法》第十条第一款规定："建立劳动关系，应当订立书面劳动合同。"订立书面的劳动合同，是法律对公司的硬性要求，但是一些公司出于种种原因，没有与员工签订劳动合同。例如，初创公司在业务拓展上已忙得焦头烂额，根本无暇顾及人事管理，公司负责人一心想着怎么把公司做起来及如何融资，对与员工签订劳动合同的问题不重视，认为这是可有可无的东西；或是公司负责人对法律理解不到位，以为员工入职的时候填写了入职登记表就行了，将入职登记表视为劳动合同（关于入职登记表能否视为劳动合同，详见本书第一章第二节第一部分的有关内容）。公司如果没有与员工签订书面劳动合同，自用工之日起满一个月的次日至满一年的前一日，公司需要向员工支付二倍工资。

有时候公司一方也觉得很"委屈"，实践中经常会出现员工不愿意与公司签订劳动合同的情况。《中华人民共和国劳动合同法实施条例》（以下简称《劳动合同法实施条例》）第五条规定："自用工之日起一个月内，经用人单位书面通知后，劳动者不与用人单位订立书面劳动合同的，用人单位应当书面通知劳动者终止劳动关系，无需向劳动者支付经济补偿，但是应当依法向劳动者支付其实际工作时间的劳动报酬。"此外，根据《最高人民法院关于审理劳动争议案件适用法律问题的解释（二）》第七条第（二）项的规定，若因员工本人故意或者重大过失未与公司签订劳动合同，公司无须支付二倍工资，但需要对此承担举证责任。因此，针对员工不愿意与公司签订劳动合同的情况，公司务必注意留存证据。建议公司首先通过发送手机短信、微信、纸质快递书面通知等方式明确要求员工签订合同。若员工收到通知后仍不予理会，公司有权在用工之日起一个月内依法终止劳动关系。同

时，公司保留的这些通知记录，也可作为日后员工主张未签劳动合同二倍工资时，用以证明自身免责的关键证据。

除此之外，公司还应注意劳动合同到期后的续签问题。公司与员工之间的劳动合同到期以后，并非自动续期，如果员工在劳动合同到期后继续在公司工作，而公司却没有与员工续签书面劳动合同，则视为双方之间没有签订书面劳动合同，超过一个月没有签的，公司就要向员工按月计算支付二倍工资，不满一个月的，按该月实际工作日计算。

> 以案说法

1. 员工故意不订立书面劳动合同，公司不负有支付二倍工资的责任[①]

2018年12月11日，冉某与某公司订立劳动合同，约定合同期限为2018年12月11日至2023年12月10日，职务为财务部负责人。劳动合同到期后，公司多次通过口头及微信方式通知冉某续订劳动合同，冉某以"公司要解散，不签合同可以拿二倍工资"为由拒绝续订。2024年4月30日，冉某与公司订立《解除劳动合同协议书》，双方同意解除劳动合同，并确认公司不拖欠冉某2024年4月30日前的工资及其他报酬。冉某之后申请劳动仲裁，提出公司支付未订立书面劳动合同二倍工资等请求。

【判词摘录】

公司与冉某的劳动合同到期后，冉某继续工作，公司仍按照原劳动合同约定支付劳动报酬并为冉某缴纳社会保险费。其间，公司多次要求与冉某续订书面劳动合同，但冉某拒绝订立。在冉某故意不订立书面劳动合同的情况下，公司无须承担支付二倍工资的责任。

2. 劳动合同到期后双方继续履行的，公司应在到期后一个月内与员工签订新的劳动合同

钱某于2015年9月1日到上海某公司工作，被安排在某商场专柜营业员岗位从事销售工作，双方签订劳动合同，合同期限为2014年9月1日至2015年3月31日，约定工作时间按照商场的规定执行。合同到期后，双方

[①] 参见《最高法发布劳动争议典型案例》中案例之三，载最高人民法院网站，https://www.court.gov.cn/zixun/xiangqing/472681.html，最后访问时间：2025年8月4日。

未续签劳动合同，但是钱某继续在岗工作直至 2015 年 10 月 31 日离职。钱某于 2015 年 11 月 1 日起诉，要求公司支付劳动合同期满后未签订书面劳动合同的二倍工资差额。

庭审中公司称自己曾多次催促钱某签订劳动合同，但钱某一直未能签订才致使劳动合同未能续签，由此产生的责任应由钱某承担，但未能提供相应的证据予以证明。

【律师评析】

劳动合同期满后，员工继续在公司工作，公司超过一个月不满一年未与员工订立书面劳动合同，员工请求公司每月支付二倍工资差额的，法院应予支持。

公司与钱某之间的劳动合同于 2015 年 3 月 31 日到期，双方未续签劳动合同，钱某继续工作至 2015 年 10 月 31 日，虽然公司主张劳动合同未能续签是因钱某拒绝签订，但却并不能提供证据予以证明，公司的抗辩没有事实依据。所以公司在本案中要向钱某支付自 2015 年 4 月 1 日起至 2015 年 10 月 31 日止的二倍工资差额。

应对方案

1. 公司与员工建立劳动关系或者劳动合同期满而员工继续工作时，公司应当在一个月内主动与员工签订书面劳动合同，否则可能面临向员工支付未签订书面劳动合同的二倍工资的风险。

2. 公司在员工入职时没能第一时间签订劳动合同，超过一个月后再与员工签订劳动合同的，应该与员工协商将劳动合同签订日期倒签到员工入职的一个月内。同时建议公司要求员工签订一份确认书，确认双方签订了书面劳动合同且员工不向公司追究法律责任。

3. 公司要求与员工签订书面劳动合同而员工本人不愿意签订的，应当要求员工书面确认不签订劳动合同是员工本人提出的而非公司不与员工签订。公司要求员工出具确认书是为了日后发生纠纷时，得以举证证明不签订书面劳动合同的责任在员工一方。

若员工不愿意签订上述确认书，公司可以考虑通过人事部门负责人与其谈话并录音或录像进行取证，通过录音或录像来证明公司跟员工确实存在协商签订书面劳动合同的事实，不签劳动合同的责任确实不在公司。

4. 公司书面通知员工签订劳动合同，在员工不愿意签订的情况下，公司应当尽快在员工入职一个月内与该员工终止劳动关系并发出终止劳动关系的书面通知，避免日后双方发生纠纷时公司支付未签订书面劳动合同的二倍工资的风险。

法律依据

《中华人民共和国劳动合同法》

第十条　建立劳动关系，应当订立书面劳动合同。

已建立劳动关系，未同时订立书面劳动合同的，应当自用工之日起一个月内订立书面劳动合同。

用人单位与劳动者在用工前订立劳动合同的，劳动关系自用工之日起建立。

第八十二条　用人单位自用工之日起超过一个月不满一年未与劳动者订立书面劳动合同的，应当向劳动者每月支付二倍的工资。

用人单位违反本法规定不与劳动者订立无固定期限劳动合同的，自应当订立无固定期限劳动合同之日起向劳动者每月支付二倍的工资。

《中华人民共和国劳动合同法实施条例》

第五条　自用工之日起一个月内，经用人单位书面通知后，劳动者不与用人单位订立书面劳动合同的，用人单位应当书面通知劳动者终止劳动关系，无需向劳动者支付经济补偿，但是应当依法向劳动者支付其实际工作时间的劳动报酬。

第六条　用人单位自用工之日起超过一个月不满一年未与劳动者订立书面劳动合同的，应当依照劳动合同法第八十二条的规定向劳动者每月支付两倍的工资，并与劳动者补订书面劳动合同；劳动者不与用人单位订立书面劳动合同的，用人单位应当书面通知劳动者终止劳动关系，并依照劳动合同法第四十七条的规定支付经济补偿。

前款规定的用人单位向劳动者每月支付两倍工资的起算时间为用工之日起满一个月的次日，截止时间为补订书面劳动合同的前一日。

《最高人民法院关于审理劳动争议案件适用法律问题的解释（二）》

第六条　用人单位未依法与劳动者订立书面劳动合同，应当支付劳动者的二倍工资按月计算；不满一个月的，按该月实际工作日计算。

第七条　劳动者以用人单位未订立书面劳动合同为由，请求用人单位支付二倍工资的，人民法院依法予以支持，但用人单位举证证明存在下列情形之一的除外：

（一）因不可抗力导致未订立的；

（二）因劳动者本人故意或者重大过失未订立的；

（三）法律、行政法规规定的其他情形。

《深圳市中级人民法院关于审理劳动争议案件的裁判指引》

六十四、用人单位自用工之日起超过一个月不满一年未与劳动者签订书面劳动合同的，用人单位应自用工之日起满一个月的次日起支付二倍工资至双方签订书面劳动合同前一日时止。

劳动者拒绝与用人单位签订书面劳动合同，用人单位未按照《劳动合同法实施条例》第五条、第六条的规定书面通知劳动者终止劳动关系的，劳动者要求未签订书面劳动合同二倍工资的，应予支持。

劳动合同期满，劳动者继续在用人单位工作的，用人单位在劳动合同期满之日超过一个月不满一年未与劳动者签订劳动合同的，参照前两款的规定处理。

六十六、用人单位未按照法定期限与劳动者签订书面劳动合同，即使后来双方签订了劳动合同，劳动者要求用人单位支付二倍工资至签订之日的，应予支持。但双方将劳动合同的签字日期倒签在法定期限之内或者双方约定的劳动合同期间包含了已经履行的事实劳动关系期间的，应视为双方自始签订了劳动合同，劳动者要求用人单位支付二倍工资的，不予支持。

《湖南省高级人民法院关于审理劳动争议案件若干问题的指导意见》

二十二、劳动者依据《劳动合同法》第十四条第三款、第八十二条第一款的规定，以用人单位自用工之日起满一年未与其签订书面劳动合同为由，请求确认其与用人单位自用工之日起满一年时已订立无固定期限劳动合同、由用人单位支付二倍工资的，应予支持，但用人单位能举证证明未签订书面劳动合同系劳动者一方原因引起的除外。

《浙江省高级人民法院民一庭关于审理劳动争议纠纷案件若干疑难问题的解答》

一、如果确系不可归责于用人单位的原因导致未签订书面劳动合同，劳动者能否要求用人单位支付二倍工资？

签订书面劳动合同系用人单位的法定义务，但确系不可归责于用人单位的原因导致未签订书面劳动合同，劳动者因此主张二倍工资的，可不予支持。下列情形一般可认定为"不可归责于用人单位的原因"：

用人单位有充分证据证明劳动者拒绝签订或者利用主管人事等职权故意不签订劳动合同的；工伤职工在停工留薪期内的，女职工在产假期内或哺乳假内的，职工患病或非因工负伤在病假期内的，因其他客观原因导致用人单位无法及时与劳动者签订劳动合同的。

二、用人单位超过一个月未与劳动者订立书面劳动合同，但在一年内又补订了劳动合同的，是否应该向劳动者支付二倍工资？

用人单位超过一个月未与劳动者签订书面劳动合同，后在一年内又与劳动者补订了劳动合同，用人单位应向劳动者支付用工之日起满一个月的次日至补订劳动合同的前一日期间的二倍工资。实际补订日期，应根据补订的劳动合同落款日期及其他情形综合认定。

二、公司应提防员工找人代签劳动合同

> 风险提示

根据《劳动合同法》第十条的规定，用人单位与劳动者建立劳动关系必须签订书面的劳动合同。在员工入职后的一个月内，公司应安排与员工签订书面劳动合同事宜。

在实践中，一些公司人事部门的工作人员为了贪图方便、节省时间，会把劳动合同发给新入职的员工，让员工拿回去慢慢看，签名后再拿回来。公司这样做会存在一个漏洞：劳动合同签名的真实性问题。如果一份劳动合同上的员工签名并非员工本人亲笔所签，那么这份劳动合同是否有效？双方的劳动关系是否建立？

若员工没有真正在劳动合同上签名，当出现纠纷时，员工会提出劳动合同中的名字不是自己签的、双方没签劳动合同的主张，法庭会委托第三方鉴定机构对该签名做笔迹鉴定，如果经鉴定证明合同上的签名并非员工亲笔所签，那么公司就会有大麻烦。员工已经为公司提供劳动，双方的劳动关系已经成立，公司如果没有证据证明代签名是由员工授权或是员工真实意思，则很大可能会被法院认定双方实际上没有签订书面劳动该合同，所以双方存在事实劳动关系，公司需要向员工支付二倍工资。

以案说法

1. 公司认为员工故意找他人代签的，应当提交充分证据证明

李某于 2007 年 9 月入职某煤业集团公司，入职当天公司便提出与李某签订书面劳动合同。当天，包括李某在内共有 50 多位工人均需要签订劳动合同，而公司并没有现场监督大家亲笔签名。李某入职一年后，以双方于 2007 年 9 月 1 日开始已建立事实劳动关系但未签订书面劳动合同为由起诉，要求公司支付 2007 年 10 月至 2008 年 8 月期间的二倍工资差额。

庭审中，公司提交了双方签订的书面劳动合同，但李某称该份合同并非他亲笔签名。后经过笔迹鉴定发现劳动合同并非李某亲笔所签，公司称李某故意找人代签名。

【律师评析】

公司自用工之日起超过一个月不满一年未与员工订立书面劳动合同的，应当向员工每月支付二倍的工资，除非公司有足够证据证明其与员工故意找人代为签订书面劳动合同，且公司无过错，公司无须支付二倍工资。

本案中，公司提供的证据并不能证明其与李某未能签订书面劳动合同的原因完全在李某，也不能因为公司管理上的漏洞导致他人代签而免除自己支付二倍工资的责任。

2. 公司无法充分证明员工签名真实性的，视为双方未签订劳动合同

肖某入职某实业公司时，人事部的同事给了肖某两份盖有公司公章的劳动合同，合同期限 3 年，试用期 6 个月。肖某向公司表示回去后要仔细看看，并告知人事部同事说签好后第二天带回公司。第二天，肖某带回两份已签名的劳动合同，一份由公司留底，一份由肖某持有。

肖某工作8个月后，公司对肖某的工作不满意，决定开除肖某并同意支付经济赔偿金，肖某同意接受开除决定并同意领取经济赔偿金，但他还提出自己没有跟公司签订劳动合同，所以还要求公司支付自入职起到离职止的二倍工资差额。

双方因为协商不成，肖某提起劳动仲裁程序，公司提交劳动合同作为证据，但在庭审中经鉴定，该份劳动合同中肖某的签名并非他本人亲笔所签。

【律师评析】

肖某提出公司没有跟他签订劳动合同，而公司称已经签订了劳动合同并把书面劳动合同作为证据提交，劳动合同中劳动者的签名到底是不是肖某亲笔所签就是本案的关键。在一方提出签名并非自己所签而另一方却提出相反观点的情况下，劳动仲裁委员会或法院会委托第三方鉴定机构对签名做笔迹鉴定。

本案最终的鉴定意见是签名并非肖某的亲笔签名，因此在员工否认与公司签订有书面劳动合同的情况下，法院会判决双方存在事实劳动关系，从而导致公司需要向肖某支付二倍工资差额。

应对方案

1. 公司要认识到劳动合同由员工亲笔签署的重要性，公司的人事部门对此也要有充分的认识，并且工作要做得细致严谨。笔者建议，公司应当要求员工在公司工作人员的见证下在劳动合同上签字，避免出现虚假签名或找人代签的情况发生。

2. 有些公司因为涉及多地区办公，或者公司规模太大、人数多，公司人事在难以做到一对一、面对面见证员工签名的情况下，可以考虑除劳动合同外，另附一份确认亲笔签名声明书，内容为："本人确认在本人与×××公司于××年×月×日的《劳动合同》中员工处的签名为本人亲笔所签，如有虚假或代签，本人承担一切责任。特此声明。"该份声明书由公司保存原件。

法律依据

《中华人民共和国劳动合同法》

第十条 建立劳动关系，应当订立书面劳动合同。

已建立劳动关系，未同时订立书面劳动合同的，应当自用工之日起一个月内订立书面劳动合同。

用人单位与劳动者在用工前订立劳动合同的，劳动关系自用工之日起建立。

第十六条 劳动合同由用人单位与劳动者协商一致，并经用人单位与劳动者在劳动合同文本上签字或者盖章生效。

劳动合同文本由用人单位和劳动者各执一份。

三、劳动合同应设置劳动者通信地址条款

风险提示

《劳动合同法》第十七条中约定了劳动合同的几个必备条款，根据该条第一款第二项的规定，员工的姓名、住址和居民身份证或者其他有效身份证件号码是劳动合同的必备条款。但在实践中，非本地常住居民的员工，其住址经常会发生变化，身份证上的地址长期没人居住也是常见之事，导致在公司要向员工发送信件告知一些重要事项（如员工连续数日在未请假的情况下不来上班，公司向其发出返岗通知）或在紧急情况下想联络员工家属时，却无法找到员工或其家属。

劳动合同履行过程中，因各种因素使员工不能到达公司正常工作时，公司可能因信息掌握不全面而无法送达通知、决定。而送达程序的不完整将会使公司在解除劳动关系时面临程序不合法的障碍，甚至有违法解除劳动关系的法律风险。

为了避免公司面临上述困境，公司除了要按照法律规定写明员工的姓名、住址和居民身份证或者其他有效身份证件号码，还需要要求员工填写通信地址和联系方式，让员工确认自己填写的通信地址和联系方式可以接收公司的通知。

以案说法

在双方无明确约定的情况下，不能将信件被退回直接视为公司已送达员工

钱某于 2016 年 3 月入职某科技公司担任技术员，随后在工作过程中因为对上级主管不满多次与主管吵架而被公司处罚。钱某不满公司的决定，于 2016 年 11 月 5 日开始便在没有请假和进行任何说明的情况下不回公司上班。

科技公司发现王某不来上班后，按照王某的身份证地址发送了一份《限期返岗通知书》，但快递在数日后被退回，理由是"查无此人"。公司收到退件后，以钱某旷工数日违反公司制度为理由将其辞退。

公司发布辞退钱某公告 3 日后，钱某来到公司，并提出公司非法解除劳动合同的主张，要求公司赔偿。

【律师评析】

科技公司按照钱某的身份证上记载的地址发送《限期返岗通知书》，但是随后文件被退回，理由是"查无此人"。在这种情况下，该通知书并非钱某拒收，公司发出的《限期返岗通知书》并没有顺利地到达钱某的手上。所以公司收到退件后就认为"已发返岗通知但员工没有按照通知要求回来上班"，从而简单地以钱某旷工为理由将他辞退，这种操作是有瑕疵的。钱某如果提出公司是非法解除劳动合同要求支付经济赔偿金，胜诉的概率非常高。

应对方案

1. 公司应当在劳动合同中设定员工的通信地址栏，明确公司可以向员工在劳动合同中确定的通信地址发送文件，不论任何理由文件被拒收或无法送达的，均视为文件已送达员工。

2. 劳动合同中还可以写明员工紧急联系人的联系方式，若公司无法向劳动合同中所确认的收件地址发送文件，也可以通过联系紧急联系人进行沟通，以确保用人单位向劳动者发送文件的行为不会出现瑕疵。

法律依据

《中华人民共和国劳动合同法》

第十七条 劳动合同应当具备以下条款：

（一）用人单位的名称、住所和法定代表人或者主要负责人；

（二）劳动者的姓名、住址和居民身份证或者其他有效身份证件号码；

（三）劳动合同期限；

（四）工作内容和工作地点；

（五）工作时间和休息休假；

（六）劳动报酬；

（七）社会保险；

（八）劳动保护、劳动条件和职业危害防护；

（九）法律、法规规定应当纳入劳动合同的其他事项。

劳动合同除前款规定的必备条款外，用人单位与劳动者可以约定试用期、培训、保守秘密、补充保险和福利待遇等其他事项。

四、公司应持有劳动合同的原件

风险提示

如前文所述，签订书面劳动合同是法律对公司在劳动用工管理方面的硬性要求。《劳动合同法》第十六条规定："劳动合同由用人单位与劳动者协商一致，并经用人单位与劳动者在劳动合同文本上签字或者盖章生效。劳动合同文本由用人单位和劳动者各执一份。"从该条内容可知，公司与员工建立劳动关系必须签订书面的劳动合同，并且必须一式两份，公司和员工各执一份。在一般的劳动合同范本中，末尾都有类似"本劳动合同一式两份，双方各执一份，两份具有同等法律效力"的格式条款存在。

笔者在为中小微企业尤其是初创型公司提供法律顾问服务时，发现一些公司管理者对劳动用工管理的法律风险缺乏认识，且不重视劳动合同原件的管理，常有丢失劳动合同原件的情况发生。当员工与公司发生纠纷时，如果员工通过劳动合同之外的其他材料证明自己与公司之间存在劳动关系，以双方未签订书面劳动合同为由要求公司支付二倍工资差额，公司作为用人单位，如果不能提供劳动合同的原件予以反驳，就要承担败诉的后果。

以案说法

公司未能提交劳动合同原件证明已经与员工签订劳动合同，可能要支付二倍工资

彭某于2016年10月入职某商贸公司，双方在彭某入职时签订了书面的劳动合同。

2017年5月，彭某向公司的人事行政部提出自己入职时签订的劳动合同丢失，以自己的孩子要办理入学、家人要办理入户等为理由，希望借用公司保存的劳动合同原件。行政人事部门员工在没有核实的情况下，就将公司留存的劳动合同原件借给了彭某，同时忘了签订借条及办理劳动合同原件的借出手续。

2017年6月，彭某向劳动仲裁委员会提起仲裁申请，称公司未与他签订书面的劳动合同，他要提出辞职并且要求公司向他支付二倍工资差额。

【律师评析】

员工起诉称公司没有跟他签订书面劳动合同，目的就是要向公司追讨二倍工资差额。公司在面临员工起诉时，必须提供有员工亲笔签名的书面劳动合同作为证据予以反驳。如果公司无法提供书面劳动合同，劳动仲裁委员会或法院通过事实查明或其他证据（如社保记录、工作证、考勤表、证人证言等）能够证明双方存在劳动关系，公司就会面临败诉的后果。

本案中，彭某借走公司留存的劳动合同原件，不管他是故意设局还是真的弄丢了自己手上的那份劳动合同而想借公司的那份使用，公司都应该让彭某签下借出劳动合同的借条，以证明彭某将公司留存的书面劳动合同取走。而商贸公司的人事忽略了这一步，使得彭某在日后以公司未签书面劳动合同为由提起了劳动仲裁，公司手上已没有书面劳动合同，又没有证据可以证明劳动合同借给了彭某，最终只能吃哑巴亏——败诉并支付二倍工资差额。

应对方案

公司在管理劳动合同方面应该建立完善且严格的流程制度。现实社会中，有的员工准备向公司提起诉讼，会先以各种理由向公司提出借阅劳动合同（如本节案例中彭某的行为），员工将公司的合同借走后，马上以公司没有跟自己签订劳动合同为由起诉要求公司支付二倍工资差额，如果公司在借出劳动合同时没有要求员工签署借阅文件就会"吃大亏"。所以员工向公司借出劳动合同原件的时候，公司应先让员工签下借出劳动合同原件确认书，同时公司应保存劳动合同复印件并由员工在复印件上签名确认劳动合同中所约定内容的真实性。

法律依据

《中华人民共和国劳动合同法》

第十条　建立劳动关系，应当订立书面劳动合同。

已建立劳动关系，未同时订立书面劳动合同的，应当自用工之日起一个月内订立书面劳动合同。

用人单位与劳动者在用工前订立劳动合同的，劳动关系自用工之日起建立。

第二节　试用期

一、公司应与试用期员工签订劳动合同并为其购买社保

风险提示

公司可以对新入职的员工约定试用期，但根据《劳动合同法》第十九条第四款的规定："试用期包含在劳动合同期限内。劳动合同仅约定试用期的，试用期不成立，该期限为劳动合同期限。"许多公司会在约定试用期时忽略"试用期包含在劳动合同期限内"这一规定。

对于试用期员工，并不能理解为"先试试，不行就不要了"。因为从上述《劳动合同法》第十九条中可以看出，试用期内公司与员工就已经建立了劳动关系，因此公司在试用期开始时就应当与员工签订书面的劳动合同，并且为员工缴纳社保。

正如前文所述，很多公司会误解或者忽略了试用期的法律概念，他们误以为可以随意开除试用期员工，他们认为试用期员工通过试用期是签订劳动合同的前置条件。然而根据法律规定，若公司在试用期阶段没有与员工签订劳动合同，则公司会被认定为未与员工签订书面劳动合同而需要在未签劳动合同的期间内支付每个月二倍工资。另外，一些公司会专门与试用期员工签订试用期合同，根据上述《劳动合同法》第十九条第四款的规定，这种做法会被直接认定为双方签订了书面劳动合同，试用期则为劳动合同的期限。

因为试用期间属于劳动关系期间的一部分，所以公司也要为试用期员工购买社保，并且应由公司缴纳的部分不能从员工的工资中扣除。在公司没有为试用期员工购买社保的情况下，员工发生工伤意外或因病、非因工死亡的，公司要承担本应由社保支付的费用，同时还会面临劳动监察管理部门的罚款。若公司扣除员工的工资用于购买社保，也会被法院判决返还费用。笔者曾经办理的一起劳动案件中，便是公司与员工约定了试用期，并且明确试用期内公司不承担缴纳社保的费用，后来员工与公司发生纠纷并提起劳动仲裁，要求公司退还扣除缴纳社保的费用，结果是毫无悬念的，即公司败诉。

以案说法

1. 即使员工尚处于试用期，公司也应当及时为员工购买社保[①]

杨某于 2014 年 7 月 21 日正式入职某公司，具体从事车工工作。刚入职时杨某处于试用期阶段，公司没有与她签订书面的劳动合同，也没有为她购买社保。直到 2014 年 8 月 20 日公司才与杨某正式签订了期限至 2015 年 8 月 20 日的劳动合同。公司于 2014 年 11 月起为杨某购买社保中的基本医疗保险，杨某当时并没有提出异议。

后杨某正式向公司发出《离职要求书》，以公司未为其购买基本医疗保险

---

① 珠海市中级人民法院（2015）珠中法民一终字 565 号判决书。

为由，要求解除与公司的劳动关系，并提起劳动仲裁要求公司支付经济补偿金。

对此，公司在庭审中提出杨某入职时与人事部负责人已达成试用期未签订劳动合同期间不买社保的协议，但未能举证证明，且杨某在解除劳动合同之前也没有对试用期不购买社保提出任何异议。因此，公司不同意支付经济补偿金。

【判词摘录】

◆ 公司主张杨某同意不缴纳基本医疗保险费并且同意试用期内不缴纳社保，但公司未能举证证明其与杨某就不缴纳基本医疗保险费及试用期内的社保达成一致意见，故法院对公司的上述主张不予采信。

◆ 杨某于 2014 年 7 月入职公司，公司于 2014 年 9 月开始才为杨某缴纳社保，该情形属于《劳动合同法》第三十八条第一款第三项所规定之用人单位"未依法为劳动者缴纳社会保险费"，原审法院认定杨某可据此解除劳动合同并获得经济补偿并无不当。

2. 在试用期间公司已与员工建立劳动关系，双方必须及时签订劳动合同

2014 年 4 月 12 日邓某入职某实业公司，担任工模部电脑编程技术员，月薪 7000 元。入职之后公司一直要求与邓某签订书面劳动合同，但是邓某一直假借各种理由予以推脱，拒绝签订合同。

2015 年 4 月 5 日，邓某从实业公司离职，离职后邓某将实业公司诉至法院，以实业公司未与其签订书面劳动合同为由要求支付因未签订劳动合同的二倍工资差额人民币 7 万元。

庭审中，实业公司提供《入职登记表》及《新员工入职须知》并称这两份文件已具备劳动合同的所有属性，对工作时间、岗位、劳动报酬、劳动管理等双方达成一致，可视为双方已签订书面劳动合同。且公司一直要求与邓某签订劳动合同，是邓某出于个人原因未能签订，因此无须向邓某支付工资差额。

法院最终判决《入职登记表》及《新员工入职须知》不等同于书面劳动合同，而公司主张邓某不愿签订劳动合同未能提供有效证据证明，因此不予支持公司的主张，判决支付邓某人民币 7 万元。

【律师评析】

实践中,员工不愿签订劳动合同的情形并不鲜见,他们不愿签订的原因不一而足,极端一点的情形甚至可能是"职场碰瓷",即员工故意不与公司签订,随后在工作中伺机起诉公司。

本案中,且不论邓某是否存在故意不与公司签订劳动合同的意图,实业公司不与邓某签订书面的劳动合同,本身就存在过错。关于未签订书面劳动合同的责任在邓某而非公司的问题,应由公司来举证证明自己没有过错。在公司没有证据可以证明是邓某不愿签订劳动合同的情况下,一旦《入职登记表》及《新员工入职须知》等缺乏劳动合同的法定要件,公司自然不能得到法院的支持。

在此需要提醒公司注意的是,一旦员工向公司表明不愿签订书面劳动合同,公司一方就应该当机立断与员工解除劳动关系,如果实在不愿解除,公司一方也应该对员工不愿签订劳动合同的理由留下书面的或者音频等证据。这样,如果日后引发纠纷公司也可更好地保护自身权益,否则如本案中,公司便要承担举证不能的不利后果。

应对方案

1. 在试用期间,公司已与员工建立劳动关系,应当及时签订书面劳动合同,避免引发纠纷时公司被要求支付未签订书面劳动合同的二倍工资差额。另外,劳动合同应当明确试用期的期限以及劳动合同的期限,仅约定试用期的劳动合同会被直接认定为试用期期限就是劳动合同期限。

2. 公司与员工于试用期间已经属于建立了劳动关系,因此公司在试用期间也应当为员工购买社保。社保缴纳凭证、缴费记录是公司已为员工购买社保及购买数额的重要证据材料,若公司没有为试用期员工缴纳社保,员工可以以公司未依法为其缴纳社保为由提出解除劳动合同并要求公司支付经济补偿金。

法律依据

《中华人民共和国劳动合同法》

第十条 建立劳动关系,应当订立书面劳动合同。

已建立劳动关系，未同时订立书面劳动合同的，应当自用工之日起一个月内订立书面劳动合同。

用人单位与劳动者在用工前订立劳动合同的，劳动关系自用工之日起建立。

第十九条 劳动合同期限三个月以上不满一年的，试用期不得超过一个月；劳动合同期限一年以上不满三年的，试用期不得超过二个月；三年以上固定期限和无固定期限的劳动合同，试用期不得超过六个月。

同一用人单位与同一劳动者只能约定一次试用期。

以完成一定工作任务为期限的劳动合同或者劳动合同期限不满三个月的，不得约定试用期。

试用期包含在劳动合同期限内。劳动合同仅约定试用期的，试用期不成立，该期限为劳动合同期限。

第三十八条 用人单位有下列情形之一的，劳动者可以解除劳动合同：

（一）未按照劳动合同约定提供劳动保护或者劳动条件的；

（二）未及时足额支付劳动报酬的；

（三）未依法为劳动者缴纳社会保险费的；

（四）用人单位的规章制度违反法律、法规的规定，损害劳动者权益的；

（五）因本法第二十六条第一款规定的情形致使劳动合同无效的；

（六）法律、行政法规规定劳动者可以解除劳动合同的其他情形。

用人单位以暴力、威胁或者非法限制人身自由的手段强迫劳动者劳动的，或者用人单位违章指挥、强令冒险作业危及劳动者人身安全的，劳动者可以立即解除劳动合同，不需事先告知用人单位。

第四十六条 有下列情形之一的，用人单位应当向劳动者支付经济补偿：

（一）劳动者依照本法第三十八条规定解除劳动合同的；

（二）用人单位依照本法第三十六条规定向劳动者提出解除劳动合同并与劳动者协商一致解除劳动合同的；

（三）用人单位依照本法第四十条规定解除劳动合同的；

（四）用人单位依照本法第四十一条第一款规定解除劳动合同的；

（五）除用人单位维持或者提高劳动合同约定条件续订劳动合同，劳动者不同意续订的情形外，依照本法第四十四条第一项规定终止固定期限劳动合同的；

（六）依照本法第四十四条第四项、第五项规定终止劳动合同的；

（七）法律、行政法规规定的其他情形。

二、试用期期限及试用期工资不得违反法定标准

风险提示

延长试用期、试用期少发工资是实践中一些公司常会做出的违法行为。为了保护员工的利益不受损害，避免公司通过多次延长试用期或者以试用期的名义少发员工的工资，《劳动合同法》第十九条专门就试用期期限以及试用期工资作出明确的规定，总结如表2-1所示：

表2-1 劳动合同期限与试用期期限对应表

劳动合同期限	试用期期限
劳动合同期限<3个月	无试用期
3个月≤劳动合同期限<1年	试用期≤1个月
1年≤劳动合同期限<3年	试用期≤2个月
3年≤劳动合同期限	试用期≤6个月
以完成一定工作任务为期限	无试用期

试用期过后，除非员工自己明确同意，否则公司不得以任何理由延长这位员工的试用期。笔者常遇到一些公司与入职员工约定试用期超出法律规定的情况，或者在约定试用期后还会再约定所谓的"培训期"，这些都是不符合法律规定的。如果违反法律规定约定试用期，超出法律规定的部分则视为正常用工期间，而在此期间公司依旧向员工支付试用期工资的，则会被认定为不足额支付工资待遇，该员工可以以此为理由辞职并要求经济补偿金，也有权向劳动部门进行投诉。另外，因为超出法律规定的部分属于正常用工期间，所以公司也不得再以"不符合录用条件"为理由辞退该员工。关于试

用期的工资待遇，根据《劳动合同法》第二十条的规定，劳动者在试用期的工资不得低于本单位相同岗位最低档工资或者劳动合同约定工资的百分之八十，并不得低于用人单位所在地的最低工资标准。

以案说法

双方约定的试用期超过法定期限的部分，为正常用工期间

许某在2016年11月1日入职某贸易公司，双方签订劳动合同约定期限为一年，试用期从2016年11月1日到2017年1月31日，并约定在这3个月的试用期间许某每月的销售额无法达到20万元的，则属于不符合试用期条件，公司有权与许某解除劳动合同并不需要支付任何补偿或赔偿。

2016年11月和12月许某的销售额均超过了20万元，完成了目标，但是到了2017年1月许某的销售额仅为15万元，于是公司在1月31日当天告知许某，根据双方的劳动合同约定，许某不符合试用期录用条件，决定对许某作出开除处理。

【律师评析】

贸易公司与许某签订的劳动合同期限为一年，根据《劳动合同法》第十九条的规定，试用期不得超过2个月。贸易公司与许某的劳动合同约定试用期为3个月，超出的期限即2017年1月属于正常用工期间，该期间已不属于试用期。

贸易公司以许某2017年1月没有达到试用期约定的销售额为由认定许某不符合录用条件对其进行开除是违法的。

应对方案

1. 公司在与入职员工约定试用期时，要严格按照法律规定进行操作，根据员工的具体情况合法约定试用期，同时试用期工资待遇也应该在劳动合同中明确约定。

2. 在未征得员工同意的情况下，公司不能单方面延长员工的试用期。公司如果想要延长员工的试用期，必须与员工协商，如果员工同意公司延长试用期，公司应当要求员工签订同意延长试用期的确认书，并由公司留底保存，以避免日后双方出现纠纷的时候公司拿不出证据证明延长试用期征得了员工的同意。

> 法律依据

《中华人民共和国劳动合同法》

第十九条　劳动合同期限三个月以上不满一年的，试用期不得超过一个月；劳动合同期限一年以上不满三年的，试用期不得超过二个月；三年以上固定期限和无固定期限的劳动合同，试用期不得超过六个月。

同一用人单位与同一劳动者只能约定一次试用期。

以完成一定工作任务为期限的劳动合同或者劳动合同期限不满三个月的，不得约定试用期。

试用期包含在劳动合同期限内。劳动合同仅约定试用期的，试用期不成立，该期限为劳动合同期限。

第二十条　劳动者在试用期的工资不得低于本单位相同岗位最低档工资或者劳动合同约定工资的百分之八十，并不得低于用人单位所在地的最低工资标准。

第八十三条　用人单位违反本法规定与劳动者约定试用期的，由劳动行政部门责令改正；违法约定的试用期已经履行的，由用人单位以劳动者试用期满月工资为标准，按已经履行的超过法定试用期的期间向劳动者支付赔偿金。

三、公司应明确约定试用期的录用条件

> 风险提示

"既然是试用期，那当然是允许我们试一下，试了不好就不要呗！"这是很多公司对试用期用工的一个重大误解。因为对试用期的法律规定认识不足，企业管理者在试用期用工制度上没有做足功课，使得公司在解雇试用期内员工时吃足了大亏。

根据《劳动合同法》第二十一条、第三十九条的相关规定，若员工在

试用期间被证明不符合录用条件的，公司可以解雇该名员工。从这个法律规定上看似乎公司有很大的权力解雇一位试用期员工，但是要注意，法律规定的是公司要有证据能够证明员工不符合录用条件。什么是公司的"录用条件"？如果一家公司根本就没有与员工约定录用条件，那么这家公司就根本不存在"录用条件"，也就是说公司不可能以不符合录用条件为理由解雇试用期员工。

需要注意的是，上述"录用条件"并非"招聘条件"，很多企业会将两者混淆。例如，某公司发布招聘广告，要求如下：（1）本科学历；（2）精通西班牙语；（3）有3年及以上同行业经验。随后某位不懂西班牙语的员工因为成绩优秀而入职，试用期间，公司发现该员工不懂西班牙语难以与公司西班牙籍高层交流，于是以该员工不符合录用条件为理由将其解雇。上述情况就属于公司将试用期的"录用条件"与入职前的"招聘条件"混淆，公司不能将招聘条件作为录用条件使用。

目前法律并没有关于试用期录用条件应该如何设定的专门规定，公司可以根据自己的实际情况制定相应的"录用条件"条款，前提是该内容不得违反法律强制性规定（如带有歧视性的条款）。录用条件条款应当具体、明确，不能太抽象而导致不具有可操作性，如约定"试用期满考核不通过的视为不符合录用条件"这样的条款因没有明确约定考核方法而不具有可操作性。

最高人民法院的法官提出了自己的看法，认为下列情况可以作为司法实践中认定不符合录用条件的参考依据，在此供读者参考："（1）劳动者未通过单位指定医院的体检；（2）劳动者患有传染病，精神性、不可治愈性以及其他严重疾病，故意隐而不报的；（3）劳动者个人简历、求职登记表中所涉内容与实际情况不同的；（4）伪造学历、证书与工作经历的；（5）劳动者提供的用工手续不完备的；（6）劳动者不能胜任所担任岗位的工作或者不能按要求完成工作任务的；（7）劳动者在试用期间缺勤超10天或者迟到早退超过8次的；（8）劳动者拒绝接受上司交办的工作任务的；（9）劳动者非因工负伤无法继续提供劳动的；（10）劳动者同其他员工发生打架斗殴或者其他严重违反公司规章制度的行为的。"①

> 以案说法

1. 未提前告知员工的录用条件，不得作为解雇试用期员工的依据

赵某于 2013 年 6 月入职某室内建筑设计公司，担任室内设计师。赵某与公司签订了一份劳动合同，合同中约定试用期为 3 个月。

赵某在 3 个月试用期内根据自己过往的工作经验参与了公司多个室内设计项目。但是公司的其中一位项目负责人是外籍人士，他对赵某设计的"中国风"元素的方案经常表示不满意，赵某的很多设计方案都因为不符合公司管理层的品位而被推翻，加上赵某不懂外语，无法直接和项目负责人进行沟通。

2013 年 8 月，在赵某的试用期即将届满之时，公司向赵某告知因为赵某不符合公司的录用条件，所以在试用期满后将对赵某进行解雇处理。赵某认为自己在试用期间工作认真，不服公司的处理结果，于是提起诉讼。

【律师评析】

根据《劳动合同法》第三十九条第一项的规定，员工在试用期不符合录用条件的，公司可以将员工开除，但前提条件是公司需要证明员工"不符合录用条件"。

本案中，赵某在试用期被解雇的原因仅仅是"不符合公司的录用条件"，但是具体的录用条件是什么？公司并没有证据证明赵某入职时有明确的"录用条件"，仅仅在开除赵某时简单告知"不符合录用条件"是不行的。所以公司解雇赵某不合法。

2. 公司应当提供证据证明员工不符合录用条件②

金某于 2014 年 8 月 4 日进入达某投资公司担任稽核主任。双方签订了期限为 2014 年 8 月 4 日至 2017 年 8 月 3 日的劳动合同，约定试用期为 2014 年 8 月 4 日至 2015 年 2 月 3 日，月薪为 7500 元，该合同约定录用条件为：身体健康、能提供正常工作，试用期内出勤率不低于 90%。另外，公司《员

---

① 杨心忠：《劳动合同纠纷裁判精要与规则适用》，北京大学出版社 2014 年版，第 85-86 页。
② 上海市青浦区人民法院（2015）青民四（民）初字第 923 号民事判决书。

工违纪行为处理规定》第 2.5 条规定,"每月度统计亦不得低于劳动合同约定标准"。

后金某在公司工作,其 1 月 26 日至 2 月 3 日休病假,未出勤。

2015 年 1 月 12 日,公司向金某出具了《辞退通知书》,主要内容为:因金某在试用期间被证明不符合公司录用条件,双方劳动关系于 2015 年 1 月 12 日终止。金某不服,双方产生纠纷,金某认为公司开除她的依据不足,属于非法解除劳动合同。

【判词摘录】

◆ 公司以金某不符合公司录用条件为由,单方面与金某解除劳动合同,应就金某确实存在不符合录用条件的情形承担相应的举证责任。

◆ 金某试用期单月出勤率低于 90%。因《员工违纪行为处理规定》第 2.5 条规定为 "每月度统计亦不得低于劳动合同约定标准",但双方劳动合同中仅约定了 "试用期内出勤率不低于 90%",并未对试用期内单月出勤率作出约定,故公司对此解释为试用期内的单月出勤率不得低于 90% 的主张,本院不予采纳。

◆ 公司以金某不符合录用条件为由单方解除与被告之间的劳动合同,缺乏依据,违反了《劳动合同法》的规定。

应对方案

1. 公司要根据自己的实际情况在劳动合同中设定相对应的录用条款。一般的劳动合同中只约定了试用的期限,并没有专门的试用期录用条款的约定。不同的公司各自特点不同,没有专门的试用期录用条款供大家参考,所以公司要根据自己的实际情况设定相对应的录用条款。有了试用期录用条款,日后当试用期员工不符合录用条件时,公司便可以依据该条款对试用期员工进行合法的开除处理。

2. 除了在劳动合同中约定试用期录用条款之外,公司也可以专门制定试用期员工管理制度。员工入职时除了签订劳动合同,也要签收确认《试用期员工管理制度》,在该制度中明确试用期员工的义务,并约定试用期满的录用条件。

3. 公司以试用期员工不符合录用条件为由解除劳动合同时，应通过证据证明试用期员工的确存在"不符合录用条件"的事实情况。例如，公司可以提供员工签字确认的考核结果，或者员工提供的虚假学历证书、假身份证、假护照等材料，以避免因举证不能而承担败诉的后果。

4. 公司以试用期不符合录用条件解雇员工的，解除劳动合同通知书应当在试用期满前送达员工，倘若在试用期满后才作出解除决定，则容易因超过约定的试用期而不符合"在试用期间被证明不符录用条件"的规定，从而导致被认定为公司违法解除劳动合同。另外，在解除劳动合同通知书上，公司应当明确解除与员工的劳动合同是因为员工不符合录用条件，并且要列明不符合录用条件的具体内容和依据，如果没有尽到此项告知义务，公司解除劳动关系的行为也会被法院认定为违法。

法律依据

《中华人民共和国劳动合同法》

第二十一条　在试用期中，除劳动者有本法第三十九条和第四十条第一项、第二项规定的情形外，用人单位不得解除劳动合同。用人单位在试用期解除劳动合同的，应当向劳动者说明理由。

第三十九条　劳动者有下列情形之一的，用人单位可以解除劳动合同：

（一）在试用期间被证明不符合录用条件的；

……

《最高人民法院关于审理劳动争议案件适用法律问题的解释（一）》

第四十四条　因用人单位作出的开除、除名、辞退、解除劳动合同、减少劳动报酬、计算劳动者工作年限等决定而发生的劳动争议，用人单位负举证责任。

《北京市高级人民法院、北京市劳动人事争议仲裁委员会关于审理劳动争议案件解答（一）》

78. 用人单位依据《劳动合同法》第三十九条第一项的规定解除劳动合同的，如何处理？

用人单位在录用劳动者时应当向劳动者明确告知录用条件，用人单位在解除劳动合同时应当向劳动者说明理由及法律依据。

用人单位证明已向劳动者明确告知录用条件，并且提供证据证明劳动者在试用期间不符合录用条件的，可依照《劳动合同法》第三十九条第一项的规定解除劳动合同。

就劳动者是否符合录用条件的认定，在试用期的认定标准可适当低于试用期届满后的认定标准。劳动者不符合录用条件的情况主要有以下情形：(1) 劳动者违反诚实信用原则对影响劳动合同履行的自身基本情况有隐瞒或虚构事实的，包括提供虚假学历证书、假身份证、假护照等个人重要证件；对履历、知识、技能、业绩、健康等个人情况说明与事实有重大出入的；(2) 在试用期间存在工作失误的，对工作失误的认定以劳动法相关规定、用人单位规章制度以及双方合同约定内容为判断标准；(3) 双方约定属于用人单位考核劳动者试用期不符合录用条件的其他情况。

第三节　劳动合同的续签

一、第一次签订的劳动合同到期后的续签问题

风险提示

公司与员工之间签订的第一次有期限的劳动合同到期后，如果公司希望继续留用这名员工，就需要与该员工签订第二次有期限的劳动合同（第二次劳动合同到期后，员工有权要求与公司签订无固定期限劳动合同）。原劳动合同期限届满后，如果公司因为疏忽而没有与员工续签劳动合同却继续留用员工，保持双方的劳动关系，则属于公司未与员工签订书面劳动合同，这个时间段如果超过了一个月，公司则会面临向员工支付二倍工资差额的风险。

公司如果希望与员工续签劳动合同，应在劳动合同到期前主动告知员工并要求与员工签订劳动合同。如本书第二章第一节第一部分中所述，如果员工对续签第二次劳动合同采取消极态度，而公司一方却在这种情况下留用该员工，就需要防范事后员工起诉要求公司支付未签书面劳动合同的二倍工资差额的风险，公司若拿不出证明是员工自身的原因未签第二次劳动合同的证据，最终会导致公司败诉的后果。

还要提醒公司注意的是，《最高人民法院关于审理劳动争议案件适用法律问题的解释（一）》第三十四条第一款规定："劳动合同期满后，劳动者仍在原用人单位工作，原用人单位未表示异议的，视为双方同意以原条件继续履行劳动合同。一方提出终止劳动关系的，人民法院应予支持。"该条款让很多公司会产生误解，以为劳动合同到期在双方没有异议的情况下继续用工是可以不签书面劳动合同的。其实这个观点是错误的，与员工签订书面劳动合同是法律明确规定公司应尽的义务，上述司法解释只是说双方按照原劳动合同的约定继续履行劳动关系，但原劳动合同已到期的仍需续签而并非"自动续期"。

以案说法

公司应在原劳动合同到期后一个月内续签劳动合同，否则需支付二倍工资[①]

2010年5月12日张某入职某旅馆公司，双方签订劳动合同约定劳动期限从2010年5月12日起至2013年5月12日止。原劳动合同到期后，双方继续维持着劳动关系，张某按照原劳动待遇继续任职。

2014年4月2日，因为张某在一次事件中严重违反公司规章制度，公司对他作出了开除处理。张某不服公司的开除决定，于是申请了仲裁，提出在2013年5月双方的劳动合同到期后双方继续存在劳动关系但没有签订新的劳动合同，要求公司支付自2013年6月起至2014年4月2日止未续签书面劳动合同的二倍工资差额。

庭审中，公司称人事部门的同事在2013年10月30日通过电子邮件向张某发送了续签劳动合同通知书，证明从2013年11月1日起双方未签订书面劳动合同的责任在张某，而张某则表示从未收到该封邮件。法院对公司人事部门同事的邮箱服务器做了相关鉴定，以便于查明到底续签劳动合同通知书是否有发出。

【判词摘录】

◆ 案涉邮件只存在于×××电子邮箱的"已发送邮件"中，没有看到邮

[①] 上海市第一中级人民法院（2015）沪一中民三（民）终字第1659号民事判决书。

件流转的相关记录，且该邮件没有"邮件头"信息，所以无法判断该邮件是否到达收件人邮箱中；送鉴服务器中 2014 年 3 月 14 日以前（包括 2013 年 10 月 30 日）的系统时间记录已经不存在，所以无法证实服务器上电子邮箱的电子邮件的形成时间。

◆ 根据该鉴定意见之内容，即便案涉邮件存在于×××电子邮箱的"已发送邮件"中，由于旅馆公司对该邮件的形成时间及该邮件已经到达张某未提供充足证据证明，原审法院对于旅馆公司称公司曾于 2013 年 10 月 30 日向张某发出续签劳动合同电子邮件之主张不予采信，并无不妥。

◆ 旅馆公司在双方劳动合同到期后未与张某续签，亦未能证明未续签劳动合同的原因归咎于张某，故应支付张某未签订书面劳动合同二倍工资差额。

应对方案

1. 劳动合同中可以约定文件送达的具体方式，如约定清楚员工的电子邮件收件邮箱以及普通信函文件的送达地址，公司甚至可以在劳动合同中让员工确认他接收信息的微信号。之所以要员工确认文件送达的方式，是要避免公司无法证明文件已经合法有效地送达给了员工。

2. 公司若想在劳动合同到期后继续留用员工，必须提前向员工发送续签劳动合同通知书，并保留相关证据以证明自己尽到了告知义务。当公司发现员工对续签劳动合同采取消极态度，建议公司在劳动合同到期后不要继续对该员工进行用工，避免未签订劳动合同需支付二倍工资的法律风险。

法律依据

《中华人民共和国劳动合同法》

第十条 建立劳动关系，应当订立书面劳动合同。

已建立劳动关系，未同时订立书面劳动合同的，应当自用工之日起一个月内订立书面劳动合同。

用人单位与劳动者在用工前订立劳动合同的，劳动关系自用工之日起建立。

《最高人民法院关于审理劳动争议案件适用法律问题的解释（一）》

第三十四条　劳动合同期满后，劳动者仍在原用人单位工作，原用人单位未表示异议的，视为双方同意以原条件继续履行劳动合同。一方提出终止劳动关系的，人民法院应予支持。

根据劳动合同法第十四条规定，用人单位应当与劳动者签订无固定期限劳动合同而未签订的，人民法院可以视为双方之间存在无固定期限劳动合同关系，并以原劳动合同确定双方的权利义务关系。

《最高人民法院关于审理劳动争议案件适用法律问题的解释（二）》

第六条　用人单位未依法与劳动者订立书面劳动合同，应当支付劳动者的二倍工资按月计算；不满一个月的，按该月实际工作日计算。

第七条　劳动者以用人单位未订立书面劳动合同为由，请求用人单位支付二倍工资的，人民法院依法予以支持，但用人单位举证证明存在下列情形之一的除外：

（一）因不可抗力导致未订立的；

（二）因劳动者本人故意或者重大过失未订立的；

（三）法律、行政法规规定的其他情形。

《浙江省高级人民法院民一庭关于审理劳动争议纠纷案件若干疑难问题的解答》

七、劳动合同期满后，劳动者继续在用人单位工作，用人单位超过一个月不与劳动者订立书面劳动合同的法律后果是什么？

签订书面劳动合同系用人单位的法定义务，用人单位应该规范用工。劳动合同期满后，劳动者继续在用人单位工作，用人单位超过一个月不满一年未与劳动者订立书面劳动合同，劳动者请求用人单位支付二倍工资的，应予支持。用人单位超过一年未与劳动者订立书面劳动合同的，视为双方已订立无固定期限劳动合同。

《深圳经济特区和谐劳动关系促进条例》

第十八条　续订固定期限劳动合同的，用人单位和劳动者应当在劳动合同期满前一个月协商续订劳动合同；经协商未能就续订劳动合同达成一致意见的，用人单位或者劳动者可以终止劳动关系。但是依法应当订立无固定期限劳动合同的除外。

用人单位与劳动者协商延长劳动合同期限累计超过六个月的，视为续订劳动合同。

《深圳市中级人民法院关于审理劳动争议案件的裁判指引》

六十四、用人单位自用工之日起超过一个月不满一年未与劳动者签订书面劳动合同的，用人单位应自用工之日起满一个月的次日起支付二倍工资至双方签订书面劳动合同前一日时止。

劳动者拒绝与用人单位签订书面劳动合同，用人单位未按照《劳动合同法实施条例》第五条、第六条的规定书面通知劳动者终止劳动关系的，劳动者要求未签订书面劳动合同二倍工资的，应予支持。

劳动合同期满，劳动者继续在用人单位工作的，用人单位在劳动合同期满之日超过一个月不满一年未与劳动者签订劳动合同的，参照前两款的规定处理。

二、公司不得单方解雇已连续两次签订固定期限劳动合同的员工

风险提示

许多人会认为，当公司与员工已经连续签订两次劳动合同之后，为了避免与员工签订无固定期限劳动合同，公司可以提出不与员工续签劳动合同、支付经济补偿金的主张。

实践中法院认为，如果一位员工在同一个用人单位已经连续签订过两次固定期限劳动合同且员工没有《劳动合同法》第三十九条和第四十条第一项、第二项规定的情形，第三次签劳动合同时，员工有权要求与公司签订固定期限或无固定期限劳动合同。也即是说，当两次固定期限劳动合同到期后，公司不能单方面以不续签劳动合同为理由终止与员工的劳动关系。若两次固定期限劳动合同期满公司没有与员工续签劳动合同，同时又无法证明不续签劳动合同是员工单方的要求，则属于非法解除劳动合同，需要支付经济赔偿金。

以案说法

员工已与公司连续签订两次固定期限劳动合同的，公司不得单方解除劳动合同[①]

张某在珈某太阳能光电公司工作多年。在与公司的第二份劳动合同到期前，张某分别于 2014 年 6 月 27 日、7 月 1 日发电子邮件给公司，要求公司跟他续签第三次劳动合同并且要签订无固定期限劳动合同。

公司收到电子邮件后没有理会张某的要求，并在双方所签第二份劳动合同到期前一个月的 2014 年 6 月 20 向张某送达了《终止劳动合同通知书》，通知张某公司决定不再与其续签劳动合同，并通知张某办理离职手续。

张某认为公司不与他签订第三次劳动合同是违法的，于是起诉要求公司支付经济赔偿金。

【判词摘录】

◆ 珈某公司已与张某连续订立二次固定期限的劳动合同，且不存在《劳动合同法》第三十九条和第四十条规定的用人单位可以单方解除劳动合同的法定情形，张某要求续订无固定期限劳动合同，符合《劳动合同法》第十四条的规定，而依据该法律条款的规定，第二份固定期限劳动合同期满后是否续订无固定期限劳动合同，决定权在劳动者，并不在用人单位。

◆ 张某分别于第二份劳动合同到期前的 2014 年 6 月 27 日、7 月 1 日发电子邮件给珈某公司，要求签订无固定期限劳动合同，但珈某公司收到电子邮件后拒不与张某签订劳动合同，违反上述法律规定。

◆ 珈某公司在双方所签第二份劳动合同到期前一个月向张某送达《终止劳动合同通知书》，决定不再与其续签劳动合同，并要求张某办理离职手续，构成违法解除劳动合同，判决珈某公司向张某支付违法解除劳动合同经济赔偿金，认定事实和适用法律正确。

应对方案

1. 在第二次劳动合同到期之前，公司应主动询问员工是否有续签第三

[①] 广东省高级人民法院（2015）粤高法民申字第 812 号民事判决书。

次劳动合同的意向。根据前文案例可以看出，第三次劳动合同签订与否、签订哪一类的劳动合同，决定权均在员工。所以如果公司没有与员工续签第三次劳动合同且没有证据证明不续签是员工自己的原因，容易导致用人单位面临非法解除劳动合同的风险。所以公司应当在第二次劳动合同到期之前主动发出书面询问函，这份文件可以作为证据，证明在劳动合同即将到期的时候公司已经向员工询问了是否续签第三次劳动合同，避免发生纠纷时陷入无法举证的困境。

2. 在第一次劳动合同期限即将届满前，公司应评估该员工的工作能力，评判是否继续留任该名员工继续在公司工作。如果公司认为该名员工表现一般、能力一般，在第一次劳动合同届满时便不要再与该名员工续签第二次劳动合同。公司在决定不与该名员工续签劳动合同的情况下，应在劳动合同届满前向员工进行书面告知，以便日后有证据证明公司不与员工续签劳动合同的事实。

法律依据

《中华人民共和国劳动合同法》

第十四条 无固定期限劳动合同，是指用人单位与劳动者约定无确定终止时间的劳动合同。

用人单位与劳动者协商一致，可以订立无固定期限劳动合同。有下列情形之一，劳动者提出或者同意续订、订立劳动合同的，除劳动者提出订立固定期限劳动合同外，应当订立无固定期限劳动合同：

（一）劳动者在该用人单位连续工作满十年的；

（二）用人单位初次实行劳动合同制度或者国有企业改制重新订立劳动合同时，劳动者在该用人单位连续工作满十年且距法定退休年龄不足十年的；

（三）连续订立二次固定期限劳动合同，且劳动者没有本法第三十九条和第四十条第一项、第二项规定的情形，续订劳动合同的。

用人单位自用工之日起满一年不与劳动者订立书面劳动合同的，视为用人单位与劳动者已订立无固定期限劳动合同。

第三十九条 劳动者有下列情形之一的，用人单位可以解除劳动合同：

（一）在试用期间被证明不符合录用条件的；

（二）严重违反用人单位的规章制度的；

（三）严重失职，营私舞弊，给用人单位造成重大损害的；

（四）劳动者同时与其他用人单位建立劳动关系，对完成本单位的工作任务造成严重影响，或者经用人单位提出，拒不改正的；

（五）因本法第二十六条第一款第一项规定的情形致使劳动合同无效的；

（六）被依法追究刑事责任的。

第四十条 有下列情形之一的，用人单位提前三十日以书面形式通知劳动者本人或者额外支付劳动者一个月工资后，可以解除劳动合同：

（一）劳动者患病或者非因工负伤，在规定的医疗期满后不能从事原工作，也不能从事由用人单位另行安排的工作的；

（二）劳动者不能胜任工作，经过培训或者调整工作岗位，仍不能胜任工作的；

……

《最高人民法院关于审理劳动争议案件适用法律问题的解释（二）》

第十条 有下列情形之一的，人民法院应认定为符合劳动合同法第十四条第二款第三项"连续订立二次固定期限劳动合同"的规定：

（一）用人单位与劳动者协商延长劳动合同期限累计达到一年以上，延长期限届满的；

（二）用人单位与劳动者约定劳动合同期满后自动续延，续延期限届满的；

（三）劳动者非因本人原因仍在原工作场所、工作岗位工作，用人单位变换劳动合同订立主体，但继续对劳动者进行劳动管理，合同期限届满的；

（四）以其他违反诚信原则的规避行为再次订立劳动合同，期限届满的。

第十一条 劳动合同期满后，劳动者仍在用人单位工作，用人单位未表示异议超过一个月，劳动者请求用人单位以原条件续订劳动合同的，人民法院依法予以支持。

符合订立无固定期限劳动合同情形，劳动者请求用人单位以原条件订立无固定期限劳动合同的，人民法院依法予以支持。

用人单位解除劳动合同，劳动者请求用人单位依法承担解除劳动合同法律后果的，人民法院依法予以支持。

第三章

劳动用工管理

第一节 公司的规章制度

一、公司规章制度需满足合法性及有效性的要求

风险提示

国有国法,家有家规。每个公司都会有自己的规矩,公司的规章制度就是公司规矩的书面体现,属于公司内部针对所有员工的"法律"。公司有权制定规章制度对公司员工进行管理,是行使劳动用工自主权的一种体现。依法制定的规章制度,是公司管理劳动者的依据,与公司建立劳动关系的劳动者均应当遵守公司的规章制度。目前,大多数公司制定的、员工需要遵守的规章制度,核心是惩罚性内容,公司将规章制度作为劳动合同的补充。从公司的角度来看,规章制度似乎非常好用。而实际上,公司用好规章制度却并不那么容易。什么样的规章制度才是合法的?公司制定的所有规章制度是否都有效?笔者作为执业多年的律师,服务了很多国有和私营大中型企业及外资公司,经办过许多关于规章制度的案例,发现目前许多公司制定的规章制度在内容上或程序上都存在瑕疵。当出现纠纷时,公司把规章制度拿出来交给司法机关裁决,被认定为无效的可能性很大。

关于规章制度的法律规定,在《最高人民法院关于审理劳动争议案件适用法律问题的解释(一)》第五十条第一款有所体现。该条规定:"用人单位根据劳动合同法第四条规定,通过民主程序制定的规章制度,不违反国家法律、行政法规及政策规定,并已向劳动者公示的,可以作为确定双方权利义务的依据。"根据上述规定可以推断出,有效的公司规章制度需要符合以下两点要求。

1. 公司的规章制度需符合民主制定的程序。笔者在给一些公司做劳动法培训的时候,往往会提到民主程序问题,公司负责人或人事部门负责人听到往往会很疑惑:什么是民主程序?他们常常反映自己公司的规章制度均是领导内部之间商议出来的结果,有些负责人甚至对自己公司的规章制度是如何制定的都不太清楚。笔者在此提醒各位相关负责人:如果公司规章制度的制定不符合民主程序,会直接导致规章制度无效。

所谓民主程序，是指公司的员工通过职工大会、职工代表大会、工会或推举代表参与公司的管理，以及公司的员工通过职工大会、职工代表大会、工会或推举代表与公司进行平等协商。制定规章制度，涉及员工切身利益的事项时，公司应当经职工代表大会或者全体职工讨论，提出方案意见，与工会或者职工代表平等协商确定。规章制度制定完毕后，公司还需要公示，即要对规章制度"广而告之"，不能对规章制度"遮遮掩掩"。在笔者办理的劳动争议案件中，常有公司为了规避给付经济补偿金或经济赔偿金等义务，事后针对案件中有争议的情况后补所谓的规章制度，并将其作为劳动仲裁和诉讼的依据。为了防止公司损害员工的合法权益，法律对规章制度的公示、通知的要求甚为严格，所有未经公示或者未通知员工的规章制度均视为无效。

2. 公司规章制度的内容需合法。判断公司规章制度的内容是否合法，要以是否违反法律和行政法规的强制性规定为认定标准。例如，在现实生活中，不少公司禁止"双职工"在同一用人单位出现，若发现则要求其中一人离开公司，并将此作为公司的规章制度予以公示。那么，这种禁止"办公室恋情"的规章制度是否有效呢？针对类似的情况，公司根据已经公示的规章制度对员工进行处罚、管理，看似无可厚非，实则违法。《民法典》第一千零四十二条第一款规定"禁止包办、买卖婚姻和其他干涉婚姻自由的行为"。这意味着，公民有权决定自己的恋爱、婚姻等相关人生大事，任何组织和个人均无权加以干涉，公司如此规定实属违反法律的强制性规定，因此是无效的。①

对规章制度合法性的审查，是法院审理劳动案件的重要事项之一。各地法院亦在此问题上态度明确。根据《最高人民法院关于审理劳动争议案件适用法律问题的解释（一）》第五十条第一款"用人单位根据劳动合同法第四条规定，通过民主程序制定的规章制度，不违反国家法律、行政法规及政策规定，并已向劳动者公示的，可以作为确定双方权利义务的依据"的规定，法院对规章制度合法性审查的关键在于规章制度是否符合法律、行政法规及政策规定。

---

① 张扬、郭旺生、吴春婉：《劳动用工完全法律指南》，中国法制出版社 2013 年出版，第 155 页。

> 以案说法

1. 公司规章制度应经过民主程序制定并送达给劳动者方可作为解除劳动合同的依据

曾某是东某食品公司制作面包及糕点的员工,是公司下辖经营的某门店店长,负责该门店的管理工作。2011 年 6 月 23 日晚,公司临时检查各门店,在对曾某管理的门店进行盘点后发现存在短款的现象,现金盘点数与 POS 机收款额存在差异,少收金额 200 元。

2011 年 6 月 24 日,公司负责人与曾某就盘点短款问题进行谈话,询问了 6 月 23 日的销售状况并制作了笔录由曾某签名确认。2011 年 7 月 4 日,公司向曾某发出了《解雇信》,信上告知曾某违反了公司的收银操作和库存守则,给公司造成了损失,根据公司的《纪律及诚信守则》和《员工手册》中的规定,对曾某予以开除。曾某不服,认为公司违法解除劳动合同,应当作出赔偿。而公司则认为曾某违反公司的规章制度,开除曾某是合法的。

公司举证曾某在《纪律及诚信守则》的签约卡上签名,签约卡载明曾某签收的《纪律及诚信守则》仅有 4 页,而公司提交的《纪律及诚信守则》有 5 页。除《纪律及诚信守则》外,公司未举证其余规章制度已送达给曾某,亦未举证涉案所有规章制度是经过民主程序所制定。

【律师评析】

《纪律及诚信守则》签约卡仅能证明曾某签收过一份《纪律及诚信守则》,但不能证明曾某签收的版本是公司认为的版本,且签约卡已经载明曾某签收的《纪律及诚信守则》仅有 4 页,而公司提交的《纪律及诚信守则》有 5 页,此差异足以证实公司提交的非曾某彼时所签阅并确认无误的《纪律及诚信守则》。

涉案所有规章制度,公司未举证是经过民主程序所制定,不得作为解除劳动合同的依据。

因此,现有证据仅能证明曾某有监管过失尚不至于严重失职,而公司径行解除劳动合同则没有制度、法律依据,属违法解除,故公司应当支付经济赔偿金。

2. 公司以严重违反规章制度为由解雇员工的，应证明员工知悉该规章制度

王某为报社下辖某发行站的站长，负责管理站内报纸发行以及发行员的送报工作。2009年7月17日，报社当天印刷出版的报纸中，用铜版纸发行了某足球特刊。当时纸张收购价高，报纸发行的当天出现了大量恶意收购报纸当废纸变卖赚取差价的事情，当天王某发行站负责的区域在一些地方甚至无报纸可卖。

因为事件影响较坏，报社对事件作出调查后认为王某参与了这次私收报纸的事件，帮助他人私收报纸。随后，报社以其发行管理部门的规章制度《奖惩管理规定》中的"在发行特刊中物流发行员若出现监守自盗或联合他人变卖报纸导致报社或读者的利益受损的，报社将对其作出辞退处理"为依据，将王某解雇。王某不服，提起诉讼。在法庭上，王某否认自己知道报社的《奖惩管理规定》，报社也没有证据证明王某知悉。

【律师评析】

本案中，虽然报社主张王某作为管理人员，严重违反报社规章制度，影响报社的经营，故对王某作出开除处理，并提供《奖惩管理规定》佐证。但报社没有证据证明王某知道《奖惩管理规定》，王某对此予以否认，报社以此证明王某严重违反报社规章制度依据不足，报社承担举证不能的不利后果，故报社解除与王某的劳动合同的行为已构成违法解除劳动合同的事实。

应对方案

1. 公司制定涉及员工切身利益的规章制度时应当经职工代表大会或者全体员工讨论，由员工提出方案和意见，与工会或者职工代表平等协商确定，公司领导切勿自己关起门来制定规则。没有经过民主程序制定出来的规章制度，是不会被法院作为案件审理的依据的。

公司可以在制定或修改规章制度时组织员工进行培训，并且要求员工向公司提出书面的意见，公司在日后可以凭借培训会议纪要、开会签到表、员工意见反馈表等材料证明公司在制定或修改规章制度的时候已经过了民主程序。

2. 在新员工入职时，公司可以组织员工进行规章制度的考试，将公司规章制度中的重要条款和内容放在试卷中，由员工进行简单的选择题回答。考试试卷由公司保管，可以证明员工已经学习并且知悉了公司的规章制度。

3. 公司制定的规章制度应当由员工签收，且修改后的规章制度必须由员工

重新签收。这样做似乎有点"强人所难",但是法律确实对公司提出了严格的要求。对于涉及员工切身利益的规章制度必须公示和告知员工,这个程序非常重要。对于规章制度,公司要公告、组织员工学习、签收,做到人手一册。

在员工入职时,公司应复印一份规章制度,并要求员工在该复印件上书面签上"已领取该规章制度"的字样。与此同时,在有新的或经修改的规章制度时,公司也应及时下发给员工,同样要求其书面签收确认,该书面签收证明应明确文件的名称或文号。

下面两个例子,是两种较为常见的"不合格"的规章制度签收材料,笔者相信许多公司都会让员工签订类似的文件。实际上,这两份文件是没有任何法律效力的。因为员工在签订这两份文件时,公司并不能证明员工承诺理解的规章制度的内容究竟是什么。这些所谓的规章制度,都是可以由公司随意修改的,公司甚至可以在诉讼发生之后,按照有利于自己的情况修改规章制度再拿到法院作为证据。因此,为了保护劳动者的合法利益,避免出现公司为了胜诉随意修改规章制度的情况,在员工与公司发生纠纷的时候,员工若提出公司在员工签阅后有篡改、修订规章制度的可能性,且公司又没有证据可以证明员工签收、签阅的规章制度的实际内容时,法院会支持员工的意见而认定规章制度无效。另外,这两份文件中,都有公司要求员工承诺遵守公司日后修改或新制定的各项规章制度的条款,这种做法也是无效的,因为法律不会支持公司要求员工作出未来不确定的承诺。

广州市　　　　有限公司
《店铺员工手册》签阅承诺书

本人已认真阅读广州市　　　　有限公司《店铺员工手册》的所有内容,理解本手册中的各项基本条款,谨此声明本人将在实际工作中,认真遵守《店铺员工手册》和公司各项规章制度(包括公司适时对其之修改),履行应尽之职责,如有违反,按《店铺员工手册》的有关条款和公司的有关规章制度进行处理。

签阅人:
日　期:2010.29

图3-1　"不合格"的规章制度签收材料之一

图 3-1 所示的签阅承诺书中，员工虽然确认阅读了《店铺员工手册》，但是具体阅读的手册内容是什么无法确定。公司日后若凭借《店铺员工手册》中的内容对员工进行处罚，员工可以主张自己当初承诺阅读的手册内容与公司处罚时所提出的手册内容不符。

广州分公司营销人员劳动合同补充承诺函

承诺函是营销人员与广州分公司签订《劳动合同》前的承诺保证，与《劳动合同》具有同等法律效力。签署本承诺函，代表您在就职期间遵守以下相关发文（见文件），接受其约束，并承担违反相关发文的各种责任。

一、严格遵守《　　营销人员日常管理规定》（二〇一〇年七月二十一日颁布）；

二、严格遵守《　　广州分公司营销业务人员绩效考核管理规定》（二〇一一年六月二十六日颁布）；

三、严格遵守《广州分公司渠道营销后勤人员薪酬考核细则》（二〇一一年七月五日颁布）；

四、严格遵守《广州分公司渠道营销晨会制度》（二〇一一年七月五日颁布）；

五、严格遵守《广州分公司渠道营销区域管理人员岗位设置及竞聘管理办法》（二〇一一年七月五日颁布）；

六、严格遵守《广州分公司营销后勤人员、区域管理人员及营销拓展部主管绩效评议管理办法》（二〇一一年七月五日颁布）；

七、严格遵守《广州分公司员工亲属回避管理办法》（二〇一一年七月二十七日颁布）；

八、严格遵守《广州分公司营销人员招聘办法》（二〇一一年七月二十七日颁布）；

九、严格遵守《　　广州分公司培训制度管理规定》（二〇一一年八月二日颁布）；

十、严格遵守《广州分公司业务管理部营销费用使用规范细则》（二〇一一年八月八日颁布）；

十一、严格遵守《广州分公司渠道营销员工劳动纪律行为准则》；（二〇一一年八月十六日颁布）；

十二、严格遵守《广州分公司渠道营销团队考勤管理制度》。（二〇一一年八月十六日颁布）；

以下内容由乙方本人抄写：

本人（姓名，身份号码）已阅读并了解上述发文的详细内容，具备相应的工作能力及合规意识，本人承诺：严格遵守以上发文制度要求（包括修订后的相关制度及管理办法），自愿承担违反所带来的各种责任。

图 3-2 "不合格"的规章制度签收材料之二

在图 3-2 所示的承诺函中，员工虽然确认阅读了承诺函中所列出的所有文件，但是仅有文件标题却没有文件的具体内容，公司无法证明员工阅读的文件内容具体是什么。所以公司日后凭借承诺函中所列出的任何一份文件对员工进行处罚时，员工都可以主张自己当初承诺阅读的文件内容与公司处罚时所提出的文件内容不符。

4. 法律目前对公司规章制度的有效性要求非常严格，笔者在担任公司法律顾问及接受公司委托办理劳动争议案件时，所遇到的大部分公司规章制度都存在无效的风险。例如，有些规章制度没有经过民主程序制定，有些规章制度没有劳动者的签名材料。

要让一份规章制度具有法律效力，劳动者的签名确认是至关重要的，而在目前法律对规章制度有较高要求的情况下，笔者在实践中会建议公司将规章制度做简化处理，尝试将规章制度中涉及员工处罚的条款单独列出来作为处罚条款（通常情况下只有一两页），使之成为劳动合同的附件。员工在入职的时候，除了签订劳动合同，还需要在该附件上签名，日后公司根据处罚条款对员工进行惩戒时，便可以避免员工否认知悉公司处罚条款的风险。

法律依据

《中华人民共和国劳动法》

第四条 用人单位应当依法建立和完善规章制度，保障劳动者享有劳动权利和履行劳动义务。

《最高人民法院关于审理劳动争议案件适用法律问题的解释（一）》

第五十条 用人单位根据劳动合同法第四条规定，通过民主程序制定的规章制度，不违反国家法律、行政法规及政策规定，并已向劳动者公示的，可以作为确定双方权利义务的依据。

用人单位制定的内部规章制度与集体合同或者劳动合同约定的内容不一致，劳动者请求优先适用合同约定的，人民法院应予支持。

《浙江省高级人民法院民一庭关于审理劳动争议案件若干问题的意见》

第三十四条 用人单位在《劳动合同法》实施前制定的规章制度，虽未经过该法第四条第二款规定的民主程序，但内容未违反法律、行政法规、政策及集体合同规定,不存在明显不合理的情形,并已向劳动者公示或告知的,可以作为人民法院审理劳动争议案件的依据。

《劳动合同法》实施后,用人单位制定、修改或者决定直接涉及劳动者切身利益的规章制度或者重大事项时,未经过该法第四条第二款规定的民主程序的,一般不能作为人民法院审理劳动争议案件的依据。规章制度或者重大事项决定的内容未违反法律、行政法规、政策及集体合同规定,不存在明显不合理的情形,并已向劳动者公示或告知,且劳动者没有异议的,可以作为人民法院审理劳动争议案件的依据。

《安徽省高级人民法院关于审理劳动争议案件若干问题的指导意见》

第四条 用人单位制定的规章制度符合《劳动合同法》第四条、《最高人民法院〈关于审理劳动争议案件适用法律若干问题的解释〉》第十九条规定的,可以作为人民法院审理劳动争议案件的依据。

《劳动合同法》施行前,用人单位制定直接涉及劳动者切身利益的规章制度或者决定的重大事项,虽未履行《劳动合同法》第四条第二款规定的民主程序,但其内容未违反法律、行政法规及政策规定,又不存在明显不合理情形,且已向劳动者公示或告知的,可以作为人民法院裁判的依据。

二、公司规章制度的内容须合理并具有可操作性

风险提示

如前文所述,公司的规章制度合法有效须根据严格的法律要求制定,规章制度的合法有效是最低要求,一份规章制度不能仅限于合法和有效,还必须制定合理并具有可操作性。如果一份规章制度里面所规定的内容不具有可操作性,那么该制度无法起到管理、约束员工行为的作用。

规章制度的内容需要合理,若规章制度制定程序合法但是在内容上超出了合理的范围,在适用规章制度时也不会得到劳动者的认可,当劳动关系双方因此而发生纠纷争议时,法院也有很大可能认定该不合理的规章制度条款属无效。例如,有的公司会规定"迟到一次视为严重违反公司规定,公司可以直接开除",这种规定就过于苛刻也并不合理,还有的公司禁止出现"双

职工",所以会在规章制度中约定不允许"办公室恋情",此类规定实际上是违法的。

规章制度的内容需要具有可操作性,一份不具有可操作性的规章制度跟废纸是一样的。一家经营服装门店的公司的店铺员工守则中,有诸如"店铺员工要待人有礼""看店时间不能坐着休息""不能在看店的时间玩手机"等内容,这样的规定看似很合理、很全面,实际上却不具有可操作性,没有明确的认定标准。

以案说法

公司在规章制度中对违规行为设定具体的处罚条款是合法解除劳动合同的前提[1]

袁某在甲公司担任行政部门负责人职务,在袁某入职时,公司与袁某除了签订劳动合同,还签订了一份《员工守则》,该守则中有一条约定:"员工有以下情形之一时,被视为严重违反公司规章制度,公司可以处以解除劳动合同处分:……担任其他公司的董事、监事或者员工,或从事与公司利益相冲突的行为。"

2015 年,甲公司发现袁某将公司 2014 年的某一项工程业务发包给她和她的丈夫共同担任股东的乙公司,且袁某没有向甲公司报备相关情况。甲公司随后以与袁某有利益冲突、袁某违反《员工守则》属于严重违纪为由将其开除。袁某认为甲公司开除行为属违法,于是向法院起诉要求甲公司支付经济赔偿金。

【判词摘录】

◆ 袁某作为公司的管理人员,利用职务之便,将公司的相关业务交由其本人与配偶均为股东的公司承接经营的事实清楚,证据充分,本院予以确认。

◆ 袁某的上述行为造成了其与公司之间的利益冲突,违反了劳动纪律以及公司《员工守则》关于利益冲突的规定。该条已明确规定,员工存在此种情形时,视为严重违反公司规章制度,可对该员工处以解除合同的处分。公司据此解除其与袁某的劳动关系合法,本院予以确认。

---

[1] 广州市中级人民法院(2016)粤 01 民终 12702 号民事判决书。

应对方案

1. 规章制度中的处罚条款需要设定不同的梯次、细化标准。公司的规章制度中对于员工的处罚条款,需要设定"一般违纪"和"严重违纪"两个梯次,将一般违规的行为和严重违规的行为区分开来,同时针对一般违纪和严重违纪,制定相对应的惩罚条款。

2. 规章制度内容要合理,公司不能设定太过苛刻的条件从而轻易地对员工进行严重的处罚。

法律依据

《中华人民共和国劳动合同法》

第四条 用人单位应当依法建立和完善劳动规章制度,保障劳动者享有劳动权利、履行劳动义务。

用人单位在制定、修改或者决定有关劳动报酬、工作时间、休息休假、劳动安全卫生、保险福利、职工培训、劳动纪律以及劳动定额管理等直接涉及劳动者切身利益的规章制度或者重大事项时,应当经职工代表大会或者全体职工讨论,提出方案和意见,与工会或者职工代表平等协商确定。

在规章制度和重大事项决定实施过程中,工会或者职工认为不适当的,有权向用人单位提出,通过协商予以修改完善。

用人单位应当将直接涉及劳动者切身利益的规章制度和重大事项决定公示,或者告知劳动者。

《浙江省高级人民法院民一庭关于审理劳动争议案件若干问题的意见》

第四十五条 对劳动者无正当理由未办理请假手续,擅自离岗连续超过十五日,用人单位规章制度已有规定的,按相关规定执行;用人单位规章制度无规定的,用人单位可以劳动者严重违反劳动纪律为由,解除劳动合同。

用人单位以劳动者擅自离岗为由,作出解除劳动合同决定,但确因客观原因无法将该决定送达给劳动者,后劳动者以用人单位未履行送达等相关手续为由主张解除无效的,不予支持。

《深圳市中级人民法院关于审理劳动争议案件的裁判指引》

十、劳动者要求对用人单位的规章制度予以纠正的,不作劳动争议处理；劳动者以用人单位的规章制度违反法律法规，给其造成损害为由，要求用人单位承担赔偿责任的，应作为劳动争议处理。

二十六、当事人因劳动合同的订立与解除发生争议的，举证责任如下分配：

……

（4）用人单位主张劳动者严重违反劳动纪律或企业规章制度的，应就劳动者存在严重违反劳动纪律或企业规章制度的事实以及企业规章制度经过民主程序制定并已向劳动者公示的事实举证。

七十三、《劳动合同法》第四条第二款规定的"平等协商确定"主要是指程序上的要求，如果平等协商无法达成一致，最后决定权在用人单位。如该规章制度违反法律法规的规定，给劳动者造成损害的，劳动者可依据《劳动合同法》第八十条寻求救济。

《安徽省高级人民法院关于审理劳动争议案件若干问题的指导意见》

第五条 用人单位在与劳动者签订的书面劳动合同中，已明确告知劳动者存在某种特定规章制度，该特定规章制度属于劳动合同内容，人民法院应根据《劳动合同法》关于劳动合同效力的规定审查其效力。

三、员工严重违反公司规章制度的认定

风险提示

如前文所述，公司设置规章制度应当具备合法性、合理性及可操作性，并经民主程序产生。实务中，对于员工是否构成严重违反规章制度的认定，一般采用类似于三段论的推论方式：大前提（公司规章制度）——小前提（员工严重违规的行为事实）——结论（员工构成严重违反公司规章制度）。因此，在大前提与小前提均满足的情况下才能得出最终结论。反之，如果公司认为员工的行为不当，但该行为未被列入规章制度或者规章制度的规定不够明确，此时公司就难以直接采取处罚评价或者解除劳动合同的措施。还有一种情况是，如果公司有明确的规章制度，但公司无法对员工严重违规的行为进行举证，又或者公司对员工作出处罚或解除劳动合同时引用的规章制度条款与员工行为不匹配，此时公司也会陷入尴尬境地。

因此，公司在判定作为大前提的公司规章制度的过程中，需要尽量详尽列举"员工严重违反公司规章制度"的情形，根据公司经营管理状况、员工岗位性质等设置具体、可量化的条件，并增加兜底条款。同时，公司需要对作为小前提的员工严重违规的行为事实进行证明，及时保存员工严重违反公司规章制度行为事实的证据，在处罚或解除劳动合同的文书中应当明确员工触犯的规章制度条款。前述两个条件缺一不可，否则公司无法根据《劳动合同法》第三十九条顺利地行使单方解除权。

以案说法

履行劳动合同应遵守职业规范和公序良俗[①]

郭某是某航空公司的乘务长。某日，郭某的航班因流量控制，所有旅客未登机。在航班限流等待期间，郭某在飞机洗手间内身着内衣自拍，并发送微信朋友圈宣传。不久，郭某即删除了该条朋友圈，但在此期间被他人截图上报公司。

后某航空公司以郭某利用工作时间从事私人事务，且违反公司舆情管理、网络管理规定，在网络发布不雅照片违反公序良俗，严重违反航空公司规章制度为由，解除与郭某的劳动合同。郭某认为航空公司是违法解除劳动合同，诉至法院。该案历经劳动仲裁、一审、二审，最终二审法院认为航空公司解雇并不违法。

【判词摘录】

◆ 在本案中，首先，郭某错误地认为等待的时间是休息期，没有对安全职责保持高度警惕。其次，客观上郭某从试穿、拍照、构思文案发朋友圈到关注反馈情况等活动中，分散了大量精力，与其应履行的职责相违背。最后，从郭某发朋友圈的内容可知，其主观目的是宣传内衣商品，亦与其应履行的职责相违背。虽然涉案航班最终没有出现安全问题，但并不代表郭某的行为是可容忍、可接受的。如前所述，航班的安全问题是重中之重，涉及民众的生命健康安全。飞机作为高精密的运输工具，每一位机组成员怠于履行职责的行为都有可能造成安全隐患，都存在造成安全事故的潜在危险，都有可能导致最终造成无可挽回的损失和灾难。故本院对郭某在工作期间自拍宣

[①] 广州市中级人民法院（2021）粤01民终27615、27616号民事判决书。

传的行为给予否定性评价。

◆ 从自拍行为来看，郭某作为某航空公司乘务员的身份在微信朋友圈内是公开的，其一言一行均能代表某航空公司的形象。郭某发布的不雅照中可见某航空公司飞行器机舱，其所附的文字表明拍摄地是机舱洗手间。郭某在机舱内穿着内衣发朋友圈，有损社会风气和公序良俗，违背空乘人员的行为规范和职业形象。郭某自身对此也认识到错误并作出检讨。微信朋友圈作为国内主流的网络社区之一，传递信息的效率、速度、范围均具备迅速、广泛的特征。郭某作为乘务长，本身应起到示范作用与带头作用，但是其利用工作时间、工作场所发布不雅照宣传内衣商品，必然造成不良的社会示范效果，对某航空公司的形象、安全声誉均会造成较大影响，从而影响社会公众对某航空公司安全声誉的信任。郭某主张其内衣照并没有大范围流传，没有引起大规模讨论，但鉴于该照片已经实际经互联网发布且被人截图举报，结合互联网虚拟载体记忆难以消除的特征，本院认为郭某的举证不足以证明其发布不雅照行为的影响轻微，对该项意见不予采纳。

◆ 综上，某航空公司作为负责人民群众出行安全的特殊企业，对影响飞行安全的行为持"零容忍"的态度具有合理性。作为有15年工龄的乘务长，更加应当认识到在朋友圈发布不雅照片对某航空公司形象、航空安全声誉、对公序良俗造成的负面影响。故某航空公司认为郭某在值勤期内发布自拍不雅照的行为构成严重违反规章制度具有合理性，其据此解除劳动关系，是某航空公司依法行使管理权的体现，应认定为合法解除。

应对方案

1. 员工发生严重违反公司规章制度的情况时，公司应当及时取证，并妥善保存证据，避免在双方发生争议时无法提供有效证据证明。

2. 公司在处罚或解除合同的文书中应当明确员工触犯的规章制度条款，不得仅以"×××员工违反公司规章制度"为由对员工进行处罚或解除劳动合同。

法律依据

《中华人民共和国劳动争议调解仲裁法》

第六条 发生劳动争议，当事人对自己提出的主张，有责任提供证据。

与争议事项有关的证据属于用人单位掌握管理的，用人单位应当提供；用人单位不提供的，应当承担不利后果。

四、职场性骚扰与企业责任

> 风险提示

《民法典》第一千零一十条规定："违背他人意愿，以言语、文字、图像、肢体行为等方式对他人实施性骚扰的，受害人有权依法请求行为人承担民事责任。机关、企业、学校等单位应当采取合理的预防、受理投诉、调查处置等措施，防止和制止利用职权、从属关系等实施性骚扰。"此条规定明确了"性骚扰"的行为概念，也强调了公司等单位的义务，加强了公司对职场性骚扰进行预防、受理投诉、调查处置的责任。

《民法典》施行后，防治职场性骚扰成为企业人力资源管理中重要的合规要求。而且，《中华人民共和国妇女权益保障法》（以下简称《妇女权益保障法》）进一步明确了女员工遭遇职场性骚扰的企业责任问题。如果发生纠纷，公司能够举证已建立适当的工作环境、制定必要的调查投诉制度预防和制止骚扰者对女员工的性骚扰行为，且公司在收到投诉后，也快速采取措施予以处理，才具有合理的抗辩理由，在不具有过错的情况下，可以免于承担责任。如果公司没有尽到预防与制止之责，则将面临对其员工实施的性骚扰侵权行为承担责任的风险。

> 以案说法

公司应搭建防治职场性骚扰的制度体系与投诉举报渠道，并采取必要的技术措施[①]

兰某、宏某均是某公司的员工。某日公司在黄埔区丰乐路的酒店举行晚会，现场照片显示，宏某有从背后勒住兰某脖颈使其贴近身体、从背后抓住

---

① 参见《向就业歧视、性骚扰说"不"！女职工权益保护典型案例今天发布》，载微信公众号"广州市中级人民法院"，2019 年 6 月 18 日，https://weixin.qq.com/s/DZhDko-uAxqfUbDsVla-kw，最后访问时间：2025 年 5 月 21 日。

兰某手臂揽住兰某的行为。兰某认为受到了屈辱，自晚会结束后未返回公司上班，并于数日后向公司总经理反映此事，要求宏某给予书面赔礼道歉。

公司在会议室召开了情况反映和协调会，宏某在会上道歉。兰某在诉讼中还主张，宏某在办公场所多次对其实施性骚扰行为。另，公司依法成立了工会委员会，制定了《工会章程》，明确规定工会委员会的基本任务包括维护女职工的特殊利益，同歧视、虐待、摧残、迫害女职工的现象作斗争，同时规定女职工委员会负责接受女职工的投诉和法律咨询。兰某入职时，已接受《工会章程》培训并加入工会。该工会委员会未曾收到兰某对宏某的投诉。

【判词摘录】

◆ 兰某主张宏某在办公场所对其实施性骚扰，但未能提供相应证据证实，宏某也予以否认。法院结合其工作场所是设置在公司的公共、开放区域，且同事之间的视线并无遮挡等情况，对兰某有关该部分事实的陈述没有认定。

◆ 兰某主张宏某在公司晚会上对其的性骚扰行为，有双方确认的晚会照片为证。照片清晰显示宏某有从背后勒住兰某脖颈使其贴近身体、从背后抓住兰某手臂揽住兰某的行为，而兰某表现出强烈的反感和恐慌，表明宏某实施了违背兰某意志的行为，兰某由此精神上受到伤害。再结合宏某在公司情况反映和协调会上道歉的情形，法院认定宏某行为确有不当，侵犯了兰某的人格尊严和精神自由的权利，致兰某精神上受到损害，甚至使其不能继续正常工作，宏某应当书面赔礼道歉并赔偿精神损害抚慰金。

◆ 而关于公司是否应承担连带赔偿责任。法院认为公司已建立适当的工作环境、制定必要的调查投诉制度预防和制止对女性员工的性骚扰行为，且该公司在收到投诉后，也快速采取措施予以处理，故不需要对其员工实施的性骚扰侵权行为承担连带责任。

应对方案

1. 公司应搭建防治职场性骚扰的制度体系与投诉举报渠道，如制定专门的防止性骚扰的文件，或在员工劳动合同、规章制度中设定专门条款予以明确。例如，公司可以在《员工手册》等规章制度中，对公司预防、受理投诉、调查处置的规则予以明确，并定期对员工进行职场性骚扰防范教育培训，采取合理的措施预防和制止员工对同事实施性骚扰。同时，在进行性骚扰事件调查时，除了注意搜集有效的证据，还应采取相应的保密措施，避免侵犯涉事人员的名誉权、隐私权等。

2. 公司应采取必要的技术措施，如在公共区域设置监控录像，以便对员工进行管理与取证，或用于证明公司已进行反性骚扰的宣传教育、培训。

3. 对实施性骚扰的员工作出违纪处理与解雇的风险点主要在于举证。性骚扰行为通常在隐蔽的空间发生，较难取证。一般情况下，法院认定性骚扰主要考虑几个方面的因素：是否含有性色彩、是否损害了受害者的人格尊严、是否导致受害者处于不利的工作环境。如公司搜集的员工实施性骚扰行为的证据不足，可考虑引入外部机构调查，广泛收集证言，以及在性骚扰行为发生时及时报警，通过这些方式进行证据补强。

法律依据

《中华人民共和国民法典》

第一千零一十条 违背他人意愿，以言语、文字、图像、肢体行为等方式对他人实施性骚扰的，受害人有权依法请求行为人承担民事责任。

机关、企业、学校等单位应当采取合理的预防、受理投诉、调查处置等措施，防止和制止利用职权、从属关系等实施性骚扰。

《中华人民共和国妇女权益保障法》

第二十三条 禁止违背妇女意愿，以言语、文字、图像、肢体行为等方式对其实施性骚扰。

受害妇女可以向有关单位和国家机关投诉。接到投诉的有关单位和国家机关应当及时处理，并书面告知处理结果。

受害妇女可以向公安机关报案，也可以向人民法院提起民事诉讼，依法请求行为人承担民事责任。

第二十五条 用人单位应当采取下列措施预防和制止对妇女的性骚扰：

（一）制定禁止性骚扰的规章制度；

（二）明确负责机构或者人员；

（三）开展预防和制止性骚扰的教育培训活动；

（四）采取必要的安全保卫措施；

（五）设置投诉电话、信箱等，畅通投诉渠道；

（六）建立和完善调查处置程序，及时处置纠纷并保护当事人隐私和个人信息；

（七）支持、协助受害妇女依法维权，必要时为受害妇女提供心理疏导；

（八）其他合理的预防和制止性骚扰措施。

第二节　工作岗位与工作地点的调整

一、公司因生产经营需要对员工合法调岗的三原则

风险提示

公司对员工进行调岗，从原则上来说是行使劳动用工自主权的体现，公司根据自身组织架构以及员工自身工作能力的情况，作出相应的岗位调整。但是，并非任何岗位调整都是公司在行使劳动用工自主权。司法实践中，许多公司通过对员工进行调岗来达到"变相解雇"的目的，所以法院在审理调岗纠纷案件时，对公司的调岗行为有严格的要求。

调岗是公司对员工的工作内容和薪酬待遇进行调整，而工作内容和薪酬待遇是劳动合同的必备条款，变更工作内容和薪酬待遇，需要公司与员工双方达成一致。公司在不属于法律允许的情况下单方面作出变更的，员工可以根据《劳动合同法》第三十八条第一款第一项或第二项的规定，以公司未按照劳动合同的约定提供劳动条件或者足额支付劳动报酬为由，与公司解除劳动合同并要求公司支付经济补偿金。如果公司的调岗行为被法院认定为违法，公司就要向员工支付经济补偿金。

正是因为调岗稍有不慎便会造成违法赔钱的结果，笔者在为企业提供法律培训时，"在什么情况下允许公司单方面对员工调岗"是企业问得较多的

一个问题。如何合法调岗，法律上对此没有明确的规定，但是在各地的司法实践中，法院审理这类案件都有一个大致的标准，如果调整劳动者的工作岗位是用人单位生产经营的需要，调整工作岗位后劳动者的工资水平与原岗位基本相当，不具有侮辱性和惩罚性以及没有其他违反法律法规的情形这四个条件同时具备，公司对员工调岗则属合法。部分地区亦要求用人单位调整劳动者工作岗位需劳动合同中有约定或用人单位的规章制度有规定。而笔者认为，因生产经营需要、工资待遇不能降低以及不能具有侮辱性和惩罚性，是公司因生产经营需要对员工进行合法调岗的三原则。

以案说法

1. 公司调整员工的工作岗位，必须先与员工进行协商

罗某于2010年1月21日入职佛某公司，自2011年5月5日起在公司设在某市A区友某商店的专柜担任店长一职。公司认为罗某担任友某商店专柜店长时期销售量较低，于是想调罗某到其他门店的专柜上班。

2012年5月24日，佛某公司向友某商店发出证明，称公司将自2012年5月25日起调罗某到与目前上班地点相距约40千米的某市B区专柜上班，担任领班一职。公司之后又在当天重新向友某商店发出证明，改为由他人担任店长一职。罗某当天在商店看到了这两份证明，且又有公司派来的新店长来交接，因此无奈进行了交接。

佛某公司没有班车，在B区没有职工宿舍，罗某有丈夫和孩子，因为B区离A区较远，因此罗某对公司的调整不服，于是从2013年5月25日起就没再上班。2013年5月30日，罗某向劳动仲裁委提起劳动仲裁，要求与公司解除劳动合同并要求公司支付经济补偿金。佛某公司在收到劳动仲裁委的通知后，于2013年6月13日向罗某发出《督请上班通知书》，提出罗某旷工的主张。

【律师评析】

工作岗位是劳动合同履行的重要内容，公司变更员工的工作岗位依法必须与员工进行协商。

罗某作为公司的员工在商场专柜工作，其不仅要受公司的管理，同时也

受到商场管理方的管理，罗某看到商场方的证明即不可能回原来的商场上班符合社会常理。

公司于 2012 年 5 月 24 日发出通知调罗某从 A 区至 B 区工作，并要求罗某于 2012 年 5 月 25 日到岗明显有违社会常理。

罗某要求公司支付解除劳动合同关系的经济补偿金的请求符合《劳动合同法》第三十八条的规定。

2. 公司因生产经营需要，在不具有侮辱性和惩罚性的前提下，可以将员工调至与原岗位工资水平基本相当的岗位

晨某五金厂在同一厂址上有 A、B 两条抛光生产线，两条生产线在生产流程、技术要求、计酬方式等方面都是相同的。

2015 年 9 月，五金厂张贴一份《抛光生产线整改》的通知，称"为提高公司资源利用效率，即日起，抛光厂 A、B 线所有同人集中 A 线作业，B 线封闭进行整理、整顿，禁止人员进入，违者按公司规定处理。请抛光厂抛光人员配合，以保证出货正常"。

包括毛某在内的 8 位 B 线工人对五金厂的岗位调整不满，他们认为五金厂在此次岗位调整决定发出之前没有跟 B 线员工进行商量，且从 B 线调整到 A 线工作会在未来产生收入降低的可能性，认为五金厂的调岗行为是违法的，但未提交任何证据证明。

【律师评析】

五金厂与员工双方签订的《劳动合同》没有约定员工的工作必须为 B 线，因此五金厂将 B 线员工移到 A 线并没有违反《劳动合同》中关于员工工作岗位和工作地点的约定。

五金厂为提高生产效率而对生产 B 线进行技术改造，主观上不具有恶意，而是基于生产经营之需要。原 B 线员工无论在生产 A 线还是 B 线工作，工作地点并没有改变，两条生产线在生产流程、技术要求、计酬方式等方面都是相同的，五金厂对 B 线员工所作的调整并不具有侮辱性和惩罚性，也没有违反劳动合同的约定和法律规定，反而是用工自主权的体现。

应对方案

1. 在劳动合同履行过程中，公司不可避免地会根据生产经营需要调整员工的工作和岗位，所以公司在与入职员工签订劳动合同的时候，涉及岗位和工作内容的条款不要约定得太"死"，要给自己留一点空间。例如，在前述案例中，五金厂在与员工的劳动合同中如果明确约定该员工的岗位是 B 线抛光工人，那么将其调整到 A 线工作就需要与员工协商。

公司在劳动合同中还可以增加公司有权根据生产经营需要对员工进行岗位调整的条款，如"用人单位在合同期内因生产经营需要或其他原因，有权调整劳动者的工作岗位，或派劳动者到本合同约定以外的地点工作"。

2. 即使公司在劳动合同中对根据生产经营的需要对员工进行调岗的权限问题作出了约定，如前文所述，公司行使用工自主权在法律上仍然有极大的限制。所以公司基本上不能单方面变更员工的劳动条件及劳动待遇。如果公司要对员工的职务进行必要的调整，在下决定之前，应该与员工之间尽量协商达成一致，并通过书面形式确认（如协商笔录），固定公司与员工就调岗问题进行协商的录音及相关记录文件。

法律依据

《中华人民共和国劳动合同法》

第三十五条 用人单位与劳动者协商一致，可以变更劳动合同约定的内容。变更劳动合同，应当采用书面形式。

......

第三十八条 用人单位有下列情形之一的，劳动者可以解除劳动合同：

（一）未按照劳动合同约定提供劳动保护或者劳动条件的；

（二）未及时足额支付劳动报酬的；

......

《最高人民法院关于审理劳动争议案件适用法律问题的解释（一）》

第四十三条 用人单位与劳动者协商一致变更劳动合同，虽未采用书面形式，但已经实际履行了口头变更的劳动合同超过一个月，变更后的劳动合同内容不违反法律、行政法规且不违背公序良俗，当事人以未采用书面形式为由主张劳动合同变更无效的，人民法院不予支持。

第四十四条 因用人单位作出的开除、除名、辞退、解除劳动合同、减少劳动报酬、计算劳动者工作年限等决定而发生的劳动争议,用人单位负举证责任。

《北京市高级人民法院、北京市劳动人事争议仲裁委员会关于审理劳动争议案件解答(一)》

59. 用人单位调整劳动者工作岗位的,如何处理?

用人单位与劳动者约定可根据生产经营情况调整劳动者工作岗位的,经审查用人单位证明生产经营情况已经发生变化,调岗属于合理范畴,应支持用人单位调整劳动者工作岗位。

用人单位与劳动者在劳动合同中未约定工作岗位或约定不明的,用人单位有正当理由,根据生产经营需要,合理地调整劳动者工作岗位属于用人单位自主用工行为。判断合理性应参考以下因素:用人单位经营必要性、目的正当性,调整后的岗位为劳动者所能胜任、工资待遇等劳动条件无不利变更。

用人单位与劳动者签订的劳动合同中明确约定工作岗位但未约定如何调岗的,在不符合《劳动合同法》第四十条所列情形时,用人单位自行调整劳动者工作岗位的属于违约行为,给劳动者造成损失的,用人单位应予以赔偿,参照原岗位工资标准补发差额。对于劳动者主张恢复原工作岗位的,根据实际情况进行处理。经审查难以恢复原工作岗位的,可释明劳动者另行主张权利,释明后劳动者仍坚持要求恢复原工作岗位,可驳回请求。

用人单位在调整岗位的同时调整工资,劳动者接受调整岗位但不接受同时调整工资的,由用人单位说明调整理由。应根据用人单位实际情况、劳动者调整后的工作岗位性质、双方合同约定等内容综合判断是否侵犯劳动者合法权益。

60. 用人单位与劳动者在劳动合同中宽泛地约定工作地点是"全国"、"北京"等,用人单位在履行劳动合同过程中调整劳动者的工作地点,劳动者不同意,用人单位依据规章制度作出解除劳动合同决定是否支持?

用人单位与劳动者在劳动合同中宽泛地约定工作地点是"全国"、"北京"等,如无对用人单位经营模式、劳动者工作岗位特性等特别提示,属于对工作地点约定不明。劳动者在签订劳动合同后,已经在实际履行地点工作的，视为双方确定具体的工作地点。用人单位不得仅以工作地点约定为"全国"、"北京"为由，无正当理由变更劳动者的工作地点。

用人单位与劳动者在劳动合同中明确约定用人单位可以单方变更工作地点的，仍应对工作地点的变更进行合理性审查。具体审查时，除考虑对劳动者的生活影响外，还应考虑用人单位是否采取了合理的弥补措施（如提供交通补助、班车）等。

《浙江省高级人民法院民一庭关于审理劳动争议案件若干问题的意见》

第四十二条 用人单位调整劳动者工作岗位，一般应经劳动者同意。如没有变更劳动合同主要内容，或虽有变更但确属用人单位生产经营所必需，且对劳动者的报酬及其他劳动条件未作不利变更的，劳动者有服从安排的义务。

《上海市高级人民法院民一庭关于审理劳动争议案件若干问题的解答》

（十五）劳动合同中约定用人单位有权随时调整劳动者岗位发生争议的，应如何处理？

答：用人单位和劳动者因劳动合同中约定，用人单位有权根据生产经营需要随时调整劳动者工作内容或岗位，双方为此发生争议的，应由用人单位举证证明其调职具有充分的合理性。用人单位不能举证证明其调职具有充分合理性的，双方仍应按原劳动合同履行。

二、公司因客观情况发生重大变化对员工进行调岗

风险提示

根据《劳动合同法》第四十条第三项的规定，劳动合同订立时所依据的客观情况发生重大变化，致使劳动合同无法履行，经用人单位与劳动者协商，未能就变更劳动合同内容达成协议的，用人单位提前三十日以书面形式通知劳动者本人或者额外支付劳动者一个月工资后，可以解除劳动合同。换言之，公司可以在"客观情况发生重大变化"的情形下与员工协商变更包括岗位在内的劳动合同内容，但该情形区别于体现公司用工自主权的因生产经营需要的调岗。前者较后者要求更为严格，一般仅指外部条件发生变化，而不包括后者所涉及的公司内部经营决策问题。

至于"客观情况发生重大变化"的认定，目前没有明确的最高人民法院的司法解释参考，但地区性政策规定及会议纪要等，对该情形有更进一步的解释供我们参考。2024 年发布的《北京市高级人民法院、北京市劳动人事争议仲裁委员会关于审理劳动争议案件解答（一）》第七十九问规定："'劳动合同订立时所依据的客观情况发生重大变化'是指劳动合同订立后发生了用人单位和劳动者订立合同时无法预见的变化，致使双方订立的劳动合同全部或者主要条款无法履行，或者若继续履行将出现成本过高等显失公平的状况，致使劳动合同目的难以实现。下列情形一般属于'劳动合同订立时所依据的客观情况发生重大变化'：（1）地震、火灾、水灾等自然灾害形成的不可抗力；（2）受法律、法规、政策变化导致用人单位迁移、资产转移或者停产、转产、转（改）制等重大变化的；（3）特许经营性质的用人单位经营范围等发生变化的。"该规定明确了公司所发生的变化应当是双方订立劳动合同时所无法预见的。

以案说法

市场变化导致经营困难不属于"客观情况发生重大变化"[①]

2013 年 10 月 14 日，北京某劳务服务公司将冯某派遣至瑞士某贸易公司北京代表处，冯某主要负责在中国采购化肥之后的后期出口执行事宜。瑞士某贸易公司主张由于法规、政策的变化，我国化肥生产成本大幅攀升，国际竞争力显著下降，出口量骤减，故决定缩减其业务规模，进行岗位重组，裁撤所有全职物流经理岗位，并与冯某就变更工作岗位进行协商但未达成一致，自 2017 年 8 月 16 日起将冯某退回北京某劳务服务公司，此后北京某劳务服务公司按照北京市最低工资向冯某发放工资并缴纳社会保险费。

瑞士某贸易公司北京代表处认为，将冯某退回是因为客观情况发生重大变化、被迫裁撤所有物流经理岗位，并非自主采取的经营行为。

【判词摘录】

◆ "劳动合同订立时所依据的客观情况发生重大变化"是指劳动合同订立后发生了用人单位和劳动者订立合同时无法预见的变化，致使双方订立的

---

① 北京市第三中级人民法院（2020）京 03 民终 5561 号民事判决书。

劳动合同全部或者主要条款无法履行，或者若继续履行将出现成本过高等显失公平的状况，致使劳动合同目的难以实现。

◆ 本案中瑞士某贸易公司北京代表处所述的化肥采购成本上升事项是市场变化，并非地震、火灾等不可抗力或受法律、法规、政策变化导致的用人单位迁移、资产转移或者停产、转产、转（改）制等重大变化。故瑞士某贸易公司北京代表处为节省成本将冯某退回的行为，不属于法律规定的可以将劳动者退回劳务派遣单位的情形，瑞士某贸易公司北京代表处应赔偿冯某自退回之日至 2019 年 8 月 31 日的工资损失，北京某劳务服务公司应对上述损失承担连带赔偿责任。

应对方案

1. 评估公司状况是否符合"客观情况发生重大变化"，谨慎使用该事由进行调岗。市场变化导致的公司经营困难，并不属于"客观情况发生重大变化"的情况，公司不能据此与员工协商调岗。"客观情况发生重大变化"应当指不可抗力等双方订立劳动合同时所无法预见的情况。

2. 在以"客观情况发生重大变化"为由将员工调岗时，应当留下书面协商凭证并录音，避免发生纠纷时无法有效举证。例如，与员工面谈并录音、送达调岗协商文件要求员工书面反映意见并签名，或向员工发送邮件，并在邮件中询问员工意见，而非简单地通知员工调岗。

3. 如果双方对调岗无法协商一致需解除劳动合同，公司应提前 30 日以书面形式通知员工本人或者额外支付劳动者一个月工资，并发放相应的经济补偿金。

法律依据

《中华人民共和国劳动合同法》

第四十条　有下列情形之一的，用人单位提前三十日以书面形式通知劳动者本人或者额外支付劳动者一个月工资后，可以解除劳动合同：

（一）劳动者患病或者非因工负伤，在规定的医疗期满后不能从事原工作，也不能从事由用人单位另行安排的工作的；

（二）劳动者不能胜任工作，经过培训或者调整工作岗位，仍不能胜任工作的；

（三）劳动合同订立时所依据的客观情况发生重大变化，致使劳动合同无法履行，经用人单位与劳动者协商，未能就变更劳动合同内容达成协议的。

《北京市高级人民法院、北京市劳动人事争议仲裁委员会关于审理劳动争议案件解答（一）》

79. 哪些情形属于《劳动合同法》第四十条第三项规定的"劳动合同订立时所依据的客观情况发生重大变化"？

"劳动合同订立时所依据的客观情况发生重大变化"是指劳动合同订立后发生了用人单位和劳动者订立合同时无法预见的变化，致使双方订立的劳动合同全部或者主要条款无法履行，或者若继续履行将出现成本过高等显失公平的状况，致使劳动合同目的难以实现。

下列情形一般属于"劳动合同订立时所依据的客观情况发生重大变化"：（1）地震、火灾、水灾等自然灾害形成的不可抗力；（2）受法律、法规、政策变化导致用人单位迁移、资产转移或者停产、转产、转（改）制等重大变化的；（3）特许经营性质的用人单位经营范围等发生变化的。

三、公司对不能胜任工作的员工进行调岗

风险提示

有的公司想开除某位员工又找不到什么合适的理由、证据和法律依据，就以员工"不能胜任工作"为理由将该员工辞退或调岗减薪。

公司如果要以员工不能胜任工作岗位为理由将其调岗减薪，需要有证据证明员工确实存在不能胜任工作岗位的情况，根据《最高人民法院关于审理劳动争议案件适用法律问题的解释（一）》第四十四条的规定，因用人单位作出的开除、除名、辞退、解除劳动合同、减少劳动报酬、计算劳动者工作年限等决定而发生的劳动争议，用人单位负举证责任。如果公司无法举证而仅凭自己单方主张提出员工不能胜任工作岗位，是不会被法院认可的。

另外，员工如果真的不能胜任工作，公司作为用人单位一方不能马上将其解雇，根据《劳动合同法》第四十条第二项的规定，员工如果不能胜任工作，经过培训或者调整工作岗位后仍不能胜任工作的，公司才能提前30日以书面形式通知员工本人或者额外支付员工一个月工资后将其解雇。

【以案说法】

公司主张员工不能胜任工作岗位的，应当提供相应证据予以证明

孙某自 2006 年 2 月起供职于某广告公司，担任公司设立在上海的华东事业部业务经理一职。

2010 年 1 月 21 日，公司单方以孙某不能胜任工作为由向其发出岗位调整通知书，将孙某由业务经理岗位降至初级媒介顾问岗位，并相应调低孙某的工资，岗位补贴也从 4400 元降至 1900 元，工作地点由上海调至广州。孙某不服，以书面形式回复公司，但未收到公司回应。孙某继续在原岗位上班，但自 2010 年 2 月起公司按调整后的岗位标准向孙某支付工资。

孙某遂以公司未足额支付工资为由向公司发出书面解除劳动关系通知书并诉诸法律，要求公司支付经济补偿金。

在诉讼的过程中，公司提出孙某并不能胜任原业务经理的职务，而孙某则向司法机关提交了 2009 年 7 月、9 月、11 月及 2010 年 1 月公司向孙某颁发的获奖证书，以证明自己工作成绩优秀，并非如公司所言自己不能胜任工作。

【律师评析】

因公司作出的减少劳动报酬决定而发生的劳动争议，公司负举证责任。

现公司主张孙某不能胜任业务经理职位。但公司 2009 年 7 月、9 月、11 月、2010 年 1 月连续向孙某颁发的获奖证书反映，公司现在所提出的主张与其以往的实际行动是相矛盾的，因此，公司的主张难以得到仲裁委或法院的支持。公司单方作出减少孙某劳动报酬的决定，孙某对此不服并提出解除双方劳动合同、要求公司支付经济补偿是符合《劳动合同法》第三十八条、第四十六条规定的。

应对方案

1. 公司为了鼓励员工积极工作，常常向员工发放证书。这在私营企业中尤其常见，笔者甚至见过一些以销售为主的中小型企业的员工几乎人人都有证书或奖杯的情况。公司向员工发放证书，是员工证明自己工作优秀的最有力的证据之一。公司向员工发放了相关证书后，又以所谓的"不能胜任工作"等理由将员工调岗或减薪（甚至辞退），将难以得到法院的支持。因此公司发放证书需要适度，不要泛滥。

2. 公司提出员工不能胜任工作岗位，需要明确提出相应的证据予以证明，而是否能够胜任工作很多时候是较难评估和认定的。公司需要事先与员工在劳动合同或者相应的岗位职责文件中设定工作岗位要求条款，当员工无法按照事先约定的岗位职责要求完成工作时，公司才能较好地提出员工不能胜任工作岗位的具体依据。此外，设置岗位职责要求条款要考虑是否具有可操作性的问题。在笔者看来，销售岗位较容易设定，比较常见的是通过销售业绩来对销售岗位的员工进行考核评价。

3. 公司应当制定详细的与调岗调薪有关的规章制度，完善员工工作能力考核标准，相关的制度和标准需要符合法律规定、具有合法性，且通过公示让员工知悉并确认。

法律依据

《中华人民共和国劳动合同法》

第四十条　有下列情形之一的，用人单位提前三十日以书面形式通知劳动者本人或者额外支付劳动者一个月工资后，可以解除劳动合同：

……

（二）劳动者不能胜任工作，经过培训或者调整工作岗位，仍不能胜任工作的；

……

《关于〈劳动法〉若干条文的说明》

第二十六条　有下列情形之一的，用人单位可以解除劳动合同，但是应当提前三十日以书面形式通知劳动者本人：

......

（二）劳动者不能胜任工作，经过培训或者调整工作岗位，仍不能胜任工作的；

......

本条第（二）项中的"不能胜任工作"，是指不能按要求完成劳动合同中约定的任务或者同工种，同岗位人员的工作量。用人单位不得故意提高定额标准，使劳动者无法完成。

......

《上海市高级人民法院关于审理劳动争议案件若干问题的解答》

六、关于用人单位调整劳动者工作内容和工资报酬的问题

（一）用人单位与劳动者对调整工作内容和工资报酬有明确的书面约定，或者虽无明确书面约定但已通过实际履行等方式默示调整了原合同约定的，视为双方对变更达成一致。

（二）用人单位在劳动者不胜任工作、劳动者医疗期满后不能从事原工作、对负有保守用人单位商业秘密的劳动者采取保密措施等情形下依法调整劳动者工作内容和工资报酬，用人单位应对调整劳动者工作内容的合理依据承担举证责任。

（三）劳动合同中明确约定调整工作内容与工资报酬的有关调解，当事人可按约定履行。劳动合同中虽有工作内容和工资报酬调整的约定，但调整的调解和指向不明确的，用人单位应当提供充分证据证明调整的合理性，用人单位不能证明调整合理性的，劳动者可以要求撤销用人单位的调整决定。

《江苏省劳动合同条例》

第三十四条 劳动者患病或者非因工负伤，医疗期满后不能从事原工作，也不能从事由用人单位另行安排的适当工作的，用人单位可以依法解除、终止劳动合同，并给予经济补偿。劳动者经劳动能力鉴定委员会确认丧失或者部分丧失劳动能力的，用人单位还应当给予劳动者不低于本人六个月工资的医疗补助费。患重病或者绝症的还应当增加医疗补助费。患重病的增加部分不低于医疗补助费的百分之五十，患绝症的增加部分不低于医疗补

费的百分之百。

《安徽省高级人民法院关于审理劳动争议案件若干问题的指导意见》

第六条　用人单位的规章制度规定绩效考核末位淘汰并以此为由单方解除劳动合同的，人民法院仍应依据《劳动合同法》第四十条第二项的规定对劳动者是否能胜任工作进行审查。

《山东省劳动合同管理操作指南》

四、劳动合同的解除、终止

……

（二）有下列情形之一的，用人单位可以解除劳动合同：

……

7. 劳动者患病或非因工负伤，在规定的医疗期满后不能从事原工作，也不能从事由用人单位另行安排的工作的；

8. 劳动者不能胜任工作，经过培训或者调整工作岗位，仍不能胜任工作的；

9. 劳动合同订立时所依据的客观情况发生重大变化，致使劳动合同无法履行，经用人单位与劳动者协商未能就变更劳动合同内容达成协议的；

用人单位按照第7、8、9项规定解除劳动合同的，需提前三十日书面通知劳动者或者按照该劳动者上一个月的工资标准额外支付劳动者一个月工资，并按规定向劳动者支付经济补偿，其中按第7项解除劳动合同并符合有关规定的需支付劳动者医疗补助费。

……

《浙江省高级人民法院民事审判第一庭、浙江省劳动人事争议仲裁院关于审理劳动争议案件若干问题的解答（二）》

九、用人单位的规章制度规定绩效考核等级，并规定考核末位淘汰的，用人单位能否据此单方解除与考核末位者的劳动关系？

答：劳动者在用人单位绩效考核中居于末位等次，不等同于"不能胜任工作"，不符合单方解除劳动合同的法定条件，用人单位不能据此单方解除劳动合同。

四、公司通过竞聘的方式对管理层员工进行调岗

> 风险提示

如前文所述,公司经常以员工不能胜任工作为理由对员工进行调岗,但是在司法实践中公司很难有证据证明员工不能胜任工作的事实。一些公司会通过简单的考核方式将员工评为末等从而认定员工不能胜任工作,而实际上在司法实践中这种通过单方面考评而采取"末位淘汰"的制度也会被法院认定为违法的行为。

常有公司向笔者提出自己的困惑,称公司的一些部门负责人或者是管理岗位的员工能力不足却难以对其进行岗位调整,笔者认为公司可以通过劳动合同或者考核评定制度设置竞聘上岗的规则,通过竞聘上岗的形式达到"能者上、庸者下"的效果。竞聘上岗的方式并不针对具体个人或部分员工,同时要设置明确的考核方式,员工参与竞岗的成绩决定了各自的岗位,这样的操作在目前的案例中是得到法律支持的。但需要注意的是,公司不能通过竞聘的方式将未能成功上岗的员工作开除处理,只是通过竞聘的方式撤销该员工原有的管理岗位。[1]

> 以案说法

公司基于生产经营情况公开竞聘管理岗位属合法调岗[2]

陈某自 2008 年起在广某公司担任区域经理的职务。2012 年 4 月,广某公司发出《关于对营销团队进行整合及调整的决定》《关于公开招聘区域总监及区域经理岗位的通知》,决定对营销团队各业务部进行整合及调整,之后通过发送《述职报告模板》让竞聘人参与公开选拔活动。

陈某按照广某公司的要求向公司提出继续竞聘区域经理职务,并按时向公司发送了自己的述职报告以及在指定的时间内与公司的其他同事一起参加

---

[1] 针对通过末位淘汰的方式解雇员工属于违法行为的问题,详见本书第五章第二节第五部分。——作者注。

[2] 广州市中级人民法院(2013)穗中法民一终字第 5148 号民事判决书。

了岗位竞聘。因为陈某竞聘成绩不达标，最终他落选了区域经理一职。

2012 年 5 月，广某公司向全公司分别发出了《关于×××、×××等同志工作调整和职务聘任的决定》，调整包括陈某在内的 16 名员工的职位，陈某从原来的区域经理降职为营销经理，薪酬也随之调整。

陈某不服公司的调岗决定，于是以公司非法调岗为理由提出辞职并要求公司支付经济补偿金。

【判词摘录】

◆ 广某公司 2012 年 4 月基于企业生产经营情况决定整合调整营销团队且对部分团队管理岗位进行公开竞聘，该整合调整决定并非特别针对某个或某几个员工作出，没有侮辱性和惩罚性。

◆ 被调整员工也并非必然降职减薪，还可通过参加公开竞聘的方式恢复甚至取得更高的管理岗位。

◆ 故该整合调整决定属于用人单位合法行使用工自主权的范畴，不违反现行法律法规的禁止性规定。

◆ 据此，陈某参加公开竞聘后因没有竞上区域团队管理岗位而被调岗降薪，不属于用人单位无正当理由调岗降薪情形。

应对方案

1. 公司需要建立完善的薪酬体系架构，对于不同岗位的员工设定不同金额的岗位工资。对于工资固定且无其他浮动项目的薪酬体系，公司难以对员工进行薪酬待遇的调整，虽然单一固定的工资标准在计算和发放上都较为简单，但在法律层面上并不利于员工管理。

2. 公司需要设置合法合理的竞聘制度，包括竞聘条件规则、竞聘评议流程、竞聘结果公示以及对竞聘失败丧失原岗位员工的安置方案等。

3. 公司需要根据原定的竞聘规则结合公司薪酬架构制度对竞聘落选丧失原岗位的员工进行调整，调整该员工岗位涉及降职与调薪，需要提前与员工说明告知，调整后的岗位不得具有侮辱性、惩罚性，调整后的岗位应合理，不得变相解雇。

4. 司法实践中关于公司对员工进行岗位调整的纠纷会关注公司的调岗

是否仅针对个人，所以公司在岗位竞聘上一定要做到公开、公平、公正，不能针对某个员工进行竞聘活动。

> 法律依据

《浙江省高级人民法院民一庭关于审理劳动争议案件若干问题的意见》

第四十二条　用人单位调整劳动者工作岗位，一般应经劳动者同意。如没有变更劳动合同主要内容，或虽有变更但确属用人单位生产经营所必需，且对劳动者的报酬及其他劳动条件未作不利变更的，劳动者有服从安排的义务。

《北京市高级人民法院、北京市劳动人事争议仲裁委员会关于审理劳动争议案件解答（一）》

59. 用人单位调整劳动者工作岗位的，如何处理？

用人单位与劳动者约定可根据生产经营情况调整劳动者工作岗位的，经审查用人单位证明生产经营情况已经发生变化，调岗属于合理范畴，应支持用人单位调整劳动者工作岗位。

用人单位与劳动者在劳动合同中未约定工作岗位或约定不明的，用人单位有正当理由，根据生产经营需要，合理地调整劳动者工作岗位属于用人单位自主用工行为。判断合理性应参考以下因素：用人单位经营必要性、目的正当性，调整后的岗位为劳动者所能胜任、工资待遇等劳动条件无不利变更。

……

五、公司应告知员工拒绝调岗的后果

> 风险提示

公司对员工进行工作岗位或者工作地点的调整，属于变更劳动合同约定的内容，一般情况下，应当依照《劳动合同法》第三十五条的规定与员工协商一致并应当采用书面形式进行调岗。而实践中，更多的是公司与员工无法达成一致意见的情况，在这个过程中，公司应当注意调岗程序及合规操作，明确告知员工调岗原因并作合理说明，且应告知员工拒绝调岗的后果。

无论是以生产经营需要、客观情况重大变化、员工不能胜任工作还是管理层员工竞聘为由对员工发起单方调岗，公司都需要对前述缘由作好充分的证据准备。双方协商不成后，公司单方通知员工到新岗位报到，不应跟员工模棱两可地说可以选择"去或不去"，必须告知员工如果不到新岗位报到则视为旷工，多次或连续旷工将严重违反有关规章制度，将导致被解雇的后果。

以案说法

公司未明确告知员工拒绝调岗的后果，员工有权拒绝调岗

宋某在 B 公司的 C 餐厅任厨师。

受环境影响，C 餐厅于 2022 年 3 月宣布结业。B 公司遂将包括宋某在内的原 C 餐厅的全体员工调动至离 C 餐厅仅有 2 千米的 D 餐厅，员工的岗位、薪酬等待遇均与原先在 C 餐厅工作时一致。

B 公司组织包括宋某在内的原 C 餐厅的全体员工开会，以告知 C 餐厅结业以及将员工调动至 D 餐厅事宜，并通过会议纪要的方式对会议内容予以书面记录。会议纪要中载明会议过程中 B 公司曾表示："双向选择，可自行选择去或不去"。

后宋某即以个人原因为由拒绝调动至 D 餐厅。B 公司遂以宋某违反用工单位规章制度为由与宋某解除了劳动关系。宋某对此不服，提起了劳动仲裁。

【律师评析】

B 公司具有用工自主权，C 餐厅宣布结业，原来的劳动合同内容无法继续履行，B 公司安排宋某至 D 餐厅工作具有合理性，如果 B 公司要求宋某去新岗位报到，宋某理应服从安排。

但 B 公司在进行岗位调整时，未告知宋某不去新岗位上班将会导致严重违反公司规章制度的后果，因此，在此情况下宋某拒绝去新岗位不属于严重违反规章制度。B 公司据此解除劳动关系属于违法解除。

应对方案

1. 公司需要调整员工工作岗位的，调整工作岗位的理由需合理，且不得具有侮辱性和惩罚性，岗位调整后员工的工资水平应当与原岗位基本相当。

2. 根据《劳动合同法》第三十五条的规定，员工的岗位调整属于劳动合同约定内容的重大变更，一般需要公司与员工协商一致。因此，公司调岗前应与员工进行协商。但协商不一致不代表必然不能调岗。若调岗符合上述第一条应对方案中的全部条件，那么在与员工协商的过程中，就要对调岗的原因，及调岗后的工作内容、工资水平、工作地点等做出合理说明，且应明确告知员工拒绝调岗的后果。公司应通过录音、录像的方式将协商过程予以留存。

3. 公司应明确告知员工调岗原因并作合理说明，且应告知员工拒绝调岗的后果，而不应跟员工模棱两可，必须告知员工如果不到新岗位报到则视为旷工，多次或连续旷工将严重违反有关规章制度，将导致被解雇的后果。

4. 对于已确定的调岗，公司应与员工签订书面文件予以明确。调岗意味着工作岗位的变更，工作岗位的变更属于变更劳动合同的内容，而根据法律规定，变更劳动合同应当采用书面形式。通过书面文件明确员工已同意调岗，可以此防止员工日后反悔并向公司主张相关权利。

法律依据

《中华人民共和国劳动合同法》

第三十五条　用人单位与劳动者协商一致，可以变更劳动合同约定的内容。变更劳动合同，应当采用书面形式。

……

六、员工明示或默认同意调岗的法律效力

风险提示

调岗调薪属于劳动合同的变更，如果员工在公司的调岗调薪文件上签名予以确认，或者公司与员工就调岗调薪问题签订了劳动合同补充协议或确认书，就属于员工确认并同意公司调岗调薪的决定。

公司对某一员工作出了调岗行为后，如果员工没有在第一时间提出异议，且按照公司要求到新的岗位工作，对应领取新的工资薪酬，并且已实际履行新的劳动关系有较长一段时间，员工再提出异议认为公司非法调岗，法院会认为员工已经口头或用行为默认同意了公司的调岗决定。

以案说法

1. 员工书面签名确认调岗文件，可视为其已同意调岗

李某在某网络技术公司工作，双方签订的劳动合同约定李某担任高级技术分析员，工资为每月 8000 元。2016 年 5 月，公司向李某发出《岗位调整通知书》，该通知书上记载公司决定从 2016 年 6 月开始，将李某的岗位调整为普通技术员，工资对应为每月 5000 元。在《岗位调整通知书》的末尾有"本人确认同意"一项，李某在上面签了名。

2017 年 3 月，李某与公司产生不可调和的矛盾，于是提起劳动仲裁，认为公司在 2016 年将其从高级技术分析员调整为普通技术员的调岗行为属违法。

【律师评析】

某网络技术公司要对李某进行调岗，需要与李某进行协商，用人单位与劳动者协商一致的，其对劳动者作出调岗决定则属于合法。本案中，某网络技术公司向李某发出《岗位调整通知书》，李某收到并在上面签名确认，可以视为双方就原来的劳动合同变更达成了协议。所以事后李某若想反悔主张公司是违法调岗，是得不到法院支持的。

2. 员工未及时提出异议且已在新岗位工作一段时间，可视为其已默示同意调岗

蒋某从 2013 年入职某商贸公司起便担任销售主管职务，2016 年 2 月因为蒋某管理的销售团队持续业绩不佳，公司向蒋某发出了《撤销蒋某销售主管决定书》，将蒋某从销售主管一职调整为普通销售岗位，工资随即根据岗位的对应薪酬发生了变化。

2017 年 4 月，因为长时间业绩不佳，蒋某对普通销售岗位的工作越来越不适应。在与公司协商离职补偿不成的情况下，蒋某提起劳动仲裁认为公司

在 2016 年 2 月对他进行的调岗行为属违法。

【律师评析】

商贸公司在 2016 年 2 月对蒋某作出撤职决定时并没有与蒋某进行协商，也没有征得蒋某的同意，商贸公司不能仅凭团队销售业绩不佳而将蒋某撤职。如果蒋某在接到撤职决定后就提出异议，商贸公司则会被认定为非法调岗。但是蒋某在接到公司的撤职通知后，选择了到新岗位上班而且工作时间持续超过一年，蒋某的这个接受行为，可以视为对公司的调整岗位决定作出了同意的意思表示，所以蒋某在一年多以后再提出公司调岗违法，是得不到法院的支持的。

应对方案

1. 经过员工签名确认的调岗通知书，表明员工确认并同意了公司的调岗决定，公司作出调岗行为有了员工的书面签名确认，意味着调岗经过了双方协商确认，调岗行为合法。

一般情况下，公司应当与员工协商一致确认新的岗位以及相对应的薪酬待遇。双方协商一致的，应当签订《劳动合同补充协议》，对新的岗位和待遇通过协议予以明确约定。

2. 公司未与员工协商的单方调岗行为很可能被认定为违法调岗，但是如果员工在新岗位工作了较长时间，可以视为员工默认同意调岗的意思表示。公司如果有证据能够证明员工在新岗位工作了一段时间，包括打卡记录、工作汇报以及新岗位薪酬工资单等，就可以主张员工已默认同意变更原劳动合同、确认新岗位。

法律依据

《最高人民法院关于审理劳动争议案件适用法律问题的解释（一）》

第四十三条 用人单位与劳动者协商一致变更劳动合同，虽未采用书面形式，但已经实际履行了口头变更的劳动合同超过一个月，变更后的劳动合同内容不违反法律、行政法规且不违背公序良俗，当事人以未采用书面形式为由主张劳动合同变更无效的，人民法院不予支持。

《北京市高级人民法院、北京市劳动人事争议仲裁委员会关于审理劳动争议案件解答（一）》

61. 劳动者按变更后的工作地点实际履行合同，又以未采用书面形式为由主张劳动合同变更无效的是否支持？

劳动者已经按变更后的工作地点实际履行合同，又以未采用书面形式为由主张劳动合同变更无效的，适用《最高人民法院关于审理劳动争议案件适用法律问题的解释（一）》第四十三条的规定处理。

《上海市高级人民法院关于适用〈劳动合同法〉若干问题的意见》

三、劳动合同变更的形式要求

《劳动合同法》第三十五条规定，劳动合同变更的应当采取书面形式。这里的书面形式要求，包括发给劳动者的工资单、岗位变化通知等等。因为随着劳动合同的持续履行，劳动合同双方的权利义务本身就必然会不断变化。如随着劳动者工作时间的增加，其休假、奖金标准发生的自然变化等等，都属于劳动合同的变更。因此，对于依法变更劳动合同的，只要能够通过文字记载或者其他形式证明的，可以视为"书面变更"。

七、员工因公司搬迁而拒绝到岗的处理

风险提示

公司因为各种因素需要整体搬迁，导致员工工作地点发生变化，通勤时间变长，如果员工因此而拒绝到岗，公司应当如何处理？公司能否据此主张员工拒绝到岗是严重违反规章制度进而解除与员工的劳动关系？

实践中，一般需要考量搬迁距离远近、通勤便利程度，结合公司是否提供交通工具、是否调整出勤时间、是否增加交通补贴等因素，综合评判工作地点的变更是否给劳动者的工作和生活带来严重不便并足以影响劳动合同的履行，进而认定公司的搬迁行为是否属于合理调整。

此外，公司对工作地点的合理调整，属于变更劳动合同的内容，一般情况下，应当依照《劳动合同法》第三十五条的规定与员工协商一致并应当采用书面形式进行调岗。而实践中，更多的是公司与员工无法达成一致意见

的情况，在这个过程中，公司应当注意调岗程序及合规操作，公司应当明确告知员工调岗的原因并作合理说明，且应告知员工拒绝调岗的后果。

以案说法

员工拒绝公司的合理调岗而构成旷工，公司有权解除劳动合同[1]

2013年9月，吴某入职电动工具公司从事生产工作。双方签订的劳动合同约定工作地点在电动工具公司厂址。员工手册中规定，连续旷工3个工作日，或连续12个月内累计旷工5个工作日，给予解除合同处分。

2019年3月，电动工具公司因经营需要，决定由原办公地点整体搬迁，包括吴某在内的员工得知后，以距离太远为由拒绝到新厂址上班，自此每日到原厂址打卡后，不再提供劳动。

电动工具公司发布《关于厂区搬迁的通知》，声明厂区将从原厂址整体搬迁至距离约4.5千米的新厂址，全程骑行约20分钟，均在地铁沿线，有公交可乘，生产车间提供中央空调，食宿更加便利。

电动工具公司将安排车辆携全员前往新厂址参观，给予每人500元搬迁奖励，交通补贴在每月100元基础上增加50元，要求员工通过合理渠道沟通，必须回岗正常劳动。员工拒绝返岗。电动工具公司再次发布公告，重申员工的岗位、工作内容和福利待遇不变，增发50元交通补助。员工仍然拒绝返岗。

电动工具公司向吴某发出《督促回岗通知》，告知吴某其行为已严重违反规章制度，扰乱破坏生产秩序，要求吴某到生产主管处报到，逾期未报到将解除劳动合同。吴某未按要求报到。

电动工具公司决定与吴某解除劳动合同。吴某认为，电动工具公司违法解除劳动合同，要求电动工具公司支付赔偿金57192元。

【判词摘录】

◆ 电动工具公司拟将厂区整体迁移，是基于生产运作情况作出的经营决策，不改变劳动者的岗位和待遇，并非滥用用工权利刻意为难劳动者的行为。厂区迁移后，确实可能对劳动者产生一定的通勤压力，但搬迁距离并不遥远，也在公共交通、共享单车可达之处，电动工具公司也承诺增发交通补

---

[1] 南京市江宁经济技术开发区人民法院（2019）苏0191民初1054号民事判决书。

助，总体而言，迁移对劳动者的影响是有限的，不构成双方继续履行劳动合同的根本障碍。

◆ 同时，吴某不愿意调整工作地点，可以提出相关诉求，但其自身仍然负有继续遵守规章制度、继续履行劳动合同的义务。吴某在电动工具公司的再三催告下，仍然拒绝返回原岗位工作，已经构成旷工，违反基本的劳动纪律，并且达到员工手册中规定的可被解除劳动合同的严重程度，故电动工具公司在通知工会后作出的解除劳动合同决定，并无违法之处，故对吴某要求电动工具公司支付违法解除劳动合同赔偿金的请求不予支持。

应对方案

1. 劳动合同中约定的工作地点尽量不要局限在公司地址上，否则公司即使仅是搬迁到原址的隔壁，也属于变更劳动合同约定的内容。在目前的实践中，劳动合同的工作地点约定为"某某市"被认定为是合理的，因此，公司在搬迁的选址上尽量不要跨市。

2. 根据《劳动合同法》的规定，公司搬迁属于直接涉及劳动者切身利益的重大事项，因此搬迁方案应当经职工代表大会或者全体职工讨论，提出方案和意见，与工会或者职工代表平等协商确定。

3. 公司的搬迁方案尽量提前一个月公示告知劳动者，不可因担心员工闹情绪而不履行公示告知义务。

4. 公司需重点考虑员工的安置问题，围绕人员安置问题成立专项小组，必要时应当委托律师等专业人士全程参与安置工作。

5. 公司应当与当地政府的各有关部门，如街道办、人力资源和社会保障部门等保持沟通，同时制定应急预案，以便因公司搬迁而发生群体性事件时能够妥善应对。

法律依据

《中华人民共和国劳动合同法》

第四十条 有下列情形之一的，用人单位提前三十日以书面形式通知劳动者本人或者额外支付劳动者一个月工资后，可以解除劳动合同：

（一）劳动者患病或者非因工负伤，在规定的医疗期满后不能从事原工作，也不能从事由用人单位另行安排的工作的；

（二）劳动者不能胜任工作，经过培训或者调整工作岗位，仍不能胜任工作的；

（三）劳动合同订立时所依据的客观情况发生重大变化，致使劳动合同无法履行，经用人单位与劳动者协商，未能就变更劳动合同内容达成协议的。

八、孕期女员工工作调整的注意事项

风险提示

为了保障孕期女员工的劳动权益，《劳动法》第六十一条明确规定了公司不得安排女员工在怀孕期间从事国家规定的第三级体力劳动强度的劳动和孕期禁忌从事的劳动。对怀孕 7 个月以上的女员工，公司不得安排其延长工作时间和夜班劳动。对于孕期女员工禁忌从事的劳动范围，《女职工劳动保护特别规定》也予以了明确规定，如高处、冷水、低温作业等。因此，公司负有为孕期女员工提供健康的工作环境及工作条件的义务。

若女员工怀孕前从事的工作岗位属于孕期禁忌从事的劳动范围，在女员工怀孕后，公司必须将其调离原工作岗位。即使女员工孕期从事的工作不属于禁忌从事的劳动范围，但女员工在孕期不能适应原劳动强度等原因而申请调岗的，公司应当根据女员工提供的医疗机构的证明，及时对其予以减轻劳动量或者安排其他能够适应的劳动。否则，女员工以其孕期的工作岗位属于孕期禁忌从事的劳动范围，或者因不能适应原工作申请调岗为由拒不返岗，公司都将难以其旷工为由单方解除劳动合同。

以案说法

公司应当为孕期女员工提供适宜健康妊娠的工作环境[①]

曾某在皮革公司负责操作开布机，其主张该岗位所在车间的气味较浓。

[①] 参见《广州法院女职工权益保护典型案例（2020）》中案例之二，载广州审判网，https：//www.gzcourt.gov.cn/xwzx/bps/2020/04/20085648698.html，最后访问时间：2025 年 5 月 21 日。

2018年初曾某怀孕，因担心工作环境影响胎儿发育，就工作岗位是否适合孕妇工作以及调岗问题与皮革公司进行沟通，提出需询问专业机构其工作场所中存在的化学物质对孕妇是否存在危害，并向皮革公司申请调岗，皮革公司对此未进行回应和解释。曾某于2018年7月3日提出休假，皮革公司未予批准，并于2018年7月5日以曾某未回来上班属自动离职为由，强制其搬离公司宿舍，解除双方的劳动关系。

皮革公司在诉讼中提供了有关大气污染物排放的五份检测报告，但检测标准和检测方法与国家职业卫生标准的相关规定不一致。2018年11月18日，曾某生产一男婴。双方发生争议后，曾某请求皮革公司向其支付违法解除劳动关系的赔偿金和少发的工资等。法院判决公司支付赔偿金136400元和少发的工资4702.51元。

【判词摘录】

◆ 为保障怀孕女职工的身心健康，我国法律对孕期女职工禁忌从事的劳动范围予以明确规定，用人单位应提供适宜女职工健康妊娠的工作环境。

◆ 公司未能证明涉案工作场所空气中的有毒物质浓度符合国家职业卫生标准，也未同意曾某的调岗请求，明显不当。曾某未到岗上班，但提供请假条请假，不存在过错。皮革公司不予批准且以曾某未到岗上班为由解除双方的劳动关系，应被认定为违法解除，并承担相应的法律责任。

应对方案

1. 对于怀孕前从事的工作属于孕期禁忌从事的劳动范围的女员工，公司必须将其调离原工作岗位，安排其从事不属于孕期禁忌劳动范围的工作。

2. 对于在孕期不能适应原劳动向公司申请调岗的女员工，公司可以要求女员工出具医疗机构的证明，再根据医疗机构的证明以及该女员工的身体状况进行工作岗位调整。调岗后的新岗位工资水平应与原岗位应当基本相当，且不具有侮辱性和惩罚性。

法律依据

《中华人民共和国劳动法》

第六十一条 不得安排女职工在怀孕期间从事国家规定的第三级体力劳动强度的劳动和孕期禁忌从事的劳动。对怀孕七个月以上的女职工，不得安排其延长工作时间和夜班劳动。

《女职工劳动保护特别规定》

附录：女职工禁忌从事的劳动范围：

……

三、女职工在孕期禁忌从事的劳动范围：

（一）作业场所空气中铅及其化合物、汞及其化合物、苯、镉、铍、砷、氰化物、氮氧化物、一氧化碳、二硫化碳、氯、己内酰胺、氯丁二烯、氯乙烯、环氧乙烷、苯胺、甲醛等有毒物质浓度超过国家职业卫生标准的作业；

（二）从事抗癌药物、己烯雌酚生产，接触麻醉剂气体等的作业；

（三）非密封源放射性物质的操作，核事故与放射事故的应急处置；

（四）高处作业分级标准中规定的高处作业；

（五）冷水作业分级标准中规定的冷水作业；

（六）低温作业分级标准中规定的低温作业；

（七）高温作业分级标准中规定的第三级、第四级的作业；

（八）噪声作业分级标准中规定的第三级、第四级的作业；

（九）体力劳动强度分级标准中规定的第三级、第四级体力劳动强度的作业；

（十）在密闭空间、高压室作业或者潜水作业，伴有强烈振动的作业，或者需要频繁弯腰、攀高、下蹲的作业。

第三节 考勤与请假

一、考勤表需员工签名

风险提示

在考勤管理方面，公司大多都会使用录入指纹或面部识别等电子考勤方式，并通过数据统计确认员工的出勤情况。考勤记录数据属于公司掌握的证据材料，若公司与员工之间就考勤有关问题产生了纠纷，如加班的时长、休假或请假天数等，公司需要提供考勤记录文件作为证据。

目前公司在使用电子考勤方式时普遍存在一个漏洞，那就是考勤记录没有要求员工签名确认。之所以要求考勤表上要有员工签名，主要是因为考勤数据掌握在公司的手上，公司是可以随时对数据进行篡改的，所以公司提供没有员工签名的考勤表作为证据，员工会当庭表示该证据没有自己的签名从而否认该证据的真实性。因此，要求员工在考勤表上签名是避免上述风险发生的方法。

以案说法

1. 公司提供的考勤表若无员工签名，则难以证实员工存在多次迟到的情况[①]

雅某空调公司的《员工手册》中关于考勤制度有以下规定："一个月内累计迟到、早退10次以上的，视为严重违反公司的规章制度，公司有权解除劳动合同，不需要支付任何经济赔偿。"

2014年1月18日，雅某空调公司以员工刘某2013年12月3日至30日累计迟到21次及2014年1月3日至16日累计迟到12次，严重违反公司规章制度为由，决定立即解除与刘某的劳动合同关系。刘某不服公司对她的开除决定，于是以公司违法解除劳动合同为理由申请劳动仲裁，要求公司支付

[①] 参见广州市中级人民法院（2014）穗中法民一终字第5494号民事判决书。

经济赔偿金。

雅某空调公司特别向法庭提交了考勤系统生产厂商出具的证明文件，生产厂商证明雅某空调公司现安装的门禁考勤系统是自己生产销售的产品，该产品运行正常，记录时间准确。

【判词摘录】

◆ 考勤统计表虽然显示了刘某的上下班时间，但没有刘某的签名，刘某如果在法庭上否认考勤表的真实性，就会提出"考勤表有被公司篡改的可能性"的主张。若雅某空调公司没有进一步的证据可以证明考勤统计表是刘某上下班情况的真实反映，法院就会判定雅某公司提交的证据不足以证实刘某存在多次迟到的情况。

◆ 雅某空调公司即使提交了门禁考勤系统生产厂商出具的文件来证明自己并未修改考勤数据及该产品运行正常、记录时间准确，但刘某没有在考勤表上签名，这对雅某空调公司来说是"硬伤"，使得该公司无论提交怎样的证据，都无法反驳刘某提出的考勤表有可能被公司篡改的主张。

2. 公司提供的考勤表若无员工签名，则难以证实员工不存在加班情况

卓某于2012年2月入职某建筑公司担任预结算员，工资固定为每月8000元。2012年6月30日，卓某认为该工作不适合，于是向公司提出辞职，同时要求公司支付加班费，并以2月至6月的考勤表为依据。卓某提供的考勤表上记载，自卓某2月入职以来，因工程项目赶期等，几乎每天都要上班工作。而公司方则提供另一份考勤表，除2月的考勤记录是一样的之外，3月到6月的考勤记录均与卓某提供的不同，公司的考勤记录显示卓某有正常的休息和休假，并非天天上班。

卓某和公司提交的考勤表都是以电脑制作的，没有记载上下班时间，只登记了每天是否出勤。考勤表有公司负责人的签名，但没有卓某的签名。

【律师评析】

卓某、建筑公司提交的考勤表从表格制作形式、内容及每月由哪个领导签字等项目均是一致的，重要的区别则在于出勤、休假的日期以及各个月份中各领导签字的真实性。其中出勤、休假的天数均是电脑制作，但各个月份中领导签字都是手写的，卓某作为劳动者不可能私下让所有领导在同一份考勤表上签字，而公司作为用人单位可以随时制作相应的考勤表。故卓某提交的考勤表更具有可信度。

> 应对方案

1. 考勤表都是由公司制作并掌握数据，如果在诉讼中员工不主动提交考勤表，公司应该就考勤情况提交证据。作为用人单位，公司很容易随便更改考勤的数据，所以在员工没有在考勤表上签名的情况下，公司将通过电子文档生成的纸质文件提交给法院时，员工如果否认考勤记录的真实性，那么公司的考勤记录不被法院认可的风险很大。考勤记录应尽量做到由每个员工签字确认。通过电子方式实行的考勤，考勤数据需要员工确认和签收，公司通过电子文档或者 OA 系统向员工发送的，需要有送达的记录。

2. 公司可以在考勤区域进行视频监控，将员工考勤的情况进行录像存证。日后，若员工对于是否上班考勤以及上下班的时间的事实情况有争议，公司方便举证证明。

> 法律依据

《中华人民共和国劳动争议调解仲裁法》

第六条 发生劳动争议，当事人对自己提出的主张，有责任提供证据。与争议事项有关的证据属于用人单位掌握管理的，用人单位应当提供；用人单位不提供的，应当承担不利后果。

《最高人民法院关于审理劳动争议案件适用法律问题的解释（一）》

第四十二条 劳动者主张加班费的，应当就加班事实的存在承担举证责任。但劳动者有证据证明用人单位掌握加班事实存在的证据，用人单位不提供的，由用人单位承担不利后果。

二、采用指纹或人脸识别考勤方式需要征得员工同意

> 风险提示

公司对员工进行考勤管理，考勤打卡的方式也很关键。以往有的公司会

采取纸质签到或刷员工 IC 卡的方式进行考勤管理。随着信息技术的快速发展，不少公司都采用电子工具进行人力资源管理，既能提高员工考勤效率，无须排队等候，也可以提高人力资源管理的便捷度。

为了确保员工是本人到岗，有的公司会采取指纹或人脸识别的考勤方式管理员工。但是，人脸、指纹等信息属于公民敏感个人信息，根据《个人信息保护法》的有关规定，公司应当征得员工明确同意方可采集和使用。

以案说法

公司利用面部识别进行考勤，需要征得员工同意

马某在科技公司工作数十年，科技公司一直以纸质签名的方式对员工进行考勤。2023 年，科技公司改用"面部识别签到系统"来考勤打卡。

马某认为"面部识别签到系统"需收集和使用人脸信息等生物识别数据，担心在个人信息安全方面存在隐患，容易导致个人信息的泄露，于是马某拒绝使用该系统进行考勤。

然而，科技公司未采纳马某的意见，仍旧启用了"面部识别签到系统"，并废除了纸质签名考勤的方式。而此时马某正好在休假。待马某休假完毕，回到工作岗位时，发现科技公司已经采用"面部识别签到系统"进行考勤，并要求马某录入人脸信息。

马某拒绝使用"面部识别签到系统"，并请求像之前一样采取纸质签字的方式进行考勤。科技公司则告知马某采用"面部识别签到系统"进行考勤是科技公司新的规章制度，若马某不愿意遵循，科技公司只能对马某进行解雇。科技马某仍然拒绝"面部识别签到系统"，科技公司便向马某送达了解雇通知书。

马某认为科技公司未经同意，利用"面部识别签到系统"收集员工的人脸信息属于违法行为，于是向法院提起诉讼。

【律师评析】

根据《中华人民共和国个人信息保护法》（以下简称《个人信息保护法》）第十三条第一款第一项的规定，个人信息处理者需在取得个人的同意后才可处理个人信息。人脸、指纹等信息属于敏感的个人信息，无论是基于什么目的需要收集和使用，均需先获得个人的同意。公司在劳动用工管理的过程中需要收集和使用员工的个人信息，也需遵循此规定。

本案中，公司欲通过"面部识别签到系统"收集和使用马某的人脸信息进行考勤，本应先获得马某的同意。而公司在马某已经明确拒绝使用"面部识别签到系统"进行考勤的情况下，以解雇威胁马某，强制马某提供个人信息的行为，属于违法行为，马某有权拒绝履行。

应对方案

1. 公司需收集员工指纹、人脸信息等个人信息的，应提前告知员工收集、使用个人信息的目的、方式和范围，以及存储时间等规则，并征得员工的同意，让员工签署确认书或者在员工入职时让员工签署入职登记表予以确认。

2. 公司应妥善保管已收集到的员工个人信息，不得非法加工、传输、买卖、提供或者公开员工个人信息，确保个人信息贮存环境的安全。

3. 公司并非只能采取使用指纹或人脸等生物信息进行考勤的方式，若员工不愿意提供指纹或人脸等生物信息用于考勤，可以提供纸质考勤表考勤等可替代的考勤方式。

4. 实践中，若员工一直以来均接受人脸识别或指纹的方式进行考勤且从未提出异议，在公司方便员工管理且没有泄露员工信息的前提下，法院会认定员工默认同意公司的考勤方式。

法律依据

《中华人民共和国个人信息保护法》

第十三条　符合下列情形之一的，个人信息处理者方可处理个人信息：

（一）取得个人的同意；

（二）为订立、履行个人作为一方当事人的合同所必需，或者按照依法制定的劳动规章制度和依法签订的集体合同实施人力资源管理所必需；

（三）为履行法定职责或者法定义务所必需；

（四）为应对突发公共卫生事件，或者紧急情况下为保护自然人的生命健康和财产安全所必需；

（五）为公共利益实施新闻报道、舆论监督等行为，在合理的范围内处理个人信息；

（六）依照本法规定在合理的范围内处理个人自行公开或者其他已经合法公开的个人信息；

（七）法律、行政法规规定的其他情形。

依照本法其他有关规定，处理个人信息应当取得个人同意，但是有前款第二项至第七项规定情形的，不需取得个人同意。

第十四条 基于个人同意处理个人信息的，该同意应当由个人在充分知情的前提下自愿、明确作出。法律、行政法规规定处理个人信息应当取得个人单独同意或者书面同意的，从其规定。

个人信息的处理目的、处理方式和处理的个人信息种类发生变更的，应当重新取得个人同意。

三、员工代打卡考勤的认定

风险提示

公司希望通过考勤制度的设置管理员工的到岗时间和工作时长，但"道高一尺，魔高一丈"，有的员工就是会想方设法找出管理漏洞，采用各种方式逃避打卡，如相互代打卡或相互委托打卡等。

代打卡可能导致公司为未实际到岗员工支付工资，部分情况下，代打卡还会造成虚增加班时长，使相关员工达到骗取加班费的目的，造成公司人力成本浪费；且代打卡行为直接导致考勤记录失真，公司无法准确评估员工的出勤率与工作效率，影响绩效考核的公平性。因此，公司需警惕员工利用管理漏洞实施的代打卡行为。

以案说法

1. 公司可通过安装视频监控来掌握员工是否存在代他人打卡及委托他人打卡的情况

张某是公司销售人员，其入职时已签字确认知悉《员工手册》及其公司规章制度等内容。

公司在日常考勤管理中发现，张某与该公司另一员工王某的考勤打卡时间多次高度相近，在同一台打卡机上的打卡记录相差仅数秒，通过调取监控视频及考勤系统记录发现，二员工存在多次相互代打卡及相互委托打卡行为。于是，公司以张某严重违反公司的规章制度为由，解除与其的劳动合同。

张某认为其不存在公司所述的代打卡及委托他人打卡行为，公司违法解除劳动合同，应当支付其违法解除劳动合同赔偿金。

【律师评析】

本案中，张某在工作中存在多次代他人打卡及委托他人代打卡行为，该行为不仅严重违反了公司的相关制度，亦违反基本劳动纪律、有违职场诚信，故公司有权依法按照《员工手册》的相关规定与张某解除劳动合同。

2. 公司应确保员工知悉、接纳且明白规章制度中有关代打卡的规定[①]

2016年7月25日，杜某入职旅行社。

杜某在旅行社工作期间通过钉钉考勤打卡。2020年7月至8月，杜某代同事万某考勤打卡七次、代同事段某考勤打卡五次。同事段某先后代杜某考勤打卡三次。同事彭某先后代杜某考勤打卡三次。

旅行社《员工手册》第五章工作纪律守则及条例规定："如员工违反下列任何一项守则及条例，会遭受纪律处分或被即时解雇。5.1 出勤：每位员工均须于下列时段钉钉打卡记录出勤时间：（1）上班（2）下班共两次……"2018年11月23日，杜某签收《员工手册》，表示已阅读、接纳及明白手册中各项政策、守则及程序。

2020年8月6日，旅行社出具《辞退通知书》，以杜某多次代他人打卡考勤、严重违反公司规章制度为由，决定于2020年8月6日辞退杜某。

杜某认为，旅行社系单方违法解除劳动关系，应当向其支付经济赔偿金。

【判词摘录】

◆ 杜某在2020年7月至2020年8月期间存在多次代他人打卡以及由他

---

① 青岛市市南区人民法院（2021）鲁0202民初47号民事判决书。

人代打卡的情形。日常考勤行为是用人单位最基础也是最重要的管理制度，员工应按照用人单位的要求遵照履行。杜某签收《员工手册》表示已阅读、接纳及明白手册中之各项政策、守则及程序。杜某的代打卡行为违反了《员工手册》的相关规定，其无法证明代他人打卡及由他人代打卡的行为是主管领导授意。故旅行社据此解除劳动合同并无不当，对杜某主张旅行社支付违法解除劳动合同赔偿金的诉讼请求，法院不予支持。

3. 员工存在代打卡行为，公司可考虑提供员工的定位朋友圈作为证据

王某为广州某物业管理公司员工。2015年5月19日，物业公司以王某私下制作手指模，交由其他同事代其打卡，严重违反了公司规章制度为由，解除与王某的劳动关系。王某以物业公司违法解除为由，提起劳动仲裁。

劳动仲裁委员会以物业公司未能提供充分证据证实其解除劳动关系的合法性为由，支持了王某的主张。物业公司提起一审诉讼。

一审时，物业公司提交了员工手册、保证书、员工个人行为责任保证书、指纹打卡记录、视频光盘、证人证言等。指纹打卡记录显示王某2015年5月8日、9日、10日均有打卡记录，但是监控视频中对应的时间点未显示王某出现，而是显示他人进行指纹打卡。一审法院仍然判决物业公司败诉。

二审时，物业公司提交了王某2015年5月8日至5月10日的微信朋友圈截图，该段时间内王某朋友圈内容为某旅游景点的视频及图片，地点定位为上述地址。经当庭核对王某手机，公司所提交的截图与王某朋友圈记录一致。

【律师评析】

物业公司提交的指纹打卡记录显示2015年5月8日至10日均有王某的打卡记录。但根据物业公司所提交的视频资料，在对应的时间点未显示王某出现，而是显示他人进行指纹打卡。

根据王某2015年5月8日至5月10日的微信朋友圈记录显示，该段时间内王某朋友圈内容为某风景区的视频及图片，地点定位为风景区地址。

物业公司所提交的系列证据能够相互印证，形成证据链，达到了高度盖然性的证明标准，可以证实王某在2015年5月8日至5月10日期间未回公司上班且存在让人代打卡之行为。

本案中，王某的行为已严重违反了公司规章制度，物业公司解除与王某的劳动合同符合相关法律规定，无须向王某支付解除劳动合同的经济赔偿金。

应对方案

1. 公司考勤管理制度的制定主体、内容、程序均需合理、合法，且需向员工进行公示，否则公司以违反公司规章制度为由解雇员工存在违法解雇的风险。

2. 公司将考勤作为判断员工是否遵守员工制度标准的，建议将考勤签到透明化以及按月向员工发送考勤记录签收表。

3. 对于员工的代打卡行为，公司应当保存相应的证据并及时对员工作出处分。

法律依据

《中华人民共和国劳动合同法》

第四条 用人单位应当依法建立和完善劳动规章制度，保障劳动者享有劳动权利、履行劳动义务。

用人单位在制定、修改或者决定有关劳动报酬、工作时间、休息休假、劳动安全卫生、保险福利、职工培训、劳动纪律以及劳动定额管理等直接涉及劳动者切身利益的规章制度或者重大事项时，应当经职工代表大会或者全体职工讨论，提出方案和意见，与工会或者职工代表平等协商确定。

在规章制度和重大事项决定实施过程中，工会或者职工认为不适当的，有权向用人单位提出，通过协商予以修改完善。

四、员工使用虚拟软件作弊打卡的认定

风险提示

由于 IC 卡打卡等方式具有无法识别员工代打卡的漏洞，目前市面上有

多种考勤统计的方式，有的公司会采用指纹或者人脸识别打卡，有的公司使用钉钉或薪人薪事等应用软件进行定位或 Wi-Fi 连接打卡。即使是定位打卡，有的员工在迟到或早退时还会使用虚拟定位进行打卡，实在防不胜防。那么，在此情况下公司解除与该员工的劳动合同关系是否违法呢？

以案说法

针对异常电子考勤，公司需全面搜集证据与之相互印证，并评估解除劳动合同的风险[①]

2017 年，谭某入职软件公司。软件公司实行钉钉考勤，在距离办公场所一定距离内均可打卡。

谭某 2021 年 11 月 11 日 09：00 打卡，实际 10：13 到公司。

谭某 2021 年 11 月 11 日 19：35 打卡，实际 16：53 离开公司。

谭某 2021 年 11 月 19 日 09：03 打卡，实际 09：32 到公司。

软件公司按照旷工扣发谭某工资共计 821.82 元。

钉钉考勤记录表显示，2021 年 11 月 11 日 09：00 谭某有三次打卡记录，其中两次打卡结果显示为"打卡无效：公司不允许使用虚拟定位软件。为防止信息被窃取，请卸载虚拟定位软件"，异常打卡原因为"疑似使用虚拟定位软件打卡"，另一次打卡结果正常。

2021 年 11 月 11 日 19：34 两次打卡结果亦显示打卡无效，原因同样为疑似使用虚拟定位软件打卡，19：35 打卡结果正常。

2021 年 11 月 19 日 09：03 打卡三次，两次无效，原因同上，一次正常。

谭某解释自己 11 月 11 日上午在楼下打卡后接了电话，下午是因为孩子学校的事先走了，后来又折回来打卡，19 日是堵车，早上迟到了。

公司的规章制度规定：员工上下班须亲自打卡，任何人不得委托他人或代理他人打卡，如有违反，委托人及代理人被视同严重违反公司规定，按过失性辞退处理。

软件公司依据上述条款解除与谭某的劳动合同。

谭某要求软件公司支付违法解除劳动合同赔偿金。

[①] 上海市第一中级人民法院（2023）沪 01 民终 7826 号民事判决书。

【判词摘录】

◆ 软件公司实行"钉钉考勤",在距离办公场所一定距离内均可打卡。虽然打卡结果存疑,但软件公司对谭某存在使用虚拟定位软件打卡的违纪行为是事实推定,本院法院难以采信。

◆ 退而言之,即便推定谭某存在上述行为,但因解除劳动合同是用人单位对劳动者作出的最严厉惩戒方式,应审慎为之。

◆ 就本案而言,一则,该种违纪行为并不与软件公司规章制度中的"委托他人或代理他人打卡"一致。二则,劳动报酬系劳动者提供劳动的对价,扣发应合法有据。谭某实际提供了相应时长的劳动,有权主张对应时长的工资。然而软件公司按照旷工将两日工资全额扣除,即在扣减存疑时长的工资外,又扣除了相应劳动对价。实际上,软件公司全额扣除工资的处理已对谭某打卡异常行为进行了惩戒。在该惩戒之外,该公司又行更为严厉的惩戒措施,则过于严苛。综上,法院认定软件公司解除行为违法。

应对方案

1. 公司可以在每月固定时间将员工月度电子考勤记录导出打印,并让员工签字确认打印的电子考勤记录,避免发生纠纷时员工主张电子考勤记录为公司单方制作而否认考勤记录,最终导致公司败诉。如果员工签名确认考勤记录,会被视为员工对考勤记录情况的认可。

2. 公司若发现员工的电子考勤记录出现异常,应搜集其他证据与异常的电子考勤记录相互印证,证明员工的实际出勤情况,如员工出入门的刷卡记录、监控视频录像、工时的确认、工资发放情况、公司使用的电子考勤软件经营者对员工考勤异常记录的客观评价意见等。

3. 公司对员工有用工自主权,可以根据公司的规章制度进行处罚,但处罚应当遵循"一事不二罚"的原则,即公司在行使用工管理权时对同一员工的同一个过错行为不能重复行使处罚权,否则会对被处罚的员工不公。

法律依据

《最高人民法院关于审理劳动争议案件适用法律问题的解释（一）》

第四十四条 因用人单位作出的开除、除名、辞退、解除劳动合同、减少劳动报酬、计算劳动者工作年限等决定而发生的劳动争议，用人单位负举证责任。

五、公司应当建立完善的请假制度

风险提示

如果一家公司没有明确的请假申请流程，那么就意味着这家公司针对员工请假的处理并没有明确的规定，这就导致员工可以随便以各种方式或理由请假，不利于公司的管理。

为了规范员工请假流程和审批方式，公司有必要建立请假管理规定。当员工向公司提出请假申请时，公司要严格按照规定处理。

以案说法

1. 公司未建立明确的请假制度，难以证明员工的请假行为不符合规定

李某在睿某电子科技公司任行政文员职务，2014年4月27日因为怀孕而休产假。经核定，李某的法定产假为113天，期限为2015年4月27日至2015年8月17日。

2015年8月18日，李某产假已休完本应回公司上班，但她向公司的主管打电话请假说自己不舒服还需要休息，随即一直到2015年8月31日都没有回到公司上班。

2015年9月1日，公司以李某没有采取有效的请假方式为理由认为李某旷工数日，并对李某作出开除处理。李某不服，她认为自己已经向公司主管请假，公司的开除行为属于违法，应当向她支付经济赔偿金。

经法庭审理查明，睿某电子科技公司并没有建立员工请假制度，以往员工的请假方式都非常随意，采取口头、电话或者提交书面请假单的情形都存在。

【律师评析】

因为公司没有建立明确的请假制度,所以无法认定李某到底是否采取了符合公司规定的请假方式。公司没有请假制度,就没有办法证明李某的请假不符合规定,因此公司并不能以李某仅向主管口头请假不属于有效请假为理由将她不上班的行为认定为旷工。

本案中,公司在李某没有上班的情况下应当先向李某发送返岗通知书,告知李某应当返岗上班或按照具体规定提出请假申请,若李某在收到公司通知后没有按公司要求上班或提出请假,公司再对她进行开除处理。这样操作法院才有可能认定公司的开除行为合法。

2. 劳动合同中明确约定旷工情形属严重违反规章制度的,被解雇的员工无法要求支付赔偿金

孙某是瑞某公司的员工,2016年3月8日,他打电话向瑞某公司的主管请长假,主管没有批准。孙某在请假未被批准的情况下就不再去上班。3月14日,瑞某公司以孙某连续旷工超过两个工作日违反公司规章制度为理由,将孙某辞退。

孙某不服瑞某公司的开除决定,提起诉讼要求公司向他支付经济赔偿金。孙某向主管请假时有电话录音,在录音中公司主管表示不同意孙某口头请假,并要求孙某回来办理请长假前的工作交接手续。法院查明,孙某与瑞某公司的劳动合同规定:"乙方(指劳动者)在甲方(指公司)工作期间犯有以下错误的或存在以下情形的,甲方可立即与其解除劳动合同并不支付任何补偿:……乙方在与甲方存在劳动关系期间一年累计旷工三个工作日以上的或连续旷工两个工作日。"

【律师评析】

员工应当遵守公司的规章制度。孙某以有事需要处理为由向瑞某公司请假,应当按照公司的要求办理请假手续,而其未办理请求手续,不再上班,违反了瑞某公司对员工的正常管理制度,瑞某公司解除与孙某的劳动关系,不违反法律规定。孙某要求支付违法解除劳动关系经济赔偿金没有依据。

应对方案

1. 公司需要在劳动合同中设定请假制度条款或者专门制定请假管理规

定来约束员工的请假行为，相关的内容需要细化员工请假的申请时间、请假审批的权限以及请假需要提供的文件材料等，且具有可操作性。

另外，在公司有明确的请假制度的情况下，公司要按照制度规定严格执行，切忌出现规定执行不严的情况，因为当公司与员工就请假申请是否符合规定产生纠纷时，若法院查明发现公司存在有规定不执行、公司在员工请假申请方面管理随意的情况，则很有可能作出对公司不利的判决。

2. 若员工通过打电话的方式向公司提出请假，涉及公司到底有没有批假而发生纠纷时，公司往往会因为无法举证而败诉。笔者建议，若员工用打电话、发微信等较随意的方式向公司提出请假，公司应当将员工与公司协商请假事宜的对话进行录音或者截图，以证明公司对员工请假的态度。

法律依据

《中华人民共和国劳动争议调解仲裁法》

第六条　发生劳动争议，当事人对自己提出的主张，有责任提供证据。与争议事项有关的证据属于用人单位掌握管理的，用人单位应当提供；用人单位不提供的，应当承担不利后果。

第四节　保密义务与竞业限制

一、员工违反保密义务的认定

风险提示

员工须保守公司的商业秘密，这是员工所负有的义务。公司涉及的商业秘密是什么？哪些事项属于公司的秘密不允许员工泄露？当公司认为员工有泄密行为双方产生纠纷时，如何避免员工以泄露事项不属于公司秘密为由进行抗辩？

所谓"商业秘密"，根据《中华人民共和国反不正当竞争法》（以下简称《反不正当竞争法》）第十条第四款的规定，是指不为公众所知悉、具有商业价值并经权利人采取相应保密措施的技术信息和经营信息。商业秘密包括两部分：非专利技术和经营信息。因此，公司应当与内部涉密人员签订保密协议，明确公司具体的商业秘密有哪些。当员工违反了自己签署的协议泄露了协议中所列明的商业机密时，公司可以向法院起诉维护自己的合法权益。

以案说法

1. 公司主张员工违反保密义务的，应当证明双方存在保密约定

2000 年 7 月 28 日，陈某入职正某机电设备公司担任业务主管，双方签订了劳动合同，劳动合同中约定了竞业限制及保密条款。相关条款约定，若陈某离职，2 年内不得入职相关企业与正某机电设备公司进行不正当竞争，正某机电设备公司向陈某支付一定的经济补偿。2000 年 9 月 14 日，双方又签订了一份补充协议，再次明确竞业禁止与保密的问题。

2001 年陈某向公司提出辞职，随后与别人共同投资成立众某机械设备公司，经营与正某机电设备公司相同的业务。陈某离职后，没有向正某机电设备公司索要经济补偿金。

在陈某入职正某机电设备公司期间及之前，公司有 16 家较为重要的销售客户，而陈某在离职后成立众某机械设备公司半年内，即与该 16 家公司建立了业务联系。正某机电设备公司向法院提起诉讼，认为陈某侵犯了自己的商业秘密，要求陈某立即停止违约行为，退出众某机械设备公司。而陈某则认为，正某机电设备公司并没有关于保密协议的规章制度，并且这 16 家客户名单是公开的，并非自己所窃取。

【律师评析】

陈某不承认正某机电设备公司制定有书面的保密制度，但是，双方在订立的劳动合同中约定了竞业禁止条款和保密条款，并从中明确要求职工不得违反保密制度，而约定竞业禁止条款也是为了更好地保密，避免受到不正当竞争；同时，双方在已签订的劳动合同基础上又慎重地签订补充协议，对竞业禁止条款和保密条款作了进一步的补充，因此，正某机电设备公司主张其制定有保密制度的事实是可以认定的。

众某机械设备公司在成立半年后即迅速发展了与正某机电设备公司相重叠的客户，而陈某曾在正某机电设备公司任职，具有接触这些客户名单的条件。由此可以认定，此争议客户名单并非众某机械设备公司投入相应的劳动自主开发而来，而系陈某将正某机电设备公司的客户资料披露给众某机械设备公司，而众某机械设备公司未经许可使用了这些客户名单，故已构成侵权。

2. 公司应详细规定商业秘密的范围，明确对员工的保密要求

幸某为A钻公司的核心技术人员，从1983年入职至2001年离职，一直处于企业核心技术岗位。A钻公司于20世纪90年代以有偿转让方式从美国引进牙轮钻头制造技术，依据技术许可协议，A钻公司不得向第三方泄露任何保密的技术资料。A钻公司也一直将技术含量高且具有巨大商业价值的三牙轮钻头设计制造技术纳入其商业保密范围，先后制发了《科研工作保密管理规定》《关于确定企业保密范围及涉密项点的通知》《企业专利、专有技术管理规定》等文件，对企业文件和资料等12个保密类别均作了详细的规定。并在企业员工手册中明文规定应严格保守企业机密。

B钻公司筹备成立于2001年，A钻公司核心技术人员幸某在B钻公司筹备期间，自荐到B钻公司工作，主持牙轮钻头的产品设计，并负责制定相关企业技术标准和检验规程工作。幸某在B钻公司工作期间，违反A钻公司对离职员工的保密规定，非法使用A钻公司技术秘密，制定有关钻头公司标准；非法使用轴承设计技术，并制作了有关钻头图纸，用于B钻公司制造销售三牙轮钻头产品，截至2006年6月，给A钻公司造成经济损失人民币10692282.61元。

A钻公司于2008年6月向法院提起侵犯商业秘密之诉，要求B钻公司及幸某停止侵权，并赔偿经济损失。

【律师评析】

本案所涉三牙轮钻头技术信息依法属于A钻公司的商业秘密。幸某以不正当手段获取A钻公司的三牙轮钻头轴承设计图纸，用于B钻公司进行钻头轴承设计，同时还违反A钻公司有关保密要求，非法使用其在A钻公司工作期间掌握的技术，为B钻公司制定相关企业技术标准，用于制造、销售三牙轮钻头产品的行为，侵犯了A钻公司的商业秘密。

B钻公司明知A钻公司拥有国内领先的三牙轮钻头设计制造技术和该技术给A钻公司带来的市场竞争优势，且知晓幸某在A钻公司涉密岗位工作多年，系高级技术人员，掌握了有关技术秘密。B钻公司为谋求不正当经济利益，聘用幸某，非法使用A钻公司的商业秘密制造、销售三牙轮钻头产品，亦侵犯了A钻公司的商业秘密。

幸某和B钻公司构成侵权，应当停止侵权，并销毁记载A钻公司技术秘密的文件、资料及相关技术秘密信息，赔偿经济损失。同时，幸某和B钻公司还可能构成侵犯商业秘密罪，面临刑事处罚。

应对方案

1. 公司与高管、主要员工、技术骨干等签订保密协议，是为了保护公司商业秘密，所以公司在保密协议中最好能针对员工具体的保密事项作出明确的约定。例如，某食品公司的食品配方是重要的商业机密，公司可以在《保密协议》中明确员工需要保密的配方文件和数据。若员工日后违反《保密协议》的约定，泄露了协议中明确的公司商业秘密，公司便拥有了更有力的追责依据，便于在法庭上进行举证，也避免了员工抗辩称自己泄密的信息不属于公司商业机密。

2. 公司应建立商业秘密保密机制，制定员工保密手册、保密管理规范等相关规章制度。严格限定接触商业秘密的人员范围，并安排不同人员负责商业秘密的不同部分，以方便日后追责；加强保密文件的管理，要求非相关人员不得查阅相关文件资料，并对文件进行编号，划分保密等级，配备必要的保密设备，确保保密资料的安全性。公司有了上述制度性的规范文件，对泄密员工进行处罚时才能做到有章可循、有制度可依。

法律依据

《中华人民共和国劳动合同法》

第二十三条 用人单位与劳动者可以在劳动合同中约定保守用人单位的商业秘密和与知识产权相关的保密事项。

......

《中华人民共和国反不正当竞争法》

第十条 经营者不得实施下列侵犯商业秘密的行为：

（一）以盗窃、贿赂、欺诈、胁迫、电子侵入或者其他不正当手段获取权利人的商业秘密；

（二）披露、使用或者允许他人使用以前项手段获取的权利人的商业秘密；

（三）违反保密义务或者违反权利人有关保守商业秘密的要求，披露、使用或者允许他人使用其所掌握的商业秘密；

（四）教唆、引诱、帮助他人违反保密义务或者违反权利人有关保守商业秘密的要求，获取、披露、使用或者允许他人使用权利人的商业秘密。

经营者以外的其他自然人、法人和非法人组织实施前款所列违法行为的，视为侵犯商业秘密。

第三人明知或者应知商业秘密权利人的员工、前员工或者其他单位、个人实施本条第一款所列违法行为，仍获取、披露、使用或者允许他人使用该商业秘密的，视为侵犯商业秘密。

本法所称的商业秘密，是指不为公众所知悉、具有商业价值并经权利人采取相应保密措施的技术信息、经营信息等商业信息。

二、赔偿条款是保密协议的重要条款

> 风险提示

笔者在审查一些公司有关保密协议的文件时，会发现一个普遍存在的漏洞，即赔偿金额的不确定性。例如，某公司在保密协议中约定："若员工违反本协议泄露公司商业秘密的，应赔偿公司因员工泄密而造成的一切经济损失。"这样的条款并没有明确具体的赔偿金额，看起来似乎是一个很妥当的写法，毕竟员工泄密要向公司赔偿一切损失。但是在实际操作中，员工泄露商业机密后，公司很难向法院证明自己的经济损失到底是多少。若公司向法院起诉，即使证明员工真的泄密了，如果没有能够证明的损失数额，公司也还是无法通过赔偿来弥补损失。

以案说法

公司与员工签订保密协议时，应当约定具体的赔偿条款

某食品公司生产的产品因独特的配方而深受消费者的喜爱，为了保护公司的配方，防止配方泄露，公司与接触配方材料的研发部员工签订保密协议。公司在保密协议中约定了具体的配方文件和数据等是公司的商业机密，若员工将配方泄密则属于违约，需要向公司赔偿因此造成的一切经济损失。2018年4月，公司研发部员工陈某将公司的一款产品的配方文件卖给了公司的竞争对手，随后事情败露，陈某被抓到泄密后承认了自己的过错。公司要求陈某赔偿经济损失3000万元。陈某认为自己泄密虽有过错但是不需要向公司赔偿这么高的费用。双方协商不成，于是对簿公堂。

【律师评析】

本案中关于员工是否泄密的问题已经不存在争议，员工泄露了公司的商业机密的确存在过错，但是员工针对这一过错需要向公司赔偿多少金额，这需要根据双方的协议来认定。

公司与员工签订的保密协议约定员工泄密的，需要向公司赔偿一切经济损失。根据这一约定，法官会向公司询问具体的经济损失是多少，公司在案件中提出的3000万是如何计算出来的。如果公司没有明确的证据可以证明自己的经济损失，那么公司就会因为经济损失无法计算出具体数额而败诉。

应对方案

为了避免员工泄密后因公司难以证明损失而导致赔偿金额无法得到法院支持，公司应当在保密协议中明确具体的赔偿金额。例如，公司可以约定："员工不得将此保密协议所约定的公司商业秘密透露给任何第三方，包括但不限于本公司员工以及乙方家人、朋友。若员工违背上述保密义务，公司有权开除员工并无须支付任何经济赔偿，同时员工还需向公司赔偿人民币×××万元（或赔偿双方劳动关系终止前一个年度员工工资总额的×××倍），若上述赔偿金额不足以弥补公司经济损失的，公司有权向员工追讨经济损失差额。"

法律依据

《中华人民共和国劳动合同法》

第二十三条　用人单位与劳动者可以在劳动合同中约定保守用人单位的商业秘密和与知识产权相关的保密事项。

……

第九十条　劳动者违反本法规定解除劳动合同，或者违反劳动合同中约定的保密义务或者竞业限制，给用人单位造成损失的，应当承担赔偿责任。

三、窃取商业秘密需要承担赔偿责任

风险提示

《劳动合同法》第二十三条规定："用人单位与劳动者可以在劳动合同中约定保守用人单位的商业秘密和与知识产权相关的保密事项。"我国目前对商业秘密的定义主要适用《反不正当竞争法》第十条第四款的规定，商业秘密是指"不为公众所知悉、具有商业价值并经权利人采取相应保密措施的技术信息、经营信息等商业信息"。在商业秘密侵权纠纷案件中，公司作为权利人，在举证责任上存在一定的难度。鉴于此，笔者建议公司应该预先采取合理的保密措施以及相应的保密制度，构建完善的商业秘密保护体系。

以案说法

入职竞争企业窃取商业秘密属违约行为，应承担赔偿责任[①]

黄某为某厨卫公司的股东、法定代表人。2021年10月21日，黄某与某卫浴公司签订劳动合同，合同有保守公司商业秘密的约定。上班第一天，黄某就将公司电脑中1000多份文件上传至其个人网盘，包括产品高清图、报关单、对外贸易经营者备案登记表等。10月23日，黄某从卫浴公司离职。

[①] 参见《广东法院劳动争议典型案例》中案例之六，载广东法院网，https://www.gdcourts.gov.cn/gsxx/quanweifabu/anlihuicui/content/post_1151344.html，最后访问时间：2025年5月21日。

【判词摘录】

◆ 黄某身为与卫浴公司经营业务有竞争关系的其他公司股东、法定代表人，隐瞒身份入职，将包含卫浴公司商业秘密的内部资料上传至其个人网盘，违反双方有关保密义务的约定，应当承担违约责任。综合双方约定和黄某的行为情节，判令黄某向卫浴公司赔偿 50000 元。

◆ 用人单位和劳动者可以在劳动合同中约定保密条款，劳动者对在工作中获知的商业秘密有保密义务，若公开、披露、使用或允许他人使用用人单位商业秘密，应承担相应的民事责任。

应对方案

1. 公司在招聘员工时，尤其是招聘涉密、核心岗位的员工，在与其签订劳动合同之前，必须对其做好背景调查，尽量降低泄密的风险。

2. 公司应当建立和规范内部信息保密制度，从源头上防止公司的商业秘密泄露。例如，采取文件分级制度，根据文件保密程度，设置不同级别人员的查看权限。又如，设置文件水印，在员工查看文件时显示该名员工的水印，若文件泄露，公司可以马上根据水印确定泄露人员。

3. 对于容易接触到商业秘密的员工，公司应与其签订保密条款。公司可以在与员工签订的劳动合同中约定保密条款，也可以通过与员工另行签订书面的保密协议约定保密条款。保密条款应对商业秘密的保密范围、保密期限、违约责任等事项作出明确的约定。

4. 公司一旦发现商业秘密被泄露，应第一时间固定相关证据。公司可以通过提起民事诉讼或向公安机关报案等各种合法途径，维护公司利益。

法律依据

《中华人民共和国劳动合同法》

第二十三条　用人单位与劳动者可以在劳动合同中约定保守用人单位的商业秘密和与知识产权相关的保密事项。

对负有保密义务的劳动者，用人单位可以在劳动合同或者保密协议中与劳动者约定竞业限制条款，并约定在解除或者终止劳动合同后，在竞业限制期限内按月给予劳动者经济补偿。劳动者违反竞业限制约定的，应当按照约定向用人单位支付违约金。

《中华人民共和国反不正当竞争法》

第十条 经营者不得实施下列侵犯商业秘密的行为：

（一）以盗窃、贿赂、欺诈、胁迫、电子侵入或者其他不正当手段获取权利人的商业秘密；

（二）披露、使用或者允许他人使用以前项手段获取的权利人的商业秘密；

（三）违反保密义务或者违反权利人有关保守商业秘密的要求，披露、使用或者允许他人使用其所掌握的商业秘密；

（四）教唆、引诱、帮助他人违反保密义务或者违反权利人有关保守商业秘密的要求，获取、披露、使用或者允许他人使用权利人的商业秘密。

经营者以外的其他自然人、法人和非法人组织实施前款所列违法行为的，视为侵犯商业秘密。

第三人明知或者应知商业秘密权利人的员工、前员工或者其他单位、个人实施本条第一款所列违法行为，仍获取、披露、使用或者允许他人使用该商业秘密的，视为侵犯商业秘密。

本法所称的商业秘密，是指不为公众所知悉、具有商业价值并经权利人采取相应保密措施的技术信息、经营信息等商业信息。

四、竞业限制义务需要通过协议明确约定且仅限部分人员适用

风险提示

所谓竞业限制，亦称"竞业禁止"，是指负有特定义务的员工在任职期间或者离开工作岗位后的一定时间内不得自营或为他人经营与其所任职的公司同类的经营项目。许多公司尤其是外资企业，非常重视公司技术人员及高层员工跳槽的问题。

公司与员工签订竞业限制合同的要点有：(1) 员工离职后不得到与本单位生产或者经营同类产品、从事同类业务的有竞争关系的其他用人单位工

作，或者自己开业生产或者经营同类产品、从事同类业务。（2）只限于高级管理人员、高级技术人员和其他负有保密义务的员工。（3）必须支付补偿金的时间不超过两年。

公司与员工签订了竞业限制合同后，公司应根据合同约定，在员工竞业禁止期间支付相应的经济补偿，如果公司不按照合同的约定支付经济补偿，员工可以要求公司支付或者要求与公司解除竞业限制关系。如果竞业限制条款中没有约定经济补偿标准，竞业限制并不会因此无效，《最高人民法院关于审理劳动争议案件适用法律问题的解释（一）》第三十六条规定：当事人在劳动合同或者保密协议中约定了竞业限制，但未约定解除或者终止劳动合同后给予劳动者经济补偿，劳动者履行了竞业限制义务，要求用人单位按照劳动者在劳动合同解除或者终止前十二个月平均工资的30%按月支付经济补偿的，人民法院应予支持。前款规定的月平均工资的30%低于劳动合同履行地最低工资标准的，按照劳动合同履行地最低工资标准支付。

> 以案说法

公司未与员工明确约定竞业限制义务的，无权要求员工履行相关义务[1]

左某于2011年7月1日入职某教育科技公司担任舞蹈老师，双方签订了书面的劳动合同及保密协议。2012年2月16日，左某以个人原因为由向公司申请离职，并于同月23日提交了《员工离职审批表》。当日，公司在左某的《员工离职审批表》上填写"自离职之日起启动竞业禁止条款，公司按月支付经济补偿金"，公司总经理意见栏则签署"同意"。《员工离职审批表》左下角员工签字确认处有左某的签名。

左某离职以后，从同年五六月起到某舞蹈学校从事舞蹈教学工作。2012年3月1日，某教育科技公司通过工商银行向左某的账户汇入3000元，在其保留的转账凭证用途一栏注明"竞业禁止补偿金"，备注一栏注明"2012年3月竞业禁止补偿金"。此后，左某拒收公司支付的补偿金并注销了银行账号。2012年5月15日，某教育科技公司向法院提起诉讼，提出公司的《员工手册》中已经明确记载了关于竞业限制的规定，而左某在入职时已经

---

[1] 杭州市中级人民法院（2012）浙杭民终字第2913号民事判决书。

阅读了《员工手册》知悉自己应承担竞业限制的义务，因此请求法院判决左某履行竞业限制的义务并判决左某支付违约金。左某否认自己知悉《员工手册》中关于竞业限制的内容并认为自己无须承担竞业限制义务。

【判词摘录】

◆ 本案中，公司与左某签订的劳动合同书与保密协议中均无竞业限制条款；左某离职后，公司在《员工离职审批表》上填写"自离职之日起启动竞业禁止条款"及之后公司以竞业禁止补偿金名义向左某账户汇款，均系公司单方行为。

◆ 左某在某教育科技公司的工作不属于高级管理人员、高级技术人员和其他负有保密义务的人员，且公司提交的证据不能充分佐证载明有竞业限制条款的《员工手册》就是左某在确认书中所确认查收、阅读并声明遵守的那份《员工手册》。故本院对公司要求左某履行竞业限制的义务并判决支付某教育科技公司违约金的请求不予支持。

应对方案

公司要求员工履行竞业限制义务的，需要与员工在劳动合同中设定竞业限制条款或者双方专门签订竞业限制合同予以明确，签订竞业限制合同的时间在劳动合同开始之日及劳动关系存续期间均可。如果劳动关系双方没有专门就竞业限制义务进行明确约定，那么当员工提出异议时，公司要求员工履行竞业限制义务将难以得到法院的支持。对于非公司的高级管理人员、高级技术人员和其他负有保密义务的人员，公司不能与其约定竞业限制义务，即使约定了也是没有法律效力的。

法律依据

《中华人民共和国劳动合同法》

第二十四条　竞业限制的人员限于用人单位的高级管理人员、高级技术人员和其他负有保密义务的人员。竞业限制的范围、地域、期限由用人单位与劳动者约定，竞业限制的约定不得违反法律、法规的规定。

在解除或者终止劳动合同后，前款规定的人员到与本单位生产或者经营同类产品、从事同类业务的有竞争关系的其他用人单位，或者自己开业生产或者经营同类产品、从事同类业务的竞业限制期限，不得超过二年。

第九十条　劳动者违反本法规定解除劳动合同，或者违反劳动合同中约定的保密义务或者竞业限制，给用人单位造成损失的，应当承担赔偿责任。

《最高人民法院关于审理劳动争议案件适用法律问题的解释（一）》

第三十六条　当事人在劳动合同或者保密协议中约定了竞业限制，但未约定解除或者终止劳动合同后给予劳动者经济补偿，劳动者履行了竞业限制义务，要求用人单位按照劳动者在劳动合同解除或者终止前十二个月平均工资的30%按月支付经济补偿的，人民法院应予支持。

前款规定的月平均工资的30%低于劳动合同履行地最低工资标准的，按照劳动合同履行地最低工资标准支付。

第三十七条　当事人在劳动合同或者保密协议中约定了竞业限制和经济补偿，当事人解除劳动合同时，除另有约定外，用人单位要求劳动者履行竞业限制义务，或者劳动者履行了竞业限制义务后要求用人单位支付经济补偿的，人民法院应予支持。

第三十八条　当事人在劳动合同或者保密协议中约定了竞业限制和经济补偿，劳动合同解除或者终止后，因用人单位的原因导致三个月未支付经济补偿，劳动者请求解除竞业限制约定的，人民法院应予支持。

五、公司在员工离职时应明确竞业限制是否生效

> 风险提示

有的公司考虑到自己的利益，对公司的高级管理人员、高级技术人员和其他负有保密义务的人员等一切符合约定竞业限制条件的员工签订竞业限制协议。很多公司会存在误解："反正能签的就都签上，员工离职后是否需要履行竞业限制义务的主动权在公司，如果公司需要员工履行竞业限制义务，就向员工提出并且支付补偿金，如果不需要就不提出要求、不支付补偿金。"实际上，在目前的司法实践中，如果公司与符合条件的员工约定了竞业限制义务，那么日后员工离职，公司没有主动提出之前双方约定的竞业限制义务

解除，员工就可以主动履行自己的竞业限制义务，并要求公司支付补偿金。另外，根据《最高人民法院关于审理劳动争议案件适用法律问题的解释（一）》第三十九条第二款的规定，双方已经在竞业限制期限内的，公司提出要解除竞业限制协议，承担竞业限制义务的员工还有权要求公司额外支付3个月的竞业限制经济补偿。

以案说法

公司不要求员工履行竞业限制义务的，应在解除劳动合同之前或同时向员工提出解除竞业限制义务[①]

张某于2015年3月入职某科技公司担任技术人员。入职时张某与公司签订了一份《保密协议》，其中第三条约定，张某在劳动合同终止后两年内，不得组建、参与或就业于与该科技公司有直接竞争关系的公司或单位。协议中没有约定竞业限制经济补偿的计算和支付方式。

2016年5月，张某遭到该科技公司的开除，于是提起劳动仲裁程序要求公司支付经济赔偿金和竞业限制补偿金。劳动仲裁委员会在2016年7月作出裁决，裁决的其中一项是公司要向张某支付从2016年5月1日起到2016年7月31日期间的补偿金。

张某因为不服劳动仲裁的结果，向法院提起诉讼。法院在2016年10月28日一审开庭审理。法院在一审开庭时发现，某科技公司直到一审开庭前都没有提出与张某解除竞业限制义务的声明，该公司一审代理律师在开庭当天当庭向法官明确解除张某的竞业限制义务。张某提出，如果某科技公司在竞业限制履行期限内解除其竞业限制义务，还需要额外支付3个月的经济补偿金。

【判词摘录】

◆ 从公司提交的仲裁庭审笔录可知，其并未在仲裁庭审时明确表示要求解除《保密协议》，直至本案2016年10月28日开庭前也未作出过类似的意思表示，故法院认定《保密协议》自2016年10月28日解除。该科技公司应向张某支付从2016年5月1日至2016年10月28日的竞业限制经济

---

① 广州市中级人民法院（2017）粤01民终3421号民事判决书。

补偿。

◆ 根据《最高人民法院关于审理劳动争议案件适用法律若干问题的解释（四）》第九条①的规定，张某主张科技公司还应额外再支付3个月的经济补偿于法有据，本院予以支持。

应对方案

若公司不需要员工承担竞业限制义务，应当在员工离职前及时单方解除与员工的竞业限制约定，向员工交付竞业限制解除告知书。

法律依据

《最高人民法院关于审理劳动争议案件适用法律问题的解释（一）》

第三十九条 在竞业限制期限内，用人单位请求解除竞业限制协议的，人民法院应予支持。

在解除竞业限制协议时，劳动者请求用人单位额外支付劳动者三个月的竞业限制经济补偿的，人民法院应予支持。

《最高人民法院关于审理劳动争议案件适用法律问题的解释（二）》

第十三条 劳动者未知悉、接触用人单位的商业秘密和与知识产权相关的保密事项，劳动者请求确认竞业限制条款不生效的，人民法院依法予以支持。

竞业限制条款约定的竞业限制范围、地域、期限等内容与劳动者知悉、接触的商业秘密和与知识产权相关的保密事项不相适应，劳动者请求确认竞业限制条款超过合理比例部分无效的，人民法院依法予以支持。

第十四条 用人单位与高级管理人员、高级技术人员和其他负有保密义务的人员约定在职期间竞业限制条款，劳动者以不得约定在职期间竞业限制、未支付经济补偿为由请求确认竞业限制条款无效的，人民法院不予支持。

第十五条 劳动者违反有效的竞业限制约定，用人单位请求劳动者按照约定返还已经支付的经济补偿并支付违约金的，人民法院依法予以支持。

---

① 对应《最高人民法院关于审理劳动争议案件适用法律问题的解释（一）》第三十九条。

六、员工违反竞业限制义务需要承担违约责任

> 风险提示

公司设置竞业限制的目的在于维持公司的竞争优势,保护公司的商业秘密和知识产权等保密事项,然而不少公司在竞业限制条款中仅约定员工不得到与本公司生产或者经营同类产品、从事同类业务的有竞争关系的其他公司,或者自己开业生产或者经营同类产品、从事同类业务,而未对违反该约定的违约责任作出明确约定,导致发生纠纷时无法主张违约金,对负有竞业限制义务的人员无法真正起到限制的效果。

因此,公司应当明确员工违反竞业限制义务应负有的违约责任,常见的违约责任为支付违约金。竞业限制违约金与服务期违约金不同,我国法律没有规定竞业限制违约金数额的上限,竞业限制违约金需结合劳动者离职前的工作岗位、工资水平及公司每月支付的竞业限制补偿金的标准确定。

此外,根据《最高人民法院关于审理劳动争议案件适用法律问题的解释(一)》第四十条的规定,劳动者违反竞业限制约定,向用人单位支付违约金后,用人单位要求劳动者按照约定继续履行竞业限制义务的,人民法院应予支持。因此,员工违反竞业限制义务,公司可以要求员工承担违约金后继续履行原来的竞业限制义务。

> 以案说法

竞业限制期限内入职存在竞争关系的其他单位需承担违约责任[1]

甘某原在某电子公司担任技术部门管理员,双方签订了竞业限制协议书。甘某离职后,该电子公司一直按约定向甘某支付竞业限制补偿金。后电子公司调查发现,甘某在竞业限制期间入职存在竞争关系的某科技公司,电子公司认为甘某违反了竞业限制约定,请求甘某归还已经支付的竞业限制补偿金 201501.93 元并支付违约金 346485.72 元。

---

[1] 参见《广东法院劳动争议典型案例》中案例之二,载广东法院网,https://www.gdcourts.gov.cn/gsxx/quanweifabu/anlihuicui/content/post_1151344.html,最后访问时间:2025 年 5 月 21 日。

【判词摘录】

◆ 负有竞业限制义务的劳动者在竞业限制期限内入职存在竞争关系的其他用人单位,属于违反竞业限制义务的行为,应承担相应的违约责任。本案中,甘某和电子公司签订的竞业限制协议书中对竞业限制义务、竞业限制补偿金以及违约金进行了约定,是双方的真实意思表示。甘某从电子公司离职后在竞业限制期限内到存在竞争关系的科技公司工作,违反了竞业限制义务,需向电子公司归还已经支付的补偿金。结合甘某离职前的工作岗位、工资水平及电子公司每月支付的竞业限制补偿金的标准,甘某应向电子公司支付违约金。

应对方案

1. 竞业限制协议中应明确约定竞业限制期限、竞争产品及业务的范围、竞业限制补偿标准、支付周期及支付方式、违反竞业限制义务的违约责任等。对于已有明确法律规定的内容,竞业限制协议的约定不能超出法律规定范围,如竞业限制期限不得超过二年。另外,对于没有明确法律规定的内容,可以根据实际情况进行明确,包括支付方式、违约责任等。其中,违反竞业限制义务应承担的违约金应当综合考虑员工岗位、薪酬、商业秘密重要性等因素,在合理范围内确定具体数额。

2. 公司主张员工存在违反竞业限制义务的行为,需要提供员工到新公司工作的证据及新公司与原公司存在竞争关系的证据,否则应承担举证不能的不利后果。因此,公司可从前述两方面入手搜集保存证据,以维护自身合法权益。

法律依据

《中华人民共和国劳动合同法》

第二十三条　用人单位与劳动者可以在劳动合同中约定保守用人单位的商业秘密和与知识产权相关的保密事项。

对负有保密义务的劳动者,用人单位可以在劳动合同或者保密协议中与劳动者约定竞业限制条款,并约定在解除或者终止劳动合同后,在竞业限制期限内按月给予劳动者经济补偿。劳动者违反竞业限制约定的，应当按照约定向用人单位支付违约金。

第二十四条　竞业限制的人员限于用人单位的高级管理人员、高级技术人员和其他负有保密义务的人员。竞业限制的范围、地域、期限由用人单位与劳动者约定，竞业限制的约定不得违反法律、法规的规定。

在解除或者终止劳动合同后，前款规定的人员到与本单位生产或者经营同类产品、从事同类业务的有竞争关系的其他用人单位，或者自己开业生产或者经营同类产品、从事同类业务的竞业限制期限，不得超过二年。

《最高人民法院关于审理劳动争议案件适用法律问题的解释（一）》

第四十条　劳动者违反竞业限制约定，向用人单位支付违约金后，用人单位要求劳动者按照约定继续履行竞业限制义务的，人民法院应予支持。

第五节　劳动关系履行过程中的企业损害赔偿

一、违反《劳动合同法》规定的违约金条款无效

风险提示

违约金是合同一方当事人因为违反了合同的约定，需要向遵守约定的另一方当事人支付的赔偿。一方向另一方主张违约金，必须要有合同的约定作为前提，只有在合同中具体约定违约情况以及违约金数额的，才会得到法院的支持。但在劳动用工中，法律对违约金有特别的约定，《劳动合同法》仅限定了在两种情况下公司才可以与员工约定违约金条款：（1）公司为员工提供专项培训费用，对员工进行了专业技术培训的，可以与员工订立服务期合同，若员工违反服务期的约定则视为违约，公司可以根据之前的约定要求员工支付违约金。（2）公司与员工之间因为商业秘密的问题约定了竞业限制条款的，员工若违反竞业限制规定，公司可以要求员工支付违约金。

法律对公司要求员工支付违约金作出了限制，但并未禁止和限制员工向公司主张违约金的行为。公司和员工约定了违约条款而公司违约的，公司要

根据约定向员工支付违约金。

> 以案说法

1. 公司和员工约定了违约条款而公司违约的，公司应按该违约条款向员工支付违约金[①]

安某公司韩国籍员工韩某的劳动合同中约定："当事人一方不履行或者履行合同义务不符合约定条件，即违反合同时，甲方（安某公司）违约，甲方支付给乙方（韩某）剩余合同期总工资的200%，并开具乙方无责任证明；乙方违约，乙方支付给甲方剩余合同期总工资的200%，并开具甲方无责任证明。"

2014年，安某公司解雇韩某，韩某认为根据双方签订的劳动合同条款，安某公司的行为不只属于违法解除劳动合同，还属于违约行为，于是向法院起诉要求安某公司除要向自己支付经济赔偿金外，还要支付自己剩余合同期总工资的200%作为违约金。

案件一直诉至广东省高级人民法院，高院裁决违约条款中涉及安某公司向员工韩某支付违约金的部分有效，而涉及员工韩某向安某公司支付违约金的部分无效。高级人民法院的裁定，意味着安某公司已违约，需要向韩某支付剩余劳动合同期间总工资的200%作为违约金。

【判词摘录】

◆ 涉案劳动合同约定：当事人一方不履行或者履行义务不符合约定条件，即违反合同时，公司违约，公司支付给劳动者剩余合同期总工资的200%，并开具劳动者无责任证明；劳动者违约，劳动者支付给公司剩余合同期总工资的200%，并开具公司无责任证明。上述约定，属于双方真实意思表示，但根据《劳动合同法》第二十五条的规定，除培训违约金及保密和竞业限制违约金外，用人单位不得与劳动者约定由劳动者承担违约金。

◆ 法律仅限制用人单位不得与劳动者约定由劳动者承担违约金的行为，并没有限制用人单位与劳动者约定由用人单位承担违约金的行为。

◆ 双方约定韩某承担的违约责任的内容因违反上述规定，无效。但安

[①] 广东省高级人民法院（2016）粤民申1757、1758号民事裁定书。

某公司违约而承担违约金的内容,并不违反上述规定。

2. 劳动合同中,公司违约应向员工支付违约金的条款具有法律效力

张某于 2012 年 6 月入职海某公司,双方在劳动合同中约定:"任何一方违反本劳动合同的任何一条,都必须支付给另一方 10 万元违约金。"2012 年 10 月,海某公司法定代表人要求张某辞职,张某于当日离职,之后起诉要求公司支付违约金。公司认为,合同中的违约金条款只有在服务期和竞业限制方面才可以进行约定,其他情形约定属于无效。

【律师评析】

根据《劳动合同法》第二十五条的规定,除了劳动者有违反服务期约定或竞业限制条款的情形外,用人单位不得与劳动者约定由劳动者承担违约金。根据上述规定,在张某不存在除外情形的前提下,海某公司约定由张某承担违约金违反了法律的禁止性规定,上述约定由张某承担违约金的条款部分无效。

由于法律仅规定了用人单位不能与劳动者约定由劳动者承担违约金,并未规定不能约定由用人单位承担违约金,因此双方约定若用人单位违反协议约定应承担违约金赔偿的条款仍具有法律效力,海某公司应该按协议的约定承担相应的违约责任。

应对方案

对于违反劳动合同的情形,法律仅规定了公司不能与员工约定由员工承担违约金,但并未规定不能约定由公司承担违约金,因此,如果公司在劳动合同中约定违约金,只会给自身带来负担。因此,公司的劳动合同模板不应设置相关违约金条款,对于已经与员工签订的劳动合同,应尽快与员工签订劳动合同的补充协议,将违约条款删除。

法律依据

《中华人民共和国劳动合同法》

第二十二条 用人单位为劳动者提供专项培训费用,对其进行专业技术培训的,可以与该劳动者订立协议,约定服务期。

劳动者违反服务期约定的，应当按照约定向用人单位支付违约金。违约金的数额不得超过用人单位提供的培训费用。用人单位要求劳动者支付的违约金不得超过服务期尚未履行部分所应分摊的培训费用。

用人单位与劳动者约定服务期的，不影响按照正常的工资调整机制提高劳动者在服务期期间的劳动报酬。

第二十三条 用人单位与劳动者可以在劳动合同中约定保守用人单位的商业秘密和与知识产权相关的保密事项。

对负有保密义务的劳动者，用人单位可以在劳动合同或者保密协议中与劳动者约定竞业限制条款，并约定在解除或者终止劳动合同后，在竞业限制期限内按月给予劳动者经济补偿。劳动者违反竞业限制约定的，应当按照约定向用人单位支付违约金。

第二十五条 除本法第二十二条和第二十三条规定的情形外，用人单位不得与劳动者约定由劳动者承担违约金。

《深圳市中级人民法院关于审理劳动争议案件的裁判指引》

一百〇六、用人单位与劳动者约定竞业限制的，应当在竞业限制期限内依法给予劳动者经济补偿。用人单位未按约定支付经济补偿的，劳动者自用人单位违反约定之日起三十日内可要求用人单位一次性支付尚未支付的经济补偿，并继续履行竞业限制协议；劳动者未在三十日内要求一次性支付的，可通知用人单位解除竞业限制协议或支付已履行竞业限制义务期间的经济补偿。

劳动者在职期间违反竞业限制义务，用人单位依据双方约定要求劳动者支付违约金的，应予支持。

当事人主张双方约定的违约金过高请求调整的，人民法院可依法予以调整。

《浙江省高级人民法院民一庭关于审理劳动争议纠纷案件若干疑难问题的解答》

十、用人单位一次性向劳动者支付了竞业限制经济补偿，劳动者违反竞业限制义务时，用人单位能否向劳动者主张违约金？

《劳动合同法》第二十三条仅规定了用人单位"在竞业限制期限内按月

给予劳动者经济补偿"的补偿方式。用人单位如果在解除或终止劳动合同时,一次性向劳动者支付了竞业限制补偿金的,劳动者违反竞业限制义务时,用人单位可以向劳动者主张违约金。

二、公司为员工提供专项培训后的服务期约定

风险提示

一些公司会为员工提供培训服务,目的是让员工增强劳动技能从而更好地为公司创造财富。员工也会非常乐意参加公司所组织的培训,因为培训费用由公司支付,自己培训后提升了技能,对未来的发展也有很大的帮助。

公司支付费用让员工培训,员工在享受到优惠的同时,也要承担相应的义务。公司可以要求员工接受培训后,在一定的期间内不准离职,必须服务满一定的期限,在法律上该期限被称为服务期。

公司为员工提供了专项培训费用,对员工进行了专业技术培训的,可以与该员工订立协议约定好服务期。若员工违反双方的约定在服务期内提出辞职,则视为违约,需要向公司作出相应的赔偿。根据法律的规定,员工在服务期内辞职的,公司要求员工支付的违约金不能超过服务期尚未履行的部分所应分摊的培训费用。需要提醒公司注意的是,公司只有为员工提供了专项培训才能要求与员工签订协议约定服务期,专项培训并不包括公司日常自行组织的培训。一些公司认为只要为员工提供了培训就可以约定服务期,这种想法是错误的。

以案说法

1. 除为劳动者提供专项培训外,其他任何额外待遇均不得成为公司约定服务期的依据

陈某于2008年3月入职某科技软件开发公司任软件开发员,月薪过万。陈某入职后,凭借其出色的能力开发了好几套功能强大的软件,深得公司的赞赏,并于2009年5月升任公司的项目经理,公司给了他配车、配司机的待遇。

公司为留住人才，在给予陈某配车、配司机待遇的同时，要求与陈某签订服务期协议，协议约定陈某必须为公司服务5年，从2009年5月起算，违约则需要向公司赔偿40万元。2010年5月陈某向公司提出辞职，公司认为陈某违反服务期的约定，要求陈某支付违约金。

【律师评析】

本案的争议焦点在于，公司为陈某提供配车、配司机的待遇，能否作为陈某为公司服务五年的条件。在现实中，许多用人单位都会认为，自己为劳动者提供了额外的福利，当然有权要求劳动者作出一定的承诺。但是，《劳动合同法》仅规定为劳动者提供专项培训才能约定服务期及违反服务期违约金条款，其他任何额外的待遇都不能成为约定服务期的依据。因此，公司若提起诉讼要求陈某支付违约金，是得不到法院的支持的。

2. 公司对员工进行专业技术培训并支付费用的，可与员工约定服务期及服务期违约金

苏某于1992年7月27日到第四建筑公司工作，任职施工管理岗，之后升任造价管理岗。苏某与第四建筑公司自1995年开始签订劳动合同，最后一份合同于2004年11月8日签订，双方约定：劳动期限自2004年11月8日起至2007年11月7日止。

苏某与第四建筑公司在2005年8月28日签订关于考取造价师执业资格证的《员工培训合同》，约定苏某为第四建筑公司服务的年限为5年。苏某与第四建筑公司于2006年5月10日签订关于考取高级工程师的《员工培训合同》，约定苏某需为第四建筑公司服务5年，培训费/奖励金额为6000元。苏某与第四建筑公司在2006年5月29日签订关于考取一级建造师执业资格证的《员工培训合同》，约定苏某为第四建筑公司服务的年限为10年，培训费/奖励金额为10000元。

上述三份《员工培训合同》均约定：若出于苏某的原因致使合同无法履行，苏某应承担违约责任，返还第四建筑公司已支付的费用并支付违约金30000元。

2007年11月8日，因合同期限届满，苏某提出离开第四建筑公司，而第四建筑公司认为苏某应该与公司续签劳动合同，否则苏某应向公司支付违约金。苏某不同意，认为自己与公司之间的劳动合同期限已届满，双方签订

的《员工培训合同》也应该相应地终止。

【律师评析】

苏某与第四建筑公司自愿签订的劳动合同，是双方的真实意思表示，且未违反法律、行政法规的强制性规定，合法有效，双方的劳动合同关系受国家法律保护。之后，双方先后签订的三份《员工培训合同》，是以已经存在的劳动合同为基础的，且与劳动合同的内容并无矛盾或冲突，应视为对劳动合同内容的补充和特殊约定，是双方劳动合同的一部分，双方的劳动服务年限因此调整至2016年1月9日。

劳动合同是员工与公司确立劳动关系、明确双方权利和义务的协议，本案双方签订的《员工培训合同》是劳动合同的一部分。双方在《员工培训合同》中对苏某参加学习后取得一定资质或职称的情况下双方的权利和义务进行了特殊约定，其中并不存在会使苏某产生误解的条款。

苏某、第四建筑公司的劳动合同虽在2007年11月8日期满，但不因此影响双方在《员工培训合同》中约定的服务期限及违约金条款的效力。苏某在合同期限届满后，没有与第四建筑公司重新订立劳动合同，终止了与第四建筑公司的劳动关系，该行为违反了《员工培训合同》的约定，苏某的行为已构成违约，其应承担违约责任，苏某应当向第四建筑公司支付违约金30000元。

应对方案

1. 公司在向员工提供专项培训前，应该与员工单独签订服务期合同，合同要明确员工具体的服务内容，最好可以明确服务的项目，有课程计划和学习培训表的可以作为合同的附件。

服务期合同中还要明确公司为该员工的培训具体支付了多少费用，也可以将培训期间所付费用的发票复印件作为服务期合同的附件。这样做的目的在于日后如果员工违约，公司可以向法院举证证明自己因员工培训所支付的费用从而更容易获得赔偿。

服务期合同中有关服务期条款的参考：

鉴于甲方（公司）为乙方（员工）提供×××培训待遇，甲乙双方协商乙方在接受培训后继续为甲方服务×××年（自培训结束次日起计算）。在此服务期间，如遇甲乙双方劳动合同期满，双方可以续订劳动合同，合同时间不能确定的，最短履行至服务期满。除了有《劳动合同法》第三十八条第一款①规定的情形外，乙方不得解除劳动合同，否则应依法承担违约金，违约金的计算方法为［（应服务天数−已服务天数）/应服务天数×培训费用］。

2. 公司应当要求员工参加专项培训时签到，公司要留存员工参加培训的记录并妥善保存，因为日后有可能出现员工否认自己参加了培训的情况。

3. 公司应当妥善保存公司因培训事宜所支付的费用票据。当员工违反服务期的约定时，公司除了可以要求员工支付合同中所约定的违约金，还可以要求员工根据违约的情况返还一定的培训费用，而公司要求返还培训费用必须有支付培训费用的票据作为依据，否则将会因证据不足而得不到法院的支持。

服务期合同中关于培训费用条款的参考：

甲（公司）乙（员工）双方确认，培训费用包括但不限于学费、交通费、住宿费等一切与培训有关的费用，其中学费、交通费、住宿费的数额以具体票据为准。

法律依据

《中华人民共和国劳动合同法》

第二十二条 用人单位为劳动者提供专项培训费用，对其进行专业技术培训的，可以与该劳动者订立协议，约定服务期。

劳动者违反服务期约定的，应当按照约定向用人单位支付违约金。违约金的数额不得超过用人单位提供的培训费用。用人单位要求劳动者支付的违约金不得超过服务期尚未履行部分所应分摊的培训费用。

用人单位与劳动者约定服务期的，不影响按照正常的工资调整机制提高劳动者在服务期期间的劳动报酬。

---

① 《劳动合同法》第三十八条第一款："用人单位有下列情形之一的，劳动者可以解除劳动合同：（一）未按照劳动合同约定提供劳动保护或者劳动条件的；（二）未及时足额支付劳动报酬的；（三）未依法为劳动者缴纳社会保险费的；（四）用人单位的规章制度违反法律、法规的规定，损害劳动者权益的；（五）因本法第二十六条第一款规定的情形致使劳动合同无效的；（六）法律、行政法规规定劳动者可以解除劳动合同的其他情形。"

《中华人民共和国劳动合同法实施条例》

第十六条 劳动合同法第二十二条第二款规定的培训费用,包括用人单位为了劳动者进行专业技术培训而支付的有凭证的培训费用、培训期间的差旅费用以及因培训产生的用于该劳动者的其他直接费用。

《最高人民法院关于审理劳动争议案件适用法律问题的解释(二)》

第十二条 除向劳动者支付正常劳动报酬外,用人单位与劳动者约定服务期限并提供特殊待遇,劳动者违反约定提前解除劳动合同且不符合劳动合同法第三十八条规定的单方解除劳动合同情形时,用人单位请求劳动者承担赔偿损失责任的,人民法院可以综合考虑实际损失、当事人的过错程度、已经履行的年限等因素确定劳动者应当承担的赔偿责任。

三、员工行为给公司造成损害的赔偿责任认定

「风险提示」

如前文所述,在劳动法领域,公司不能随意为劳动者设定违约金,但是法律并没有禁止公司与员工约定损害赔偿条款。如果员工的过错行为给公司造成了经济损失,员工需要为公司的损失承担赔偿责任。

公司要求有过错的员工支付赔偿,可以在工资中予以扣减,但是在具体的操作上有很大的限制,根据《工资支付暂行规定》第十六条的规定,扣减工资禁止超过月薪的20%,但在实践中,各地有所不同。例如,《广东省工资支付条例》第十五条规定:"因劳动者过错造成用人单位直接经济损失,依法应当承担赔偿责任的,用人单位可以从其工资中扣除赔偿费,但应当提前书面告知扣除原因及数额;未书面告知的不得扣除。扣除赔偿费后的月工资余额不得低于当地最低工资标准。"各位读者应在《工资支付暂行规定》的基础上,参照自己所在地市的工资支付条例进行操作。

在实际操作中,员工的过错行为导致了公司的经济损失,具体很难计算,公司向法院主张劳动者支付赔偿的,需要提供足够的证据证明损失的具体数额。损失必须量化、可以计算且已实际发生,否则难以得到法院的支持。另外,法院在审理员工给公司造成损失的案件中,往往会认为公司也应

承担一定的经营风险,即使员工真的有过错并且给公司造成了很明确的经济损失,法院也常会给判赔数额"打折扣",根据员工的工资数额和实际过错程度酌情判决员工承担损失的一定比例。

以案说法

1. 除服务期或竞业禁止的情形外,因员工违约而承担违约金的约定属无效条款

徐某于 2006 年 7 月 5 日入职天某公司担任技术总监,双方签订合同约定劳动期限为 2006 年 7 月 5 日至 2011 年 7 月 4 日,年薪 8 万元。同时,徐某保证入职两年内天某公司所生产出来的产品均达到国家相应的产品标准,如违约应支付天某公司 40 万元违约金。2007 年 7 月,天某公司生产的某款电池出现了产品质量事故。2007 年 9 月 1 日,徐某出具《事故报告》,陈述愿承担相应的事故责任。2008 年 1 月 15 日,徐某提出辞职。同日,天某公司以徐某任职期间严重失职使公司遭受损失为由,要求徐某支付违约金,徐某不服,双方诉至法院。

【律师评析】

徐某在担任天某公司技术总监期间,对发生的质量事故负有责任,但《劳动合同法》并未规定因劳动者失职造成用人单位损失的,用人单位可以向劳动者主张赔偿金。《劳动合同法》第二十二条、第二十三条虽规定了用人单位可以与劳动者约定违约金的情形,即用人单位可因劳动者违反服务期限的约定而根据专项培训费用主张违约金,或者因劳动者违反竞业禁止的规定而主张违约金。但该法第二十五条同时规定,除上述两种情形外,用人单位不得与劳动者约定违约金。

所以,本案公司向员工主张违约金不符合相关规定,公司与员工之间因员工违约即承担 40 万元违约金的规定属无效条款。

2. 因员工本人原因给公司造成经济损失的,公司可要求其赔偿经济损失[①]

邹某为三某模型公司的综合班班长。2012 年 8 月,综合班加工的产品未

---

① 珠海市香洲区人民法院(2013)珠香法民一初字第 504 号民事判决书。

按照图纸进行，产品尺寸全部超长，造成返工，导致公司出现直接经济损失6000多元。同月，综合班的员工在加工转动轴产品时因为焊接不牢固导致安装后脱落，最终造成批量性返工，出现直接经济损失1000多元。

公司规章制度规定："员工违反企业生产管理与质量管理制度的，公司有权向员工追讨一切经济损失……"同时公司制定的《班长职责》规定："班长为本班组生产任务、安全生产和产品质量第一责任人……"

公司认为邹某是这两次产品质量事故的直接责任人，要求邹某为产品尺寸超长的质量事故赔偿损失2000元，并对下属员工产品焊接不牢固的过错承担赔偿责任。

【判词摘录】

◆ 邹某作为班长，审核图纸、监督下属班组员工严格按图纸尺寸加工是其本职工作，因此对该事故负有直接责任。根据劳动部《工资支付暂行规定》第十六条的规定："因劳动者本人原因给用人单位造成经济损失的，用人单位可按照劳动合同的约定要求其赔偿经济损失。"公司要求原告邹某承担部分损失2000元，有事实和法律依据，本院予以支持。

◆ 转动轴焊接不牢固事故，是邹某下属员工造成，没有证据表明邹某在此事故中存在"违反企业生产管理与质量管理制度"的行为，公司要求邹某承担此次事故的责任，证据不足。

3. 公司提供证据证明员工对公司损失负有责任的，员工需承担相应的责任[①]

张某是丽某公司的仓库管理员，双方劳动合同中约定：因员工造成公司损失，除给付公司相应的经济赔偿外，造成公司损失还须追究责任。

公司在某次对仓库的产品进行盘点时发现，公司购进的某款产品数量缺少，经查发现是因为仓库管理员疏忽，将产品误认为是不良品而进行销毁处理，公司出现产品损失5267元。

公司随后出具员工处分记录单，处罚原因为：仓库人员严重疏忽，误将产品和不良品一起拉走处理，造成公司损失5267元，此笔费用由张某承担。

---

① 上海市第一中级人民法院（2016）沪01民终6751号民事判决书。

张某在该员工处分记录单上签名。

后公司与张某因赔偿问题产生纠纷，双方诉至法院。

【判词摘录】

◆ 产品数量短缺是仓库人员误将良品当作不良品交付处理所致，张某本人亦在载明"此属于外仓人员严重疏忽……总费用为5267元……由组长张某承担"的员工处分记录单的被处分人签名栏中签字，张某主张该批产品非其本人安排搬运，但未能提供相应证据予以证实。

◆ 在此情况下，确可认定张某对系争产品损失之发生负有一定责任。但结合张某的过错程度、岗位特点及工资收入情况，公司要求张某承担全部损失赔偿责任，过于苛责，本院酌情调整赔偿金额为1000元。

4. 员工在履行职务过程中存在过失的，需向公司承担部分损失赔偿责任[①]

2014年11月15日，邓某入职某建设公司，岗位为施工员，工作职责主要为指挥和安排现场施工。

2015年5月14日，邓某在某项目的施工现场指挥挖掘机司机施工时，将地下电缆挖断。

建设公司以邓某工作失职为由，要求邓某赔偿损失113787.95元（包括抢修费47017.95元、律师费16770元以及被工程监理公司罚款50000元）。一审法院判决邓某应向建设公司支付抢修费及被工程监理公司罚款共计97017.95元。邓某不服提起上诉。

【判词摘录】

◆ 关于邓某在挖断电缆事件中是否存在过错问题。原审法院根据双方当事人的诉辩、提交的证据对本案事实进行了认定，并在此基础上认定邓某的安排和指挥不当导致挖断地下电缆事件发生，理由阐述充分，本院予以确认。

◆ 至于邓某是否应对造成公司的损失承担责任的问题。因邓某是在履行职务过程中指挥不当，导致挖断电缆事件的发生，属于履行职务过程中的过失行为，故邓某应对造成公司的损失承担相应的赔偿责任。公司作为用工

[①] 广州市中级人民法院（2016）粤01民终11335号民事判决书。

主体，其在用工过程中产生的经营风险一般应自行承担，考虑到本案的实际情况，本院酌定邓某应对造成公司的损失承担20%的赔偿责任，即邓某应赔偿某建设公司19403.59元［（50000元+47017.95元）×20%］，原审判决邓某对公司的损失承担全部赔偿责任不当，本院予以变更。

应对方案

1. 建议公司在与员工签订的劳动合同中明确损害赔偿条款。公司可以简单地约定：若员工因过错行为给公司造成损失，员工需承担赔偿责任。

2. 公司若想让法院支持自己的索赔请求，必须证明员工的行为和公司的损失有直接的因果关系。员工若做出了损害公司的行为，公司必须有证据可以证明，以避免员工在事发后否认公司的损失与自己有关。公司可以考虑让员工写检讨书或签署承认自己存在过错的文件等。

3. 如果员工确实存在过错行为，也确实有证据证明员工的行为造成了公司的损失，但是具体损失数额没有办法计算的话，公司也没有办法向员工索赔，因为数额不确定，法院也不会随便判决一个要求员工支付的数额。公司受到经济损失后，要有证据证明损失的实际数额，如在前文第一宗案例中，天某公司可以提供因产品责任事故而需要销毁的电池数量，并提供生产电池的单个成本，以此来计算遭受的损失，若公司因为质量事故而向合作方支付了违约金，也可以要求徐某对此作出赔偿。

4. 员工因过错行为给公司造成经济损失的，公司可以从员工工资中扣除相应款项作为惩罚，但公司需要书面向员工告知扣除工资的理由和金额。公司应当保存告知书的发送记录和员工签收等文件，以证明公司已经书面向员工进行告知。

5. 公司处罚员工时，员工会以损失并非自己造成或者以该工作并非本人负责为理由进行反驳，实际案例中也并不排除有过错的员工会以此为理由推卸自己的责任。所以公司有必要针对具体主管或负责员工签订岗位职责确认书，明确该员工的具体工作和岗位职责，一旦公司发生损失，就可以凭借岗位职责确认书对有过错的员工进行问责。

法律依据

《工资支付暂行规定》

第十六条 因劳动者本人原因给用人单位造成经济损失的,用人单位可按照劳动合同的约定要求其赔偿经济损失。经济损失的赔偿,可从劳动者本人的工资中扣除。但每月扣除的部分不得超过劳动者当月工资的20%。若扣除后的剩余工资部分低于当地月最低工资标准,则按最低工资标准支付。

《广东省工资支付条例》

第十五条 因劳动者过错造成用人单位直接经济损失,依法应当承担赔偿责任的,用人单位可以从其工资中扣除赔偿费,但应当提前书面告知扣除原因及数额;未书面告知的不得扣除。扣除赔偿费后的月工资余额不得低于当地最低工资标准。

《江苏省工资支付条例》

第十二条 劳动者提供了正常劳动,用人单位应当按照劳动合同约定的工资标准支付劳动者工资。劳动合同约定的工资标准不得低于当地最低工资标准。

劳动者有下列特殊情形之一,但提供了正常劳动的,用人单位支付给劳动者的工资不得低于当地最低工资标准,其中非全日制劳动者的工资不得低于当地小时最低工资标准:

……

(三)违反用人单位依法制定的规章制度,被用人单位扣除当月部分工资的;

(四)给用人单位造成经济损失,用人单位按照劳动合同的约定以及依法制定的规章制度的规定需要从工资中扣除赔偿费的;

……

前款第三项规定的情形,用人单位扣除劳动者当月工资的部分并不得超过劳动者当月应发工资的百分之二十;第四项规定的情形,用人单位和劳动者在经济损失发生后另有约定的除外。

……

《山东省企业工资支付规定》

第三十条　因劳动者原因造成企业经济损失需要赔偿的，企业可以从劳动者工资中扣除，但扣除后的剩余部分不得低于当地月最低工资标准。

《浙江省高级人民法院民一庭关于审理劳动争议案件若干问题的意见》

第三十八条　劳动者提前三十日以书面形式通知用人单位，可以依法解除劳动合同。用人单位在劳动合同中设定违约金条款以限制劳动者上述解除权的，该违约金条款无效。但由于劳动者行使上述解除权而违反劳动合同有关约定，并给用人单位造成直接经济损失的，劳动者应予赔偿。

《北京市高级人民法院、北京市劳动人事争议仲裁委员会关于审理劳动争议案件解答（一）》

70. 劳动者未按规定提前三十天（在试用期内提前三天）通知用人单位解除劳动合同即自行离职，或虽然履行通知义务，但有未履行的相关义务，给用人单位造成损失的，应否赔偿？

劳动者未提前三十天（在试用期内提前三天）通知用人单位解除劳动合同，自行离职，或虽然履行通知义务，但有未履行的相关义务，如其应当履行的办理工作交接等义务，给用人单位造成直接经济损失的，应当承担相应的赔偿责任，对所造成的经济损失，用人单位负有举证责任。

第六节　股权激励

一、如何通过期股与期权激励员工

风险提示

期股与期权是公司所有者对员工进行股权激励的不同手段，由"期"可知，二者均有时间上的概念，但在运用中又有很大区别。期股是指在当期就获赠股票或购买股票，股票的权益需要在一定时间后兑现，在到期前并不能转让或变现。而期权更像是一种未来的约定，购买者可以在将来自由选择是否购买股票，公司一旦对员工授予这种权利，在员工购买时，期权就必须出售，员工购买之时即为行权之时。

从性质上来看，期股比期权更适合用于一般的股权激励。期股可以通过奖励、赠予和出资购买的方式获得，且股票的权益在未来才能兑现。公司可以根据实际情况选择授予的方式，在行权日之前设置一定的行权条件，既可以有效激励员工，又对员工具有一定的约束力。期权的主动权则在于员工，到达行权日时员工可以选择是否购买，在此之前员工并无任何资金支付，放弃行权员工的个人利益也不会受损。

对员工来说，二者收益的形式也不同。期股的获益来源于公司利润的增加，员工按照一定比例来获取收益，所以更有"多劳多得"的感觉。期权主要通过买卖股票的差价赚取利润，获得的更多是真正意义上股东的权利而非股票，比较适合真正想当家作主的员工。

以案说法

期权行权应遵循公司法的相关规定[①]

吴某为 A 公司的副总经理。2015 年 8 月 1 日，A 公司的法定代表人黄某为了股权激励留住人才，与吴某签订了《股权激励协议》，约定黄某在 B 公司（A 公司的关联公司）持有的股份按协议约定的期权形式授予吴某。授予日为下一轮融资交割日，确权开始日为 2015 年 8 月 1 日，每股行权价格××美元，不得低于 0.0001 美元。最高不超过 400 万股，到期日为 2025 年 7 月 31 日。

2016 年 11 月，吴某与 A 公司解除劳动关系。根据之前黄某与吴某双方所签订的《股权激励协议》中的约定，吴某工作满 1 年可行权 100 万股（占 1%），且日订单达到 1200 单可另外行权 100 万股（占 1%），合计可行权 200 万股（占 2%）。吴某于 2016 年 12 月要求行权，但黄某及 A 公司认为本次期权激励涉及的是 B 公司股份，B 公司的股东会或董事会尚未作出通过《期权协议》和《期权计划》的决议，该协议或计划并未生效，且根据期权的性质，在吴某没有行权购买上述公司期权的情况下，吴某并没有取得上述公司的股权，故置之不理。吴某于是向法院起诉。

[①] 广州市天河区人民法院（2017）粤 0106 民初 12117 号民事判决书。

【判词摘录】

◆ 协议约定黄某应取得 B 公司其他股东的同意，以确保本协议的合法履行，且约定 B 公司同意转让或授予时再行签订协议明确期权的授予，对此黄某、吴某均未提供证据表明其他股东同意转让或出售，也无法确定 B 公司期权转让的条件成就。综上，基于 B 公司并未与吴某签订《期权协议》和《期权计划》，且吴某未提供相关证据确定 B 公司同意期权授予，吴某请求黄某出售其持有 B 公司期权不当，本院不予支持。至于因上述激励协议所取得的期权无法兑现的赔偿问题，属于另一法律关系，本案不作处理，吴某可另循法律途径处理。

应对方案

1. 法律上期权的授予属于一种合同关系，通过合同约定赋予持有人在某一特定日期或该日之前的任何时间以固定价格购进或售出一种资产的权利。用于股权激励的期权属于赋予员工真正股东身份、享有股东权利的一种激励方式，《中华人民共和国公司法》（以下简称《公司法》）规定有限责任公司的股东向股东以外的人转让股权，应就其股权转让事项书面通知其他股东。

2. 公司在设计股权激励计划时，需注意区分期股与期权。对于期权激励，员工只承担很小的风险，是否行权不受任何限制，且可以获得真正的股东身份，影响公司经营决策，但对于有本事、有野心的员工可以产生很大的激励作用。企业在选择期权激励时，应充分理解期权的性质，在激励对象的选择上更加慎重。

3. 无论哪种形式的股权激励，均会影响到公司原股东的利益，属于公司重大事件，需要通过股东会决议。尤其是期权类的实股，若因程序上的瑕疵导致股权激励项目无法继续进行，会对公司的信用造成不利影响，无法达到激励目的。

法律依据

《中华人民共和国公司法》

第四条 有限责任公司的股东以其认缴的出资额为限对公司承担责任；股

份有限公司的股东以其认购的股份为限对公司承担责任。

公司股东对公司依法享有资产收益、参与重大决策和选择管理者等权利。

二、股权激励能否作为竞业限制的补偿

> 风险提示

竞业限制的经济补偿标准由用人单位与劳动者约定。未明确约定的，根据《最高人民法院关于审理劳动争议案件适用法律问题的解释（一）》第三十六条的规定支付经济补偿。目前法律法规并没有对竞业限制的补偿种类进行强制性规定，故股权也可以作为竞业限制经济补偿的种类之一。但并非所有类型的股权都能满足替代竞业限制补偿的条件，如果激励股权的补偿方式与支付时间更有利于员工，法院一般不会否认条款的效力。近年来，不少科技型、技术类公司惯常与负有竞业限制义务员工约定将股权激励作为竞业限制的补偿对价。

股权激励是公司将劳动关系双方利益进行捆绑，继而留住人才的一种奖励机制。而竞业限制的补偿则是当公司与特定员工约定了竞业限制义务，在该员工离职且按约定履行竞业限制义务时，公司按约定或一定工资比例按月支付经济补偿。将激励机制使用在负有竞业限制义务的离职员工身上，将股权激励作为竞业限制的补偿是否可行？目前的司法实践中，法院主要对股权是否具有补偿性质、员工能否即时行权而盈利等方面进行审查，从而认定该竞业限制补偿形式是否有效。因此，公司不宜将未公开上市的股票期权、未届满禁售期的股票作为竞业限制的补偿。

> 以案说法

1. 公司不宜将未公开上市的股票期权作为竞业限制的补偿[①]

高某与 A 公司签订劳动合同中约定，依据工作年限的增长，高某可获得相应股权，双方同时签订了《保密与不竞争协议》，约定高某离职后竞业限制期为 1 年，并将期权作为高某履行竞业限制义务的对价，具体数目及执行

---

① 北京市第一中级人民法院（2021）京 01 民终 1751 号民事判决书。

方式依据离职时签订的《预付行权价保留期权通知》为准。上述两项期权均由 A 公司的母公司授予。由于劳动合同期限届满及有足够的工作年限，高某申请离职时已经累计了 21250 股期权，并具备了行权资格，但因为 A 公司的母公司并未公开上市，为了保留期权高某只能先向 A 公司支付了该笔期权的预付行权价。

高某从 A 公司离职后，要求 A 公司支付其竞业限制补偿金，A 公司认为已经通过保留期权的方式履行了补偿金的支付义务，高某无权再主张索要竞业限制的补偿金。

双方对竞业限制补偿金能否以股票期权抵扣存在争议，高某遂起诉到法院。

【判词摘录】

◆ 劳动合同法明确规定竞业限制补偿的支付方式，目的在于解决劳动者因竞业限制造成的就业受限而可能带来的生活困难，为其生活提供持续的经济保障。而按月支付的方式，最有利于实现这一立法目的，因此该规定属于强制性规定。

◆ 本案中，双方约定以发放股票期权的形式为竞业限制的经济补偿，因此是否行使权利，很大程度上取决于在合约规定的行权期间，股票价格与购买期权价格之间是否存在差价从而能够获得盈利。而 A 公司的母公司目前并未公开上市，因此其股权并不存在一个各方接受的、确定的交易价格，高某能否因行权而盈利、盈利能否达到法定的竞业限制补偿的最低标准都是难以确定的。并且，因未公开上市，该股票期权无法像货币一样随时兑现，也就是欠缺流动性，这些特征使得如果按照双方的约定，则相对于劳动合同法的强制性规定，对劳动者较为不利。

◆ 因此，法院认定双方约定无效，应当视为未约定经济补偿。

2. 公司若设置股权激励作为竞业限制的对价，应设置与股权价值相对应的违约金计算方式[①]

余某在某舟公司从事网络游戏开发运营，双方签订了《保密与不竞争承

---

① 参见《司法公开 | 上海一中院竞业限制纠纷案件审判白皮书》公布的案例一"海舟公司与余某竞业限制纠纷上诉案"，载微信公众号"上海一中院"，2018 年 7 月 6 日，https：//mp.weixin.qq.com/s/Pe77naCSH2TEgfsLXD4Rmw，最后访问时间：2025 年 5 月 21 日。

诺协议书》，余某作出保密与不竞争承诺，由某舟公司的母公司授予余某限制性股票作为对价，并约定若余某不履行约定义务，应当承担违约责任，对于已授予还未行使的限制性股票无权再行使；对于已行使限制性股票，某舟公司有权追索余某行使限制性股票所生之收益。余某违约行为给某舟公司或关联公司造成损失的，余某应当承担赔偿责任。

母公司过户至余某股票账户内的母公司限制性股票19220股。

2014年6月，余某离职。同月，余某入职某蒙公司，余某为该公司法定代表人、股东，某蒙公司的经营范围与某舟公司及其关联公司有重合。

某舟公司向提起诉讼，要求余某支付人民币2355万余元，并承担律师费20万元。

【判词摘录】

◆ 双方签订协议书约定授予限制性股票及违约责任，余某也根据协议书取得了限制性股票，因此双方已约定了相应的权利义务，其应根据协议书的约定承担违约责任。

◆ 鉴于股票价格一直在变动，股票所生之收益，应当包括股票价格变动的部分。余某不提供交易记录，导致收益数额难以确定，因此应以某舟公司采取法律行动当日股票市值计算，余某应支付某舟公司19403333元。

应对方案

1. 公司应当交由员工掌握激励股权或股票的控制权。公司在授予员工股权或股票时，不能额外增加兑现门槛，该激励股权或股票的授予或行权条件应当明确指向竞业限制补偿对价。若公司将激励股权与员工绩效考核、履职年限等限制性条件挂钩，不仅会影响员工对股权或股票的自主控制权，使得竞业限制补偿目的落空，同时也会违反公平原则，因此公司与员工约定此类条款无效。

2. 公司应当在竞业限制条款中明确员工的违约责任，如果设置股权激励作为竞业限制的对价，应当设置与股权价值相对应的违约金计算方式。

法律依据

《最高人民法院关于审理劳动争议案件适用法律问题的解释（一）》

第三十六条 当事人在劳动合同或者保密协议中约定了竞业限制，但未约定解除或者终止劳动合同后给予劳动者经济补偿，劳动者履行了竞业限制义务，要求用人单位按照劳动者在劳动合同解除或者终止前十二个月平均工资的30%按月支付经济补偿的，人民法院应予支持。

前款规定的月平均工资的30%低于劳动合同履行地最低工资标准的，按照劳动合同履行地最低工资标准支付。

三、股权激励退出机制的设置

风险提示

为激励员工积极性，有的公司会设置股权激励方案，通过授予员工一定的股权/期权，使得员工能以股东的身份参与公司经营、共享利润、同担风险，从而激励员工勤勉尽责地为公司的长期发展服务。

但是，如果员工坚持离职，公司的激励初衷就无法实现，而且股权落到了"外人"手中，甚至可能影响公司的整体经营。公司当然会希望收回股权，不能"赔了夫人又折兵"。鉴于此，良好的退出机制是股权激励的关键一环，如果缺少退出机制的设置，将导致公司无法收回股权，由离职员工继续持有。

公司设置股权退出路径时，应事先明确退出机制的触发条件、退出价格、退出的时间和程序等问题。

以案说法

员工受赠股份后非正常离职，对股权激励协议构成违约，需返还财产份额[①]

关某是某合伙企业的合伙人之一，为激励员工积极性，关某与介某等6

[①] 参见《广东法院第四批粤港澳大湾区跨境纠纷典型案例》中案例之六，载广东法院网，https：//www.gdcourts.gov.cn/gsxx/quanweifabu/anlihuicui/content/post_1047513.html，最后访问时间：2025年5月21日。

名员工分别签订《股权激励协议》，约定将某合伙企业1.18%至2.36%不等的份额赠与介某等6人，介某等6人成为某合伙企业的合伙人。

签订协议半年后，这6名员工却陆续提出离职。由于员工的离职有悖于股权激励协议的目的，关某要求这6名员工办理退股和转股手续，将登记在各自名下的企业份额转回给关某，被这6名员工拒绝。关某与合伙企业将这6名员工起诉至法院。

【判词摘录】

◆ 关某与介某等6人签订的《股权激励协议》合法有效，合伙财产份额已经转让。根据《股权激励协议》的约定，若介某等人非正常离职，则自动丧失其享受合伙企业股权激励的资格，其持有的全部合伙财产份额由关某无条件无偿收回。现介某等6人非正常离职，应当将其所持有的合伙财产份额返还给关某。故判决介某等6人返还合伙企业财产份额，并协助关某办理变更登记手续。

应对方案

1. 公司应当明确员工的股权退出条件。股权激励本质上是公司为了激励在职员工勤勉尽责地为公司长久效力，员工离职则与激励的初衷相悖。笔者建议，公司应在协议中明确员工离职即触发退出条件，无论是员工主动离职还是被辞退等情况。

2. 公司应当明确股权的受让人。公司可设置强制转让和回购条款，可以明确为公司回购股权，又或者是强制转让给其他股东，并确定具体的受让人选。

3. 公司应当明确股权退出价格。由于员工的离职原因不同，若公司以同样的标准设定退出价格，员工会认为无论主动离职还是被动离职，退出价格都是一样的，员工的积极性会大打折扣。笔者建议公司根据员工被动离职（被解雇等）、主动离职（辞职等）、正常离职（合同期满等）的情形，设置不同的股权退出价格。

4. 公司应当明确股权退出时间和程序。在司法实践中，员工作为股东，退出时不一定会配合办理变更登记的义务，为避免产生争议，建议公司与员工事先约定股东资格丧失的时间、收回股权的时间、办理变更登记的时间以及相应的违约责任。

法律依据

《中华人民共和国民法典》

第五百六十二条 当事人协商一致，可以解除合同。

当事人可以约定一方解除合同的事由。解除合同的事由发生时，解除权人可以解除合同。

第四章
劳动报酬与劳动待遇

第一节　员工的薪酬待遇

一、劳动用工中的月平均工资制

风险提示

当公司需要向员工支付经济补偿金或经济赔偿金时，员工的月工资就是计算上述费用的依据。根据《劳动合同法》第四十七条第三款以及《劳动合同法实施条例》第二十七条的规定，计算员工的经济补偿金或经济赔偿金时，员工的月工资是指其在劳动合同解除或者终止前12个月的月平均工资。劳动合同解除或者终止前12个月的平均工资低于当地最低工资标准的，按照当地最低工资标准计算。员工工作不满12个月的，按照实际工作的月数计算平均工资。

如果某一位员工在一个年度内领取了奖金、加班费、补贴等且数额较大的，那么他的月平均工资会相对较高。如果公司采取的是浮动工资制，公司通过考评使得某一位员工在某些月份的工资有所减少，那么他的月平均工资则会相对减少，从而会影响员工的经济补偿金或经济赔偿金的获得数额。

以案说法

绩效考评工资为浮动工资，会影响月平均工资的计算基数

陈某自2016年8月起入职某科技信息公司，公司每个月采取月基本工资加绩效考评工资的形式计算薪酬，绩效考评工资的发放流程是由员工每个月月底填写工作自评，再由该员工的上级领导打分，打的分数则对应相关绩效考评的工资数。陈某每个月基本工资为3500元，另加绩效考评工资1000元至2000元不等。

2018年1月至5月，陈某工作表现不佳，导致他的绩效考评工资每个月仅有500元。2018年6月，公司提出解雇陈某，并同意按照违法解除劳动合同的标准向陈某支付经济赔偿金，但双方就陈某应该获得多少经济赔偿金的问题产生了争议。

【律师评析】

科技信息公司在 2018 年 6 月解雇陈某，按照陈某 2016 年 8 月入职来计算工作年限，需要向陈某支付四个月工资作为经济赔偿金。而计算陈某的工资，则需要将他 2017 年 6 月到 2018 年 5 月所获得的所有工资（包括加班费、补贴、年终奖等）全部相加并除以 12，得出陈某的月平均工资。

陈某每个月因为绩效考核工资数额不同，所以他每个月的工资数额并不固定。在本案中，陈某因为 2018 年 1 月至 5 月的绩效考评工资很低，这会对计算他的月平均工资数额造成很大的影响。

应对方案

1. 公司可以通过劳动合同以及绩效考核设计员工的浮动工资体系，通过固定工资加绩效考核相结合的模式发放员工的工资。对公司而言，固定月工资不利于公司对员工调薪和解雇员工。如果公司采取了上述浮动工资制，那么在涉及员工经济补偿金和经济赔偿金的支付时，可以通过考评等方式合理调整员工的工资从而达到降低补偿金或赔偿金的效果。

2. 员工每个月签收工资条，一般情况下即可以视为员工确认了当月工资的发放数额。计算员工月平均工资时，公司可以按照员工签名确认的工资条上的数额予以计算，避免双方产生工资数额的纠纷。

法律依据

《中华人民共和国劳动合同法》

第四十七条 ……

本条所称月工资是指劳动者在劳动合同解除或者终止前十二个月的平均工资。

《中华人民共和国劳动合同法实施条例》

第二十七条 劳动合同法第四十七条规定的经济补偿的月工资按照劳动者应得工资计算，包括计时工资或者计件工资以及奖金、津贴和补贴等货币性收入。劳动者在劳动合同解除或者终止前 12 个月的平均工资低于当地最低工资标准的，按照当地最低工资标准计算。劳动者工作不满 12 个月的，按照实际工作的月数计算平均工资。

二、工资支付发生争议由公司负举证责任

风险提示

用人单位如果在工资发放上操作不规范，就会导致劳动关系双方就工资标准、工资数额等产生纠纷。在司法实践中，员工与公司就工资发放问题产生纠纷的，由公司负举证责任，如《广东省工资支付条例》和《江苏省工资支付条例》都有因工资支付发生争议由公司负举证责任的明确规定。

广州市中级人民法院在 2017 年 5 月发布的《广州劳动争议诉讼情况白皮书（2014—2016）》[①] 提到："工资是劳动关系的核心问题。司法实践中，绝大部分劳动争议案件都离不开工资报酬问题，加班工资、未签订劳动合同二倍工资、经济补偿金（赔偿金）和工伤赔付计算基数等问题，均与工资存在直接关联。但是，用人单位发放工资不规范，为劳动争议的产生滋生了隐患：其一，用人单位不依法建立工资台账备查，在双方当事人发生争议时，工资是否发放、月工资标准等基本事实均无法查清。这也可能为不诚信的劳动者利用，主张高额的工资标准，导致用人单位依法承担举证不能的法律后果。其二，刻意采取两种工资发放方式。即部分工资采取银行转账方式发放，部分工资采取现金支付方式发放。发生争议时，对劳动者主张的现金支付工资部分不予确认，损害劳动者的合法权益……"广州市中级人民法院所提到的问题，值得用人单位多加注意。

以案说法

1. 公司应依法编制工资支付台账，规范发放工资

陈某于 2014 年 5 月入职某集团公司担任财务总监，入职时签订的劳动合同约定月工资为 15000 元。陈某觉得月工资太高交税多，所以与公司协商

---

① 参见《广州劳动争议诉讼情况白皮书（2014—2016）暨典型案例》，载广州审判网，http://www.gzcourt.gov.cn/xwzx/bps/2017/05/12101750325.html，最后访问时间：2025 年 5 月 21 日。

每个月工资发 10000 元，另外 5000 元走报销程序，每个月陈某提供一些特定品种的发票给公司。2016 年 3 月，公司从市区搬到 20 千米之外的经济技术开发区，因路途遥远，陈某与公司协商解除劳动关系。公司同意向陈某支付经济补偿金。后陈某起诉称公司每个月拖欠她 5000 元工资，要求公司补发。

【律师评析】

本案中，陈某与公司之间没有就工资构成以及发放的方法作出约定。虽然事实上陈某每个月走报销程序的 5000 元款项是工资的一部分，但是因为双方没有约定，所以在陈某否认的情况下，公司无法举证证明，因此公司要承担不利的后果。

2. 公司应当与员工明确约定工资数额，并保留员工签名的工资条①

朱某是广州某物流公司的送货员，因为一次交通事故受伤致残。

物流公司考虑到朱某受伤无法工作，于是与朱某协商希望能与他解除劳动合同并且支付经济赔偿金。朱某也考虑到自己受伤无法工作，同意公司对他进行解雇，但是在支付经济赔偿金的数额上，双方产生了分歧。经济赔偿金需要以朱某劳动合同解除前一个年度月平均工资为基数计算得出，关于朱某的月平均工资数额，公司认为朱某每月固定工资为 2000 元，而朱某则主张自己每月固定工资为 3600 元。朱某认为，公司每个月除了向他固定转账 2000 元外，还额外每个月向他支付 1600 元的现金。

双方诉至法院，法院要求公司提交工资台账及工资条等证据来证明朱某月工资为 2000 元而非 3600 元的事实，公司因为在管理上存在疏漏，无法提供证据，只能证明每个月向朱某转账 2000 元。

【判词摘录】

◆ 关于朱某被解除劳动合同前 12 个月的平均工资问题，朱某主张其月平均工资为 3600 元，除了银行转账外尚有现金收入。公司对此不予认可，主张朱某月平均工资为 2000 元。

◆《广东省工资支付条例》第四十四条第一款②规定："因工资支付发

---

① 广州市中级人民法院（2015）穗中法民一终字第 3972 号民事判决书。
② 案例中适用的是 2005 年施行的《广东省工资支付条例》，该条例已于 2016 年修改，判词中引用条款对应 2016 年《广东省工资支付条例》第四十八条第一款。

生争议，用人单位负有举证责任。用人单位拒绝提供或者在规定时间内不能提供有关工资支付凭证等证据材料的，劳动保障部门、劳动争议仲裁委员会或者人民法院可以按照劳动者提供的工资数额及其他有关证据作出认定。"由于公司并未提交工资条等证据以证明朱某的工资情况，故本院采纳朱某的主张，认定其被解除劳动合同前月平均工资为3600元。

应对方案

1. 公司应当编制工资支付台账，这是公司与员工发生纠纷时公司能提供的最重要的证据。笔者经手处理的公司劳动纠纷案件，只要涉及员工工资待遇问题，劳动仲裁委员会和法院都一定会要求公司提供工资支付台账，如果公司无法提供，那么其将在很大程度上面临败诉的风险。

工资支付台账应当包括支付日期、支付周期、支付对象姓名、工作时间、应发工资项目及数额，代扣、代缴、扣除的项目和数额，实发工资数额，银行代发工资凭证或者员工签名等内容。

2. 公司向员工发放工资，给不给员工工资条并不是太重要，关键的是员工必须在工资支付单上签名确认，也就是说，公司手上应当保留有员工签名的工资条。员工签名的工资条等于收款的凭证，目前的司法实践中，如果公司能够提交有员工签名的工资条，一般情况下法院都会认定员工已经确认了公司向其支付的工资数额，除非员工有明确的证据能够证明工资条中的工资有少发的事实。

3. 公司将员工的工资数额细分具体项目，通过劳动合同或工资条明确约定工资各项构成，可以避免公司在与员工发生工资待遇纠纷时，对工资发放的标准和构成无法确认。

法律依据

《中华人民共和国劳动合同法》

第七十四条 县级以上地方人民政府劳动行政部门依法对下列实施劳动合同制度的情况进行监督检查：

......

（五）用人单位支付劳动合同约定的劳动报酬和执行最低工资标准的情况；

……

第八十五条 用人单位有下列情形之一的，由劳动行政部门责令限期支付劳动报酬、加班费或者经济补偿；劳动报酬低于当地最低工资标准的，应当支付其差额部分；逾期不支付的，责令用人单位按应付金额百分之五十以上百分之一百以下的标准向劳动者加付赔偿金：

（一）未按照劳动合同的约定或者国家规定及时足额支付劳动者劳动报酬的；

（二）低于当地最低工资标准支付劳动者工资的；

……

《广东省工资支付条例》

第十六条 用人单位应当按照工资支付周期如实编制工资支付台账。工资支付台账应当至少保存二年。

工资支付台账应当包括支付日期、支付周期、支付对象姓名、工作时间、应发工资项目及数额，代扣、代缴、扣除项目和数额，实发工资数额，银行代发工资凭证或者劳动者签名等内容。

第四十八条 因工资支付发生争议，用人单位负有举证责任。用人单位拒绝提供或者在规定时间内不能提供有关工资支付凭证等证据材料的，人力资源社会保障部门、劳动人事争议仲裁委员会或者人民法院可以按照劳动者提供的工资数额及其他有关证据作出认定。

用人单位和劳动者都不能对工资数额举证的，由劳动争议仲裁委员会或者人民法院参照本单位同岗位的平均工资或者当地在岗职工平均工资水平，按照有利于劳动者的原则计算确定。

《江苏省工资支付条例》

第五十条 用人单位对工资支付承担举证责任。用人单位拒绝提供或者在规定时间内不能提供有关工资支付凭证等证据材料的，人力资源社会保障行政部门、劳动争议仲裁委员会和人民法院可以按照劳动者提供的工资数额及其他有关证据直接作出认定。

用人单位和劳动者都不能对工资数额举证的，由人力资源社会保障行政部门、劳动争议仲裁委员会和人民法院参照本单位同岗位的平均工资或者当地在岗职工平均工资水平，按照有利于劳动者的原则计算确定。

三、公司扣除员工工资需谨慎

> 风险提示

公司对员工采取扣除工资的形式进行处罚是目前实践操作中最常见也是最有"效果"的管理方法，"员工迟到××小时公司有权扣除当月工资""员工违反劳动纪律的，公司有权扣除当月工资"等条款常见于各公司的规章制度中。

有的公司管理者曾经向笔者抱怨：如果公司不能对员工采取扣钱的方式进行处罚，则很难管理。但实际上，在法律层面不可能放任公司随意对员工扣钱。根据《工资支付暂行规定》第十六条的规定，扣除员工工资的数额不能高于员工工资的20%。如果公司违反法律规定扣除员工工资，实质上就是少发工资，员工可以向劳动监察部门投诉，同时员工也可以以公司拖欠工资为理由提出辞职，并以此主张要求公司支付经济补偿金。

> 以案说法

认为员工存在过错行为而扣发员工工资，但没有证据证明的，解除劳动合同时，公司需支付经济补偿金

王某是物流发行公司的送货员，2012年8月，公司认为王某多次将货物送出后没有足额向公司上交货款，随后以王某私吞货款为理由，在2012年的9月至11月连续三个月扣发了王某的工资。王某当时没有提出异议。

2014年6月，王某向公司提出辞职。在辞职书上，王某以2012年9月至11月公司无故扣发他的工资、公司不足额支付劳动报酬为理由，要求公司支付经济补偿金。公司认为2012年扣发王某的工资是因为王某存在过错，且2014年提出辞职却以2012年的事情为理由是找借口，于是不同意支付经济补偿金。

庭审中，王某不承认自己存在私吞货款的情况。公司没有证据可以证明王某在 2012 年 8 月私吞了货款的事实，同时也没有证据证明在 2012 年 9 月至 11 月扣除王某工资时作了通知和说明。

【律师评析】

公司没有提供证据证实自己当年扣减王某工资时具有合法合理的理由，所以在本案中，法院会认定公司存在拖欠王某工资的情形。王某以公司拖欠其工资为由通知公司解除双方的劳动合同符合法律规定，公司应依法向王某支付解除劳动合同的经济补偿。

应对方案

1. 员工如果因过错行为导致公司出现经济损失，公司应当及时收集证据以便日后证明侵害事实的存在。员工过错行为给公司造成损失是公司扣除员工工资的基础。公司可以考虑在员工出现过错时让员工写检讨书或者通过谈话录音等方式固定证据。

2. 公司扣除员工工资作为处罚时，应当通过发放告知书等方式告知员工，否则在程序上可能会被认定为没有告知而违法。

法律依据

《工资支付暂行规定》

第十五条　用人单位不得克扣劳动者工资。有下列情况之一的，用人单位可以代扣劳动者工资：

（1）用人单位代扣代缴的个人所得税；

（2）用人单位代扣代缴的应由劳动者个人负担的各项社会保险费用；

（3）法院判决、裁定中要求代扣的抚养费、赡养费；

（4）法律、法规规定可以从劳动者工资中扣除的其他费用。

第十六条　因劳动者本人原因给用人单位造成经济损失的，用人单位可按照劳动合同的约定要求其赔偿经济损失。经济损失的赔偿，可从劳动者本人的工资中扣除。但每月扣除的部分不得超过劳动者当月工资的 20%。若扣除后的剩余工资部分低于当地月最低工资标准，则按最低工资标准支付。

《广东省工资支付条例》

第十五条 因劳动者过错造成用人单位直接经济损失，依法应当承担赔偿责任的，用人单位可以从其工资中扣除赔偿费，但应当提前书面告知扣除原因及数额；未书面告知的不得扣除。扣除赔偿费后的月工资余额不得低于当地最低工资标准。

《北京市工资支付规定》

第十一条 用人单位不得随意扣除劳动者工资。

除法律、法规、规章规定的事项外，用人单位扣除劳动者工资应当符合集体合同、劳动合同的约定或者本单位规章制度的规定。

因劳动者本人原因给用人单位造成经济损失，用人单位按照前款规定扣除劳动者工资的，扣除后的余额不得低于本市最低工资标准。

四、公司单方降低劳动报酬员工未提异议，不应视为员工默认接受

风险提示

公司与员工应当在劳动合同中明确约定劳动报酬的数额、构成，一旦确定，双方应当依照劳动合同的约定履行，一般不得随意变更。如果公司想对员工降薪，属于劳动合同的变更，需要与员工协商一致并采取书面形式确认变更，不得随意单方降低劳动报酬，即使员工当时未提异议，也不视为员工默认接受降薪。

对公司来讲，为员工发放固定薪酬是相对被动的，也难以调动员工的工作积极性。员工每个月领取固定工资，完全可以"磨洋工"，因为不管工作完成多少工资都一样。采用固定工资制的公司需要降薪时，员工往往因为自身利益受损而不同意，公司就无法单方降低薪酬。

因此，除了前述固定工资制，有的公司会与员工约定结构工资制。结构工资制是根据员工的岗位、工龄及实际劳动成果等设置工资构成，包含基本工资、岗位工资、绩效工资（奖金）等，公司可以在除基本工资以外的约定范围内对浮动部分进行调整。例如，根据绩效考核的结果，决定绩效工资或绩效奖金的实际发放数额。此时公司发放工资更为灵活，降低了发生劳动

争议的风险，对员工来说也是"多劳多得"，能提高员工的工作积极性与工作效率。

此外，公司对员工调薪往往是因为调岗引起，因此双方除了在劳动合同中约定工作岗位和薪酬，还应约定公司有权调整员工职务或工作岗位的情形，并明确实行"薪随岗变"原则。公司还需建立明确的岗位职系和薪酬对应标准，采用结构工资制的，基本工资一般不予调整。公司没有经过与员工协商的单方调岗行为很可能被认定为违法调岗，但员工如果已经在新岗位工作了较长时间且接受新岗位的薪酬，可视为员工默认同意调岗的意思表示。公司如有证据能证明员工在新岗位工作了一段时间，就可提出员工已默认同意变更原劳动合同、确认新岗位新薪酬的主张。

以案说法

1. 公司无理由单方降低员工工资，员工未提异议不能视为默认[①]

冯某于2013年1月13日入职某食品公司，工资构成为"底薪+岗位技能薪资+提成工资"。其后食品公司将冯某岗位技能薪资由4155元先后降低为3400元、3000元、2500元。冯某以食品公司未及时足额支付劳动报酬及未依法缴纳社会保险费为由提出被迫解除劳动合同，要求食品公司支付劳动报酬差额及经济补偿。

【判词摘录】

◆ 劳动报酬的调整事关劳动者切身利益，属于变更双方劳动合同。用人单位降低劳动者的劳动报酬应当与劳动者协商确定。食品公司单方降低冯某的岗位技能薪资，冯某未提异议不能视为默认，食品公司应当补足上述期间冯某应得的工资差额及支付解除劳动合同的经济补偿。

2. 员工对调岗调薪未提异议并长期履行的，可证明其同意调岗[②]

姚某在新某公司工作，担任销售主管。双方劳动合同约定，新某公司在试用期的薪资为每月总额6400元；转正后薪资为每月总额8000元；根据公

---

① 参见《广东法院劳动争议典型案例》中案例之九，载广东法院网，https://www.gdcourts.gov.cn/gsxx/quanweifabu/anlihuicui/content/post_ 1151344.html，最后访问时间：2025年5月21日。
② 湖州市吴兴区人民法院（2022）浙0502民初1603号民事判决书。

司绩效考核制度进行年度考核计算，姚某工作岗位、职务发生变化时，新某公司可对姚某的工资待遇予以调整。

2020年7月至12月，新某公司结合姚某的考核分数按照6400元/月的薪资结构向姚某支付工资报酬。2021年1月起，姚某的岗位由销售主管调整为销售员，新某公司按照5000元/月的薪资结构向姚某发放工资报酬。2021年3月，新某公司确定2021年销售目标2000万，其中姚某的销售目标为330万，姚某签字确认并填写军令状。

姚某认为，新某公司未按照劳动合同约定足额支付劳动报酬，故要求解除劳动合同并按法律规定给予赔偿。

【判词摘录】

◆ 关于姚某主张新某公司未足额支付2021年1月至2月工资的请求，新某公司认为，自2021年1月起姚某的岗位由销售主管调整为销售员，相应的薪资调整为5000元/月，故新某公司已按照5000元/月的标准足额发放了工资。法院认为，新某公司提交员工岗位调动/调薪申请单用以证明新某公司对姚某进行调岗，但该申请单中无姚某签字确认，新某公司亦未提交其他证据证明双方协商一致或者姚某知晓其岗位及薪资自2021年1月1日予以调整，故新某公司应按劳动合同约定足额向姚某支付工资报酬，为此，新某公司应向姚某补足2021年1月与2月的工资差额。

◆ 关于姚某主张新某公司未足额支付2021年3月至10月工资的请求，法院认为，新某公司提交的2021年目标分解表以及军令状能够证明自2021年3月姚某知晓其岗位变动情况，对此姚某未提出异议并在此岗位工作至2021年10月，新某公司根据姚某所在岗位发放对应的工资报酬并无不当，对姚某的该部分主张本院不予支持。

应对方案

1. 公司可以设置结构工资制，通过基本工资与岗位工资、绩效工资、提成工资等浮动部分的报酬，根据员工的绩效表现、能力、业务需要等，灵活调整员工岗位级别及对应的薪酬体系。

2. 公司应避免在劳动合同中对员工的岗位约定得太细致，岗位能填写岗位类别就无须填写具体岗位名称，并约定用人单位有权调整员工职务或工作岗位的情形，明确实行"薪随岗变"的原则。

3. 如果员工对调岗调薪未提异议并长期履行，公司应当保存员工签字的载明变更后的岗位、薪酬的书面文件等，并做好员工对工资的签名确认及工资条的保存。

法律依据

《中华人民共和国劳动合同法》

第十七条 劳动合同应当具备以下条款：

（一）用人单位的名称、住所和法定代表人或者主要负责人；

（二）劳动者的姓名、住址和居民身份证或者其他有效身份证件号码；

（三）劳动合同期限；

（四）工作内容和工作地点；

（五）工作时间和休息休假；

（六）劳动报酬；

（七）社会保险；

（八）劳动保护、劳动条件和职业危害防护；

（九）法律、法规规定应当纳入劳动合同的其他事项。

劳动合同除前款规定的必备条款外，用人单位与员工可以约定试用期、培训、保守秘密、补充保险和福利待遇等其他事项。

第三十五条 用人单位与员工协商一致，可以变更劳动合同约定的内容。变更劳动合同，应当采用书面形式。

……

《最高人民法院关于审理劳动争议案件适用法律问题的解释（一）》

第四十三条 用人单位与员工协商一致变更劳动合同，虽未采用书面形式，但已经实际履行了口头变更的劳动合同超过一个月，变更后的劳动合同内容不违反法律、行政法规且不违背公序良俗，当事人以未采用书面形式为由主张劳动合同变更无效的，人民法院不予支持。

五、公司不得单方调整"三期"女员工的薪酬待遇

> 风险提示

基于生理原因,"三期"女员工的劳动能力与正常时期相比有一定下降。为了保障女员工的合法权益,我国法律法规对孕期、产期和哺乳期的女员工作出了一系列的保护性规定,公司不得以女员工存在结婚、怀孕、产假、哺乳等情形降低女员工的工资和福利待遇,否则,女员工有权要求公司按原待遇补足差额。

> 以案说法

用人单位擅自降低"三期"女职工提成比例的,应补足提成差额[①]

2016 年 9 月 26 日,吴某与商贸有限公司签订劳动合同,约定期限为 2016 年 9 月 1 日至 2017 年 2 月 28 日。

商贸公司以吴某怀孕导致公司增加人手为由,认为吴某应与他人一起平分 1% 的提成金额,故按照 0.5% 的标准发放吴某 2017 年 1 月提成金额 3438 元。

双方就劳动关系的存续期间、医疗费以及提成差额等问题产生争议,2017 年 2 月 4 日吴某申请仲裁,仲裁裁决:确认双方 2016 年 9 月 1 日至 2017 年 2 月 4 日存在劳动关系、商贸公司支付医疗费 1878 元、驳回吴某的其余请求。吴某不服,提起诉讼。

【判词摘录】

◆ 用人单位以吴某怀孕导致公司增加人手为由,并未按照约定 1% 的提成金额向吴某发放提成,而是按照 0.5% 标准向吴某发放提成,该主张缺乏法律依据。

◆ 对于提成如何支付,这属于用人单位的经营自主权,在《妇女权益保障法》、《中华人民共和国人口与计划生育法》(以下简称《人口与计划生育法》)、《劳动法》、《劳动合同法》等法律法规中并没有明确规定。对于

[①] 参见《广州市劳动争议审判白皮书(2018)暨典型案例》中案例之五,载广州审判网,http://www.gzcourt.gov.cn/xwzx/bps/2018/12/06103216935.html,最后访问时间:2025 年 5 月 21 日。

提成的具体支付标准，应按照用人单位与劳动者的约定进行支付。本案中，双方签订的《劳动合同》及《补充协议》等，并没有对此作出约定，而商贸公司主张吴某没有给公司创造利润也与事实不符，故商贸公司应按照双方在劳动合同中约定的1%标准向吴某支付提成。

应对方案

1. 公司应按法律、法规规定支付"三期"女员工的薪酬，不得随意降低"三期"女员工的工资和福利待遇，尤其在孕期未休产假阶段，女员工仍在正常上班状态，公司并无证据证明女员工存在不符合发放薪酬的情形时，应当按原先的约定予以发放。

2. 公司应在劳动合同或薪酬制度中提前约定提成等浮动工资如何发放，并按此执行。提成类报酬并非固定工资的范畴，用人单位对支付方式及标准均有经营自主权，应当按照双方的约定支付。如果出现了需要变更的情形，公司应当与女员工协商并签订相关协议，如果没有经过女员工确认而私下调整提成支付比例，则会被认定为违法。

3. 公司应做好日常考核工作。由于调岗、调薪、调职的证明责任由公司承担，因此公司对员工的考核要有明确、清晰的考核制度和考核记录。如果确实因为员工能力不符合薪酬发放条件，公司应保存相关考核证据，以便发生纠纷时有证可举。

法律依据

《中华人民共和国劳动合同法》

第三十五条 用人单位与劳动者协商一致，可以变更劳动合同约定的内容。变更劳动合同，应当采用书面形式。

变更后的劳动合同文本由用人单位和劳动者各执一份。

《中华人民共和国妇女权益保障法》

第四十八条 用人单位不得因结婚、怀孕、产假、哺乳等情形，降低女职工的工资和福利待遇，限制女职工晋职、晋级、评聘专业技术职称和职务，辞退女职工，单方解除劳动（聘用）合同或者服务协议。

女职工在怀孕以及依法享受产假期间，劳动（聘用）合同或者服务协议期满的，劳动（聘用）合同或者服务协议期限自动延续至产假结束。但是，用人单位依法解除、终止劳动（聘用）合同、服务协议，或者女职工依法要求解除、终止劳动（聘用）合同、服务协议的除外。

用人单位在执行国家退休制度时，不得以性别为由歧视妇女。

《女职工劳动保护特别规定》

第五条 用人单位不得因女职工怀孕、生育、哺乳降低其工资、予以辞退、与其解除劳动或者聘用合同。

六、女员工产假后返岗薪酬待遇不得变更

风险提示

不少公司认为女员工休完产假后返岗，仍然处于哺乳期或身体康复期，会导致工作效率下降；或者认为女员工休产假期间工作已由他人接替，当女员工休完产假返岗后，原岗位已不再需要其继续工作，因此选择强制调岗或降薪来变相逼迫女员工离职。但无论是调岗还是调薪，公司均应与员工协商一致或有证据证明调整具有必要性，若公司对产假后返岗的女员工随意降低薪水，则存在被认定为未足额支付劳动报酬的风险，女员工有权根据《劳动合同法》第三十八条的规定解除劳动合同，并要求公司支付补偿金。

实际上，若公司制定了岗位职责，明确了员工的工作职责，完全可以对员工进行考核，考察员工是否符合岗位要求。如果女员工休完产假后返岗仍然可以很好地完成工作，符合考核要求，公司就不应带有偏见地调整女员工的岗位和降低薪水。

以案说法

公司对产假后返岗的女员工随意降薪的，会被认定为未足额支付劳动报酬[①]

2013年12月起，燕某在某科技公司工作。

2019年3月27日，科技公司通知燕某，要求其3月31日前与公司签订

[①] 东营经济技术开发区人民法院（2019）鲁0591民初1982号民事判决书。

劳动合同，逾期视为不同意续签合同，劳动关系至 2019 年 3 月 31 日终止。3 月 28 日，燕某向科技公司提交解除劳动通知书，称其在 2019 年 1 月 10 日被迫调岗降薪，工资由孕期前的 4400 元/月降为 2640 元/月。3 月 29 日，科技公司要求燕某办理离职手续。4 月 14 日，科技公司通知燕某自 2019 年 3 月 28 日无故旷工，现公司要求其上班，否则按自动离职处理。

燕某申请劳动仲裁，请求解除劳动合同，要求公司支付经济补偿金和怀孕期间扣发拖欠的工资。

【判词摘录】

◆ 因燕某处于孕期，其调整后的岗位工资待遇应与原岗位工资待遇基本相当。根据科技公司提交的工资表，燕某 2019 年后的工资明显减少，燕某要求支付 2019 年 1 月至 3 月工资差额，应予支持。同时，因科技公司未足额向燕某发放 2019 年 1 月至 3 月工资，致使燕某提出与科技公司解除劳动合同，科技公司应支付相应经济补偿金。

应对方案

1. 对于休产假的女员工，公司应安排好其产假期间工作的交接。在女员工休完产假返岗后，逐步安排女员工接替原工作。若因经营变化或生产经营需要，确实无法安排原岗位，公司应与女员工协商调岗，不得随意降低薪酬。

2. 公司可以在劳动合同中约定调整员工职务或工作岗位的情形，实行"薪随岗变"原则，建立明确的岗位职系和薪酬对应标准。公司确实有证据证明产假后的女员工无法胜任工作的，才能审慎地行使调岗权，从而达到合法调整薪酬的效果，但调薪后应书面确定新的岗位与报酬标准，基本工资一般不进行调整，岗位工资随岗位变动而调整，绩效工资则应与绩效考核相关。

法律依据

《中华人民共和国劳动合同法》

第三十八条　用人单位有下列情形之一的，劳动者可以解除劳动合同：

（一）未按照劳动合同约定提供劳动保护或者劳动条件的；

（二）未及时足额支付劳动报酬的；

（三）未依法为劳动者缴纳社会保险费的；

（四）用人单位的规章制度违反法律、法规的规定，损害劳动者权益的；

（五）因本法第二十六条第一款规定的情形致使劳动合同无效的；

（六）法律、行政法规规定劳动者可以解除劳动合同的其他情形。

……

《中华人民共和国妇女权益保障法》

第四十八条 用人单位不得因结婚、怀孕、产假、哺乳等情形，降低女职工的工资和福利待遇，限制女职工晋职、晋级、评聘专业技术职称和职务，辞退女职工，单方解除劳动（聘用）合同或者服务协议。

……

七、绩效奖金及年终奖的发放规则

风险提示

我国现行的法律法规并没有将绩效奖金和年终奖等奖励性质的酬劳纳入工资的范围，发放奖励性质的酬劳并非公司的强制义务。因此，公司应当在劳动合同以及相关的薪酬奖励规定文件中明确绩效奖金的发放条件，并说明奖金是根据公司每年的经营情况由公司自行决定发放与否以及发放的金额。

公司在制定奖励性质酬劳相关制度时，要避免奖励性质酬劳变成必须支付的工资，切勿将"权利"变成"义务"。例如，有的公司会在制度文件中规定员工年底双薪，在这种情况下公司就等于把本来自己有权决定的事项变成了年底必须多发一个月工资的义务。针对绩效奖金类型的酬劳，公司可以详细制定具体的考核办法，通过具体的制度依据确认酬劳发放的规则。

以案说法

公司在年终奖发放规则中设定评分制度及年终奖发放的限制条件，属于用人单位行使自主权[①]

2015年年底，明某公司召集全员开年终奖发放说明会。公司规定，根

[①] 广州市黄埔区人民法院（2016）粤0112民初1526号民事判决书。

据已预设好的考评项目由员工和上级领导分别打分评定，如果有员工的分数低于 60 分（60 分以上为合格），将不对其发放年终奖。

公司员工袁某参加了年终奖发放说明会，并根据公司要求提交了考评表，但随后根据上级领导的评分，袁某的最后考评得分仅为 40 多分。公司根据规定没有向袁某发放年终奖。

2016 年 2 月公司辞退了袁某，双方产生劳动纠纷，袁某向法院提出公司应向其支付 2015 年的年终奖。

【判词摘录】

◆ 年终奖是用人单位对劳动者的特别激励和嘉奖，公司可以根据自身的情况就年终奖的计算方式和发放标准设定条件，这也是用人单位行使自主权的体现，应当予以尊重。

◆ 根据年终奖发放通知，考核至少达到"合格"才可以发放年终奖。

◆ 公司已经发布通知召开了年终奖说明会，并且实际组织进行了考核，现公司对袁某考核之后认为袁某的工作表现不足以达到可以领取年终奖的条件，故袁某请求被告支付 2015 年年终奖金没有事实依据，本院不予支持。

应对方案

1. 公司应当与员工明确以完成一定工作任务、业绩为绩效奖金的发放条件，或者当具体某一条件不成立时则不发绩效奖金。

2. 建议公司每年根据自身的经营收益情况制定年终奖发放规则，在年终奖发放规则中要设定评分标准及年终奖发放的限制条件，根据预设好的制度对应地支付奖金。公司应当避免将年终奖的发放变成自己的义务。如果公司在规章制度或劳动合同中明确约定年底发双薪之类已确定了具体的发放金额和发放方式的条款，就需要按照事先设定好的规定履行自己的义务。

另外，公司也可以不对年终奖的发放公布任何文件，仅凭每年的经营情况来决定是否发放年终奖以及发放的金额，但这样的操作容易给公司的薪酬管理造成混乱。

3. 公司建立绩效考核奖金或年终奖的发放规则后，需要将"游戏规则"告知员工，让员工知道绩效奖金和年终奖的发放条件。公司可以召开绩效奖金或年终奖发放规则说明会，参会员工需要签到，并且由公司制作会议记录让员工签名。公司让员工事先知悉"游戏规则"，可以避免发生员工不服公司发放奖金决定的纠纷。实践中，笔者服务的一些公司就是通过这种方式减少了许多法律风险。

法律依据

《中华人民共和国劳动法》

第四十七条　用人单位根据本单位的生产经营特点和经济效益，依法自主确定本单位的工资分配方式和工资水平。

八、离职后员工能否追索年终奖

风险提示

不少公司为激励员工勤勉工作或基于增强员工的忠诚度等目的，会设置年终奖发放制度，在每年年末或其他时间节点发放年终奖。不少公司认为，年终奖是公司自主管理的范畴，属于特殊福利或奖励，所以公司可以随意决定是否发放、如何发放，随时调整发放规则。有的公司为了减少年终奖的支付，会与员工约定离职后不发放奖金，再想出各种方法让员工离职；还有公司则故意将合同期限设置为奖金发放前以逃避发放年终奖，但这种操作的可行性并不高。实践中，如果公司已经以《员工手册》等形式明确了会对全体员工发放年终奖，又以"发放时在职"为发放条件，法院会结合员工离职原因、离职时间、工作时间、工作表现和对单位的贡献程度等多方面因素综合考量公司是否应支付年终奖。

年终奖的性质究竟是工资还是福利待遇，《关于工资总额组成的规定》第四条规定："工资总额由下列六个部分组成：……（三）奖金……"由此规定可以看出，年终奖应当属于工资总额中的奖金部分，属于非标准工资，是劳动报酬的一部分，亦是工资总额的组成部分。根据《劳动合同法实施条例》第二十七条的规定，"劳动合同法第四十七条规定的经济补偿的月工资按照员工应得工资计算，包括计时工资或者计件工资以及奖金、津贴和补贴等货币性收入"。因此，在计算员工经济补偿的时候，同样需要将已发放的年终奖纳入计算。

关于年终奖是否必须发放，法律并未作出明确强制性规定。如果公司通过劳动合同、员工手册、规章制度以及其他文件与员工约定了年终奖的发放，公司则负有年终奖的发放义务，员工有权据此要求公司及时发放、足额发放。公司如果没有明确的年终奖发放规则，则无须主动承诺发放年终奖。如果公司需要设置年终奖，应配套完善的发放标准、发放方式、发放范围等，如规定年度年终奖发放前离职的员工不得享有年终奖、业绩或绩效考核结果不达标的员工不得享有年终奖等。

【以案说法】

1. 在原定发放奖金日处于在职状态的员工，离职后仍能享受公司单方面决定延迟发放的奖金[①]

皮某于 2018 年 8 月 23 日入职某公司处，岗位为科研项目经理。皮某在某公司处工作期间的固定工资为 7300 元/月。双方约定，皮某的年绩效奖金为 2 个月固定工资（绩效 C 或以上）。根据工资制度考核确定的个人年度绩效及出勤率确定，公司绩效等级从高到低分为 S、A、B、C、D 共 5 等，如皮某当年绩效等级为 A，绩效奖金为 5 个月固定工资，绩效等级越高，年绩效奖金系数越高；绩效等为 D 或绩效奖金发放日已离职的员工不能享受绩效奖金。

皮某 2018 年度的考核结果为 B。2019 年 5 月皮某离职。因投资方集团公司对某公司考核等原因，某公司员工的 2018 年度绩效奖金均于 2019 年 9 月发放，2019 年的绩效在 2020 年过年前发放。发放时皮某已经离职。

皮某离职后，以某公司未支付其在职期间的绩效奖金为由，要求某公司支付皮某在职期间的绩效奖金 24000 元。

【判词摘录】

◆ 某公司在 2019 年 1 月 29 日出具通知，告知全体员工 2019 年 1 月工资与 2018 年度员工绩效奖金因某公司需接受集团公司考核而暂缓发放，而

[①] 长沙市中级人民法院（2021）湘 01 民终 2440 号民事判决书。

皮某离职的时间为 2019 年 5 月。上述事实说明,在某公司通知暂缓发放 2018 年度绩效奖金前,皮某仍处于在职状态,其不属于在原定绩效发放日前离职的员工,某公司仍应向皮某支付 2018 年度的绩效奖金。

◆ 虽然某公司有权根据公司经营情况、业绩等综合情况自主决定绩效奖金的发放时间,但在某公司与员工之间就绩效奖金的发放已有约定或惯例的情况下,某公司单方决定延迟发放绩效奖金的行为有损员工的合法权利,亦不能产生免除其支付绩效奖金义务的法律后果。故皮某要求某公司支付 2018 年度的绩效奖金的请求,法院予以支持。

◆ 皮某在 2019 年度绩效奖金发放日前因自身原因离职,不符合领取该年度绩效奖金的条件,故皮某要求某公司支付 2019 年度绩效奖金的请求,无事实和法律依据,法院不予支持。

2. 年终奖发放前离职的员工已提供全年工作的,公司仍应支付年终奖[①]

房某于 2011 年入职保险公司,约定房某担任战略部高级经理一职。2017 年 10 月,保险公司对组织架构进行调整,决定撤销战略部,房某所任职的岗位被取消,双方就变更劳动合同展开协商,未达成一致。12 月 29 日保险公司以客观情况发生重大变化、双方未能就变更劳动合同协商达成一致为由,向房某发出《解除劳动合同通知书》。房某先后提起仲裁、诉讼,要求公司支付 2017 年度奖金等。保险公司以《员工手册》规定年终奖金按公司业绩、员工表现计发,若员工在奖金发放月或之前离职,则不能享有为由,拒绝支付年终奖。

经审理,一审法院驳回房某年终奖的请求,二审法院判决公司支付房某 2017 年度年终奖。

【判词摘录】

◆ 本案中,保险公司对其组织架构进行调整,双方未能就劳动合同的变更达成一致,导致劳动合同被解除。房某在保险公司工作至 2017 年 12 月 29 日,此后两日系双休日,表明房某 2017 年度已在保险公司工作满一年,在保险公司未举证房某不符合规定的情况下,可以认定房某在该年度为保险

[①] 上海市第二中级人民法院(2018)沪 02 民终 11292 号民事判决书。

公司付出了一整年的劳动且正常履行了职责，为保险公司做出了应有的贡献。

◆ 基于上述理由，保险公司关于房某在年终奖发放月之前已离职而不能享有该笔奖金的主张缺乏合理性，故支持房某要求保险公司支付2017年度年终奖的请求。

3. 发放年终奖并非公司的义务，公司有权自主确定奖金发放与否、发放条件及发放标准①

2007年3月，陈某入职设计院，担任司机工作。

设计院于2019年10月31日向陈某发出《解除劳动关系通知书》，提出因本单位机构改革、业务范围缩减等客观情况发生重大变化，致使劳动合同无法继续履行，决定与陈某于2019年11月30日解除劳动关系，并给予经济补偿。

设计院于2019年11月8日向陈某发出《工作年限等信息告知书》，核定陈某在设计院的工作年限为2007年3月26日至2019年11月30日，近12个月平均工资5991.67元，核定补偿金77892元。

陈某对工作年限和月平均工资无异议。陈某认为，设计院应向陈某支付2019年奖金22368元等，但未能举证证明关于年终奖的约定或2019年度的绩效考核。

【判词摘录】

◆ 现行法律法规没有强制规定年终奖应如何发放，用人单位有权根据本单位的经营状况、员工的业绩表现等，自主确定奖金发放与否、发放条件及发放标准，双方签订的劳动合同亦未对年终奖的发放进行约定，陈某也没有进行2019年度的绩效考核，故陈某要求浏阳市规划设计院发放2019年度年终奖的请求，没有事实和法律依据，法院不予支持。

应对方案

1. 现行法律法规并没有强制规定年终奖应如何发放，公司有权根据实

---

① 湖南省长沙市中级人民法院（2020）湘01民终8903号民事判决书。

际经营状况、员工的业绩表现等，自主确定奖金发放与否、发放条件及发放标准，但是公司制定的发放规则应遵循公平合理原则。一般来讲，如果公司没有明确的年终奖发放计划，不应轻易作出发放年终奖的约定或承诺。

2. 公司设置年终奖制度的，应详细规定年终奖的具体发放条件和发放标准，例如明确规定在年终奖发放之前离职、业绩或绩效考核结果不达标的员工不得享有年终奖等。

> 法律依据

《中华人民共和国劳动合同法实施条例》

第二十七条 劳动合同法第四十七条规定的经济补偿的月工资按照劳动者应得工资计算，包括计时工资或者计件工资以及奖金、津贴和补贴等货币性收入。劳动者在劳动合同解除或者终止前12个月的平均工资低于当地最低工资标准的，按照当地最低工资标准计算。劳动者工作不满12个月的，按照实际工作的月数计算平均工资。

《关于工资总额组成的规定》

第四条 工资总额由下列六个部分组成：

（一）计时工资；

（二）计件工资；

（三）奖金；

（四）津贴和补贴；

（五）加班加点工资；

（六）特殊情况下支付的工资。

第二节 加班与加班费

一、加班事实的举证责任及加班审批管理

> 风险提示

曾经有一家工厂的负责人与笔者谈过这样一件"趣事"：工厂请了一位

外来打工者，因为该员工居住的出租屋没有空调，夏天天气热，他发现工厂办公室晚上不断电而且办公室的厕所有淋浴设备，于是买了折叠床放在办公室，晚上就在办公室睡觉。该员工在工作了3个多月后，向公司提出辞职时要求公司支付加班费，拿出的证据是他的打卡记录（每天早上6时打一次卡表示上班，晚上12时打一次卡表示下班）。工厂发现自己管理上的漏洞，不敢与这名员工对簿公堂，最终双方协商确定了一笔费用，和解了事。

另外，随着互联网技术的快速发展，员工使用微信等社交媒体进行工作的模式越来越普及，只要有手机或者电脑，即可随时随地展开工作，不再以工作地点、工作时间为限。基于该现象，司法实践中有大量有关加班费的争议。当员工在非工作时间开展涉及任务分配、文件修改、数据核算等具有实质产出的劳动，或形成每日固定时段在线响应、周末定期提交报表等周期性、规律性的工作模式时，就意味着员工已经承受了常态化的工作负担；同时，公司的这类要求，客观上导致员工无法完整支配休息时间。此种要求员工实际交付劳动成果却对其休息权益造成实质损害的情形，应当认定为加班。

鉴于此，若公司的加班规定缺失，没有明确的加班规则和加班审批的方法，员工的加班具有随意性，那么当员工与公司发生关于加班方面的纠纷时，到底是真加班还是假加班以及加了多少班等问题存在的争议，就无法说清了。在诉讼中，因为公司缺少证据证明自己的主张而导致败诉的情况比比皆是。

在司法实践中，公司和员工关于是否存在加班事实的主张，有很明确的举证分配规则：首先，员工主张加班工资的，先由员工就加班事实的存在承担举证责任。其次，如果公司否认员工有加班的事实，就要提供证据予以反驳。如果关于加班事实的证据掌握在公司手上，公司要提供证据，公司不提供的，就要承担败诉的不利后果。

> 以案说法

1. 劳动合同中明确约定了加班审批制度，双方就应严格按照制度执行

孙某在某公司任职，担任行政主管的职务。2018年4月孙某向公司提出辞职，同时他向公司表示，自己从2017年9月开始多次加班，公司均没有向他支付加班费，并提供了自己的打卡记录作为证据。

公司不同意向孙某支付加班费，理由是虽然孙某的打卡记录是真实的，但是公司和孙某双方签订的劳动合同中明确约定了加班需要由员工提交加班申请并由公司批准，未经批准的不属于加班。为了证明自己有加班审批制度，公司提交了以往孙某加班时向公司提交过的加班申请表。

【律师评析】

孙某将考勤记录作为证据证明自己加班的事实，如果公司认为孙某不存在加班，就必须证明孙某延长的工作时间不属于加班。为此，公司提交了劳动合同证明双方具有加班需要申请并批准的约定，同时也提交了以往孙某的加班申请表证明双方之间一直在履行该约定。

孙某在日常加班时，按照与公司约定的方式提交了申请，可以看出双方对加班的认定有事先的约定并且按照约定履行，所以孙某没有提交申请延长的工作时间，不应被认定为加班。

2. 员工在非工作时间使用社交媒体工作且付出了实质性劳动内容，应视为加班[①]

李某于 2019 年 4 月入职科技公司担任产品运营。2020 年 12 月，科技公司以李某连续旷工 3 天以上为由解除了与李某的劳动关系。

为此，李某将科技公司告上法庭，要求科技公司支付其此前在公司任职期间的加班费。李某称，她在下班后、休息日及法定节假日共计加班 500 余小时，但公司均没有支付相关费用。

为证明该主张，李某提交了聊天记录、排班表和钉钉打卡记录截图，同时提交了《假期社群官方账号值班表》，以此主张科技公司安排她周末及法定节假日定期加班。

对此，科技公司称值班内容就是休息日负责在客户群中对客户偶尔提出的问题进行回复，并非加班。

【判词摘录】

◆ 对于利用微信等社交媒体开展工作的情形，如果劳动者在非工作时

[①] 北京市第三中级人民法院（2022）京 03 民终 9602 号民事判决书。

间使用社交媒体开展工作超出了一般简单沟通的范畴，有别于临时性、偶发性的一般沟通，劳动者付出了实质性劳动内容或者使用社交媒体工作具有周期性和固定性特点，明显占用了劳动者休息时间，应当认定为加班。

◆ 由于利用社交媒体的加班不同于传统的在工作岗位上的加班，加班时长等往往难以客观量化，用人单位亦无法客观上予以掌握。且本案中的加班主要体现为微信群中的客户维护，主要以解答问题为主，劳动者在加班的同时亦可从事其他生活活动，将全部时长作为加班时长亦有失公平。

应对方案

1. 考勤记录是认定员工是否存在加班事实的重要证据。一般情况下，员工会拿出考勤记录予以初步证明其加班事实。如果员工拿不出考勤记录数据，也没有其他辅助证据证明自己有加班事实，通常无法得到法院的支持。

2. 为了避免公司与员工之间就加班事实产生纠纷无法说清的情况发生，公司应当优化健全劳动合同条款，对加班审批流程进行约定，明确员工加班需要经过主管审批同意才能认定为加班。公司每个月都应当与员工就加班情况进行核对汇总，厘清事实。

3. 公司建立加班审批制度后，要严格按照制度履行，相关加班审批流程文件的签订以及加班审批流程等都需要严格按照制度要求进行操作。

法律依据

《中华人民共和国劳动争议调解仲裁法》

第六条　发生劳动争议，当事人对自己提出的主张，有责任提供证据。与争议事项有关的证据属于用人单位掌握管理的，用人单位应当提供；用人单位不提供的，应当承担不利后果。

《最高人民法院关于审理劳动争议案件适用法律问题的解释（一）》

第四十二条　劳动者主张加班费的，应当就加班事实的存在承担举证责任。但劳动者有证据证明用人单位掌握加班事实存在的证据，用人单位不提供的，由用人单位承担不利后果。

二、加班费的计算基数

风险提示

确定加班费的计算基数，是核发加班费的重要依据。在实践中，国家层面的法律缺乏细节或可操作性不强，所以一些地方会出台具体的规定。

如何通过制度文件来合法合理地减少和控制加班费支付的成本压力，是公司需要思考和重视的问题。以北京市、上海市和广东省三地为例，北京市允许公司与员工在劳动合同中约定加班费计算基数，但是不得低于北京市最低工资标准或双方约定的工资标准；上海市允许公司与员工约定加班费的计算基数，但不能低于劳动合同中所约定的工资标准，如果双方没有约定加班费计算基数，计算基数统一按照员工所在岗位正常出勤的月工资的70%进行计算；广东省规定加班费计算基数是正常工作时间的工资，至于正常工作时间的工资有哪些项目，由公司与员工确定，但数额不得低于广东省当地最低工资标准。笔者在广州市执业，广州市中级人民法院在2009年对加班费的计算作了更加明确的规定：双方当事人约定了加班费计算基数的，就按照约定处理；双方没有约定加班费计算基数但约定了标准工资的，标准工资就是加班费计算基数；双方既没有约定加班费计算基数又没有约定标准工资但实发工资列明工资构成的，将实发工资中的标准（基本）工资作为加班费计算基数。

以案说法

公司可与员工就加班费计算基数作出明确的约定，但应注意是否符合当地法规的要求

余某自2017年3月入职某信息公司以来，因为工作缘故经常加班。2018年6月余某提出辞职并向公司表示，自己从入职以来直到离职期间的加班费公司没有足额支付。公司认为，余某加班虽是事实但公司并不存在拖欠加班费的问题。

在庭审中法院经过查明发现，某信息公司与余某的劳动合同约定：余某的工资分为基本工资、岗位工资、绩效奖金和津补贴四项，基本工资为当地最低工资标准。同时双方还约定加班费计算基数以基本工资为准。公司在向余某支付加班费时，一直都是将当地最低工资标准作为基数进行处理，而余某则认为公司应当将应发工资数额作为加班费的计算基数。

当地地方性法规允许公司与员工就加班费计算基数问题进行约定，但基数不得低于当地最低工资标准。

【律师评析】

某信息公司通过劳动合同与余某就工资的构成作了明确的约定，其中基本工资为当地最低工资标准，同时，双方还约定了以基本工资为加班费计算基数。因此当余某加班时，公司可以将当地最低工资标准作为加班费的计算基数向余某发放加班费。如果在这个案件中公司没有与余某就加班费计算基数作出特殊约定，就很可能需要将余某的应发工资作为加班费的计算基数，公司支付的加班费就会更多。

应对方案

1. 公司可以与员工就加班费计算基数作出明确的约定，双方可以通过劳动合同或者签订具体薪酬待遇文件进行确定。公司需注意的是，各地针对加班费计算基数问题基本都有专门的规定，公司需查询当地的法规及法院的指导意见，以确定在约定加班费计算基数方面是否存在具体限制和条件。

2. 若公司与员工约定以加班费计算基数为员工的基本工资，则需要有证据证明员工的基本工资的具体数额。公司需要就员工的工资构成进行详细划分，并要求员工签收工资条。如果公司向员工支付的工资并没有区分项目，那么即使双方约定了加班费计算基数是基本工资，也会因为没有具体的工资构成而导致公司需要将全额工资作为基数向员工计发加班费。

法律依据

《北京市工资支付规定》

第四十四条　根据本规定第十四条计算加班工资的日或者小时工资基数、根据第十九条支付劳动者休假期间工资，以及根据第二十三条第一款支

付劳动者产假、计划生育手术假期间工资,应当按照下列原则确定:

(一) 按照劳动合同约定的劳动者本人工资标准确定;

(二) 劳动合同没有约定的,按照集体合同约定的加班工资基数以及休假期间工资标准确定;

(三) 劳动合同、集体合同均未约定的,按照劳动者本人正常劳动应得的工资确定。

依照前款确定的加班工资基数以及各种假期工资不得低于本市规定的最低工资标准。

《上海市企业工资支付办法》

二、本办法所称工资是指企业根据国家和本市的规定,以货币形式支付给劳动者的劳动报酬,包括计时工资、计件工资、奖金、津贴、补贴、加班工资等。

九、企业安排劳动者加班的,应当按规定支付加班工资。劳动者在依法享受婚假、丧假、探亲假、病假等假期期间,企业应当按规定支付假期工资。

加班工资和假期工资的计算基数为劳动者所在岗位相对应的正常出勤月工资,不包括年终奖,上下班交通补贴、工作餐补贴、住房补贴,中夜班津贴、夏季高温津贴、加班工资等特殊情况下支付的工资。

加班工资和假期工资的计算基数按以下原则确定:

(一) 劳动合同对劳动者月工资有明确约定的,按劳动合同约定的劳动者所在岗位相对应的月工资确定;实际履行与劳动合同约定不一致的,按实际履行的劳动者所在岗位相对应的月工资确定。

(二) 劳动合同对劳动者月工资未明确约定,集体合同(工资专项集体合同)对岗位相对应的月工资有约定的,按集体合同(工资专项集体合同)约定的与劳动者岗位相对应的月工资确定。

(三) 劳动合同、集体合同(工资专项集体合同)对劳动者月工资均无约定的,按劳动者正常出勤月依照本办法第二条规定的工资(不包括加班工资) 的70%确定。

加班工资和假期工资的计算基数不得低于本市规定的最低工资标准。法律、法规另有规定的，从其规定。

《深圳市中级人民法院关于审理劳动争议案件的裁判指引》

六十一、用人单位依据《劳动法》第四十四条的规定应向劳动者支付加班工资的，劳动者的加班工资计算基数应为正常工作时间工资；用人单位与劳动者约定奖金、津贴、补贴等项目不属于正常工作时间工资的，从其约定。但约定的正常工作时间工资低于当地最低工资标准的除外。

双方在劳动合同中约定了计发加班工资基数标准或从工资表中可看出计发加班工资基数标准，而用人单位也确实按照该标准计发了劳动者加班工资，并据此制作工资表，该工资表亦经劳动者签名确认的，只要双方的约定不低于最低工资标准，即可认定双方已约定以该计发加班工资基数标准为加班工资的计算基数。用人单位根据此标准计发给劳动者的工资符合法律规定的加班工资计算标准的，应认定用人单位已足额支付了加班工资。

三、工资表中的项目明细与加班费之间的法律关系

风险提示

目前，各行各业都竞争激烈，员工加班是常有之事，从事业务方面工作的员工更是常常需要加班。一些公司在向员工支付加班费后，仍然会遭到员工起诉，控告公司支付的加班费不足额。公司往往会感到困惑，什么情况下的加班才需要支付加班费？

法律对于加班工资应该如何支付作了明确的规定（《劳动法》第四十四条），但是对于什么情况下公司可以免于支付加班费，法律并没有很明确的规定，这要从各地的地方性法规及司法审判实践中得出结论。一般情况下，如果公司与员工就工作的性质在劳动合同等相关文件中予以明确，员工的工作性质属于多劳多得且有明确的工资构成项目显示他除了工资还额外获得了提成、奖励等酬劳，法院就会将这部分酬劳认定为加班费。

笔者以广东省和广州市的情况为例，通常情况下即使公司与员工未书面约定实际支付的工资是否包含加班工资，但公司有证据证明已付的工资包含正常工作时间工资和加班工资的，可以认定公司已支付的工资包含加班工资。

基于对劳动争议案件的办理实践与观察，笔者发现在审理加班工资争议案件中，对于用人单位实行不同于标准工时制的固定工时制度（如固定每月工作5天，每天9小时或每周工作6天，每天8小时等）且劳动报酬固定的双固定（固定时间、固定报酬）用工模式，劳动者要求用人单位支付加班工资的，用人单位主张劳动者入职时已明确的工资包含全部工作时间（标准工作时间和加班工作时间）内的标准工资和加班工资并提供证据予以证实，且该工资收入不低于将当地最低工资数额作为标准工时工资折算的工资总额，法院对该抗辩理由会予以采信，不再另行计算加班工资。另外，对于在岗时间较长、劳动强度不大、工作时间灵活或间断性、具有提成性工资性质的特殊行业岗位，法院会充分考虑上述岗位的工作性质和当地劳动力价格水平，且尊重该行业和岗位工资支付的行规惯例，对于员工主张在标准工作时间以外的加班工资，从严掌握。而对于一些用人单位应发工资高于劳动合同约定的标准工资的情形，如果应发工资列明工资构成，但工资构成无加班工资项目且用人单位不能证实其他收入项目具有加班工资性质，法院会认定用人单位未支付加班工资；但如果应发工资未明确工资构成，用人单位主张员工实发工资中包含加班费并提供证据予以证实，且符合当地行业正常收入水平，法院则会结合案情予以确认。笔者认为，读者在涉及上述争议认定时，可了解一下当地是否有相关的法院审判规则和指导意见可供适用。

> 以案说法

1. 公司可以与员工约定公司支付的津贴中已包含加班费

袁某是某食品公司的行政科长，袁某入职时，公司与她签订的劳动合同约定袁某月薪为12000元，除了基本月薪，公司还会每个月向她支付津贴。因为袁某担任的是公司的管理岗位，所以双方约定公司每个月支付的津贴中包含了加班费，袁某在劳动合同上签字确认。

袁某工作了3年，公司与袁某一直按照劳动合同的约定履行，袁某经常加班，但也没有向公司主张要求支付加班费。

2015年12月，公司解雇袁某。袁某离职后提出自己工作多年存在加班的事实，且公司没有支付加班费。

【律师评析】

结合袁某的任职情况及工资水平，可认定双方当事人在劳动合同中有关袁某的工资和津贴中已包含加班费的约定，是袁某对其自身权益的处分，不违反劳动法律法规对加班费的强制性规定。

2. 销售奖与奖金可根据行业惯例视为延长工作时间的加班费

曾某是东某食品公司制作面包及糕点的员工，是公司下辖经营的某门店店长，负责该门店的管理工作。因为负责管理门店和销售，所以曾某经常加班工作。2011年7月4日，因为曾某的一次过错，公司对曾某作出了开除处理。曾某在遭到东某食品公司解雇后，除了要求法院确认公司违法解除劳动合同，还要求法院确认自己存在加班的事实并要求公司支付加班费。

经法院审理查明，曾某的工资条中，基本工资为广州市最低工资，部分月份存在销售奖的项目（600元、300元、150元不等），月平均工资则为2181元，曾某也确认自己的工资与店铺的销售业绩挂钩。

【律师评析】

对于曾某主张延时工作时间的加班费，因曾某提供的工资条（仅有部分月份）已经反映存在销售奖，且曾某基本工资为广州市最低工资，月平均工资则为2181元，可见平均至各月的销售奖与奖金占工资相当之比例，考虑到销售岗位与工资支付的行业管理，销售奖与奖金已经体现曾某延长工作时间的加班工资，曾某也确认自己的工资与店铺的销售业绩挂钩，因此曾某的加班工资主张没有依据。

3. 员工从事具有提成性质的特殊行业岗位的，其提成工资可视为包括加班工资部分

王某为报社下辖某发行站的站长，负责辖区内的报刊递送和零售工作。2009年7月，报社以王某违反规章制度做出了侵害公司利益的行为为理由，将王某开除。

王某在遭到报社解雇后，要求确认自己存在加班的事实并要求公司支付加班费。而报社确认王某每天都要上班，且在法庭上提供了王某2009年5月至2011年4月期间的工资表，均显示王某有固定加班工资和提成，认为工资中已有提成和固定加班费，王某属于自愿的多劳多得而不应再支付加班费。

【律师评析】

王某领取的工资包括提成工资，该工资是根据工作量计算支付的，王某在超出标准工时以外的时间进行劳动以获取更高的提成工资，表明王某自愿在标准工时以外的时间加班，其领取的提成工资应视为包括加班工资部分。

报社提供的王某 2009 年 5 月到 2011 年 4 月的工资表显示，王某每月均有提成，2010 年 5 月至 2011 年 2 月王某均有固定加班工资，因王某从事的是具有提成性质的特殊行业岗位，其每月收入符合当地劳动力价格水平，故报社无须向王某支付加班工资。

应对方案

在司法实践中，工资构成项目将影响公司是否需要向员工支付加班费。当员工的工作属于双固定（固定加班时间、固定加班费）模式时，公司可考虑与员工约定工资中包含加班费，由员工签署工资条，或在劳动合同中明确约定工资中包含固定加班费。

法律依据

《北京市工资支付规定》

第十三条 用人单位应当按照工资支付周期编制工资支付记录表，并至少保存二年备查。工资支付记录表应当主要包括用人单位名称、劳动者姓名、支付时间以及支付项目和金额、加班工资金额、应发金额、扣除项目和金额、实发金额等事项。

劳动者有权查询本人的工资支付记录。

第十六条 用人单位经批准实行综合计算工时工作制的，在综合计算工时周期内，用人单位应当按照劳动者实际工作时间计算其工资；劳动者总实际工作时间超过总标准工作时间的部分，视为延长工作时间，应当按照本规定第十四条第（一）项的规定支付加班工资；安排劳动者在法定休假日工作的，应当按照本规定第十四条第（三）项的规定支付加班工资。

第二十条 妇女节、青年节等部分公民节日期间，用人单位安排劳动者休息、参加节日活动的，应当视同其正常劳动支付工资；劳动者照常工作的，可以不支付加班工资。

四、加班与值班应有所区分

> 风险提示

一些公司尤其是劳动密集型企业因为生产经营的需要，会安排特殊岗位上的员工在工作以外的时间值班，当值班人员与公司发生纠纷时，会以自己是加班为理由向公司主张加班费。

值班与加班不同，值班是指"员工根据公司的要求，在日常工作日之外担负一定的非生产性的责任，主要是因单位安全、消防、假日等需要，担任公司临时安排或制度安排的与员工本职工作无关的值班"[1]。目前法律上并没有关于值班的规定，也没有与值班有关的司法解释，所以在审理此类纠纷时，法院对认定员工是值班还是加班这一问题上结论不一，公司也常常因为没有证据证明员工是值班而非加班导致败诉。

在确认员工是值班而非加班的问题上，公司需要通过证据证明员工的额外工作是与生产任务无关的非生产性值班，不属于公司安排员工延长劳动时间从事生产或工作且员工可以在值班期间自行安排休息等，这样才能比较容易得到法院的支持。

> 以案说法

若员工值班与生产任务无关且可自行安排休息，值班期间不属于加班

庞某是某游轮公司的船员，具体担任轮机员。因为游轮公司需要安排船员在船上值班管理船上非经营时段的安全，庞某等船员均被要求在游轮非经营时段轮流在船上护船值班。2017年7月，庞某认为自己在船上的护船值班行为属于加班，要求公司支付加班费40余万元。游轮公司称安排船员值班期间，船员可以在船上休息，负责船舶的安全。庞某对可以在船上休息的说法也予以认可。

---

[1] 杨心忠：《劳动合同纠纷裁判精要与规则适用》，北京大学出版社2014年版，第207页。

【律师评析】

护船是负责船舶夜间防火防盗的安全，公司安排船员在船上休息值守。

护船值班是公司安排庞某从事与其轮机岗位本职工作以及公司生产任务无关的非生产性值班，不属于用工单位安排劳动者延长劳动时间从事生产或工作，庞某亦可自行安排休息，故护船值班不等于加班，庞某以实际履行护船值班为由，请求公司支付欠付加班费没有事实与法律依据，公司无须支付庞某加班费。

应对方案

1. 公司应制定并发布相关的值班工作文件，明确公司的值班规则，并要求参与值班的员工确认，这样便可以通过制度安排固定值班的证据，可以避免日后产生员工行为到底是值班还是加班的纠纷。当然，如果公司为员工安排的是从事生产且不能休息的工作，无论如何约定都不能被认定为值班。

2. 虽然法律上并没有强制要求公司给值班员工发放值班补贴，但公司根据自身情况适当地向员工发放值班补贴，员工收到补贴后予以签收确认，则可以证明双方已确认了值班的事实。

法律依据

《中华人民共和国内河交通安全管理条例》

第二十四条 ……

船舶停泊，应当留有足以保证船舶安全的船员值班。

《北京市高级人民法院、北京市劳动人事争议仲裁委员会关于审理劳动争议案件解答（一）》

56. 劳动者主张存在加班事实如何认定？

……

出租车行业实行不定时工作制，休息、休假由出租车司机自行安排，故对出租车司机主张休息日和法定节假日加班费的不予支持。

《浙江省高级人民法院民一庭关于审理劳动争议纠纷案件若干疑难问题的解答》

八、对保安、门卫、仓库保管员等特殊岗位劳动者主张加班工资的，加班事实应如何把握？

对于全天 24 小时吃住在单位的保安、传达室门卫、仓库保管员等人员，其工作性质具有特殊性。如确因工作所需和单位要求，不能睡眠休息的，应认定为工作时间；如工作场所中同时提供了住宿或休息设施的，应合理扣除可以睡眠休息的时间，即劳动者正常上班以外的时间不应计算为工作时间，对超出标准工作时间上班的，用人单位应支付加班工资。审判实践中，可以综合考虑以下因素：用人单位是否就该岗位向劳动行政部门申请办理过综合计算工时工作制、不定时工作制的审批手续（应注意审批的有效期和审批人数）；用人单位是否在工作场所内为劳动者配备必要的休息设施；用人单位的工作制度或规章制度中对劳动者具体工作内容、工作强度的要求（以判断劳动者按照该制度工作是否将导致事实上无法休息）；用人单位安排值班的人数（即考虑同一时段劳动者是否有轮换休息的可能性）。

第三节　员工的休息休假

一、公司如何正确安排员工的年休假

风险提示

员工工作满一定年限后，每年都享有带薪年休假，根据《职工带薪年休假条例》第五条第三款的规定，员工应休而未休年休假的，有权要求公司支付三倍工资，其中包含正常工作时间的一倍工资。

目前年休假采取以员工申请为主，公司统一安排为辅的原则。但是员工不申请年休假并不意味着公司就可以不安排。在现代社会，市场竞争和工作强度越来越大，许多公司的员工在当年都没有向公司申请年休假，当员工与公司发生劳动争议时，员工经常会以自己没有休年休假为由要求公司支付三倍工资，所以有的公司考虑到这种风险，会统一安排员工休假。但在实际操作中，公司安排员工休假却疏忽了休假的内容，即双方没有明确员工休的是年休假，或者公司没有证据可以证明不休假是出于员工的主观意愿，在发生纠纷时这些情况可能会导致公司需要支付三倍工资。

《职工带薪年休假条例》第五条第一款规定："单位根据生产、工作的具体情况，并考虑职工本人意愿，统筹安排职工年休假。"《企业职工带薪年休假实施办法》第九条规定，用人单位根据生产、工作的具体情况，并考虑职工本人意愿，统筹安排年休假。用人单位确因工作需要不能安排职工年休假或者跨1个年度安排年休假的，应征得职工本人同意。

由此可见，在休假安排上，公司负有主动安排职工年休假的义务，员工并无申请的义务。即使公司的规章制度规定休假需员工主动申请，在员工未提出申请的情况下，亦不能免除公司主动安排员工年休假的义务。从司法实践来看，司法机关也普遍不支持这种逾期不申请即"视为放弃"的规定。

以案说法

1. 公司应当保存员工休年假的证据

孔某和伍某都是某餐饮公司的员工。孔某是公司的成本核算员，根据孔某的工作年限，孔某2016年应享有5天的年休假。因为餐饮公司工作繁忙，公司根据实际情况，平时不给员工安排年休假，而是在春节期间给员工多放5天假，将这多放的5天假算为年休假。2016年孔某多次申请年休假，均未得到公司的批准。2017年3月孔某辞职，要求公司支付2016年的未休年休假三倍工资差额。

而伍某自2014年入职某餐饮公司以来，一直到2017年均未休过年休假。公司多次提出要求伍某清理她的年休假，均未得到伍某的回应。2017年3月公司考虑开除伍某，但公司方面担心伍某也会要求公司支付未休年休假三倍工资差额。

【律师评析】

公司让员工放假，但放的是什么假，这需要公司有证据说明。虽然公司给孔某放了假，但是孔某并没有同意和认可这是年休假。所以如果公司无法证明孔某休的是年休假，则很大可能要承担败诉的风险。

而伍某经过公司多次要求均不休年休假的行为在现实中也很常见。当公司发现员工存在故意不休年休假的行为时，应强制要求员工休年休假，同时要注意收集相应证据来证明是员工自己不休年休假，还要留存证据证明自己已进行了休假告知。

2. 员工未于指定时间内休完年休假则自动作废的规定，不具有法律效力[①]

某快递公司的《员工考勤管理规定》写明，员工的年休假最迟必须在次年3月31日前休完，否则自动作废。

公司员工张某被解雇，双方产生劳动纠纷，张某起诉要求公司支付赔偿金，同时提出自己上一年度没有休年休假，要求公司支付三倍工资差额。公司认为规章制度规定到3月31日未休年休假的视为自动作废，张某在规定时间内没有休完年休假，假期已自动作废，无须支付张某年休假工作报酬。

【判词摘录】

◆《企业职工带薪年休假实施办法》第十条规定：用人单位安排职工休年休假，但是职工因本人原因且书面提出不休年休假的，用人单位可以只支付其正常工作期间的工资收入。

◆ 公司的《员工考勤管理规定》列明"未于规定时间内休完则自动作废"与上述法律规定明显冲突，其以内部规定为由认为自己无须支付年休假工资缺乏法律依据，本院不予采纳。

应对方案

1. 公司可以根据生产经营的实际情况统一安排年休假，但需要将年休假的安排方式通过制度予以明确，避免事后发生纠纷。公司可以在劳动合同或者在规章制度中对年休假的安排进行约定。例如，有的公司会在劳动合同和规章制度中明确，公司同意在每年春节假期前后安排员工休年休假，年休假与春节假期连续放假。

---

① 广东省高级人民法院（2015）粤高法民申字第2128、2129号民事裁定书。

2. 员工休年休假时，需要填写年休假确认书并签名确认。员工签名时还需确认休假的性质是年休假。

3. 员工如果不提出休年休假，公司应当主动安排员工休年休假，如果公司没有主动安排则需要支付三倍工资，除非员工主动提出不休年休假公司才可以免除责任。公司可以向员工发送年休假通知书，为了避免该份通知书因没有员工签名而无效，公司可以向员工的电子邮箱发送通知或当面要求员工休年休假并录音。

一些公司会在劳动合同、规章制度等相关文件中约定员工如果不提出休年休假则视为放弃年休假，即所谓的"自动放弃"条款，但在目前的司法实践中，法院并不认可该条款的有效性。

法律依据

《职工带薪年休假条例》

第五条 单位根据生产、工作的具体情况，并考虑职工本人意愿，统筹安排职工年休假。

年休假在1个年度内可以集中安排，也可以分段安排，一般不跨年度安排。单位因生产、工作特点确有必要跨年度安排职工年休假的，可以跨1个年度安排。

单位确因工作需要不能安排职工休年休假的，经职工本人同意，可以不安排职工休年休假。对职工应休未休的年休假天数，单位应当按照该职工日工资收入的300%支付年休假工资报酬。

《企业职工带薪年休假实施办法》

第九条 用人单位根据生产、工作的具体情况，并考虑职工本人意愿，统筹安排年休假。用人单位确因工作需要不能安排职工年休假或者跨1个年度安排年休假的，应征得职工本人同意。

二、午休时间及加班事实的认定

风险提示

本书第一章介绍了标准工时制、综合计算工时工作制和不定时工作制的区别，而在标准工时制下，员工每日工作 8 小时，每周工作 40 小时，公司安排员工工作超出"法定标准工作时间"，若不能安排补休，则应向员工支付相应的加班工资。对公司来说，如何认定员工每日工作的 8 小时与员工完成的工作量和企业的生产效益是挂钩的。如果每日工作的 8 小时包括午休，员工实际工作时间可能只会有 6—7 小时，公司的生产效益可能就会大打折扣。为了避免这种风险，公司应当在规章制度中明确午休时间不计入实际工作时间。

此外，不少公司会要求员工在上班、下班的时候打卡，以确认员工到岗，或者作为员工迟到、旷工的证据，但该制度同样会带来负面影响，例如员工直接主张上、下班打卡之间的时间差为每天的工作时长，存在加班事实，要求公司支付加班费，如果公司无法举证证明员工在此期间不存在加班的事实，则需要承担加班费。因此，公司应当设置加班审批制度，并在规章制度中予以明确，员工加班需要向单位申请并取得审批，否则不视为加班。

以案说法

1. 公司可在规章制度中明确午休时间不计入实际工作时间

罗某是某公司生产车间工人。

2021 年 1 月 28 日，公司向罗某发出《劳动合同终止书》，表示与罗某的劳动合同于 2021 年 1 月 31 日到期后不再续签，并向罗某支付了经济补偿金。

罗某以其在在职期间每日上班时间均超过 8 个小时为由，主张公司应支付加班费。

罗某自述：工作超出 8 小时的，公司都按 8 小时进行考勤，每天多出的 40 分钟工作时间公司没有计算。自己跟着生产流水线走，生产线中途不停工停产，没有休息时间，离岗吃饭要轮流吃，设备有故障要随叫随到去处理。公司提出，罗某所称的超出时间是中午吃饭午休时间，不是工作时间，并且公司在《员工手册》中已明确规定午休 1 小时不属于工作时间，并没有拖欠加班费，并提交了罗某签名确认的工资条。

【律师评析】

员工主张加班费，应该就加班事实承担合理说明及举证证明责任。罗某虽主张，根据考勤打卡时间，每日存在 40 分钟的加班时间。但公司主张，根据日常生活经验，上下班前后短暂的准备时间及午休时间均不应视为加班时间，且公司在《员工手册》中明确规定午休时间 1 小时不属于工作时间，亦符合一般常理。

罗某在职期间，公司每月均向罗某发放工资条，并由罗某签名确认。罗某从未对工资数额提出过异议。故罗某关于加班费的主张理据不足，公司无须支付。

2. 公司规章制度中有关不计入实际工作时间的规定应当合理[①]

常某于 2016 年 4 月入职某网络公司。入职之初，某网络公司通过电子邮件告知常某，公司采取指纹打卡的方式考勤。员工手册规定："21：00 之后起算加班时间；加班需由员工提出申请，部门负责人审批。"

常某于 2016 年 5 月至 2017 年 1 月，通过工作系统累计申请加班 126 小时。网络公司以公司规章制度中明确规定 21：00 之后方起算加班时间，21：00 之前的不应计入加班时间为由，拒绝支付常某加班费差额。常某向劳动人事争议仲裁委员会申请仲裁，请求裁决网络公司支付其加班费差额。网络公司不服仲裁裁决，诉至人民法院。

【判词摘录】

◆ 网络公司的员工手册规定 21：00 之后起算加班时间，并主张 18：00 至 21：00 是员工晚餐和休息时间，故自 21：00 起算加班。鉴于 18：00 至 21：00 时间长达 3 个小时，远超过合理用餐时间，且在下班 3 个小时后再加班，不具有合理性。

◆ 在网络公司不能举证证实该段时间为员工晚餐和休息时间的情况下，其规章制度中的该项规定不具有合理性，法院否定了其效力。法院结合考勤记录、工作系统记录等证据，确定了常某的加班事实，判决某网络公司支付

[①] 参见《人力资源社会保障部、最高人民法院关于联合发布第二批劳动人事争议典型案例的通知》中案例之八，载人力资源和社会保障部官方网站，https：//www.mohrss.gov.cn/SYrlzyhshbzb/laodongguanxi_/zcwj/202108/t20210825_421600.html，最后访问时间：2025 年 5 月 21 日。

常某加班费差额。

3. 员工证明其存在加班事实，公司需就调休或支付加班费的情况予以举证

网络公司员工张某在离职后提起劳动争议仲裁，要求网络公司支付加班工资。张某称，其在职期间公司推行996工作制，即每天工作时间为早9时至晚9时（中间午休1小时），每周工作6天。对此，网络公司称，公司执行标准工时制，员工加班需要提交申请并经由公司审批通过，张某在职期间并无延时加班及双休日加班。

张某为证明加班事实，提交了以下一系列证据材料："关于在研发部严格执行996工作制的决定"的电子邮件，若干显示收发时间在17时至21时及周六的工作邮件及微信往来，若干显示会议时间在17时至21时及周六的会议通知文件。

仲裁委员会审理后认为，张某提交的电子邮件、微信证据足以证明张某存在延时及双休日加班事实，故裁决网络公司向张某支付延时加班工资及双休日加班工资。网络公司不服该仲裁裁决结果，起诉至法院。

【律师评析】

张某举证的电子邮件、微信，足以充分、有效说明其在职期间在网络公司安排下存有延时及双休日加班工作的情况。若网络公司未能就调休及加班工资支付情况举证，则应依法向张某支付延时加班及双休日加班工资。

应对方案

1. 公司应在规章制度中明确规定员工正常工作时间，员工每日考勤打卡记录的工作时长不视为实际工作时间，且午休时间不计入实际工作时间。

2. 公司应建立加班审批制度，员工加班需经申请审批，否则不视为加班。公司通过民主程序制定的规章制度，在不违反法律强制性规定并已向员工公示的前提下，若日后与员工发生纠纷，可以作为确定双方权利义务的依据。

3. 公司每月均应要求员工签收工资条，工资条的签收亦构成员工对每月加班费数额不存有异议的证据。

法律依据

《中华人民共和国劳动合同法》

第三十一条　用人单位应当严格执行劳动定额标准，不得强迫或者变相强迫劳动者加班。用人单位安排加班的，应当按照国家有关规定向劳动者支付加班费。

第八十五条　用人单位有下列情形之一的，由劳动行政部门责令限期支付劳动报酬、加班费或者经济补偿；劳动报酬低于当地最低工资标准的，应当支付其差额部分；逾期不支付的，责令用人单位按应付金额百分之五十以上百分之一百以下的标准向劳动者加付赔偿金：

（一）未按照劳动合同的约定或者国家规定及时足额支付劳动者劳动报酬的；

（二）低于当地最低工资标准支付劳动者工资的；

（三）安排加班不支付加班费的；

（四）解除或者终止劳动合同，未依照本法规定向劳动者支付经济补偿的。

《中华人民共和国劳动法》

第四十一条　用人单位由于生产经营需要，经与工会和劳动者协商后可以延长工作时间，一般每日不得超过一小时；因特殊原因需要延长工作时间的，在保障劳动者身体健康的条件下延长工作时间每日不得超过三小时，但是每月不得超过三十六小时。

第四十四条　有下列情形之一的，用人单位应当按照下列标准支付高于劳动者正常工作时间工资的工资报酬：

（一）安排劳动者延长工作时间的，支付不低于工资的百分之一百五十的工资报酬；

（二）休息日安排劳动者工作又不能安排补休的，支付不低于工资的百分之二百的工资报酬；

（三）法定休假日安排劳动者工作的，支付不低于工资的百分之三百的工资报酬。

《中华人民共和国劳动争议调解仲裁法》

第六条　发生劳动争议，当事人对自己提出的主张，有责任提供证据。与争议事项有关的证据属于用人单位掌握管理的，用人单位应当提供；用人单位不提供的，应当承担不利后果。

《工资支付暂行规定》

第十三条　用人单位在劳动者完成劳动定额或规定的工作任务后，根据实际需要安排劳动者在法定标准工作时间以外工作的，应按以下标准支付工资：

（一）用人单位依法安排劳动者在日法定标准工作时间以外延长工作时间的，按照不低于劳动合同规定的劳动者本人小时工资标准的150%支付劳动者工资；

（二）用人单位依法安排劳动者在休息日工作，而又不能安排补休的，按照不低于劳动合同规定的劳动者本人日或小时工资标准的200%支付劳动者工资；

（三）用人单位依法安排劳动者在法定休假节日工作的，按照不低于劳动合同规定的劳动者本人日或小时工资标准的300%支付劳动者工资。

实行计件工资的劳动者，在完成计件定额任务后，由用人单位安排延长工作时间的，应根据上述规定的原则，分别按照不低于其本人法定工作时间计件单价的150%、200%、300%支付其工资。

经劳动行政部门批准实行综合计算工时工作制的，其综合计算工作时间超过法定标准工作时间的部分，应视为延长工作时间，并应按本规定支付劳动者延长工作时间的工资。

实行不定时工时制度的劳动者，不执行上述规定。

《最高人民法院关于审理劳动争议案件适用法律问题的解释（一）》

第四十二条　劳动者主张加班费的，应当就加班事实的存在承担举证责任。但劳动者有证据证明用人单位掌握加班事实存在的证据，用人单位不提供的，由用人单位承担不利后果。

三、如何应对员工"泡病假"的行为

>风险提示

根据《劳动法》第三条的规定,员工有休息休假的权利,当员工生病时,可以向公司提出休病假。一般情况下,只要员工身体不适前往医院就医后,向公司提交了医院开具的病假单或诊断证明,公司都会按照病假处理,暂停员工的工作并给予一定的休息时间。但在实务中,笔者会遇到公司求助,有的员工滥用休病假的权利,频繁向公司提交病假单,企图通过"泡病假"的手段消极怠工,甚至有的员工利用虚假的病假单骗取病假后在外兼职、外出旅游等。对于此类不诚信的员工,公司必须作出处理。

>以案说法

员工病假到期后仍拒绝返岗,公司可按规章制度的明确要求将其认定为旷工而解除劳动合同[1]

肖某为广州某公司的生产工人。因肖某的工作岗位存在噪声危害,2018年4月公司根据医院对肖某的体检建议,将其调离了有噪声的工作岗位。

从2018年12月20日起,肖某开始休病假,广州某公司允许肖某休假至2019年7月16日。2019年6月1日,广州某公司再组织肖某进行体检,对此次体检结果,医院没有建议肖某休假及治疗。广州某公司在此情况下,要求肖某返岗上班,而肖某拒绝,并在2019年7月16日至2019年10月18日期间,单独先后到广州市多家医院连续就诊16次。

广州某公司在2019年8月向肖某发出《违纪处理决定书》,告知肖某自2019年7月16日病假到期后未按照《员工手册》规定请假,连续旷工3天以上,决定解除与肖某的劳动合同。

【判词摘录】

◆ 一审法院认为:广州某公司根据医院建议,批准肖某自2018年12月20日至2019年7月16日休病假,使肖某得到了充分的休息治疗。2019年6

---

[1] 广州市中级人民法院(2020)粤01民终23016号民事判决书。

月1日，广州某公司再组织肖某进行体检，对此次体检结果，医院没有建议其休假及治疗，因此肖某应当按照劳动合同约定履行自己的职责。但肖某没有履行工作职责，而是继续到医院就诊，开具病假单。肖某单独频繁更换医院就诊，开具病假单，该行为不符合一般医疗救治的常理，如病情较重，应到相对固定的医院做详细检查，而不是频繁更换医院，只做简单门诊，开具病假单，故广州某公司不批准肖某2019年7月16日后的病假有理有据。

◆ 一审法院认为：在广州某公司明确告知肖某不批准病假，要求肖某返岗时，肖某不予理睬，拒绝返岗，广州某公司据此认定肖某旷工3天以上，依据《员工手册》于2019年8月14日对肖某作出《违纪处理决定书》，决定于2019年8月15日解除双方的劳动关系有理有据，应予以支持。

◆ 二审法院认为：广州某公司已给予肖某半年多的时间进行充分休息治疗并适时调整了肖某的工作岗位，在无充足证据证实肖某必须继续休假治疗的情况下，广州某公司对肖某2019年7月16日后的病假不予批准并无不当，在肖某拒绝返岗的情况下，广州某公司依据肖某签名确认的《员工手册》认定其旷工3天以上且作出解除双方劳动关系的决定理据充足，法院予以确认，广州某公司无须向肖某支付解除劳动合同的赔偿金。

应对方案

1. 为避免出现员工"泡病假"而损害公司利益的情况，公司要做好事前防范措施。公司应当制定完善的病假管理审批制度，明确申请病假的时间及条件、需提交的申请材料、请假的流程、审批的权限等。公司一定要重视病假管理审批制度的建立，否则一旦发生纠纷，公司在举证方面将处于被动的位置。

2. 对于员工提交的申请材料，例如请假条、医生诊断证明等，公司应当予以核验。

3. 公司可以建立病假探望制度，必要时可安排其他员工陪诊，以核实病假员工病情是否属实，一方面可以体现人文关怀，另一方面可以核实员工的病情。在公司陪诊的情况下，医院不愿意为员工诊病的，则员工极大可能存在虚假请假的情况，公司可向员工发限期返岗通知书，催促其返岗。

4. 公司需在规章制度中明确规定不按规定请假、虚假请假或未经批准而休假的，视为旷工，并具体规定旷工多少天属于严重违反公司的规章制度，单位可单方解除劳动合同，并且无须支付任何的补偿。需注意，相关规章制度需让员工签收确认或公示，以防员工辩称不知有关规章制度的存在。

法律依据

《关于贯彻执行〈中华人民共和国劳动法〉若干问题的意见》

59. 职工患病或非因工负伤治疗期间，在规定的医疗期间内由企业按有关规定支付其病假工资或疾病救济费，病假工资或疾病救济费可以低于当地最低工资标准支付，但不能低于最低工资标准的80%。

四、女员工产假到期前公司的提示告知义务及纠纷应对

风险提示

女员工产假到期后理应回到公司上班，但实践中，在产假到期后，女员工出于身体素质降低、需要照顾孩子等原因继续向公司请假休息或直接不返岗上班的情况时有发生，有些公司会以女员工旷工为由将其辞退。公司这样操作会有违法辞退的风险。

首先，如果公司没有明确的请假规定，女员工就可以通过较为随意的方式请假，例如电话请假等，公司难以举证证明该女员工是否未按公司制度请假。

其次，女员工产假到期前，公司应当向其发送通知书告知产假到期的时间以及要求返岗上班的时间，如果公司没有做出提前告知的行为，而女员工在产假到期后继续请假不来上班，裁判机构很可能会认定公司存在过错。

最后，女员工产假到期后，既未按公司制度请假也未返岗上班的，公司应当向其发送返岗通知书，公司没有发送返岗通知书便开除员工的行为存在违法解除劳动合同的风险。

以案说法

女员工产假到期前，公司应及时向其发送假期结束通知并告知其返岗上班的日期[①]

李某于 2014 年 7 月 1 日入职某科技公司，月工资为 3450 元。

李某入职没多久就怀孕了，并于 2015 年 4 月 23 日提出休产假。经行政管理部门核定，李某的产假为 113 天，从 2015 年 4 月 27 日至 2015 年 8 月 17 日。

李某休完产假后没有回公司上班。公司早已对李某入职没多久就怀孕的事情有意见，此次李某产假到期后不来上班的行为更让公司难以接受，于是公司在 2015 年 9 月 11 日向李某发出了开除通知书，称其于 2015 年 8 月 18 日至 31 日（剔除周末）共旷工 10 天。

李某称自己在休完产假后因为身体不好，已提前向自己的部门主管口头请假，但公司称李某没有请假。双方对于是否请假的问题均没有证据予以证明，公司在李某产假届满前没有发出产假结束告知书，也没有针对李某产假到期后未返岗上班的问题向她发送返岗通知书。

【判词摘录】

◆ 一审法院认为：李某的法定产假为 113 天，期限为 2015 年 4 月 27 日至 2015 年 8 月 17 日，但李某向公司申请休假至 2015 年 8 月 31 日……即使经核假后李某的产假只到 8 月 17 日，公司作为用人单位也有义务告知李某其产假到期的时间及到期后的假期如何处理等事宜。公司未告知李某上述情况，亦未要求其提前回来上班，故致使李某 8 月 18 日至 8 月 31 日未到岗上班的原因及过错并不在李某处。一审法院认为，公司的证据无法证明李某有旷工的违纪行为。

◆ 二审法院认为：公司既未有新的事实与理由，也未提交新的证据予以佐证自己的主张，故二审法院认可原审法院对事实的分析认定，即公司应当向李某支付违法解除劳动合同赔偿金。

---

① 广州市中级人民法院（2016）粤 01 民终 9047 号民事判决书。

应对方案

1. 在女员工的产假即将到期时，公司应及时向女员工发送假期结束通知并告知其返岗上班的日期，并告知女员工如不能按时上班，应提前到公司办理相关请假手续。

2. 针对女员工在产假到期后不返岗上班的情况，公司不能直接解雇女员工，而应当先向女员工发送返岗通知书，给予适当的期限要求女员工返岗。如果女员工在收到通知书后没有按照要求返岗也没有办理相关请假手续，公司才可以按照规定对女员工进行处罚。

3. 在正常情况下，女员工在产假结束后应当重新返岗，但由于各种原因，女员工有可能需要再休养一段时间，由于不同请假类型的性质及工资标准并不相同，公司应当对不同类型的假期作出不同规定。若女员工请病假，公司可规定需提供就诊记录、病历卡等材料，以便对病假的真实性进行审核，并明确公司有权对病假单复核以及虚假请病假需承担的责任。若女员工请事假或者年休假，公司则可按照规章制度处理或协商确定。

法律依据

《女职工劳动保护特别规定》

第五条 用人单位不得因女职工怀孕、生育、哺乳降低其工资、予以辞退、与其解除劳动或者聘用合同。

第六条 女职工在孕期不能适应原劳动的，用人单位应当根据医疗机构的证明，予以减轻劳动量或者安排其他能够适应的劳动。

对怀孕7个月以上的女职工，用人单位不得延长劳动时间或者安排夜班劳动，并应当在劳动时间内安排一定的休息时间。

怀孕女职工在劳动时间内进行产前检查，所需时间计入劳动时间。

《广东省实施〈女职工劳动保护特别规定〉办法》

第十五条 女职工产假期满上班，用人单位应当给予1至2周的适应时间。

第十六条 女职工产假期满，确有实际困难的，经本人申请，用人单位批准，可以请哺乳假至婴儿1周岁。哺乳假期间的工资待遇由双方协商决定。

《深圳市中级人民法院关于审理劳动争议案件的裁判指引》

一百〇一、用人单位违法解除与"三期"内女职工的劳动合同，女职工要求继续履行劳动合同的，应撤销用人单位解除劳动合同的决定，双方继续履行劳动合同；造成该女职工工资收入损失的，用人单位还应支付违法解除劳动合同期间的工资。在案件处理过程中劳动合同期限届满的，应在撤销用人单位解除劳动合同决定的同时，认定双方劳动合同终止，判令用人单位支付女职工工资和福利待遇至劳动合同终止之日以及终止劳动合同的经济补偿。

......

《浙江省高级人民法院民事审判第一庭、浙江省劳动人事争议仲裁院关于审理劳动争议案件若干问题的解答（四）》

八、用人单位以《劳动合同法》第四十条规定解除了与女职工的劳动合同，女职工现以怀孕期间不能解除劳动合同为由，要求恢复劳动关系，是否支持？如其要求支付违法解除劳动合同的赔偿金，是否支持？

答：用人单位以《劳动合同法》第四十条规定解除了与女职工的劳动合同，女职工现以怀孕期间不能解除劳动合同为由，要求恢复劳动关系的，应当予以支持；不要求恢复劳动关系但要求支付违法解除劳动合同赔偿金的，应举证证明在解除劳动合同前其已告知用人单位怀孕的事实。

第四节 社保福利待遇

一、员工自愿不买社保的法律效力

风险提示

公司为员工购买社保是法定义务，但在现实中，公司（尤其是工厂一类的劳动密集型企业）不为员工购买社保的情况较为普遍。公司不为员工购买社保的原因，一是公司想节省用工成本，二是员工自己不愿意购买社保。

有的公司会跟笔者抱怨：公司并不是不愿意为员工购买社保，而是一些外来务工人员自己不愿意买社保，公司如果买社保就招不到人。针对这种"被迫"不买社保的情况，一些公司会要求员工签订自愿不买社保的确认书。而在司法实践中，这种自愿不买社保的确认书普遍会被法院认定为无效，如果员工生病或发生了工伤，公司难以用这份确认书主张免责。

自愿不买社保的确认书如上所述普遍会被认定为无效。根据《最高人民法院关于审理劳动争议案件适用法律问题的解释（二）》第十九条的规定，公司与员工约定或者员工向公司承诺无须缴纳社会保险费，法院应当认定该约定或承诺无效。但如前文所述，实践中确有不少员工出于自身考虑，在公司办理参保手续时不予配合。在此情形下，若确系员工主动提出不缴纳社保，而公司不得不妥协，我们仍建议公司要求员工签署书面确认书并妥善保存。此举一方面是因为司法裁判观点可能随社会发展而调整，另一方面，该文件也可作为证据证明公司对未参保一事并非承担全部过错。值得一提的是，广州市中级人民法院曾经在 2017 年 5 月发布了《广州法院劳动争议典型案例（2014—2016）》，该份文件中的一宗案例涉及员工签署自愿不买社保确认书而事后发生了工伤，法院认为因社保中涉及的医疗保险部分是由公司与员工各自按比例缴费，所以当有证据证明是员工自愿不缴纳医疗保险时，公司只需要承担一半的责任。广州市中级人民法院的法官指出："用人单位和劳动者不履行参加基本医疗保险的法定义务都需承担相应的法律责任，双方约定无须缴纳社保并不产生免除承担不履行法定义务造成损失的法律责任的不利后果。"[1] 广州法院的观点虽然不能适用于其他地区，但值得企业在日常用工管理中予以参考。

以案说法

员工要求公司放弃为其购买社保，公司持有员工签署的自愿不买社保确认书时或可减免部分责任[2]

王某与某清洁服务有限公司签订了劳动合同，同时王某签署了声明，确

---

[1] 参见《广州劳动争议诉讼情况白皮书（2014—2016）暨典型案例》中案例之六，载广州审判网，https://www.gzcourt.gov.cn/xwzx/bps/2017/05/12101750325.html，最后访问时间：2025 年 5 月 21 日。
[2] 广州市中级人民法院（2015）穗中法民一终字第 6861 号民事判决书。

认本人在家乡已经购买了社保（包括医疗保险、失业、养老、工伤险），现强烈要求公司放弃为本人购买所有社保，一切后果本人自负。

劳动合同存续期间王某因病住院。因为公司没有为王某购买社保，所以王某的医疗费用需要自己支付。王某认为，如果当初购买了社保，自己就无须承担这笔费用，不买社保的责任在公司，因此要求公司赔偿自己的损失。

【判词摘录】

◆ 王某虽然声明放弃要求公司购买社保，但并不构成公司免除为王某购买社保并缴付作为用人单位应负担的社保费之法定义务的正当理由。因此，王某请求公司赔偿其因未购买社保无法享受社保待遇导致的医疗费损失的理由成立。

◆ 但有鉴于社会保险费由职工个人支付和用人单位负担两部分组成，而王某并未依法履行职工应当参加职工基本医疗保险的法定义务，亦有过错，应自行承担相应的责任，因此王某与公司应对此造成的损失各自承担50%的责任。

应对方案

为员工购买社保是公司应尽的法律义务。一般情况下，若公司没有为员工购买社保而导致员工因病或因工受伤无法获得社保赔付，公司需要承担赔偿责任。公司应为员工购买社保，并向员工释明工资架构的组成包括社会保险部分。在实践中确实存在公司愿意为员工参保但是员工基于自身考虑不愿意买社保的情况，建议公司要求员工签署确认书，在文件中明确是员工要求不缴纳社保。员工因病与公司发生赔偿争议时，公司可以通过该份确认书证明员工对不买社保也存在一半的过错。

法律依据

《中华人民共和国社会保险法》

第二十三条　职工应当参加职工基本医疗保险，由用人单位和职工按照国家规定共同缴纳基本医疗保险费。

......

《最高人民法院关于审理劳动争议案件适用法律问题的解释（二）》

第十九条 用人单位与劳动者约定或者劳动者向用人单位承诺无需缴纳社会保险费的，人民法院应当认定该约定或者承诺无效。用人单位未依法缴纳社会保险费，劳动者根据劳动合同法第三十八条第一款第三项规定请求解除劳动合同、由用人单位支付经济补偿的，人民法院依法予以支持。

有前款规定情形，用人单位依法补缴社会保险费后，请求劳动者返还已支付的社会保险费补偿的，人民法院依法予以支持。

《浙江省高级人民法院民一庭关于审理劳动争议纠纷案件若干疑难问题的解答》

十一、劳动者不愿意缴纳社会保险费，并书面承诺放弃参加社会保险的法律后果是什么？

劳动者不愿意缴纳社会保险费，并书面承诺放弃参加社会保险的，该书面承诺无效。劳动者可以此为由解除劳动合同，但要求用人单位支付经济补偿金的，不予支持。

《北京市高级人民法院、北京市劳动人事争议仲裁委员会关于审理劳动争议案件解答（一）》

72. 劳动者要求用人单位不缴纳社会保险，后又以用人单位未缴纳社会保险为由提出解除劳动合同并主张经济补偿的，应否支持？

依法缴纳社会保险是《劳动法》规定的用人单位与劳动者的法定义务，即便是因劳动者要求用人单位不为其缴纳社会保险，劳动者按照《劳动合同法》第三十八条的规定主张经济补偿的，仍应予支持。

二、住房公积金缴纳的基本规则

 风险提示

住房公积金制度是我国重要的社会保障制度之一，公司和员工均有依法履行缴存住房公积金的义务。根据《住房公积金管理条例》的规定，单位为职工缴存的住房公积金的月缴存额为职工本人上一年度月平均工资乘以单位住房公积金缴存比例，缴存比例不得低于职工上一年度月平均工资的5%，单位应当按时、足额缴存住房公积金,不得逾期缴存或者少缴。在实践中,有的公司为员工分配住宅,认为这样当然无须缴纳住房公积金,但按时、足额缴存住房公积金是法律的强制性规定,公司不能以分配住宅替代自身应履行的为员工足额缴纳住房公积金的义务。

另外,有的公司出于规避缴存住房公积金以降低用人成本的考虑,抑或是出于员工主动要求将住房公积金以工资形式发放的原因,公司与员工达成协议确认员工放弃住房公积金。然而,该协议并不能免除公司的缴存义务。即便是员工离职时明确约定员工不得再向公司追讨住房公积金,若日后员工反悔,向住房公积金管理中心投诉,公司仍需要补缴。

以案说法

公司为员工缴存住房公积金的法定义务不因双方的约定免除[①]

2018年2月,皮制品公司与员工张某协商解除劳动关系,并签订《协商解除劳动合同协议书》,约定皮制品公司与张某在劳动关系存续期间的全部劳动权利义务关系终结,双方不再追究任何责任。

离职后,张某向广州住房管理公积金中心投诉,要求皮制品公司为其补缴住房公积金。公积金中心随即通知公司进行补缴。皮制品公司立即向公积金中心提出异议,释明皮制品公司已与张某协商终止全部劳动权利义务关系。

广州住房管理公积金中心认为皮制品公司的异议不成立,向皮制品公司作出《责令限期缴存决定书》,责令皮制品公司限期为张某补缴住房公积金。

皮制品公司向法院提起行政诉讼,要求法院判令撤销公积金中心的决定。

【判词摘录】

◆ 关于皮制品公司与张某能否对住房公积金自行约定免除单位缴存义务的问题,依据《住房公积金管理条例》的相关规定,住房公积金具有强制性、义务性、专项性,用人单位负有将住房公积金按时、足额汇缴到职工住房公积金专户内的法定义务,未经住房公积金主管部门依法批准不得免于

[①] 广州铁路运输中级法院(2019)粤71行终1819号行政判决书。

缴存、逾期缴存或者少缴。

◆ 用人单位为职工缴存住房公积金的法定义务不因职工与用人单位之间的协议约定或劳动关系的解除而自然免除。因此，皮制品公司主张与张某解除劳动关系时已约定双方不再追究任何经济责任，是双方对自身权利义务的自由处分的上诉理由，缺乏法律依据，法院不予采纳。

应对方案

1. 公司应将住房公积金考虑在工资架构规划里，明确公司和员工各自需要承担的部分，并让员工按月签署工资条。

2. 公司若对住房公积金管理中心责令补缴的数额有异议，应在住房公积金管理中心送达《核查通知书》时主动核查员工的实际工资情况，并及时反馈。

3. 如公司无法提供员工工资情况或者员工对公司提供的工资情况有异议，住房公积金管理中心可依据当地劳动部门、司法部门核定的工资，或所在设区城市统计部门公布的上年职工平均工资计算。因此，公司应建立工资台账，保存好工资发放的银行流水、工资条等可用于证明员工工资情况的证据，在住房公积金管理中心责令补缴时，提供给住房公积金管理中心作为核实住房公积金缴存基数的依据。

4. 公司应积极应对住房公积金管理中心出具的责令限期缴存决定，如确实存在公司未为员工缴纳或未为员工足额缴纳住房公积金的情况，公司应积极补缴，以避免相应的行政处罚。

5. 如果公司不服住房公积金管理中心的责令限期缴存决定或者行政处罚，可以向住房公积金管理中心的上级机关申请行政复议，或者将住房公积金管理中心作为被告，员工作为第三人，向人民法院提起行政诉讼。

法律依据

《住房公积金管理条例》

第十三条 住房公积金管理中心应当在受委托银行设立住房公积金专户。

单位应当向住房公积金管理中心办理住房公积金缴存登记，并为本单位职工办理住房公积金账户设立手续。每个职工只能有一个住房公积金账户。

住房公积金管理中心应当建立职工住房公积金明细账，记载职工个人住房公积金的缴存、提取等情况。

第十四条 新设立的单位应当自设立之日起 30 日内向住房公积金管理中心办理住房公积金缴存登记，并自登记之日起 20 日内，为本单位职工办理住房公积金账户设立手续。

单位合并、分立、撤销、解散或者破产的，应当自发生上述情况之日起 30 日内由原单位或者清算组织向住房公积金管理中心办理变更登记或者注销登记，并自办妥变更登记或者注销登记之日起 20 日内，为本单位职工办理住房公积金账户转移或者封存手续。

第十五条 单位录用职工的，应当自录用之日起 30 日内向住房公积金管理中心办理缴存登记，并办理职工住房公积金账户的设立或者转移手续。

单位与职工终止劳动关系的，单位应当自劳动关系终止之日起 30 日内向住房公积金管理中心办理变更登记，并办理职工住房公积金账户转移或者封存手续。

第十六条 职工住房公积金的月缴存额为职工本人上一年度月平均工资乘以职工住房公积金缴存比例。

单位为职工缴存的住房公积金的月缴存额为职工本人上一年度月平均工资乘以单位住房公积金缴存比例。

第十七条 新参加工作的职工从参加工作的第二个月开始缴存住房公积金，月缴存额为职工本人当月工资乘以职工住房公积金缴存比例。

单位新调入的职工从调入单位发放工资之日起缴存住房公积金，月缴存额为职工本人当月工资乘以职工住房公积金缴存比例。

第十八条 职工和单位住房公积金的缴存比例均不得低于职工上一年度月平均工资的 5%；有条件的城市，可以适当提高缴存比例。具体缴存比例由住房公积金管理委员会拟订，经本级人民政府审核后，报省、自治区、直辖市人民政府批准。

第十九条 职工个人缴存的住房公积金，由所在单位每月从其工资中代扣代缴。

单位应当于每月发放职工工资之日起 5 日内将单位缴存的和为职工代缴的住房公积金汇缴到住房公积金专户内，由受委托银行计入职工住房公积金账户。

第二十条 单位应当按时、足额缴存住房公积金，不得逾期缴存或者少缴。

对缴存住房公积金确有困难的单位，经本单位职工代表大会或者工会讨论通过，并经住房公积金管理中心审核，报住房公积金管理委员会批准后，可以降低缴存比例或者缓缴；待单位经济效益好转后，再提高缴存比例或者补缴缓缴。

第三十七条 违反本条例的规定，单位不办理住房公积金缴存登记或者不为本单位职工办理住房公积金账户设立手续的，由住房公积金管理中心责令限期办理；逾期不办理的，处 1 万元以上 5 万元以下的罚款。

第三十八条 违反本条例的规定，单位逾期不缴或者少缴住房公积金的，由住房公积金管理中心责令限期缴存；逾期仍不缴存的，可以申请人民法院强制执行。

三、女员工生育津贴的发放

风险提示

公司负有为员工缴纳生育保险的法定义务，如果公司未为员工缴纳生育保险，公司需要按照相关规定支付员工生育保险待遇。生育保险待遇包括生育医疗费用和生育津贴，生育津贴按照职工所在用人单位上年度职工月平均工资计发。

在实践中，一个公司内不同岗位的员工之间是有巨大的工资差距的，《社会保险法》并未解释生育津贴与员工本人原工资标准的差额是否需要补足、如何补足。对此，各地有地方规范性文件或政府规章解释，一般采取的是"就高不就低"原则，以广东省为例，女员工已经享受生育津贴的，视同公司已经支付相应数额的工资。生育津贴高于女员工原工资标准的，公司应当将生育津贴余额支付给女员工；生育津贴低于女员工原工资标准的，差额部分由公司补足。公司未按照规定将生育津贴足额支付给职工的，由社保机构责令限期改正；逾期不改正的，可以对公司处2000元以上2万元以下罚款。

一般而言，生育津贴是由社保机构拨付给公司，而不是直接发放给女员工个人。有条件的统筹地区或者是女员工按照规定享受产假或者计划生育手术休假期间，公司因被吊销营业执照、责令关闭、撤销等客观原因或者无正当理由未垫付生育津贴的，才由社保机构委托金融机构将生育津贴直接发放给女员工个人。公司不能因为生育津贴还没有拨付到位而拒绝先行逐月垫付，否则可能存在女员工以公司未及时足额支付劳动报酬为由，单方解除劳动合同且要求公司支付经济补偿的法律风险。

以案说法

1. 公司未为员工缴纳生育保险的，须按照相关规定支付员工生育保险待遇[①]

贸易公司为庾某缴纳了自2017年5月至2017年11月的社会保险费用。庾某于2017年11月30日填写了《员工停薪留职申请表》，停职原因为产假，于2017年12月1日起开始休产假，并于2017年12月15日生育一孩。

庾某于2018年3月1日回到贸易公司工作，双方于2018年3月14日因劳动合同期满解除劳动关系。

法院判决贸易公司向庾某支付产假工资9270元和生育医疗费2950元。

【判词摘录】

◆ 女职工产假期间的生育津贴，对已经参加生育保险的，按照用人单位上年度职工月平均工资的标准由生育保险基金支付；对未参加生育保险的，按照女职工产假前工资的标准由用人单位支付。女职工生育或流产的医疗费用，按照生育保险规定的项目和标准，对已经参加生育保险的，由生育保险基金支付；对未参加生育保险的，由用人单位支付。

◆ 贸易公司仅为庾某缴纳了自2017年5月至2017年11月的生育保险费用，导致庾某不能享受生育保险待遇，故应由贸易公司向庾某支付生育保险待遇。

---

① 参见《广州法院女职工权益保护典型案例（2020）》中案例之四，载广州审判网，https：www.gzcourt.gov.cn/xwzx/bps/2020/04/20085648698.html，最后访问时间：2025年5月21日。

2. 公司在生育津贴中扣减代缴的社保费的，应征得员工同意[①]

咨询公司为谭某缴纳了 2016 年 8 月至 2017 年 8 月的社会保险。2017 年 6 月 26 日，谭某因稽留流产入广州市某区妇幼保健院住院治疗至 2017 年 6 月 27 日，流产时宫内妊娠约 9+周。

2017 年 7 月 31 日，广州市某区社会保险基金管理办公室审核谭某的生育、手术日期为 2017 年 6 月 26 日，假期总天数 30 天，生育津贴按单位上年度职工月平均缴费工资核算共 3891.6 元。

咨询公司于 2017 年 8 月 15 日将 2771.41 元生育津贴支付给了谭某，其余 1120.19 元主张作为代缴的社保费予以扣减。双方劳动关系于 2017 年 7 月解除。

法院判决咨询公司向谭某支付剩余津贴差额 1120.19 元。

【判词摘录】

◆ 本案中，社保部门已核定并支付了谭某的生育津贴 3891.6 元至咨询公司。咨询公司仅支付了 2771.41 元生育津贴给谭某，其余 1120.19 元主张作为代缴的社保费予以扣减。

◆ 但咨询公司未举证证明谭某明示同意在生育津贴中扣减代缴的社保费，故应予以返还。

应对方案

1. 为员工缴纳社保是公司的法定义务，若公司未依法履行缴纳生育保险的义务造成了女员工的损失，公司应依法承担赔偿女员工生育保险待遇损失的责任。因此，公司应在女员工入职三十日内向社保机构申请办理社会保险登记，且按月足额缴纳社会保险费（含生育保险费）。

2. 女员工已经参加生育保险的，享受产假待遇（生育津贴）由生育保险基金支付。但是女员工的生育津贴与产假工资能否同时享受，各地的相关规定以及司法实践均不相同。以广东省为例，女员工产假期间公司可以停发其工资，改由社保机构发放生育津贴，生育津贴的标准是公司上年度职工的平均工资，生育津贴由生育保险基金支付。即公司只要按规定缴纳了生育保

---

① 参见《广州法院女职工权益保护典型案例（2020）》中案例之五，载广州审判网，https：//www.gzcourt.gov.cn/xwzx/bps/2020/04/20085648698.html，最后访问时间：2025 年 5 月 21 日。

险费，女员工生育后法定产假期间内享受生育津贴的，公司不再支付产假工资。建议公司首先完善其规章制度，明晰权利义务，明确女员工有义务配合公司申领生育津贴，若女员工怠于申领，公司应保存相关证据。其次，公司可以与女员工在劳动合同中明确约定，确认产假工资与生育津贴不能同时享受。

法律依据

《中华人民共和国社会保险法》

第五十六条　职工有下列情形之一的，可以按照国家规定享受生育津贴：

（一）女职工生育享受产假；

（二）享受计划生育手术休假；

（三）法律、法规规定的其他情形。

生育津贴按照职工所在用人单位上年度职工月平均工资计发。

《广东省职工生育保险规定》

第八条　用人单位应当按月缴纳职工基本医疗保险费（含生育保险费）。职工个人应当按月缴纳职工基本医疗保险费，不缴纳生育保险费。

第十五条　职工应当享受的生育津贴，按照职工生育或者施行计划生育手术时用人单位上年度职工月平均工资除以30再乘以规定的假期天数计发。

用人单位上年度职工月平均工资按照本单位上一自然年度参保职工各月缴费工资之和，除以其各月参保职工数之和确定。

本年度新参保的用人单位，生育津贴以该单位本年度参保职工月平均工资为基数计算。

第十六条　职工享受生育津贴的假期天数，按照下列规定计算：

（一）女职工生育享受产假：顺产的，计98天；难产的，增加30天；生育多胞胎的，每多生育1个婴儿，增加15天。

（二）女职工终止妊娠享受产假：怀孕未满4个月终止妊娠的，根据医疗机构的意见，计15天至30天；怀孕4个月以上7个月以下终止妊娠的，计42天；怀孕满7个月终止妊娠的，计75天。

（三）职工享受计划生育手术休假：取出宫内节育器的，计1天；放置宫内节育器的，计 2 天；施行输卵管结扎的，计 21 天；施行输精管结扎的，计 7 天；施行输卵管或者输精管复通手术的，计 14 天。

同时存在两种以上计划生育手术情形，或者同时存在生育和计划生育手术情形的，合并计算享受生育津贴的假期天数。

第十七条 职工按照规定享受的生育津贴，由用人单位按照职工原工资标准先行垫付，再由医疗保障经办机构按照规定拨付给用人单位。有条件的地级以上市可以由医疗保障经办机构委托金融机构将生育津贴直接发放给职工。

职工已经享受生育津贴的，视同用人单位已经支付相应数额的工资。生育津贴高于职工原工资标准的，用人单位应当将生育津贴余额支付给职工；生育津贴低于职工原工资标准的，差额部分由用人单位补足。

职工依法享受的生育津贴，按照规定免征个人所得税。

本条所称职工原工资标准，是指职工依法享受产假或者计划生育手术休假前 12 个月的月平均工资。职工依法享受假期前参加工作未满 12 个月的，按其实际参加工作的月份数计算。

第二十三条 用人单位已经垫付生育津贴的，可以在职工分娩、终止妊娠或者施行计划生育手术次日起 3 年内，向医疗保障经办机构申请拨付生育津贴。

地级以上市规定由金融机构直接发放生育津贴的，按照其规定执行。

第二十四条 职工按照规定享受产假或者计划生育手术休假期间，用人单位因被吊销营业执照、责令关闭、撤销等客观原因或者无正当理由未垫付生育津贴的，职工本人可以在产假或者计划生育手术休假结束后 3 年内，直接向参保地医疗保障经办机构申请拨付生育津贴。

第三十条 用人单位未按照规定为职工办理生育保险登记或者未按时足额缴费的，依照《中华人民共和国社会保险法》等法律法规的规定处理；造成职工或者职工未就业配偶不能享受生育保险待遇的，由用人单位按照本规定及所在地级以上市规定的生育保险待遇标准支付相关费用。

用人单位未按时足额申报缴纳本单位职工基本医疗保险费造成职工生育津贴损失的，由用人单位补足。

第三十一条 用人单位未按照本规定第十七条第二款规定将生育津贴足额支付给职工的，由医疗保障行政部门责令限期改正；逾期不改正的，可以对用人单位处 2000 元以上 2 万元以下罚款。

四、女员工享受生育相关奖励假的规则

> 风险提示

根据《人口与计划生育法》第二十五条的规定，符合法律、法规规定生育子女的夫妻，可以获得延长生育假的奖励或者其他福利待遇。国家推行三孩政策后，为鼓励生育，各省（自治区、直辖市）纷纷修改本地区的人口与计划生育条例，大部分地区增加了"奖励假"天数。

不少公司会认为："奖励假"既然名为"奖励"，那么发放"奖励"的自主权是否在于公司？实则不然，"奖励假"其实是员工的法定权利，具有强制性。以笔者执业的广东省为例，根据《广东省人口与计划生育条例》的规定，"奖励假"期间的工资应按职工正常出勤情况下的应得工资计算，且不影响福利待遇和全勤评奖。如果公司不按法律规定支付符合生育政策的女员工"奖励假"期间的工资、给予福利待遇等，女员工有权向公司主张，公司也会有支付被迫解除劳动合同经济补偿金的风险。

> 以案说法

公司应按法律规定给予符合条件的女员工"奖励假"待遇[①]

罗某是科技公司员工，劳动合同约定工资为 9600 元/月。罗某入职后，科技公司为其缴纳社会保险，至 2018 年 7 月停保。2018 年 1 月 19 日罗某生育一小孩，并休产假至 2018 年 8 月 17 日。罗某起诉科技公司没有支付"奖励假"工资。

法院判决科技公司向罗某支付奖励假工资 24814.94 元。

【判词摘录】

◆ 女职工生育后，除享有产假待遇外，生育符合法律法规和计划生育政策的，另享有 80 日的奖励假期，该期间用人单位需正常发放工资和福利待遇。

[①] 参见《广州法院女职工权益保护典型案例（2020）》中案例之八，载广州审判网，https：www.gzcourt.gov.cn/xwzx/bps/2020/04/20085648698.html，最后访问时间：2025 年 5 月 21 日。

◆ 本案中,罗某合法生育,其于2018年5月30日至2018年8月17日享有奖励假,科技公司未举证证实向罗某支付了该期间的工资,应予以支付。

应对方案

1. "奖励假"期间的工资应按职工正常出勤情况下应得的工资计算,但加班工资、高温津贴、支付周期超过一个月或未确定支付周期的劳动报酬除外。公司可以优化工资结构,明确工资构成由正常工作期间工资、绩效工资、加班费以及补贴等组成,告知女员工"奖励假"期间工资的计算标准,并让其按月签署工资条确认。

2. 如女员工自愿不休"奖励假"或未休完"奖励假"即要求返工,公司应当向女员工释明休假权利,若女员工仍坚持不休"奖励假",公司应要求女员工以书面申请的方式写明情况并签名确认。

3. 在司法实践中,如果公司不按法律规定支付"奖励假"工资,女员工有权按照《劳动合同法》第三十八条的规定主张解除劳动合同获取经济补偿,即公司未按法律规定给予女员工"奖励假"待遇的,除本应支付的"奖励假"期间的工资、福利待遇等,还存在额外支付经济补偿的风险。因此,公司应按法律规定给予符合条件的女员工"奖励假"待遇,切勿"因小失大"。

法律依据

《广东省高级人民法院、广东省劳动人事争议仲裁委员会关于劳动人事争议仲裁与诉讼衔接若干意见》

六、女职工按照《女职工劳动保护特别规定》第七条的规定休产假的,原工资标准按照《广东省实施〈女职工劳动保护特别规定〉办法》第十三条第二款的规定确定。根据《广东省人口与计划生育条例》第三十条的规定,符合法律、法规规定生育子女的,女方享受八十日的奖励假,男方享受十五日的陪产假,在规定假期内照发工资,不影响福利待遇和全勤评奖。奖励假和陪产假期间的工资应按职工正常出勤情况下的应得工资计算,但加班工资、高温津贴、支付周期超过一个月或未确定支付周期的劳动报酬除外。

五、工伤的认定标准

风险提示

只要是在工作时间、工作地点发生的与工作有关系的人身伤亡，一般都会被认定为工伤，员工故意犯罪、醉酒、吸毒、自残、自杀的情况除外。公司若没有为员工购买社保，则需要向受到工伤的员工支付与工伤保险等额的赔偿。员工在工作中因自己的过错受伤的，如开压机不按照规范操作而压断了手指、在工地不戴安全帽等，并不影响工伤的认定。

除上述在工作过程中因工作原因而造成的伤害可以被认定为工伤外，在上下班途中受到非本人主要责任的交通事故或者搭乘城市轨道交通、客运渡轮以及火车而遭受事故伤害的，也会被认定为工伤。此处工伤认定要求员工是因非主要责任的交通事故受伤，或在规定的交通工具上受伤，如员工在上下班途中自己骑车不注意掉入水坑受伤，或下班乘直升机回家而受伤，均不属于工伤。对于"上下班途中"该如何界定？法院在审理案件时会根据"合理时间"和"合理路线"来具体分析认定。哪些情况属于"合理时间"或"合理路线"呢？需根据个案情况具体分析。例如，员工为了避免下班高峰期而晚一个小时下班，搭乘回家的公交车而遭遇事故，该员工晚一个小时离开公司是为了避免下班的高峰期，因此可以认定为"合理时间"。又如，员工在下班途中顺路到家附近的菜场买菜而被车辆撞伤，因为买菜地点属于顺路且在家的附近，因此可以认定为"合理路线"。

以案说法

1. 工伤认定适用无过错原则，员工受伤自身有过错的并不影响工伤的认定[①]

朱某是港某公司招用在某区工地工作的杂工，2005 年 12 月 1 日，朱某在工地从事外墙空调机架翻新的油漆工作，下午 4 时左右，朱某在空调机架

---

① 陈万如：《工人自己过错是否认定工伤各级法院各有见解，高院一锤定音——工地吸烟酿火烧身 4 年诉讼确认工伤》，载《南方都市报》2013 年 6 月 5 日，广州读本 A18 版。

上休息时，违反操作规程和安全守则吸烟，引燃了身边的易燃物料天拿水，导致全身衣物着火燃烧，朱某被送至医院治疗，被诊断为"全身多处烧伤"。

朱某于2006年11月7日向社保局提出工伤认定申请，社保局认定朱某受伤属于工伤。

2007年6月11日，港某公司不服工伤认定，将社保局起诉至法院。港某公司认为，朱某是在休息的时候发生事故受伤，而非在工作时间内，事故的发生是朱某吸烟导致，而不是工作原因。且朱某作为一个智力正常的人，应当具备在天拿水等易燃物品旁不得吸烟的常识。因此，朱某的情形不能认定为工伤。

法院一审判决支持了社保局的工伤认定。港某公司不服判决提起上诉。法院二审认为：朱某违反禁火的操作规程吸烟，导致起火被烧伤，其受伤与其从事使用油漆翻新空调机架的工作没有联系，因此朱某受伤不属于因工作原因受伤，依法应当予以撤销。

二审判决生效后，朱某向检察机关申请抗诉，得到支持，案件由省高级人民法院再审。伤害事故发生前，港某公司并没有为朱某购买工伤保险。

【律师评析】

关于朱某受伤是否因工作原因所造成的问题，《工伤保险条例》的立法目的在于有效保障劳动者的合法权益，工伤认定应适用无过错原则，对《工伤保险条例》所称的工作时间、工作场所和工作原因亦应作广义的、统一的理解。

朱某所从事的油漆工作具有间断性的特点，在工作过程中需要间隔休息是由该项工种的工作量集中、劳动强度大的性质所决定的，工间休息是整个工作时间的一部分。

朱某工间休息时吸烟，与喝水饮食一样，是为了恢复工作原因而造成的身体疲劳。

朱某所处的工作场所存放有油漆、天拿水等易燃物品，工作环境存在不安全客观因素，但港某公司对该工作环境致害因素并未采取必要的安全管理和有效的防范措施，是导致生产安全事故隐患不能从根本上得到消除的客观原因。

朱某在工间休息时所受的伤害属于在工作时间、工作场所内、因工作原因受到的事故伤害，应认定为工伤。

2. 员工在上下班途中因非本人主要责任的交通事故而遭受伤害的，属于工伤

某铝材加工厂有工人四百多人，因晚上常要加班，且工厂考虑员工的安全等问题，所以厂区内盖有宿舍楼，免费分配给工人居住。员工赵某是铝材加工厂的普工，分得了房间后并不在宿舍居住，而自愿在离工厂十几千米外的城中村租房居住。

2011年12月17日晚上8时，赵某下班。在骑自行车回家的路上，赵某于晚上8时15分与一辆货车发生碰撞，造成重伤，被送往医院后经抢救无效死亡。交警对事故的认定为赵某无责任。

工厂在事故发生前没有为工人购买工伤保险。赵某家属认为赵某的死属于工伤，要求工厂向他们支付工伤保险待遇。工厂认为，赵某有宿舍不住偏要在外面租房，因此出了事应该自己负责，另外赵某从工厂回出租屋有很多条路可以走，而出事的路段并非工厂到出租屋的最短路线。工厂认为赵某当时并非想直接回家，因此不属于在下班的途中发生事故。

【律师评析】

虽然工厂向员工提供了宿舍，但是住不住宿舍是员工自己的选择。赵某可以选择拿了宿舍钥匙后，在外面另租房屋居住。赵某下班不回宿舍而是在回出租屋的路上发生了事故，仍然属于在下班的路上发生的非本人主要责任的事故，因此赵某属于工伤。

而对于工厂所提出的有多条路线可以供赵某选择回到出租屋，但赵某选择的路线并非最短路线，怀疑赵某当时并非想直接回家因此不属于在下班途中的说法，是无法得到法院的支持的。法院在判断是否为上下班途中的问题上，对于"合理路线"的认定，会结合出事的路线和出事的时间来具体判断。本案中，赵某在下班后15分钟即发生事故，且事故发生在回出租屋的某一条路径上，因此会被法院判定为合理路线。

应对方案

公司为员工购买社保是法定义务，如果员工发生工伤而公司没有为其购买社保，则公司要承担本可以由社保支付的费用。公司为员工缴纳社保应保

存相应的证明文件，如社会保险参保缴费情况证明、社保费税证明，以证明公司已为员工缴纳社保的事实以及缴纳的具体数额。

法律依据

《工伤保险条例》

第十四条 职工有下列情形之一的，应当认定为工伤：

（一）在工作时间和工作场所内，因工作原因受到事故伤害的；

（二）工作时间前后在工作场所内，从事与工作有关的预备性或者收尾性工作受到事故伤害的；

（三）在工作时间和工作场所内，因履行工作职责受到暴力等意外伤害的；

（四）患职业病的；

（五）因工外出期间，由于工作原因受到伤害或者发生事故下落不明的；

（六）在上下班途中，受到非本人主要责任的交通事故或者城市轨道交通、客运轮渡、火车事故伤害的；

（七）法律、行政法规规定应当认定为工伤的其他情形。

第十五条 职工有下列情形之一的，视同工伤：

（一）在工作时间和工作岗位，突发疾病死亡或者在48小时之内经抢救无效死亡的；

（二）在抢险救灾等维护国家利益、公共利益活动中受到伤害的；

（三）职工原在军队服役，因战、因公负伤致残，已取得革命伤残军人证，到用人单位后旧伤复发的。

职工有前款第（一）项、第（二）项情形的，按照本条例的有关规定享受工伤保险待遇；职工有前款第（三）项情形的，按照本条例的有关规定享受除一次性伤残补助金以外的工伤保险待遇。

第十六条 职工符合本条例第十四条、第十五条的规定，但是有下列情形之一的，不得认定为工伤或者视同工伤：

（一）故意犯罪的；

（二）醉酒或者吸毒的；

（三）自残或者自杀的。

六、员工参加公司团建活动受伤是否属于工伤

> 风险提示

出于增强团队凝聚力等目的，不少公司会组织团建活动，例如职工运动会、徒步、旅游、聚餐等，不过，组织团建项目有安全风险，稍不留神，团建过程中就会发生员工受伤事件。那么，员工在参加单位组织的团建活动过程中受伤，可以认定为工伤吗？

根据《工伤保险条例》第十四条第（五）项的规定，因工外出期间，由于工作原因受到伤害的，应当认定为工伤。结合司法实践，对于员工在团建活动中受伤是否属于工伤这个问题，需要从团建活动是否属于工作的延伸以及受伤是否与工作相关两方面来判断。

《人力资源社会保障部关于执行〈工伤保险条例〉若干问题的意见（二）》第四条规定，职工在参加用人单位组织或者受用人单位指派参加其他单位组织的活动中受到事故伤害的，应当视为工作原因，但参加与工作无关的活动除外。据此，员工参加的活动是否属于工作的延伸，应当审查活动形式、活动目的、活动组织安排者、活动费用承担、员工的意志、活动是否具有强制性、活动受益方是谁、活动与员工本职工作是否相关联等因素综合判断。

团建活动通常都是由公司组织、安排并承担费用，其性质上是公司集体行为，可能会被认为是工作的合理延伸。有的公司甚至会强制性要求员工参加团建活动，并将员工是否参加团建活动与出勤考核挂钩，该情形下团建活动被认定为属于工作的合理延伸的概率就非常大。而单位个别同事私下的聚餐、娱乐等，通常会被认为属于自发组织的活动，不属于工作的合理延伸。

此外，员工受伤是否与工作相关，需要结合活动性质、活动内容等方面进行综合判断，例如有的公司为增强凝聚力，会安排员工合作分组参与具有对抗性的体育活动，此时员工一旦受伤，很容易被认定为工伤。如果员工在团建活动外，自行实施了具有危险系数的活动或行为而因此受伤，则难以被认定为工伤。

对于什么情况会被视为工作原因，江苏省有具体规定，《江苏省人力资源社会保障厅关于执行工伤保险有关政策的意见》第（五）点明确规定"用人单位安排或者组织职工参加文体活动，视为工作原因。用人单位以工作名义安排或者组织职工参加餐饮、旅游观光、休闲娱乐等活动，或者从事与本人、他人私利有关的活动，不作为工作原因。职工因工外出期间从事与工作职责无关的活动受到伤害的，不作为工作原因"。供读者参考。

以案说法

1. 公司安排或者组织员工参加文体活动，视为工作原因[①]

吴某为贸易公司的商务专员，2019年5月24日，贸易公司组织所有员工到场参加或观看趣味运动会，吴某事先并未报名参赛，因临时替换队员参加，后在独木难支环节中左足扭伤，被同事送医。吴某向人社局提出工伤认定申请，人社局作出工伤认定决定，贸易公司不服申请复议，复议维持原工伤认定，公司不服提起诉讼，请求撤销涉案认定工伤决定及行政复议决定。

【判词摘录】

◆ 法院审理后认为，根据《江苏省人力资源社会保障厅关于实施〈工伤保险条例〉若干问题的处理意见》[②]第八条的规定，用人单位安排或者组织职工参加文体活动，应作为工作原因。公司组织员工参赛或观看比赛，属于组织职工参加文体活动，吴某临时由观众替换其他队员上场参赛，属于参加文体活动内容，其在观看比赛或参赛时受伤均属于因工作原因受伤，人社局据此认定工伤于法有据，故判决驳回贸易公司请求，二审仍维持原判。

2. 公司组织的游览活动若与工作有本质联系，属于工作原因[③]

朱先生所在的用人单位组织员工外出前往古北水镇景区参观，朱先生在参观过程中不慎摔伤，导致右脚骨折。人社局认为朱先生受伤不在工作期间、不在工作岗位且与工作无关，因而作出不予认定工伤的决定。朱先生认

---

① 常州市中级人民法院（2020）苏04行终261号行政判决书。
② 该意见已被自2023年2月1日起施行、有效期至2028年1月31日的《江苏省人力资源社会保障厅关于执行工伤保险有关政策的意见》废止。判词中引用的原意见中的内容，在新意见中第（五）点有所体现。
③ 北京市海淀区人民法院（2020）京0108行初364号行政判决书。

为该项活动是公司多年来延续的年度工作安排，为的是提升团队凝聚力，其受伤当天是正常的工作日，且正常记录考勤并计算工资，应当认定为工伤，故向法院请求撤销人社局的决定。

【判词摘录】

◆ 根据《工伤保险条例》第十四条第（五）项的规定，因工外出期间，由于工作原因受到伤害的，应当认定为工伤。本案中，朱先生按公司活动安排到景区游览，该活动系由公司组织并承担经费，是职工的一项福利待遇，本身并不脱离职工身份而单独存在，因此该活动是公司的单位行为，有别于与他人相约外出游览的私人行为。此外，该公司组织的此项活动亦是增强职工凝聚力，调动职工积极性，提高工作效率的一种手段和方式，故上述活动与工作有本质联系，是该公司的一项正常工作安排。因此，朱先生参加上述活动属于因工外出，同时，朱先生受伤地点位于景区内，并非其违反公司安排自行参加的其他活动，朱先生在该景区内受伤，属于因工作原因受到伤害。因此，判决撤销人社局作出的不予认定工伤决定并责令其限期对工伤认定申请重新作出处理。

3. 员工自愿参加与本职工作没有必然联系的纯粹游览观光活动，不属于工作原因[①]

王某是某科技公司的技术工程师。2019年6月，某科技公司组织员工前往广西阳朔休闲旅游，王某自愿报名参加。2019年6月9日晚，某科技公司未安排集体活动，王某与同事一起吃晚饭喝酒，晚上11时，王某与两名同事返回酒店休息。次日凌晨1时左右，王某从酒店五楼住宿房间的窗户处坠落到一楼。

事故发生后，王某向人社局申请工伤认定，人社局作出不予认定工伤决定。王某不服该决定，向法院提起行政诉讼，经一审、二审判决，法院依法维持了人社局不认定工伤的决定。

【判词摘录】

◆ 工伤保险制度的本质是为了保护职工因工作原因受到伤害的补偿制

---

① 深圳市盐田区人民法院（2019）粤0308行初3226号行政判决书。

度，其目的是保障受伤职工获得医疗救治和经济补偿，并分散用人单位的工伤风险。故一方面工伤认定不能过窄，侵害职工本应获得救济的权利；另一方面工伤认定也不能过宽，给用人单位增添无止境的保障义务，否则会损害企业在开展职工业余活动、发放职工福利等方面的积极性，最终会损害职工的权益。因此，要判断职工参加的活动是否属于"用人单位组织的活动"，要从是否属于单位安排、经费由谁负担、是否具有强制性、活动受益方是谁、活动与本职工作是否相关联等多个方面进行综合判断。本案中，王某参加的阳朔旅游活动属于纯粹的游览观光活动，与本职工作没有必然联系，员工自愿参加，且活动本身的最大受益人也是员工本人。故结合旅游活动的内容、出行时间、费用承担方式等多方面因素综合考量，王某参加此次阳朔旅游活动并不属于工作原因，其在活动中受伤不符合《工伤保险条例》《广东省工伤保险条例》中应当认定为工伤的情形，不属于或不视同工伤。

4. 若聚餐活动不具有公司意志的团队建设性质，不能认定其为公司组织的团体活动

方某是某贸易公司的包装工，2021年3月12日，方某下班前往餐厅与同事聚餐。聚餐结束后，方某在骑电动自行车回家路上发生碰撞受伤入院，后抢救无效死亡。《道路交通事故认定书》认定属于交通意外事故，方某无责。事故发生后，方某配偶赵某向人社局申请工伤认定，人社局作出不予认定工伤决定。赵某提起诉讼，并主张聚餐活动由公司组织，费用由公司支付，员工几乎全员出席，方某任职的仓库部门全员出席，聚餐活动具有工作性质，请求撤销不予认定工伤决定。经调查，聚餐活动是下班后开展，由部门主管组织，职工自愿参加，餐费来源于部门职工共同劳动所得。

【律师评析】

案涉聚餐活动是下班后开展，由部门主管组织，职工自愿参加，餐费来源于部门职工共同劳动所得，虽然有公司管理层人员参加，但从聚餐的目的、内容、召集人、费用承担等多方面因素看，均未见聚餐活动具有公司意志的团队建设性质。故不能认定涉案聚餐活动为公司组织的团体活动，不能视为工作时间和地点的变更以及工作内容的延伸。方某所受伤害不属于法律规定的可以认定为工伤情形，据此，驳回赵某请求。

应对方案

1. 基于保障员工福利考虑，公司可适当为员工组织安排团建活动，但应当遵循自愿原则。公司应提前做好规划安排，提前告知员工团建项目以及具体内容，由员工自行选择是否参与，安排参与人员签订自愿参加的声明，公司做好参与人员的统计及活动的安全提示。

2. 公司应事先对活动做好风险评估，尽量避免组织危险系数较高的体育活动，同时应当提前做好风险排查，对于身体不适宜参加团建活动的员工应当做好释明工作，不建议此类员工参与。

3. 公司应依法为员工缴纳社会保险，在组织活动过程中应尽到安全保障义务，如发生工伤时及时、依法为员工申请工伤认定，同时，建议公司购买商业保险，起到分散风险的作用。

法律依据

《工伤保险条例》

第十四条　职工有下列情形之一的，应当认定为工伤：

（一）在工作时间和工作场所内，因工作原因受到事故伤害的；

（二）工作时间前后在工作场所内，从事与工作有关的预备性或者收尾性工作受到事故伤害的；

（三）在工作时间和工作场所内，因履行工作职责受到暴力等意外伤害的；

（四）患职业病的；

（五）因工外出期间，由于工作原因受到伤害或者发生事故下落不明的；

（六）在上下班途中，受到非本人主要责任的交通事故或者城市轨道交通、客运轮渡、火车事故伤害的；

（七）法律、行政法规规定应当认定为工伤的其他情形。

《人力资源社会保障部关于执行〈工伤保险条例〉若干问题的意见（二）》

四、职工在参加用人单位组织或者受用人单位指派参加其他单位组织的活动中受到事故伤害的，应当视为工作原因，但参加与工作无关的活动除外。

七、达到法定退休年龄员工的工伤认定规则

风险提示

我国过去施行的职工退休年龄是：男性60周岁，女管理岗55周岁，女非管理岗50周岁。随着《国务院关于渐进式延迟法定退休年龄的办法》的出台，从2025年1月1日起，男职工法定退休年龄每4个月延迟1个月，逐步延迟至63周岁；原法定退休年龄为55周岁的女职工法定退休年龄每4个月延迟1个月，逐步延迟至58周岁；原法定退休年龄为50周岁的女职工，法定退休年龄每2个月延迟1个月，逐步延迟至55周岁。退休年龄的延迟体现了社会人口老龄化的趋势。

随着我国人口老龄化趋势，公司招用或返聘已达退休年龄的员工的情形越来越普遍。在用工过程中，超龄员工受伤的情况时有发生，而部分公司误以为聘用超龄员工就不会构成劳动关系，不构成劳动关系就不可能认定为工伤。事实上，公司与超龄员工之间的用工关系（是否构成劳动关系）及工伤认定规则一直是实务中的难点，各地法院在不同时期有不同的裁判。对于此问题，笔者分析如下：

1. 作出认定工伤或视同工伤决定不必然以劳动关系存在为前提，已达退休年龄的员工仍然可以受《工伤保险条例》调整。

首先，《劳动合同法》第四十四条规定："有下列情形之一的，劳动合同终止：……（二）劳动者开始依法享受基本养老保险待遇的……"《劳动合同法实施条例》第二十一条规定："劳动者达到法定退休年龄的，劳动合同终止。"由此可知，员工已达法定退休年龄或者已享受基本养老保险待遇的，公司有权终止劳动关系。

其次，2010年3月17日，最高人民法院行政审判庭在《关于超过法定退休年龄的进城务工农民因工伤亡的，应否适用〈工伤保险条例〉请示的答复》（〔2010〕行他字第10号）中明确：用人单位聘用的超过法定退休年龄的务工农民，在工作时间内、因工作原因伤亡的，应当适用《工伤保险条例》的有关规定进行工伤认定。《答复》也明确了超龄务工农民也应当纳入

《工伤保险条例》的保护范围。

最后,《人力资源社会保障部关于执行〈工伤保险条例〉若干问题的意见(二)》第二条第一款规定:"达到或超过法定退休年龄,但未办理退休手续或者未依法享受城镇职工基本养老保险待遇,继续在原用人单位工作期间受到事故伤害或患职业病的,用人单位依法承担工伤保险责任。"人社部该意见也秉持了未办理退休手续或者未依法享受城镇职工基本养老保险待遇的员工是受《工伤保险条例》调整的对象的观点。

鉴于此,判断超龄员工是否受《工伤保险条例》调整的基本准则应在于员工是否办理退休手续或者是否依法享受城镇职工基本养老保险待遇。即使已达到退休年龄,员工仍然可以受《工伤保险条例》调整。

2. 即使超龄员工已享受城乡居民养老保险待遇,其因工伤亡时仍然可以予以工伤认定或视同工伤决定,公司需对工伤员工承担相应的工伤保险责任。

根据前述〔2010〕行他字第 10 号答复意见及其他法律法规,我国法律并未禁止对已享受城乡居民养老保险待遇的超龄员工作出工伤认定或视同工伤决定。

另外,城乡居民养老保险与城镇职工基本养老保险为互补的关系,城乡居民养老保险待遇(俗称养老金)相较于城镇职工基本养老保险而言更低,未必能满足超龄劳动者的生活、医疗条件需求。以广州市为例(见表 4-1),2023 年基于筹资标准预测的城乡居民养老保险待遇为每个月 392 元至 1428 元不等,按照广州市的生活消费水平,部分人员不得不继续提供劳动以改善经济条件,如果在这个过程中发生工伤却无法取得工伤保险的救济补偿保障,超龄员工会陷入更大的生活困难。事实上,广州市的城乡居民养老保险待遇在全国范围内已居较高水平,其他地区工伤员工面临的收支差距可能更为明显。

表 4-1　广州城乡居保缴费标准和养老金水平预测表①

	筹资标准（元/年）				缴费 15 年的个人账户合计（万元）（未计利息）	年满 60 周岁且累计缴费 15 年预测可领养老金（元/月）	
	个人缴费	对应政府补贴	集体补助	对应政府补贴		养老金合计（未考虑基础养老金提高）	其中个人账户养老金
第一档	360	420	360	300	2.16	392	155
第二档	600	600	600	420	3.33	477	240
第三档	900	780	900	480	4.59	567	330
第四档	1200	870	1200	480	5.625	642	405
第五档	1800	960	1800	480	7.56	781	544
第六档	3600	960	3600	480	12.96	1169	932
第七档	4800	960	4800	480	16.56	1428	1191

以案说法

1. 超龄员工已享受城乡居民养老保险待遇的，因工伤亡时仍然可以予以工伤认定

2018 年 12 月 29 日，公路管理所与人力资源公司签订《劳务派遣协议》，约定人力资源公司向公路管理所提供劳务派遣服务，2019 年 1 月 15 日，人力资源公司（甲方）与年满 60 周岁已享受居民社会养老保险待遇的杨某 1（乙方）签订《劳务合同书》，约定"乙方同意被派到公路管理所从事环卫工作"，劳务派遣期间的工资由人力资源公司发放。

2019 年 3 月 2 日，杨某 1 在清扫道路时，突然晕倒在地，经现场急救无效后死亡。2020 年 1 月 17 日，杨某 1 之子杨某 2 向人社局提出工伤认定申请。根据调查核实，2020 年 12 月 18 日人社局作出《工伤认定决定书》并送达人力资源公司、杨某 2。人力资源公司不服，认为杨某 1 已经超过法定

---

① 参见《〈广州市人民政府办公厅关于印发广州市城乡居民基本养老保险实施办法的通知〉政策解读》，载广州市人民政府官方网站，https://www.gz.gov.cn/zwgk/zcjd/zcjd/content/mpost_7310856.html，最后访问时间：2025 年 4 月 7 日。

退休年龄，不应享受工伤保险待遇，于是提起诉讼。

本案经一审、二审及再审程序，法院均没有支持人力资源公司要求撤销人社局《工伤认定决定书》的诉讼请求。

【律师评析】

关于人力资源公司上诉称杨某1已年满60周岁且已享受基本养老保险，不适用《工伤保险条例》的问题，本案中，杨某1虽然已经超过法定退休年龄，但其享受的是居民社会养老保险待遇，法律法规并未对已享受居民社会养老保险待遇的人员享受工伤保险待遇作出禁止性规定，故人社局可以适用《工伤保险条例》的规定对杨某1进行工伤认定。人力资源公司的理由不能成立。

2. 超过法定退休年龄的进城务工农民因工伤亡的，仍然适用《工伤保险条例》[①]

高某于1957年出生，李某系高某之子。2017年7月10日，高某与保洁中心签订协议，约定自2017年6月18日起由高某负责某路段范围内的卫生保洁。高某的工作时间是7时30分至11时，14时至17时30分，每周休息一天。

2017年7月19日13时55分，高某在驾驶三轮摩托车上班途中，发生交通事故后死亡。交通支队出具《道路交通事故认定书》，认定高某在上述交通事故中负次要责任。

李某向人社局提出高某工伤认定申请。

【判词摘录】

◆ 本案中，高某在达到法定退休年龄之后，向保洁中心提供劳务，双方构成劳务关系。在此基础上，人社局经调查认定高某属于上班途中受到的非本人主要责任的交通事故伤害，高某在上述交通事故中负次要责任。根据该事实，人社局认定高某受到的事故伤害属于工伤认定范围。依据《最高人民法院行政审判庭〈关于超过法定退休年龄的进城务工农民因工伤亡的，应否适用〈工伤保险条例〉请示的答复〉》关于"用人单位聘用的超过法定

---

① 北京市第二中级人民法院（2021）京02行终256号行政判决书。

退休年龄的务工农民，在工作时间内、因工作原因伤亡的，应当适用《工伤保险条例》的有关规定进行工伤认定"的规定，对人社局所作上述认定应予支持。

3. 超龄务工农民因工伤亡，可享受工伤保险待遇[①]

刘某（女）系农村居民户口，未享受养老保险待遇，在某餐厅从事清洁工作，餐厅未给刘某缴纳包括工伤保险在内的社会保险。

2020年9月的一天，刘某乘坐摩托车上班途中发生交通事故死亡。该事故经交警部门认定刘某无责任。2021年6月，人社局认定刘某死亡为工伤。

因工伤待遇赔偿问题，刘某的家属孔某等人提起劳动仲裁，请求裁决餐厅支付一次性工亡补助金、丧葬费共计81万余元，并向亲属按月支付抚恤金。

仲裁裁决支持了孔某等人的请求。餐厅对裁决不服，向法院起诉，认为餐厅并非不愿给刘某缴纳工伤保险，而是刘某超龄无法缴纳工伤保险；餐厅不存在过错，无须按照《工伤保险条例》的规定承担相关工伤保险待遇。

【判词摘录】

◆ 刘某在上班途中发生非本人主要责任的交通事故伤害，经有关社保部门认定，刘某发生的事故属于工伤。

◆ 虽然刘某到餐厅工作时已超过法定退休年龄，但对于达到法定退休年龄仍然从事劳动的人员，法律未作禁止性规定。

◆ 本案中，作为用人单位的餐厅知晓刘某超过法定退休年龄而予以聘用，不管其是未到社保部门给所聘用的人员办理工伤保险，还是已到社保部门准备办理但因有关规定不能办理工伤保险，所聘用的人员发生工伤后不能享受相应的工伤保险待遇，应由用人单位按照《工伤保险条例》规定的工伤保险待遇项目和标准支付费用。

◆ 故判决餐厅向孔某等人支付一次性工亡补助金、丧葬补助金共计81万余元及亲属抚恤金1149.1元。

[①] 参见《劳动最光荣丨市法院发布全市法院保护劳动者合法权益六大典型案例》中案例之六，载微信公众号"萍乡法院"，2023年4月27日，https：//mp.weixin.qq.com/s/PKi02kTdYSnyhULaZK-RgA，最后访问时间：2025年4月7日。

应对方案

1. 公司应当谨慎聘用已达退休年龄的员工，在招聘过程中了解清楚员工的年龄、退休、养老保险状况，并要求员工作出如实陈述的承诺，否则公司有权据此与员工解除劳动关系。

2. 公司若需要聘用已达退休年龄的员工，应充分了解员工身体健康状况，定期组织员工体检等，一般要安排他们在非危险性岗位工作。

3. 公司可安排已达退休年龄的员工参加工伤保险、意外伤害保险等，以及时、有效地分散公司的用工风险。

法律依据

《中华人民共和国劳动合同法》

第四十四条　有下列情形之一的，劳动合同终止：

（一）劳动合同期满的；

（二）劳动者开始依法享受基本养老保险待遇的；

（三）劳动者死亡，或者被人民法院宣告死亡或者宣告失踪的；

（四）用人单位被依法宣告破产的；

（五）用人单位被吊销营业执照、责令关闭、撤销或者用人单位决定提前解散的；

（六）法律、行政法规规定的其他情形。

《工伤保险条例》

第十四条　职工有下列情形之一的，应当认定为工伤：

（一）在工作时间和工作场所内，因工作原因受到事故伤害的；

（二）工作时间前后在工作场所内，从事与工作有关的预备性或者收尾性工作受到事故伤害的；

（三）在工作时间和工作场所内，因履行工作职责受到暴力等意外伤害的；

（四）患职业病的；

（五）因工外出期间，由于工作原因受到伤害或者发生事故下落不明的；

（六）在上下班途中，受到非本人主要责任的交通事故或者城市轨道交通、客运轮渡、火车事故伤害的；

（七）法律、行政法规规定应当认定为工伤的其他情形。

第十八条 提出工伤认定申请应当提交下列材料：

……

（二）与用人单位存在劳动关系（包括事实劳动关系）的证明材料；

……

《国务院关于渐进式延迟法定退休年龄的办法》

第一条 从 2025 年 1 月 1 日起，男职工和原法定退休年龄为五十五周岁的女职工，法定退休年龄每四个月延迟一个月，分别逐步延迟至六十三周岁和五十八周岁；原法定退休年龄为五十周岁的女职工，法定退休年龄每二个月延迟一个月，逐步延迟至五十五周岁。国家另有规定的，从其规定。

《人力资源社会保障部关于执行〈工伤保险条例〉若干问题的意见（二）》

二、达到或超过法定退休年龄，但未办理退休手续或者未依法享受城镇职工基本养老保险待遇，继续在原用人单位工作期间受到事故伤害或患职业病的，用人单位依法承担工伤保险责任。

用人单位招用已经达到、超过法定退休年龄或已经领取城镇职工基本养老保险待遇的人员，在用工期间因工作原因受到事故伤害或患职业病的，如招用单位已按项目参保等方式为其缴纳工伤保险费的，应适用《工伤保险条例》。

《最高人民法院行政审判庭关于超过法定退休年龄的进城务工农民因工伤亡的，应否适用〈工伤保险条例〉请示的答复》

……用人单位聘用的超过法定退休年龄的务工农民，在工作时间内、因工作原因伤亡的，应当适用《工伤保险条例》的有关规定进行工伤认定……

八、新型农村合作医疗保险支付的费用可抵扣工伤赔偿

风险提示

在实践中，许多员工（尤其是外来务工人员）因为在老家购买了新型

农村合作医疗保险，不想再出资购买社保，而公司面对招工难、劳动用工成本高等问题，也会作出妥协，与员工协商不为员工购买社保。

但正如前文所述，即使员工签署自愿不买社保的确认书，员工发生工伤公司也不能完全免责（如广州市可减免一半的责任）。如果员工在老家自费购买了新型农村合作医疗保险，公司需要提前了解情况并要求员工提供相关资料，因为当员工发生疾病或工伤事件时，新型农村合作医疗保险可以为员工报销一部分医疗费用，而对于这部分费用，公司在承担员工工伤赔偿时可以抵扣减免。

以案说法

新型农村合作医疗报销费用可抵扣不买社保员工的医疗费[1]

王某在某清洁公司担任清洁员，公司没有为王某购买社保，但是她在自己的老家购买了新型农村合作医疗保险。同时王某向某清洁公司签署《声明》，强烈要求公司放弃为个人购买所有社保，一切后果本人自负。

在劳动合同存续期间，王某因病住院，共产生医疗费4万余元。医疗保险服务管理局进行医疗费用报销标准审核，核定属于医保统筹应支付部分的合计金额为33063.04元。

王某认为公司没有为她购买社保，导致其无法获得社保医保统筹报销，应当向她赔偿本应由社保报销的费用33063.04元，即前述医疗保险服务管理局核定属于医保统筹应支付部分的金额。在法庭调查中法院发现，王某因为购买了新型农村合作医疗保险而获得医疗费报销补偿16950.4元。

【判词摘录】

◆ 本案中双方约定免除的社会保险费，按法律规定应由职工个人支付和用人单位负担两部分组成，某清洁公司与王某均未依法履行参加职工基本医疗保险并支付保险费的法定义务，均有过错。因此，王某与某清洁公司应对此造成的损失各自承担50%的责任。

◆ 王某在新型农村合作医疗保险已报销的医疗费中已经获得部分补偿，

---

[1] 参见《广州劳动争议诉讼情况白皮书（2014—2016）暨典型案例》中案例之六，载广州审判网，https://www.gzcourt.gov.cn/xwzx/bps/2017/05/12101750325.html，最后访问时间：2025年5月21日。

该部分损失不应再重复赔偿，故予以扣除。

◆ 某清洁公司应一次性向王某支付赔偿款8056.32元。

应对方案

不买社保的员工若在老家购买了新型农村合作医疗保险，公司应当提前了解情况并收集相关购买凭证文件，以便在员工生病或发生工伤事件时举证证明可抵扣费用的事实。

法律依据

《中华人民共和国社会保险法》

第二十三条　职工应当参加职工基本医疗保险，由用人单位和职工按照国家规定共同缴纳基本医疗保险费。

……

九、公司不足额缴纳工伤保险需支付一次性伤残补助金的差额

风险提示

一些公司为了减少用工成本，会向社保部门少报员工的工资从而达到少交社保的目的。如果公司没有按照员工工资标准足额缴纳社保，日后员工发生工伤时就会产生工伤保险赔付不足的问题。例如，某公司员工的月工资为1万元，原本应当以实际工资为标准缴纳社保，但公司为了节省社保支付成本，只按照当地最低工资标准缴纳，最终导致员工获得的工伤保险赔付数额比实际应获得的数额要少得多。在这种情况下，员工可以要求公司支付不足额缴纳所导致的差额损失。

以案说法

公司未足额缴纳工伤保险，应补足工伤员工所获赔偿不足的差额

广东某工程公司的员工范某因一次工伤事故，被鉴定为七级伤残。根据公司为范某所购买的社保标准，工程公司所在地的社会保险基金管理中心向

范某一次性发放了伤残补助金72908.29元。

范某认为如果以自己的月工资数额为标准缴纳社保，获得的补助金将不止7万多元，于是提起诉讼要求工程公司支付自己的工伤保险待遇差额部分。

据查，范某发生工伤前12个月的月平均工资为8676.82元，而根据法律法规的规定，员工七级伤残的伤残补助金为本人13个月的工资。

【律师评析】

社会保险基金管理中心核发范某一次性伤残补助金72808.29元，而范某发生工伤前12个月平均月工资实际为8676.82元，与公司工伤保险缴费数额有差异，客观上公司存在未足额缴纳工伤保险费的情形。公司应补足范某一次性伤残补助金差额39890.37元（8676.82元×13个月-72908.29元）。

应对方案

员工发生工伤事故尤其是涉及伤残结果时，需要根据员工的月平均工资标准计算可获得的工伤保险赔付数额。公司需要在员工发生工伤事故后，尽快统计员工受伤前12个月的平均工资数额，并将工资台账及工资支付凭证等相关单据予以保留，便于日后出现纠纷时方便举证计算出员工的准确工资数额。

法律依据

《中华人民共和国社会保险法》

第四十一条　职工所在用人单位未依法缴纳工伤保险费，发生工伤事故的，由用人单位支付工伤保险待遇。用人单位不支付的，从工伤保险基金中先行支付。

从工伤保险基金中先行支付的工伤保险待遇应当由用人单位偿还。用人单位不偿还的，社会保险经办机构可以依照本法第六十三条的规定追偿。

《广东省工伤保险条例》

第五十六条　用人单位少报职工工资，未足额缴纳工伤保险费，造成工伤职工享受的工伤保险待遇降低的，工伤保险待遇差额部分由用人单位向工伤职工补足。

《江苏省实施〈工伤保险条例〉办法》(2015)

第二十一条 劳动能力鉴定费以及鉴定过程中符合工伤保险有关规定的医疗检查费，工伤职工参加工伤保险的，由工伤保险基金支付；工伤职工未参加工伤保险的，由用人单位支付。

第三十八条 用人单位依照《条例》和本办法规定应当参加工伤保险而未参加或者参加工伤保险后中断缴费期间，职工发生工伤的，该工伤职工的各项工伤保险待遇，均由用人单位按照《条例》和本办法规定的项目和标准支付。用人单位按照规定足额补缴工伤保险费、滞纳金后，职工新发生的工伤保险待遇由工伤保险基金和用人单位按照《条例》和本办法规定的项目和标准支付。

《浙江省高级人民法院民事审判第一庭、浙江省劳动人事争议仲裁院关于审理劳动争议案件若干问题的解答（二）》

十六、用人单位已依法为劳动者缴纳了工伤保险，劳动者工伤医疗费超出社保基金报销目录范围的费用，如何承担？

答：用人单位已依法为劳动者缴纳了工伤保险，劳动者工伤医疗费超出社保基金报销目录范围的费用原则上不应由用人单位承担，但超出目录范围的费用经用人单位同意或者认可的除外。

十、职业病危害补贴的发放

风险提示

根据《中华人民共和国职业病防治法》（以下简称《职业病防治法》）第二条第二款的规定，"本法所称职业病，是指企业、事业单位和个体经济组织等用人单位的劳动者在职业活动中，因接触粉尘、放射性物质和其他有毒、有害因素而引起的疾病"。一些工厂的员工常会接触到上述条款中的有毒有害的物质从而产生职业病，为了保护员工的身体健康，督促公司改善和提升用工环境，保障员工的安全，法律专门规定公司在防止职业病方面应当有特定的保护措施和履行专门的义务。

相比一般员工来说，在有职业病危害岗位工作的员工患职业病的可能性更大。对那些会接触到职业病危害的员工，即使其未患职业病，公司也应当在员工工作期间支付岗位津贴。有的企业疏忽了给予员工岗位津贴的待遇，会导致员工以公司不足额发放工资及福利待遇为理由提出辞职并索要经济补偿金，同时，员工也可能在患职业病后要求公司支付以往所欠发的津贴。

以案说法

会接触到职业病危害的员工有权获得岗位津贴

范某于2006年7月入职某工程公司，其工作的岗位存在职业病危害。2017年范某在工作期间被诊断患有职业病，于是提出公司没有按照法律规定在他工作期间向他支付岗位津贴。范某向法院起诉要求公司支付从2006年7月开始到2017年5月的岗位津贴65500元。

庭审中，法院查明该工程公司每个月向范某支付的工资中有50元为津贴，但是该津贴究竟是什么项目的津贴，无法确认。

【律师评析】

公司每月均支付范某津贴，因现行法律法规对岗位津贴如何发放及发放标准未有明确规定，现公司每月工资发放的津贴可视为包括范某可能患职业病的岗位津贴。

《职业病防治法》第五十六条第四款规定，用人单位对从事接触职业病危害作业的劳动者，应当给予适当岗位津贴。公司已然发给范某岗位津贴，该津贴并不排斥"接触职业病危害作业"岗位津贴的属性，且为双方劳动合同薪酬构成之约定，双方长期履行劳动合同范某并无异议，现提出公司应向其支付2006年7月至2017年5月职业病危害岗位津贴65500元，缺乏理据，公司无须支付。

应对方案

公司与员工签订劳动合同时，劳动合同条款应明确津贴项目。同时，工资单也要与劳动合同约定的项目对应得上，公司应保留员工签收工资条的确认文件。

目前《职业病防治法》只是要求公司适当给予从事接触职业病危害的作业的员工岗位津贴,但是具体要给多少钱,并没有明确的规定,所以司法实践中法院在审查公司是否向从事接触职业病危害的作业的员工支付津贴时,不会针对数额进行审查,若工资项目中有具体津贴的呈现,则公司不会被认定为违法。

法律依据

《中华人民共和国职业病防治法》
第五十六条 ……

用人单位对从事接触职业病危害的作业的劳动者,应当给予适当岗位津贴。

十一、员工因病或非因工死亡的待遇

风险提示

当员工发生了工伤事故受伤或死亡,工伤保险会向员工及家属赔偿一定的费用,若公司没有为员工购买工伤保险,则公司需要承担该支付责任。如果员工是因病或非因工受伤、死亡,是否有相应的补偿金呢?

若员工非因工受伤或死亡,工伤保险基金是不会赔付的,但是社保基金和公司需要向员工家属支付一些补偿费用。根据《社会保险法》第十七条的规定,当员工出现因病或非因工死亡,基本养老保险基金可以支付员工家属的丧葬补助金和抚恤金;员工在未达到法定退休年龄时因病或者非因工致残完全丧失劳动能力的,可以领取基本养老保险基金支付的病残津贴。与工伤保险待遇同理,若公司未依法为员工缴纳社保,上述费用未纳入基本养老保险社会统筹,应由公司承担相应的赔偿责任。

此外,对于因病或非因工死亡的赔偿问题,各地的规定有所不同。法律规定应支付丧葬费和抚恤金,有些地区还会额外让公司支付赔偿项目,因此公司需要充分了解自己所在地方省、市关于这类情况的规章制度。

> 以案说法

公司未依法为员工缴纳社保，公司将承担非因工死亡员工相应的赔偿责任[①]

宫某系潍坊某公司员工，在职期间，单位未依法为其缴纳社会保险。2021年2月9日晚，宫某与单位同事聚餐，聚餐结束宫某回家后因身体不适被送往医院，后因抢救无效死亡。宫某亲属申请劳动仲裁，请求潍坊某公司支付丧葬补助金和抚恤金。仲裁委员会裁决后，潍坊某公司不服，向法院起诉。

【判词摘录】

◆ 宫某系潍坊某公司员工，依法享受劳动者的各项福利待遇。《社会保险法》第十七条规定，参加基本养老保险的个人，因病或者非因工死亡的，其遗属可以领取丧葬补助金和抚恤金，所需资金从基本养老保险基金中支付。

◆ 本案中，宫某非因工死亡，其遗属可以领取丧葬补助金和抚恤金。但因潍坊某公司未为宫某缴纳社会保险，宫某遗属无法从基本养老保险基金中领取，故应由潍坊某公司承担上述费用。

> 应对方案

1. 公司应依法为员工足额缴纳社会保险（包括养老保险），若公司未依法为员工缴纳社保，当员工因病或者非因工致残完全丧失劳动能力、因病或者非因工死亡时，公司将承担相应的赔偿责任。

2. 对于存在额外支付赔偿项目的地区，在公司额外购买商业保险的情况下，公司应与保险公司协商，看能否将保险受益人写为公司。若无法将保险受益人写为公司，就需要在与员工签订劳动合同时明确约定公司为员工购买了商业保险，该商业保险购买的目的是弥补员工因病或非因工死亡等情况下超出社会保险支付的部分给公司造成的损失。一般情况下雇主责任险的保险受益人是公司，但是公司在购买时需要详细了解保险产品的免赔事项。

---

① 参见《潍坊法院2022年劳动争议典型案例》中案例之十，载微信公众号"潍坊市中级人民法院"，2023年4月30日，https://mp.weixin.qq.com/s/inKSSW-AjO3WNubEmMSOVQ，最后访问时间：2025年5月21日。

法律依据

《中华人民共和国社会保险法》

第十七条 参加基本养老保险的个人，因病或者非因工死亡的，其遗属可以领取丧葬补助金和抚恤金；在未达到法定退休年龄时因病或者非因工致残完全丧失劳动能力的，可以领取病残津贴。所需资金从基本养老保险基金中支付。

《广东省职工假期待遇和死亡抚恤待遇规定》

十、职工（含退休人员）因病或非因工死亡，发给丧葬补助金和抚恤金。

参加企业职工基本养老保险的，所需资金从基本养老保险基金中支付，按照《人力资源社会保障部财政部关于印发〈企业职工基本养老保险遗属待遇暂行办法〉的通知》（人社部发〔2021〕18号）等规定执行。

职工在职死亡，从未参加职工基本养老保险的，丧葬补助金由死亡时所在用人单位参照人社部发〔2021〕18号文规定标准支付。死亡时所在用人单位存在应参保未参保情形的，应当以未参保年限参照人社部发〔2021〕18号文规定标准支付抚恤金。

职工在职死亡，曾与其建立劳动关系的其他用人单位存在应参保而未参保情形的，职工家属可以参照上述标准，按规定要求相关用人单位赔偿抚恤金损失。

离休人员的相关待遇按照国家和省有关规定执行。

《浙江省高级人民法院民事审判第一庭、浙江省劳动人事争议仲裁院关于审理劳动争议案件若干问题的解答（四）》

十一、用人单位未缴纳工伤保险，职工工亡的，其近亲属要求用人单位支付丧葬补助金、一次性工亡补助金产生的争议是否属于劳动争议？近亲属的范围如何确定？

答：用人单位未缴纳工伤保险，职工工亡的，其近亲属要求用人单位支付丧葬补助金、一次性工亡补助金产生的争议属于劳动争议。近亲属的范围为《中华人民共和国继承法》规定的继承人。

十二、人身损害赔偿不能免除公司的工伤保险责任

风险提示

工伤保险是为了保障因工作遭受事故伤害或者患职业病的职工获得医疗救治和经济补偿，促进工伤预防和职业康复，分散公司的工伤风险。公司负有为员工缴纳工伤保险的法定义务，否则，如果员工发生工伤事故，由公司承担工伤保险责任，支付工伤保险待遇。工伤保险待遇一般包括工伤医疗待遇、工伤伤残待遇和因工死亡待遇等。而人身损害赔偿是指被侵权人因生命、身体、健康遭受侵害，侵权人应当赔偿医疗费、护理费、交通费、营养费、住院伙食补助费等为治疗和康复支出的合理费用，以及因误工减少的收入。造成残疾的，还应当赔偿辅助器具费和残疾赔偿金；造成死亡的，还应当赔偿丧葬费和死亡赔偿金。

因公司以外的第三人侵权造成员工人身损害，同时构成工伤的，员工因工伤事故享有工伤保险待遇请求权，因第三人侵权享有人身损害赔偿请求权，同一损害事实引发了两种法律责任的竞合，但二者互不排斥、互不替代。人身损害赔偿、工伤保险责任属于两种不同的法律关系，在第三人侵权造成员工工伤情况下，员工可以获得双重赔偿。前者是私法领域的侵权损害赔偿，后者是公法领域因公司未依法缴纳工伤保险导致的赔偿责任，受害人不因先行获得其中一方赔偿，实际损失已得到全部或部分补偿而免除另一方的责任。

《最高人民法院关于审理人身损害赔偿案件适用法律若干问题的解释》第三条规定："依法应当参加工伤保险统筹的用人单位的劳动者，因工伤事故遭受人身损害，劳动者或者其近亲属向人民法院起诉请求用人单位承担民事赔偿责任的，告知其按《工伤保险条例》的规定处理。因用人单位以外的第三人侵权造成劳动者人身损害，赔偿权利人请求第三人承担民事赔偿责任的，人民法院应予支持。"由此可知，被侵害的员工具有双重请求权。同时，具体到赔偿项目，《社会保险法》第四十二条规定："由于第三人的原因造成工伤，第三人不支付工伤医疗费用或者无法确定第三人的，由工伤保

险基金先行支付。工伤保险基金先行支付后，有权向第三人追偿。"明确否认医疗费的双重赔偿。

> 以案说法

1. 公司有义务为员工缴纳工伤保险，此责任不因员工或其家属获得民事侵权赔偿而免除[①]

谢某为某物流公司的司机，物流公司未为其缴纳工伤保险费。谢某在工作过程中因第三人过失发生交通事故而死亡，被认定为工伤。谢某的家属黄某等人提起机动车交通事故责任纠纷，法院判决肇事司机承担583111.57元赔偿责任。此后，黄某等人申请劳动仲裁，请求工伤保险待遇。物流公司不服仲裁裁决向法院起诉，主张黄某等人已获得民事侵权赔偿，无权再获得工伤保险待遇。

【判词摘录】

◆《广东省工伤保险条例》规定，职工所在用人单位未依法缴纳工伤保险费，发生工伤事故的，由用人单位支付工伤保险待遇。物流公司未为谢某缴纳工伤保险费，其应承担相应的工伤保险责任，该责任是法定责任，不因谢某家属获得民事侵权赔偿而减轻或免除，判令物流公司向黄某等人支付工伤保险待遇897788元。

◆ 用人单位有义务为职工缴纳工伤保险费用，其主体责任不因权利人获得民事侵权赔偿而免除。

2. 工伤保险待遇和人身损害赔偿互不排斥、互不替代[②]

周某于2015年10月至纺织公司工作，纺织公司为周某缴纳了社会保险。2018年7月9日，周某在下班途中与第三人张某发生交通事故。经交警部门认定，张某负主要责任，周某负次要责任。

经交警部门调解，周某与张某达成赔偿协议，张某除了赔偿部分医疗费，另赔偿周某误工费、营养费等合计3800元。经人社局和劳动能力鉴定

[①] 参见《广东法院劳动争议典型案例》中案例之五，载广东法院网，https://www.gdcourts.gov.cn/gsxx/quanweifabu/anlihuicui/content/post_1151344.html，最后访问时间：2025年5月21日。

[②] 江苏省苏州市中级人民法院（2019）苏05民终10330号民事判决书。

委员会认定，周某受到的上述伤害属于工伤，伤残等级符合十级。

周某向劳动仲裁委员会申请仲裁，请求由纺织公司支付其一次性伤残补助金、一次性医疗补助金、一次性就业补助金、医药费、停工留薪期工资。仲裁委裁决纺织公司支付周某一次性伤残就业补助金、停工留薪期工资。纺织公司不服仲裁裁决向法院起诉，认为其无须支付给周某停工留薪期工资。

【判词摘录】

◆ 关于纺织公司诉称因周某系因第三人侵权构成工伤，其已经获得误工费赔偿，故不能同时享有停工留薪期工资的主张，法院认为，一方面，现行法律并未禁止工伤职工同时享受工伤保险待遇和人身损害赔偿；另一方面，工伤保险待遇与民事侵权赔偿二者性质不同，前者属公法领域，基于社保法律关系发生，后者属私法领域，基于民事法律关系发生，不宜径行替代。故根据医院开具的休假证明及周某的工资收入标准，支持周某的停工留薪期工资。

【应对方案】

1. 公司应当自用工之日起 30 日内为员工足额购买包括工伤保险在内的社会保险。但是工伤保险并不能完全转嫁公司的法律责任，部分赔偿责任仍需由公司承担，如停工留薪期的工资、一次性工伤医疗补助金、一次性伤残就业补助金等。对此，公司可以购买雇主责任险，作为工伤保险的补充，转嫁此部分风险。以雇主的雇主责任为承保风险的责任保险，其保险标的是雇主对雇员在法律上应负的责任，所以受益人是公司。公司在投保工伤保险后，若员工发生工伤事故，公司应负担的部分就可以用雇主责任险来补充，从而可以降低公司的成本。

2. 一旦员工发生工伤事故或被诊断为职业病，公司应在事故伤害发生之日或者被诊断、鉴定为职业病之日起 30 日内，向统筹地区社会保险行政部门提出工伤认定申请，若公司未在规定的时限内提交工伤认定申请，在此期间发生的工伤待遇等有关费用由该公司负担。

第四章　劳动报酬与劳动待遇

> 法律依据

《中华人民共和国社会保险法》

第四十二条　由于第三人的原因造成工伤，第三人不支付工伤医疗费用或者无法确定第三人的，由工伤保险基金先行支付。工伤保险基金先行支付后，有权向第三人追偿。

《工伤保险条例》

第十七条　职工发生事故伤害或者按照职业病防治法规定被诊断、鉴定为职业病，所在单位应当自事故伤害发生之日或者被诊断、鉴定为职业病之日起 30 日内，向统筹地区社会保险行政部门提出工伤认定申请。遇有特殊情况，经报社会保险行政部门同意，申请时限可以适当延长。

用人单位未按前款规定提出工伤认定申请的，工伤职工或者其近亲属、工会组织在事故伤害发生之日或者被诊断、鉴定为职业病之日起 1 年内，可以直接向用人单位所在地统筹地区社会保险行政部门提出工伤认定申请。

按照本条第一款规定应当由省级社会保险行政部门进行工伤认定的事项，根据属地原则由用人单位所在地的设区的市级社会保险行政部门办理。

用人单位未在本条第一款规定的时限内提交工伤认定申请，在此期间发生符合本条例规定的工伤待遇等有关费用由该用人单位负担。

《社会保险基金先行支付暂行办法》

第十一条　个人已经从第三人或者用人单位处获得医疗费用、工伤医疗费用或者工伤保险待遇的，应当主动将先行支付金额中应当由第三人承担的部分或者工伤保险基金先行支付的工伤保险待遇退还给基本医疗保险基金或者工伤保险基金，社会保险经办机构不再向第三人或者用人单位追偿。

……

《最高人民法院关于审理工伤保险行政案件若干问题的规定》

第八条　职工因第三人的原因受到伤害，社会保险行政部门以职工或者其近亲属已经对第三人提起民事诉讼或者获得民事赔偿为由，作出不予受理工伤认定申请或者不予认定工伤决定的，人民法院不予支持。

职工因第三人的原因受到伤害，社会保险行政部门已经作出工伤认定，职工或者其近亲属未对第三人提起民事诉讼或者尚未获得民事赔偿，起诉要求社会保险经办机构支付工伤保险待遇的，人民法院应予支持。

职工因第三人的原因导致工伤，社会保险经办机构以职工或者其近亲属已经对第三人提起民事诉讼为由，拒绝支付工伤保险待遇的，人民法院不予支持，但第三人已经支付的医疗费用除外。

《最高人民法院关于审理人身损害赔偿案件适用法律若干问题的解释》

第三条 依法应当参加工伤保险统筹的用人单位的劳动者，因工伤事故遭受人身损害，劳动者或者其近亲属向人民法院起诉请求用人单位承担民事赔偿责任的，告知其按《工伤保险条例》的规定处理。

因用人单位以外的第三人侵权造成劳动者人身损害，赔偿权利人请求第三人承担民事赔偿责任的，人民法院应予支持。

《第八次全国法院民事商事审判工作会议（民事部分）纪要》

三、关于侵权纠纷案件的审理

……

（二）关于社会保险与侵权责任的关系问题

9.被侵权人有权获得工伤保险待遇或者其他社会保险待遇的，侵权人的侵权责任不因受害人获得社会保险而减轻或者免除。根据社会保险法第三十条和四十二条的规定，被侵权人有权请求工伤保险基金或者其他社会保险支付工伤保险待遇或者其他保险待遇。

第五章
劳动关系的解除与终止

第一节　员工解除劳动合同

一、员工辞职理由是公司是否需要支付经济补偿金的重要证据

> 风险提示

根据《劳动合同法》第三十八条第一款和第四十六条的规定，员工以公司"未按照劳动合同约定提供劳动保护或者劳动条件""未及时足额支付劳动报酬""未依法为劳动者缴纳社会保险费""规章制度违反法律、法规的规定，损害劳动者权益"以及"以欺诈、胁迫的手段或者乘人之危，使对方在违背真实意思的情况下订立或者变更劳动合同"致使劳动合同无效为理由向公司提出辞职，如果上述理由查明属实，公司应当向员工支付经济补偿金。

当然，员工如果要以《劳动合同法》第三十八条第一款中的理由提出辞职，必须在辞职时提出。如果员工以"个人原因""自己决定辞职"等非上述法定理由提出辞职而事后又以《劳动合同法》第三十八条第一款的理由向公司索要经济补偿金，则法院不予支持。

> 以案说法

1. 员工因公司未提供劳动保护或者劳动条件离职的，公司应当向员工支付经济补偿金[①]

赵某自 2008 年 11 月入职天津华某制衣有限公司。

2017 年 10 月 16 日，政府部门下发关于对公司重大火灾隐患挂牌督办的通知，称该公司车间内未按规定设置自动喷水灭火系统、火灾自动报警系统、机械排烟系统，仓库内未按规定设置室内消火栓系统，存在火灾隐患，责令该公司于 2018 年 3 月 31 日前整改完毕。

2018 年 1 月 11 日，赵某以公司厂房不合格即未能提供劳动条件为理由

---

① 天津市第一中级人民法院（2018）津 01 民终 6045 号民事判决书。

向公司提出辞职，随后通过诉讼程序，赵某获得经济补偿金 5 万余元。

【判词摘录】

◆ 公司因车间存在火灾隐患，被有关部门责令限期整改，但公司未完成车间整改。故赵某以公司未能提供劳动条件为由，要求解除双方之间的劳动关系并支付经济补偿金符合法律规定，应予支持。公司不同意支付经济补偿金没有事实及法律依据，本院不予支持。

2. 员工因公司未支付其工资及未依法为其缴纳社会保险离职的，公司应支付经济补偿金

马某自 2002 年 3 月 30 日起入职某房产开发公司工作。

2017 年 1 月，公司向马某发出了工作安排通知书，公司提出马某不适合在原岗位任职，决定将马某从广州的工作地点调到位于河北省的一家关联公司工作。

马某不同意公司的调岗决定，继续留在公司上班，公司于是从 2017 年 2 月起就不再向马某发放工资并停缴了马某的社保。2017 年 3 月底，马某以快递的形式向公司发出《解除劳动合同通知书》，以公司拖欠工资和停缴社保为理由提出辞职。

马某向公司提出辞职后，以公司违反《劳动合同法》第三十八条第一款为理由提起劳动仲裁，要求公司支付经济补偿金。

【律师评析】

马某提交的《缴费历史明细表》显示，公司为马某参保至 2017 年 1 月止；庭审中，公司也确认其并未支付马某 2017 年 2 月的工资，故马某以公司未支付其工资及未依法为其缴纳社会保险为由解除双方的劳动关系，符合《劳动合同法》第三十八条第一款有关未及时足额支付劳动报酬、未依法为劳动者缴纳社会保险费的规定。公司应根据《劳动合同法》第四十六条和第四十七条的规定，支付马某解除劳动关系的经济补偿金。

3. 员工以"因为种种原因"提出辞职的，无权要求公司支付经济补偿金

李某在某汽车设备公司工作多年，后李某认为公司平时加班时间过多且过长、劳动强度大，于是向公司提出辞职。李某在辞职报告中说明自己的辞

职理由是"因为种种原因",公司接到李某的辞职报告后也接受了李某的辞职。

李某辞职后,以公司平时加班过多但没有给足加班费、工作强度大等为理由提起了劳动仲裁程序,他认为公司违反了《劳动合同法》第三十八条第一款的规定,要求公司支付经济补偿金。

【律师评析】

李某在辞职报告中以"因为种种原因"提出辞职,庭审时又主张辞职的根本原因是加班时间过多且过长、劳动强度大,以上原因均不符合《劳动合同法》第三十八条规定的劳动者提出解除劳动合同需要用人单位支付经济补偿金的情形,因此,李某要求公司支付经济补偿金,于法无据。

应对方案

员工的辞职报告或离职申请表中的辞职理由是关键证据,如果员工在辞职时以《劳动合同法》第三十八条第一款为理由,且员工所述理由是事实,公司就要向员工支付经济补偿金。

公司可以考虑在制定员工离职申请表范本时,在申请表的末端加设员工声明,写明员工确认离职时与公司不存在劳动纠纷,并要求员工在声明栏中签名确认。

法律依据

《中华人民共和国劳动合同法》

第二十六条 下列劳动合同无效或者部分无效:

(一)以欺诈、胁迫的手段或者乘人之危,使对方在违背真实意思的情况下订立或者变更劳动合同的;

(二)用人单位免除自己的法定责任、排除劳动者权利的;

(三)违反法律、行政法规强制性规定的。

……

第三十八条 用人单位有下列情形之一的,劳动者可以解除劳动合同:

(一)未按照劳动合同约定提供劳动保护或者劳动条件的;

（二）未及时足额支付劳动报酬的；

（三）未依法为劳动者缴纳社会保险费的；

（四）用人单位的规章制度违反法律、法规的规定，损害劳动者权益的；

（五）因本法第二十六条第一款规定的情形致使劳动合同无效的；

（六）法律、行政法规规定劳动者可以解除劳动合同的其他情形。

用人单位以暴力、威胁或者非法限制人身自由的手段强迫劳动者劳动的，或者用人单位违章指挥、强令冒险作业危及劳动者人身安全的，劳动者可以立即解除劳动合同，不需事先告知用人单位。

第四十六条 有下列情形之一的，用人单位应当向劳动者支付经济补偿：

（一）劳动者依照本法第三十八条规定解除劳动合同的；

……

《浙江省高级人民法院民一庭关于审理劳动争议案件若干问题的意见》

第四十四条 劳动者以其他事由提出解除劳动合同后，又以系因用人单位存在《劳动合同法》第三十八条第一款所列情形迫使其辞职为由要求用人单位支付经济补偿金的，一般不予支持。

《上海市高级人民法院关于适用〈劳动合同法〉若干问题的意见》

九、劳动者以用人单位未"及时、足额"支付劳动报酬及"未缴纳"社保金为由解除合同的，"及时、足额"支付及"未缴纳"情形的把握

用人单位依法向劳动者支付劳动报酬和缴纳社保金，是用人单位的基本义务。但是，劳动报酬和社保金的计算标准，在实际操作中往往比较复杂。而法律规定的目的就是要促使劳动合同当事人双方都诚信履行，无论用人单位还是劳动者，其行使权利、履行义务都不能违背诚实信用的原则。如果用人单位存在有悖诚信的情况，从而拖延支付或拒绝支付的，才属于立法所要规制的对象。因此，用人单位因主观恶意而未"及时、足额"支付劳动报酬或"未缴纳"社保金的，可以作为劳动者解除合同的理由。但对确因客观原因导致计算标准不清楚、有争议，导致用人单位未能"及时、足额"支付劳动报酬或未缴纳社保金的，不能作为劳动者解除合同的依据。

劳动者以存在《劳动合同法》第三十八条规定的其他情形为由主张解除劳动合同的，应当遵循合法、合理、公平的原则，参照前款精神处理。

《北京市高级人民法院、北京市劳动人事争议仲裁委员会关于审理劳动争议案件解答（一）》

73. 劳动者以《劳动合同法》第三十八条规定之外的情形为由提出解除劳动合同的，在仲裁或诉讼阶段又主张是用人单位存在前述法定情形迫使其解除劳动合同，请求用人单位支付经济补偿金或赔偿金的如何处理？

对于劳动者提出解除劳动合同的，应以劳动者当时实际解除劳动合同时提出理由作为认定案件事实的依据，劳动者以《劳动合同法》第三十八条规定之外的情形为由提出解除劳动合同，在仲裁或诉讼阶段又主张是用人单位存在前述法定情形迫使其解除劳动合同，请求用人单位支付经济补偿金或赔偿金的，劳动争议仲裁机构、人民法院不予支持，但劳动者证明在解除劳动合同时，存在欺诈、胁迫、重大误解等违背其真实意思表示的情形的除外。

二、员工提出辞职后不得反悔

风险提示

《劳动合同法》第三十七条规定："劳动者提前三十日以书面形式通知用人单位，可以解除劳动合同。"该条是关于员工提前通知解除劳动合同的规定，赋予了员工解除劳动合同的单方预告解除权也就是提出辞职的权利，即员工只需提前三十日以书面形式通知公司，要求解除劳动合同，三十日后不论公司是否同意或者双方是否办理解除劳动合同的手续，均可解除劳动合同。

对于该单方预告解除权的性质，司法实务中，法院倾向于认为员工的预告解除权属于形成权，形成权区别于请求权，请求权需要义务人配合，而形成权是指权利人依据单方的意思表示就能使民事法律关系发生、变更与消灭的权利。员工单方预告解除权后，无须公司作出是否同意的意思表示，解除的意思一经到达公司即发生法律效力。此后员工再发出撤销辞职申请的意思表示，需要公司同意才可撤销，员工不得单方撤销。

《劳动合同法》对员工行使单方预告解除权的设定，一方面保障了员工享有职业自由的权利，只要员工不愿在原来的公司工作，即可提出辞职并重新选择其他公司及职业、岗位等。另一方面提前30日的预告要求，可以让公司在此过渡期间寻找新的员工，让离职员工与其做好工作交接，重新安排生产等。如果准予员工提出辞职后反悔，随意撤销辞职通知，公司在过渡期间就会陷入尴尬境地：找了新的接替者可能会导致双重用人成本，不找新的接替者又可能导致生产任务延误。因此，公司如果收到员工的辞职通知，应当保管好相应材料，及时与员工办理离职手续，避免员工反悔时没有证据证明。另外，如果员工撤销辞职通知，而公司也确需用工，可以同意撤销，双方继续履行原来的劳动合同，法律并未对其作出禁止性规定。

以案说法

1. 员工辞职的意思表示到达公司即发生解除劳动关系的法律效力[①]

赵某于2017年1月24日入职某酒店，工作岗位是客房服务员。酒店与赵某签订了劳动合同，并依法为赵某缴纳社会保险。2018年4月9日，赵某向酒店提交书面《离职申请书》，以"个人原因"为由提出辞职，酒店批准同意。2018年4月10日，赵某反悔要求撤回离职申请，酒店作出《解除劳动合同通知书》，以赵某严重违纪为由解除双方劳动关系。

赵某于2018年4月17日申请劳动仲裁，主张自己是经酒店劝退而离职，要求酒店支付其解除劳动关系经济补偿金13767元，后又在诉讼中提出自己被酒店欺骗而同意离职并填写了离职申请书，但未能提供证据证明。本案历经仲裁、一审、二审、再审。

【判词摘录】

◆ 赵某主张其提交的离职申请书是受欺骗而出具，但未提交证据予以证实，法院不予采纳。赵某在一审庭审时陈述其当时经用人单位劝退而同意离职，并书写了离职申请，该陈述与其主张的被用人单位欺骗而书写离职申请书存在矛盾。经用人单位劝退而书写离职申请书不违反劳动法的规定，此与受用人单位欺骗而书写离职申请书的性质存在根本不同。此外，赵某主张离职申请书因未约定最后工作日期而无效，没有法律依据，不应采纳。

[①] 广州市中级人民法院（2019）粤01民终13205号民事判决书。

◆《劳动合同法》第三十七条规定劳动者提前 30 日以书面形式通知用人单位，可以解除劳动合同，双方劳动合同也约定劳动者解除劳动关系应当提前 30 日通知。但上述法律规定及劳动合同约定不具有限制劳动者辞职权的效力。劳动者的辞职权属于形成权，除非劳动者辞职时明确表示是提前 30 日通知解除劳动关系或者在离职申请中明确其最后工作日，否则其辞职的意思表示到达用人单位即可发生解除劳动关系的效力。因此，赵某辞职的意思表示到达用人单位即发生解除劳动关系的法律效力。赵某在 2018 年 4 月 9 日辞职后反悔，于次日要求继续上班，但双方劳动关系已经因赵某此前辞职而在 2018 年 4 月 9 日解除，故酒店在次日作出的《终止（解除）劳动合同通知书》不具有法律效力，不构成违法解除劳动关系。

2. 员工发出撤销辞职申请的，需要公司同意才可撤销[①]

杨某原为食品公司员工。2019 年 12 月 26 日，杨某向上级领导安某发送电子邮件，内容为"老板，第一次写辞职信，也不知道该说些啥……从没有如此挫败无力被动……这种感觉很不好，我想离开职场回家休息一段时间。感谢您让我有勇气做出这个决定，相信一切都是最好的安排"。

安某回复"如昨天谈的，我们会尊重你的选择。接下来 HR 会把相关的链接发到你这里，开始走辞职流程……"

当日，食品公司人事通过电子邮件向杨某发送了辞职流程，包括书写辞职信，在系统中提交离职申请，办理交接手续等。

后安某与杨某通过微信确认离职时间为 2020 年 1 月 31 日。

2020 年 1 月 2 日，杨某向安某发送微信"非常抱歉，上周的辞职太冲动了，这是一家我工作了快 15 年的公司……经过元旦我想好了自己内心的真实需求，我要收回我上周的辞职申请，明天你有时间么，想找你聊下工作"。

安某回复"好的，我们明天聊一下。但是基于你的辞职申请，我们也在节前和人事有所沟通作了架构和工作内容上的一些调整"。

后杨某、安某与食品公司人事三方进行了面谈，安某在面谈中告知杨某，食品公司不同意杨某收回辞职申请，请杨某按照辞职流程继续办理。

---

① 上海市第一中级人民法院（2020）沪 01 民终 12097 号民事判决书。

此后杨某又多次发送电子邮件表示要求撤销辞职，食品公司均回复不予接受，劳动关系至2020年1月31日止。

【判词摘录】

◆ 杨某于2019年12月26日以电子邮件的形式向食品公司提出辞职，其虽主张辞职邮件内容仅是"抱怨"，但根据该辞职信的词句以及其后的发展过程，法院认为杨某辞职的意思清晰明确，杨某辞职的意思表示已经送达食品公司。

◆ 在此之后，双方当事人协商一致确定相关事项，且确定最后工作日为2020年1月31日。杨某主张其于2020年1月2日已通过微信撤销该意思表示，但食品公司明确不予认可，考虑到本案无法定可撤销的情况，法院对其主张亦不予采纳。

◆ 综上，法院认为双方的劳动关系因杨某提出辞职而解除。

3. 员工辞职申请表上记载的最后工作日即为双方劳动关系解除之日

郑某于2021年3月8日入职某科技公司。2021年4月23日，郑某以"回家带孩子"为由，向科技公司相关人员提出辞职，申请2021年5月30日离厂。

后科技公司相关人员在郑某填写的《辞工申请表》中填写批准离厂日期为2021年5月30日。

郑某工作至2021年5月29日，5月30日为休息日，当日，郑某因病到医院检查，诊断为急性白血病M3型，后住院治疗。科技公司工作人员到医院看望郑某，支付了郑某5月工资及1000元慰问金。郑某之夫张某在《解除、终止劳动合同协议》中乙方处署名"张某代签"，并在《员工离职交接清单》中本人签字确认处署名"张某代签"。

2021年6月，郑某申请仲裁，要求确认双方解除终止协议无效，恢复履行双方之间的劳动合同关系。劳动人事争议仲裁委员会作出《仲裁裁决书》，裁决：双方《解除、终止劳动合同协议》无效，恢复双方之间的劳动合同关系。科技公司不服诉至法院，要求确认双方劳动关系已于2021年5月30日解除。

【律师评析】

本案中，郑某于2021年4月23日书面申请离职，要求在5月30日离厂，属于郑某行使单方预告解除权，不论科技公司是否同意均可达到郑某单方解除劳动合同的法律后果，故本案劳动关系的解除是郑某单方解除，非科技公司单方解除。

另郑某申请 5 月 30 日离厂，即可认定郑某要求在 5 月 30 日解除劳动关系，在 5 月 30 日前，郑某没有撤销离职申请并征得科技公司的同意，故双方劳动关系自 2021 年 5 月 30 日解除。

双方是否签署《解除、终止劳动合同协议》不影响郑某单方解除劳动合同的法律后果，《解除、终止劳动合同协议》是否为郑某亲笔书写或有无委托他人代为签字，也不影响双方劳动合同解除的法律后果。

应对方案

1. 员工的辞职通知书自公司收到时即发生法律效力，员工不得单方撤销。但是，如发生纠纷时员工主张其从未提出辞职，而公司却无法提供证据证明员工曾提出辞职，则公司很有可能会被认定为构成违法解除。因此，公司应加强对辞职通知书等材料的保管。

2. 如果员工在提交的辞职通知书中未明确载明最后工作日，员工事实上可在提交离职申请书之后随时离职。为避免员工提出辞职后随时离职，导致公司没有充足的时间寻找合适的替代人选而影响正常生产经营，建议公司在员工提交离职申请书时，与员工协商确定员工最后的工作日，并要求员工将最后工作日载明在离职申请书上。

法律依据

《中华人民共和国劳动合同法》

第三十七条　劳动者提前三十日以书面形式通知用人单位，可以解除劳动合同。劳动者在试用期内提前三日通知用人单位，可以解除劳动合同。

三、公司拒收员工辞职通知并不影响员工的辞职行为

风险提示

实践中，员工辞职而公司拒收员工辞职通知或员工单方解除劳动关系通

知的情况一般有两种：（1）公司存在《劳动合同法》第三十八条第一款的情形（详见本节第一部分）导致员工被迫与公司解除劳动关系；（2）员工希望辞职但公司认为员工的辞职违法或者影响公司经营的。

在目前的司法实践中，员工如果单方向公司提出辞职，公司是没办法阻拦的，公司即使不批或者不接收文件，员工也可以根据自己的意愿从公司离职。在一些劳动争议案件中，公司因为违反了《劳动合同法》第三十八条第一款的规定，担心员工辞职后向其追讨经济补偿金而拒收员工的辞职通知书，在这种情况下，法院会认定公司的拒收行为并不能阻碍员工的辞职行为，公司若违法导致员工被迫辞职，仍要支付经济补偿金。

以案说法

公司拒收员工辞职通知无法阻止员工单方解除劳动关系[1]

2017年1月22日，任职某房地产公司的马某接到公司的通知，公司决定从2017年2月4日起调马某到位于河北省的与公司同属一个集团的某公司工作。马某认为房地产公司属于违法调岗，不同意公司的决定，并继续在原公司上班。

2017年2月，房地产公司停发了马某的工资并停止为马某缴纳社保。马某在2017年3月22日以EMS快递的形式向房地产公司邮寄了《关于公司违法调岗、停止缴纳社保及拖欠工资等事宜迫使马某提出解除劳动合同通知书》，公司拒收了该快递。

2017年4月，马某提起诉讼要求公司支付经济补偿金，而公司提出自己并没有确认签收马某辞职通知书的主张。

【判词摘录】

◆ 马某于2017年3月22日向公司邮寄《关于公司违法调岗、停止缴纳社保及拖欠工资等事宜迫使马某提出解除劳动合同通知书》，该邮件快递单记载了邮件的具体名称，且投递信息记录的退回原因为公司拒收。故此，可视为马某已向公司作出了解除劳动关系的意思表示，法院确认双方劳动关系解除时间为2017年3月22日。

---

[1] 广州市中级人民法院（2018）粤01民终7028号民事判决书。

应对方案

员工单方向公司提出辞职的，即使公司不签收确认，也无法阻止员工辞职。公司应在收到员工辞职通知后积极与员工沟通协商，了解员工的辞职原因。

法律依据

《中华人民共和国劳动合同法》

第三十七条 劳动者提前三十日以书面形式通知用人单位，可以解除劳动合同。劳动者在试用期内提前三日通知用人单位，可以解除劳动合同。

四、员工不按照法律规定提出辞职的法律责任

风险提示

公司在员工没有过错以及无相关依据的情况下，不能随意解除与员工的劳动关系，否则要向员工支付经济赔偿金。如果员工向公司提出解除劳动关系，公司是否也可以要求员工赔偿？

根据《劳动合同法》第三十七条的规定，员工如果要与公司解除劳动合同，要提前30日以书面形式通知公司。如果员工还在试用期内，与公司解除劳动合同需要提前3日通知公司。根据《劳动合同法》第九十条的规定，员工如果违反劳动合同法的规定与公司解除劳动合同并给公司造成了损失，就要向公司承担赔偿责任。所以员工单方与公司解除劳动合同，赔偿的前提是对公司造成了损失。而实践操作中，公司一方基本上很难证明自己损失的存在，以及员工的单方离职对公司造成损失的具体数额，毕竟通常情况下员工离职难以对公司造成巨大的影响，且离职对公司造成的损失也很难量化，所以员工单方面提出离职即使违反了《劳动合同法》的规定，公司通常也难以举证证明存在损失而无奈接受员工的离职，无法追讨赔偿。

> 以案说法

公司主张员工单方解除劳动合同造成公司经济损失的，应当举证证明

某公司聘任汤某担任公司市场部负责人，双方签订的劳动合同约定汤某单方提出辞职的，应当按照《劳动合同法》的规定提前30天书面通知公司，否则汤某应当赔偿给公司造成的经济损失。

汤某工作两年后，某日突然向公司提出要离职，并且提出第二天就要离开。公司要求汤某再工作一个月并办理好交接，汤某予以拒绝并在第二天就不再来上班。公司认为汤某离职太突然，没有办法短时间找到新员工来接替汤某的职位，汤某的行为给公司造成了经济损失，于是拒绝汤某的辞职申请并且要求汤某承担赔偿责任。

【律师评析】

公司与汤某之间的劳动合同约定，汤某单方提出辞职的，需要提前30天书面向公司提出。案件中汤某违反了双方合同的约定，确实属于违约。虽然法律规定员工违约的，公司可以要求其赔偿因此造成的经济损失，但是如果公司没有办法证明汤某的辞职给公司造成的经济损失的具体数额，且两者之间存在因果关系，则法院难以判决汤某向公司支付赔偿。

> 应对方案

1. 员工提出辞职的时间是证明员工违反《劳动合同法》的重要依据，公司应审查员工辞职申请或辞职信的申请方式和时间。员工如果在试用期内辞职，需要提前3日通知公司；正式员工辞职则要提前30日通知公司。公司应举证证明员工向公司提出辞职申请的时间和方式违反了《劳动合同法》的规定，这样才能认定员工存在违约行为。

2. 员工不按照《劳动合同法》的规定提出辞职的，属于违约，虽然公司不能以此要求员工支付违约金，但有权要求员工支付公司因此而造成的经济损失。公司可以在劳动合同中设置员工违约辞职的赔偿责任条款，与员工在劳动合同中约定员工违法辞职需要赔偿的范围和种类，以作为索赔依据，如员工违法辞职，公司有权要求员工支付临时招用新员工而产生的相关费用。

法律依据

《中华人民共和国劳动合同法》

第三十七条 劳动者提前三十日以书面形式通知用人单位，可以解除劳动合同。劳动者在试用期内提前三日通知用人单位，可以解除劳动合同。

第九十条 劳动者违反本法规定解除劳动合同，或者违反劳动合同中约定的保密义务或者竞业限制，给用人单位造成损失的，应当承担赔偿责任。

《违反〈劳动法〉有关劳动合同规定的赔偿办法》

第四条 劳动者违反规定或劳动合同的约定解除劳动合同，对用人单位造成损失的，劳动者应赔偿用人单位下列损失：

（一）用人单位招收录用其所支付的费用；

（二）用人单位为其支付的培训费用，双方另有约定的按约定办理；

（三）对生产、经营和工作造成的直接经济损失；

（四）劳动合同约定的其他赔偿费用。

五、员工不按规定到岗能否视为自动辞职

风险提示

笔者经常会听到公司负责人或人力资源管理人员说"自动辞职"这个词。通常情况下，如果一位员工没有按照公司规定请假也不来上班，公司就会向员工表示已视其"自动辞职"，双方解除劳动关系。

实际上，目前我国法律并没有"自动辞职""自动解除劳动关系"等相关规定和表述，若员工出现未经请假即不到岗的情况，而公司立即以"视为自动辞职"为由与员工解除劳动关系，将有可能造成违法解除合同的法律后果。因此，公司要谨慎使用"视为自动离职"等表述，避免劳动纠纷中的败诉风险。

当员工出现不按规定到岗的情形时，公司应当先查看自己制定的规章制度（前提是合法有效）对相应情况的处理是如何规定的。谨慎起见，公司可以先向不到岗员工发送限期返岗通知书，要求其在限定时间内到岗，若员

工继续不予理会，则公司可以根据劳动合同及公司的制度规定对员工进行处理。

以案说法

员工未按规定请假也不到岗上班的，公司应先向其发送限期返岗通知书

王某在某食品加工厂担任包装工人，2018年3月1日起，王某在未向公司请假的情况下就不来上班，经过公司人事部门员工电话确认，王某称自己家中有事需要处理。2018年3月5日，王某回到工厂上班，被公司告知她已连续旷工四天，已视为"自动辞职"，公司称已解除了与王某的劳动关系。

王某不服公司的决定，提起劳动仲裁，认为公司非法解除与她的劳动关系应当支付经济赔偿金。

【律师评析】

王某在没有向公司提出请假的情况下便不到岗上班，确实存在过错。针对王某的行为，公司应当先向王某发出返岗通知书或者打电话明确要求王某限期返岗。采用打电话方式通知的，要录音。若王某不予理会且不到岗上班，公司则可以按照规章制度对其作出旷工开除的处理。本案中，王某不到岗上班，数日后又返岗，公司简单地以多日旷工已视其"自动辞职"为理由解除与王某的劳动关系，属于违法。

应对方案

针对员工没有按照公司规定请假也不到岗上班的情况，公司若想以员工旷工为由将其辞退，需要先向员工发送限期返岗通知书。发送书面返岗通知有困难的，公司可以打电话要求员工返岗并录音取证。员工收到限期返岗通知后仍然不予理会的，公司再以员工旷工、违反公司规章制度为理由将其解雇，可大大降低违法解除劳动关系的风险。

法律依据

《中华人民共和国劳动合同法》

第二十六条　下列劳动合同无效或者部分无效：

（一）以欺诈、胁迫的手段或者乘人之危，使对方在违背真实意思的情况下订立或者变更劳动合同的；

……

第三十九条 劳动者有下列情形之一的，用人单位可以解除劳动合同：

（一）在试用期间被证明不符合录用条件的；

（二）严重违反用人单位的规章制度的；

（三）严重失职，营私舞弊，给用人单位造成重大损害的；

（四）劳动者同时与其他用人单位建立劳动关系，对完成本单位的工作任务造成严重影响，或者经用人单位提出，拒不改正的；

（五）因本法第二十六条第一款第一项规定的情形致使劳动合同无效的；

（六）被依法追究刑事责任的。

第二节　公司解除劳动合同

一、公司合法解雇员工的两大要素

风险提示

在员工无过错的情况下，公司是不能单方面解雇员工的，否则需要向员工支付经济赔偿金。笔者接受顾问单位的法律咨询时，常被公司的负责人问到能否辞退某员工，笔者最常回复的一个字是"缓"，理由是《最高人民法院关于审理劳动争议案件适用法律问题的解释（一）》第四十四条的规定："因用人单位作出的开除、除名、辞退、解除劳动合同、减少劳动报酬、计算劳动者工作年限等决定而发生的劳动争议，用人单位负举证责任。"在司法实践中，公司合法解雇有过错的员工，需要举证解雇员工的"事实依据"以及"制度依据"，笔者称之为合法解雇员工的两大要素。所谓"事实依据"，是指能证明员工存在过错的事实，而"制度依据"，则是指员工所存在的过错达到了公司可以对其解雇的条件。有的法官指出："劳动者在劳动争议案件中处于弱势地位，故在认定用人单位解除劳动合同合法与否的问题上,一定在用人单位提供充足证据,能够证明解除既有事实依据,又有法律依据、规章制度依据的情况下,才能认定为合法,要注重保护劳动者合法权益。"①

综上所述,公司若想合法有效地解雇有过错的员工且无须赔偿,需要在前期做好举证的准备工作。公司如果没有办法证明员工存在过错的事实或者没有解雇员工的制度依据就急于将员工解雇,员工一定会起诉公司要求经济赔偿金,届时吃亏的就是公司。

以案说法

1. 公司若想合法解雇员工,需具有事实依据、法律依据和制度依据[②]

胡某自2012年5月起入职某经贸公司担任营销总监一职,公司与胡某在5月27日约定胡某的年销售任务是人民币800万元。

2013年2月5日,公司发出了《关于开除原营销总监胡某的公告》,公告上载明:"因原营销总监胡某不服从公司管理,阻滞公司考核,且身为营销中心第一责任人,对团队管理不善,导致公司严重亏损,且顶撞上司,对下属员工造成极其不良影响,经公司研究决定,对其作出开除处理。"

胡某不服,提起诉讼。公司认为,胡某没有完成年销售任务,辞退胡某是合法的,但未能提供充分证据予以证明。

【判词摘录】

◆ 公司提供的证据并不足以证实胡某的行为已达到解除劳动合同的条件,故公司解除与胡某的劳动合同属于违法解除。

2. 公司事先掌握能够证明员工犯错的证据,可依法解雇犯错员工

高某于2005年6月1日入职某食品公司工作,工作岗位为业务代表。双方的劳动合同约定,依照公司制定并经工会确认的《员工奖惩管理办法》,员工之奖惩事项经权责主管核准后进行奖励和扣罚。

2010年5月13日,公司向高某出具《解除劳动合同通知》,上面记载:

---

① 国家法官学院案例开发研究中心编:《中国法院2015年度案例·劳动纠纷(含社会保险纠纷)》,中国法制出版社2015年版,第66页。
② 广州市中级人民法院(2014)穗中法民一终字第1637号民事判决书。

因高某在本年度工作期间，有拒绝听从主管的指挥监督、经劝导仍不听从命令的行为，且在本年度有两次大过的处分，依据公司制度《奖惩管理办法》中第5.4.4条第Q项的规定，公司依法与高某于2010年6月3日解除劳动合同，且不支付经济补偿金。

高某认为公司属于非法解雇，提起诉讼要求公司支付经济赔偿金。为证明高某存在拒绝听从主管的指挥监督、经劝导仍不听从命令的行为，公司提供了业绩追踪表，业绩追踪表上有其他员工的相关记录，而高某的部分业绩完成记录以及全部拜访客户记录为空白，高某主张其已按照公司的规定到客户处拜访，但未能提供任何证据予以证明。公司还提供了负责人黄某与高某的谈话记录和《人事令》，谈话记录中黄某告知高某应该积极拜访客户，人事令则是对高某调岗的证明，除此之外，公司还提供了部分客户的书面证明。

【律师评析】

因拜访客户是高某应履行的职责，故未拜访客户的行为符合拒绝听从主管的指挥监督、怠于履行职务的情形。

黄某告诫高某要去拜访客户，高某仍然不拜访客户，且高某在调整工作岗位后依然不履行拜访客户的职责，均足以认定高某经公司劝导仍不听从命令。

公司依据《奖惩管理办法》第5.4.4条第Q项的规定与高某解除劳动合同关系，于法有据，应认定为合法解除，故高某要求公司支付违法解除劳动合同的赔偿金，缺乏事实和法律依据，公司无须支付。

3. 公司可通过收集录像、录音等证据，证明员工具有犯错事实[①]

陈某等10人在某化工公司工作。化工公司在2015年度因严重亏损，财务状况恶化，在2016年8月与员工商讨年中奖金时，提出无法按照员工要求的标准进行支付。陈某等10人不满意公司确定的2016年年中奖金数额，于是在工作时间到工厂的饭堂静坐。

公司在陈某等人静坐时，通过录像取证的方式多次向陈某等10人告知要求复工，在经告知多次无效后，公司以员工违反劳动合同以及规章制度第

---

① 广州市中级人民法院（2017）粤01民终10359号民事判决书。

六十四条"在公司内聚众闹事,或煽动非法罢工(含停工)、怠工的,或参与非法罢工(含停工)、怠工的;又或在外参加违法示威、集会等活动的行为,公司予以解雇处分"的规定,解除了与陈某等10人的劳动关系。

陈某等10人认为公司属于违法解除劳动关系,要求公司支付经济赔偿金。庭审中,陈某等10人在庭上解释他们在饭堂是与公司管理层协商奖金事宜,属于表达诉请,应当认定为提供劳动。而根据化工公司提交的监控视频、照片、通告等证据,陈某等10人在正常工作时间,因对奖金发放数额有异议于公司饭堂静坐,未进入工作区域提供劳动。

【判词摘录】

◆ 履行劳动义务,是劳动法律关系对劳动者的基本要求。

◆ 在用人单位依法发出明确指令要求劳动者上班工作的情况下,劳动者没有合法正当的理由拒绝前往,拒不履行劳动关系中劳动者本应履行的按照用人单位指示提供劳动的基本义务,已使得用人单位与劳动者建立劳动关系的合同目的落空,应视为已严重违反劳动纪律,用人单位据此解除劳动关系依据充分。

◆ 因不满意该调整结果而采取停工的方式要求协商,无疑会影响用人单位正常的生产经营秩序。在化工公司已反复劝说且明确后果的情况下,陈某等人仍继续停工拒绝返回工作岗位,化工公司据此解除劳动关系,理据充分,法院予以确认。

应对方案

1. 公司在解雇犯错员工时,需要举证证明员工犯错的事实,所以公司需要事先掌握能够证明员工犯错的证据。公司的录像、录音以及员工在犯错后向公司承认错误的文件或说明等,都可以证明员工有犯错的事实。公司平时应注意收集这些证据,避免陷入双方发生纠纷时员工否认自己有过错而公司无法举证的困境。

2. 公司对有过错行为的员工问责时,需要证明员工确实违反了相应的工作职责要求而产生了过错。实践中,员工会以"×××工作不是我的职责范围"为理由提出抗辩,也即会提出"错不在我"的反驳。这时候法庭就会向公司提问该员工的职务以及工作内容。基于此，公司应当事先针对每一位员工尤其是管理层员工制定明确的岗位职责说明，如制作《职务定义表》或《员工职责确认书》等文件，并要求员工签名确认。职务确认文件是公司向管理层员工进行问责的重要依据。

3. 公司的规章制度应当明确区分员工的一般违纪行为和严重违纪行为，并列明严重违纪具体有哪些，并确认当员工严重违纪时，公司有权对员工进行解雇。（关于公司的规章制度如何做到合法有效的问题，参见本书第三章第一节的内容。）

法律依据

《最高人民法院关于审理劳动争议案件适用法律问题的解释（一）》

第四十四条　因用人单位作出的开除、除名、辞退、解除劳动合同、减少劳动报酬、计算劳动者工作年限等决定而发生的劳动争议，用人单位负举证责任。

二、使用关联公司的规章制度解雇员工是否合法

风险提示

在大型集团内部，关联公司之间用工混同、用工借调的情况十分常见，当劳动合同签订主体与规章制度制定主体不一致时，员工是否受到关联公司的规章制度约束？如果某员工与 A 公司签订劳动合同，但被借调到关联公司 B 公司的过程中违反了 B 公司的规章制度，A 公司能否以 B 公司的规章制度对该名员工进行处罚？又或者集团内部只有母公司制定规章制度，能否直接以母公司制作的规章制度管理其下属公司的员工？

有的人认为，问题的答案在于公司之间的控股程度，子公司可以沿用母公司的规章制度，同一集团下的各下属公司则无法沿用。但该观点是错误的。能否使用关联公司的规章制度的关键在于该规章制度是否履行了民主程序向劳动者公示或告知，如果公司没有证据证明公司履行了民主程序公示或告知劳动者，以关联公司的规章制度解雇员工就属于违法解除劳动关系，需

要向劳动者支付赔偿金。

以案说法

1. 关联公司是独立的法人主体，公司不得直接援引关联公司的规章制度作为解雇员工的依据[①]

侯某是某俱乐部公司员工，2019 年 6 月 18 日，公司以侯某严重违反劳动纪律为由将侯某解雇。公司主张侯某 2019 年 4 月 15 日在驾驶某公司车辆工作的过程中因其疏忽大意违反交通规则，发生交通事故，造成车辆受损，依据其关联公司某酒店公司的《员工手册》第 10.5.16 条，认定侯某不遵守安全规定，也存在严重玩忽职守的情况，造成俱乐部公司财务损失，与侯某解除劳动关系。

侯某表示不知晓《员工手册》的规定，公司表示其所依据的《员工手册》，是他们的关联公司某酒店公司的规章制度，公司认为关联公司之间的制度文件可以套用。

【判词摘录】

◆ 因用人单位作出的开除、除名、辞退、解除劳动合同、减少劳动报酬、计算劳动者工作年限等决定而发生的劳动争议，用人单位负举证责任。某俱乐部公司与侯某解除劳动关系所依据《员工手册》并非自己的规章制度，提交的证据也不能证明侯某知晓该规章制度。所以某俱乐部公司解除与侯某的劳动关系属违法。

2. 公司援引其关联公司的规章制度应当事先经员工确认[②]

2008 年，杜某与某商业公司签订无固定期限劳动合同，合同约定杜某在工程岗位从事变电所工作。

2018 年 7 月 9 日，某发展公司发布《奖惩管理制度》规定"员工有下列行为之一视为严重违约，将受到公开通报批评、记大过及解除劳动合同处理……（2）一个月内累计旷工两天（含）以上……（9）拒不服从领导正常合理的工作安排和公司发出的合法指令，给公司正常工作和经营管理秩序

---

① 天津市西青区人民法院（2019）津 0111 民初 9550 号民事判决书。
② 大连市中级人民法院（2021）辽 02 民终 6746 号民事判决书。

造成严重破坏和影响……"

2020年10月，某商业公司开会口头通知杜某，将杜某调整到新岗位工作，同日杜某不同意某商业公司的安排，向领导提交书面员工意见书，明确表示不同意进行调岗。

某发展公司、某商业公司、某传媒公司2018年联合修订《员工手册》，该《员工手册》规定"员工下列行为属于严重违纪行为，公司有权立即解除合同，造成公司实质性损失的，同时有权要求员工赔偿：……14.一年内旷工2天及以上……"某商业公司提供的《员工手册2018修订版》员工阅读签字表中显示，杜某于2018年3月22日签字。

2020年11月6日，某商业公司向杜某出具《关于对季某等8人的处罚决定》，该决定写明"在人员分流调整过程中，原电气科员工季某、杜某等8人不服从分配，拒绝到新岗位报到工作，从2020年11月1日起至11月5日止，上述8人均达到2天或2天以上未按指定班次到指定岗位工作。依据《奖惩管理规定》惩罚项第5条第2款'一个月内累计旷工2天（含2天）以上'及第9款'拒不服从领导正常合理的工作安排和公司发出的合法指令'之规定"给予杜某解除劳动合同处罚。

杜某认为某商业公司是违法解雇，要求支付解除劳动合同赔偿金。

【判词摘录】

◆ 关于某商业公司解除劳动合同的依据问题。某商业公司作为用人单位，其解除与杜某劳动合同依据的是《奖惩管理规定》中的相关条款，而《奖惩管理规定》是某发展公司的规章制度，某发展公司与某商业公司系同属于某集团公司旗下的两个独立企业法人，虽然《奖惩管理规定》的相关条款内容与某商业公司《员工手册》中的内容相同，但某发展公司的《奖惩管理规定》并非等同于某商业公司的《员工手册》，某商业公司在对杜某进行处罚时，并未依据《员工手册》，而是依据某发展公司的《奖惩管理规定》，某商业公司据此解除与杜某的劳动合同，同样没有事实和法律依据。

3. 关联公司的规章制度不当然适用于本公司员工，但员工确认知悉的除外①

丁某入职鲁某电子科技公司担任招聘经理，双方签订了书面劳动合同，附件三入职培训总结载明，培训内容包含出勤管理、员工手册、钉钉考勤打卡、签到管理等，"员工因违反公司规定制度、流程并属于重大违规的，公司有权解除劳动关系，不承担任何经济补偿及赔偿费用。公司所有规章制度、流程均以通知、通告、内部工联单借助 OA 系统这个平台发布、更新，要求所有员工必须每天登录 OA 办公系统进行浏览，如有违反公司的规章制度等，视同为员工已阅知，属于员工个人责任，与公司无关。乙方在此确认：入职前，我已阅知以上所有培训的具体内容，同意按相关规定执行"。丁某在该总结中签字确认。

2020 年 3 月 10 日，鲁某电子科技公司解除了与丁某之间的劳动合同。鲁某电子科技公司主张丁某多次迟到、早退、缺勤，鲁某电子科技公司系依法解除劳动合同；丁某主张鲁某电子科技公司提交的员工奖惩制度系鲁某实业集团有限公司制定，并非鲁某电子科技公司，而鲁某电子科技公司与鲁某实业集团均为独立的法人，经营环境及用工环境均不同，丁某是与鲁某电子科技公司建立劳动关系而非鲁某实业集团，丁某只应受鲁某电子科技公司依法制定的规章制度的约束，无论鲁某电子科技公司与鲁某实业集团是何种关系，在鲁某电子科技公司将上诉规章制度通过民主程序转化为自身合法规章制度之前，鲁某实业集团制定的规章制度在鲁某电子科技公司不具有合法性，不应对丁某产生约束力，鲁某电子科技公司也不能依据这些不合法的第三方规章制度辞退丁某。

【判词摘录】

◆ 法院认为，鲁某实业集团和鲁某电子科技公司系关联企业，鲁某实业集团的规章制度并不当然适用于鲁某电子科技公司，劳动者对直接涉及其切身利益的规章制度依法享有的知情权受法律保护。

◆ 本案中，鲁某电子科技公司提交证据能够证明鲁某实业集团履行了相应民主程序制定规章制度，鲁某电子科技公司对适用其关联企业鲁某实业

---

① 青岛市中级人民法院（2021）鲁 02 民终 2176 号民事判决书。

集团的规章制度已向劳动者公示或告知，丁某签名的签阅单显示丁某知悉《员工手册》及其附件《出勤管理规定》《带薪休假管理制度》《钉钉考勤打卡、签到管理规定》《员工奖惩制度》《员工离职管理规定》《职工代表大会制度》等内容并承诺遵守各项制度、规定……综上，鲁某电子科技公司据此解除与丁某的劳动合同，符合法律规定。

4. 子公司沿用上级集团公司的规章制度符合集团企业内部的惯常做法，但应送达告知员工

2011年，陈某入职顺某公交公司，并签署了顺某公交公司母公司顺某集团公司制定的《员工手册》。2017年2月6日，陈某因赌博被行政拘留三天，顺某公交公司因此以陈某违反《员工手册》为由，于2017年2月9日解除双方劳动关系。陈某认为该《员工手册》为顺某集团公司制定，不能直接适用于顺某公交公司，故对其不发生效力，顺某公交公司应当支付其违法解除劳动关系的赔偿金50246.2元。

【律师评析】

《员工手册》虽然系顺某集团公司制定，但顺某公交公司作为顺某集团公司独资设立的下级子公司，在未另行单独制定规章制度的情况下，沿用上级集团公司的规章制度符合集团企业内部的惯常做法，亦不违反法律法规的强制性规定。《员工手册》经民主程序制定公示并在陈某入职时已向其送达告知，故可在顺某公交公司与陈某的劳动关系中予以使用。

陈某因赌博被行政拘留，其行为不仅违反了治安管理行政法规且达到了给予行政处罚的程度。因此，顺某公交公司将陈某被行政拘留视为严重违反该公司规章制度，并依据《员工手册》的规定解除与陈某的劳动合同关系，符合《劳动合同法》第三十九条第二项的规定。

应对方案

1. 关联公司均是独立的法人主体，一般情况下，公司应当结合自身实际需求拟定规章制度并作为奖惩员工的合法依据，公司对自己制定的规章制度也更易于根据实际情况进行调整。

2. 在日常用工管理过程中，如果公司需要适用关联公司的规章制度，应当将关联公司的规章制度在本公司中履行法定的民主公示程序，取得员工书面的签字确认。

法律依据

《中华人民共和国劳动法》

第四条　用人单位应当依法建立和完善规章制度，保障劳动者享有劳动权利和履行劳动义务。

《中华人民共和国劳动合同法》

第四条　用人单位应当依法建立和完善劳动规章制度，保障劳动者享有劳动权利、履行劳动义务。

用人单位在制定、修改或者决定有关劳动报酬、工作时间、休息休假、劳动安全卫生、保险福利、职工培训、劳动纪律以及劳动定额管理等直接涉及劳动者切身利益的规章制度或者重大事项时，应当经职工代表大会或者全体职工讨论，提出方案和意见，与工会或者职工代表平等协商确定。

在规章制度和重大事项决定实施过程中，工会或者职工认为不适当的，有权向用人单位提出，通过协商予以修改完善。

用人单位应当将直接涉及劳动者切身利益的规章制度和重大事项决定公示，或者告知劳动者。

《最高人民法院关于审理劳动争议案件适用法律问题的解释（一）》

第四十七条　建立了工会组织的用人单位解除劳动合同符合劳动合同法第三十九条、第四十条规定，但未按照劳动合同法第四十三条规定事先通知工会，劳动者以用人单位违法解除劳动合同为由请求用人单位支付赔偿金的，人民法院应予支持，但起诉前用人单位已经补正有关程序的除外。

第五十条　用人单位根据劳动合同法第四条规定，通过民主程序制定的规章制度，不违反国家法律、行政法规及政策规定，并已向劳动者公示的，可以作为确定双方权利义务的依据。

用人单位制定的内部规章制度与集体合同或者劳动合同约定的内容不一致，劳动者请求优先适用合同约定的，人民法院应予支持。

三、推定公司单方解雇员工的认定

风险提示

实践中,有的公司为了规避违法解除劳动关系的风险,不作出口头或者书面的解除劳动关系的意思表示,而直接对员工采取移除工作微信群、禁用 OA 系统账号、禁止登录公司邮件后台、禁止进入办公场所等"冷处理"的手段,从而逼得员工"无班可上"。然而,在劳动仲裁或诉讼中,公司这些行为手段是会被推定为单方解雇的,公司虽然具有用工自主权,但不得滥用权限。如果公司基于内部调查等原因对员工进行"冷处理",应当及时向员工作出说明并在调查完成时通知员工返岗,否则也可能被视为将员工辞退的意思表示。

以案说法

1. 公司拒绝为员工提供工作条件的,会被推定为单方解雇员工[①]

杨某是电子公司的员工。2020 年 7 月 21 日,因为公司与杨某就解除劳动合同相关事宜无法达成协商一致,于是公司要求杨某在当天下午离开公司,并将杨某的车辆通行证收回,同时将杨某移出企业微信群。自 2020 年 7 月 22 日起,公司拒绝杨某进入其办公场所。

杨某认为公司的行为构成违法解除劳动合同,要求公司向其出具书面解除劳动关系的证明并支付违法解除劳动关系的赔偿金。

【判词摘录】

◆ 杨某提交的微信记录、短信截图以及录音显示,公司让杨某在 2020 年 7 月 21 日下午离开公司,将杨某的车辆通行证收回,并于当天将杨某移出企业微信群,2020 年 7 月 22 日拒绝杨某进入其办公场所。公司提供的杨某填写的《离职申请表》未显示离职时间及离职原因,不足以证明杨某因个人原因提出离职。

◆ 根据双方的举证及陈述,虽然公司未向杨某出具解除劳动合同的通知书,但公司的行为已向杨某表达了将其辞退的意思表示,而公司并未提供

[①] 广东省深圳市中级人民法院(2021)粤 03 民终 22011 号民事判决书。

充分有效证据证明其解除的合法理由，因此法院认定公司应向杨某支付违法解除劳动关系的赔偿金，并向杨某出具书面解除劳动关系的证明。

2. 公司对员工进行内部调查而暂停其工作的，做到事先向员工说明、事后通知员工返岗可避免被认定为辞退员工[①]

教育公司与程某签订《劳动合同书》一份，约定：若经双方协商一致并签订《离职协议书》，本合同予以解除。程某应按双方约定，办理离职申请、工作交接及离职协议，程某逾期未办理，自己承担损失。

2020年8月初，教育公司发现程某可能存在变造或使用变造公司文件、向学员进行虚假承诺等违规行为，且了解到程某可能近期跳槽到同业竞争公司的情况，教育公司考虑到违规行为会对公司品牌造成负面影响，为防止数据被篡改、保护公司学员信息，故在8月5日上午对包括程某在内的18人进行内部调查。

调查期间教育公司暂时限制程某登录系统后台，并将公司发放的办公用品予以暂扣。限制登录只能通过后台设置离职完成；且为保障学员在程某调查期间能够正常安排课程学习，教育公司向所属程某的学员发送安排新班主任对接的短信，有教育公司与后台技术人员沟通截图佐证。但教育公司从未向程某作出辞退的意思表示。其中部分人员经调查无违规情况后，已继续从事原工作，但程某拒绝配合相应调查，并擅自离岗。教育公司已于8月5日下午向其送达返岗通知书，并在其后分别于2020年8月7日、8月10日、8月11日多次送达返岗通知书要求其返岗，程某一直拒不返岗。

程某申请仲裁，要求教育公司支付违法解除劳动合同的赔偿金。

【判词摘录】

◆ 双方签订的《劳动合同书》规定：经双方协商一致并签订离职协议书，本合同予以解除。程某应按双方约定，办理离职申请、工作交接及离职协议，程某逾期未办理，自己承担损失。在本案中，教育公司在8月5日对程某在内的18人采取措施系为整顿公司纪律、防范不良风险而进行的内部调查自助行为，并未对程某进行辞退，但程某拒绝配合相应调查并擅自离

---

① 郑州市金水区人民法院（2020）豫0105民初23941号民事判决书。

岗，教育公司当天下午即向程某送达《返岗通知书》要求返岗，之后并多次向程某送达返岗通知书，程某拒不返岗，其间并无公司人事部对程某明确作出辞退的意思表示。根据教育公司提交的证据材料可以证明程某未提交离职申请，教育公司也未出具解除合同通知，故教育公司不构成违法解除劳动合同。不应支付程某违法解除劳动关系赔偿金33779.38元。

应对方案

1. 如员工做出离职的意思表示，公司需要求员工在《离职申请表》上勾选离职原因为"个人原因"。司法实践中，对于公司与员工解除劳动合同的真实原因，法院可能因证据有限等难以清晰认定。此时，员工个人在《离职申请表》上载明的离职原因可能会影响法院对公司与员工解除劳动合同原因的认定。公司可以预先在《离职申请表》上设定离职原因的选项以供员工勾选。当员工向公司做出离职的意思表示时，公司需审查确认员工勾选的离职原因准确无误，方可给员工办理离职手续。

2. 对于不辞而别的员工，公司须先发出《限期返岗通知书》；期限届满，方可以严重违反规章制度为由，单方解除劳动合同。员工常常在与公司发生纠纷之后便"不辞而别"。此时，公司可能会认为员工的行为属于"自动离职"。但事实上，法律上并无"自动离职"的概念。对于"不辞而别"的员工，公司基于用工管理义务，应先行通过员工在劳动合同中约定的联系方式送达《限期返岗通知书》，待期限届满，若员工仍无返岗，公司则可以其旷工的天数以达严重违反规章制度的程度为由，单方解除劳动合同。

3. 公司单方解雇员工，必须充分举证。公司单方解雇员工的败诉率相对比较高。因此，公司若想合法解雇员工，必须全面和充分举证。公司可在解雇员工之前，注重收集如下两方面的证据：可证明员工存在过错并已达到需要解雇的程度；可证明公司在解雇员工的程序上合法。

法律依据

《最高人民法院关于审理劳动争议案件适用法律问题的解释（一）》
第四十四条 因用人单位作出的开除、除名、辞退、解除劳动合同、减少劳动报酬、计算劳动者工作年限等决定而发生的劳动争议，用人单位负举证责任。

四、公司解雇员工时应尽告知义务并通知工会

风险提示

公司解雇存在违法违纪行为的员工，除了需要事实依据和制度依据，在程序上也有相应的要求。如果公司在解雇员工时违反了相应的程序，那么即使解雇员工的理由是合法合理的，也会因为程序存在瑕疵而导致公司的解雇行为被法院认定为非法解除劳动关系。

在解雇员工的程序上，公司需要注意两个方面的问题。第一，公司在解雇员工时有义务向员工告知解雇的理由，要明确告知员工解雇的依据是什么。有的公司在解雇员工时，只简单地口头告知或发一封解雇通知告知员工已被解雇，却没有明确告知员工因违反了什么事项而被解雇，最终公司的解雇行为被法院认定为违法。第二，已经建立了工会的公司，应当将解雇的决定告知工会，公司有工会但是公司没有尽到告知工会义务的，会因缺少了这一告知行为而导致公司的解雇被认定为违法。需要提醒的是，告知工会并不代表需要征得工会的同意，工会是否同意公司的解雇决定并不影响公司解雇行为的合法性，公司只需要有告知行为即可。当然，在有些案件中，工会如果同意公司的解雇行为，便视为工会确认了员工被解雇的理由和依据，也可以让公司获得更有力的证据证明员工存在违法违纪行为。

以案说法

1. 公司解雇员工时，应当告知员工解雇所依据的具体制度条款

曾某是东某食品公司制作面包及糕点的员工，是公司下辖经营的某门店店长，负责该门店的管理工作。2011年6月23日晚，公司临时检查各门店，在对曾某管理的门店进行盘点后发现存在短款，现金盘点数与POS机收款额存在差异，少收金额200元。

2011年6月24日，公司负责人与曾某就盘点短款问题进行谈话，询问

了6月23日的销售状况并制作了笔录由曾某签名确认。2011年7月4日，公司向曾某发出了《即时解雇信》，信上告知曾某"严重违反了公司的收银操作和库存守则"，给公司造成了损失，根据公司的《纪律及诚信守则》和《员工手册》中的规定，对曾某予以开除。曾某不服，他认为公司属于违法解除劳动合同，应当作出赔偿。而公司则认为曾某违反公司的规章制度，即《纪律及诚信守则》第十二条、《员工手册》奖惩条例的即时解雇情形第十六项及奖惩条例的辞退情形，开除曾某是合法的。

【律师评析】

公司已确认解除劳动关系的实际依据是《纪律及诚信守则》第十二条、《员工手册》奖惩条例的即时解雇情形第十六项及奖惩条例的辞退情形，但在《即时解雇信》中公司仅告知曾某"严重违反了公司的收银操作和库存守则"，并未告知解雇曾某所依据的具体制度条款，故公司未尽告知义务。

2. 公司工会对公司解除劳动合同的通知作出的予以同意的复函，具有较高的证明力

晨某五金厂员工胡某等6人因对工厂生产线调整不满，与工厂管理层产生了矛盾。2015年9月24日，胡某等6人与工厂的经理发生冲突，在车间外的广场上与工厂经理吵架，并且手持锉刀和铝合金支架与工厂保安打架斗殴。

工厂随后以胡某等6人聚众打架违反公司规章制度为由，对6人进行开除处理，同时将开除决定告知了工会。工厂工会在收到工厂的通知后作出了《关于〈解除劳动合同通知工会函〉的复函》，书面同意工厂开除胡某等6人的决定。

胡某等6人不服公司的决定，提起劳动仲裁认为工厂属于违法解除劳动关系应当支付经济赔偿金。

【律师评析】

企业工会是在本企业党组织和上下级工会的领导下，依照法律和工会章程独立自主地开展工作的组织，因此公司工会作出的《关于〈解除劳动合同通知工会函〉的复函》具有较高的证明力，对于其所反映的公司以胡某等6人在车间言语挑衅，手持锉刀、铝合金支架等，蓄意闹事、攻击管理人员、聚众喧闹罢工为由，解除了双方的劳动关系，并得到了公司工会同意的事实，该证据较为容易得到劳动人事争议仲裁委员会或法院的采信。结合胡某等 6 人的前述行为明显属于严重违反劳动纪律的行为，根据《劳动法》第二十五条第二项的规定，公司可以解除劳动合同。

应对方案

1. 公司解除与员工的劳动关系发出的通知书中，应当明确公司解除劳动关系的依据和理由。例如，在通知书中应当表述："公司根据《劳动法》第二十五条第××项（或《劳动合同法》第三十九条第××项）、本公司员工守则（或规章制度）第××条的规定，决定于××××年××月××日正式解除与×××签订的劳动合同。"

2. 公司应当将解除与员工劳动关系的决定书面告知工会，为了日后方便举证证明其解雇程序合法，建议公司要求工会盖章确认收到决定文件。公司的告知文件可以做成上下两联，上下联内容一样，均为告知解除劳动关系的内容，上下两联中间画一条虚线，工会收件时在虚线处盖章，之后公司将上下联撕开，工会持有一份，公司保留一份。

法律依据

《中华人民共和国劳动法》

第二十五条 劳动者有下列情形之一的，用人单位可以解除劳动合同：

（一）在试用期间被证明不符合录用条件的；

（二）严重违反劳动纪律或者用人单位规章制度的；

（三）严重失职，营私舞弊，对用人单位利益造成重大损害的；

（四）被依法追究刑事责任的。

《中华人民共和国劳动合同法》

第二十六条 下列劳动合同无效或者部分无效：

（一）以欺诈、胁迫的手段或者乘人之危，使对方在违背真实意思的情况下订立或者变更劳动合同的；

……

第三十九条　劳动者有下列情形之一的，用人单位可以解除劳动合同：

（一）在试用期间被证明不符合录用条件的；

（二）严重违反用人单位的规章制度的；

（三）严重失职，营私舞弊，给用人单位造成重大损害的；

（四）劳动者同时与其他用人单位建立劳动关系，对完成本单位的工作任务造成严重影响，或者经用人单位提出，拒不改正的；

（五）因本法第二十六条第一款第一项规定的情形致使劳动合同无效的；

（六）被依法追究刑事责任的。

第四十三条　用人单位单方解除劳动合同，应当事先将理由通知工会。用人单位违反法律、行政法规规定或者劳动合同约定的，工会有权要求用人单位纠正。用人单位应当研究工会的意见，并将处理结果书面通知工会。

《江苏省劳动合同条例》

第三十一条　用人单位解除或者终止劳动合同，应当符合法定的条件和程序。

用人单位单方解除劳动合同，应当事先将理由通知工会；用人单位尚未建立工会的，通知用人单位所在地工会。

《北京市实施〈中华人民共和国工会法〉办法》

第二十三条　企业、事业单位以及其他组织单方面解除职工劳动合同时，应当事先将理由通知工会，工会认为其违反法律、法规和劳动合同，应当及时提出改正意见或者建议；工会要求重新处理时，单位应当研究工会的意见，并将处理结果书面通知工会。

企业符合法定情形确需裁减人员时，应当提前30日通过职工代表大会或者职工大会的形式，向职工说明情况，听取工会或者职工的意见。企业自裁员之日起6个月内录用人员的，应当依法优先录用被裁减的人员。

《上海市工会条例》

第二十四条　企业、事业单位、社会组织处分职工，工会认为有法律依据不足、事实理由不充分、处分不当或者超过法定处理权限等情形的，有权提出意见。

用人单位单方面解除职工劳动合同时，应当事先将理由通知工会。工会认为用人单位违反法律、法规和有关合同，要求重新研究处理时，用人单位应当研究工会的意见，将处理结果书面通知工会并附有相关材料。

五、公司不得以末位淘汰制度解除与员工的劳动合同

> 风险提示

　　为了鼓励员工积极工作，公司会采取"优胜劣汰"的方法对员工进行管理。公司通过考核，将考核分数低的员工进行开除或调岗，以达到员工内部竞争的目的。

　　实际上，公司通过考核采取"末位淘汰"的方法管理员工，有很大的法律风险，稍不注意就会导致违法行为的发生。很多公司管理者认为考核排在末位的员工不能胜任工作，但实际上，考核排在末位并不能与员工不能胜任工作直接挂钩，既然要考核排名，就自然有第一名也有最后一名，排在最后一名的，只是针对前面的员工而言能力稍欠缺，但并不代表他就不能胜任工作。因此公司在进行"末位淘汰"制度时，不能简单地将排在末位的员工直接以"不能胜任工作"为理由进行开除处理，有法官专门提出了合法性操作建议："并不是说'末位淘汰'制度本身是违法的，关键要看是否以'末位淘汰'为由来解除劳动合同。现实中，有的用人单位将处于末位者调离原岗位，或经过培训后仍然处于末位的，在劳动合同到期后不再与之续签，这种形式的'末位淘汰'就是合法的。"①

> 以案说法

公司不能仅凭等级比例的绩效考核结果证明员工不能胜任工作

　　王某在某通信公司从事销售工作。公司的《员工绩效管理办法》规定：员工半年、年度绩效考核分别为S、A、C1、C2四个等级，分别代表优秀、良好、价值观不符、业绩待改进；S、A、C（C1、C2）等级的比例分别为20%、70%、10%。

　　2008年下半年、2009年上半年及2010年下半年，王某在公司的考核结

---

① 杨心忠：《劳动合同纠纷裁判精要与规则适用》，北京大学出版社2014年版，第178—179页。

果均为 C2。公司认为，王某不能胜任工作并对王某进行了调岗，调岗后公司仍然认为王某不能胜任工作，因此在向王某支付了一笔补偿金的情况下解除了与王某的劳动合同。王某认为公司属于违法解除劳动合同，应当支付经济赔偿金。

【律师评析】

根据《员工绩效管理办法》的规定，"C（C1、C2）考核等级的比例为10%"，虽然王某曾经考核结果为 C2，但 C2 等级并不完全等同于"不胜任工作"。在某通信公司未能提交考核依据等有效证据的情况下，仅凭该限定考核等级比例的考核结果不能证明王某不能胜任工作的事实。

应对方案

1. 公司的员工绩效管理办法中不能规定对考核处于末位的员工直接作开除处理，但可以规定公司有权对末位员工进行岗位以及对应绩效奖金的调整。

2. 考核处于末位并不能直接证明员工不能胜任工作，公司如果要证明员工不能胜任工作，需要有明确的证据，如员工犯错给公司造成损失的证据、公司管理层或人事部门负责人与该员工的谈话记录以及员工不能完成公司交付的合理工作任务等证据。

法律依据

《中华人民共和国劳动合同法》

第三十九条 劳动者有下列情形之一的，用人单位可以解除劳动合同：

（一）在试用期间被证明不符合录用条件的；

（二）严重违反用人单位的规章制度的；

（三）严重失职，营私舞弊，给用人单位造成重大损害的；

（四）劳动者同时与其他用人单位建立劳动关系，对完成本单位的工作任务造成严重影响，或者经用人单位提出，拒不改正的；

（五）因本法第二十六条第一款第一项规定的情形致使劳动合同无效的；

（六）被依法追究刑事责任的。

第四十条 有下列情形之一的，用人单位提前三十日以书面形式通知劳动者本人或者额外支付劳动者一个月工资后，可以解除劳动合同：

……

（二）劳动者不能胜任工作，经过培训或者调整工作岗位，仍不能胜任工作的；

……

《劳动部关于〈中华人民共和国劳动法〉若干条文的说明》

第二十六条 有下列情形之一的，用人单位可以解除劳动合同，但是应当提前三十日以书面形式通知劳动者本人：

……

（二）劳动者不能胜任工作，经过培训或者调整工作岗位，仍不能胜任工作的；

……

本条第（二）项中的"不能胜任工作"，是指不能按要求完成劳动合同中约定的任务或者同工种、同岗位人员的工作量。用人单位不得故意提高定额标准，使劳动者无法完成。

……

六、公司不得以股权变动为由解除劳动合同

风险提示

各股东在投资公司的时候，往往会分别委派高级管理人员，以确保在公司中的知情权和控制权。如果股东以转让股权或公司回购股权的方式退出公司，其委派的高管却已经与公司签订劳动合同、形成劳动关系，那么公司能否以股权变动为由解雇退出股东委派的高管？在《劳动合同法》相关规定中，并没有关于"股权变动"的解除事由，而部分观点认为，"股权变动"可以适用《劳动合同法》第四十条第一款第三项的规定，即劳动合同订立时所依据的客观情况发生重大变化，致使劳动合同无法履行，经用人单位与劳动者协商，未能就变更劳动合同内容达成协议的。用人单位提前三十日以

书面形式通知劳动者本人或者额外支付劳动者一个月工资后，可以解除劳动合同。这种观点是错误的，"股权变动"在司法实践中并非属于重大变化，公司不能据此解雇员工。

劳动合同订立时所依据的客观情况发生重大变化，是指劳动合同订立后发生了公司和劳动者员工订立合同时无法预见的变化，致使双方订立的劳动合同全部或者主要条款无法履行，或者若继续履行将出现成本过高等显失公平的状况，致使劳动合同目的难以实现。下列情形一般属于"劳动合同订立时所依据的客观情况发生重大变化"：（1）地震、火灾、水灾等自然灾害形成的不可抗力；（2）受法律、法规、政策变化导致公司迁移、资产转移或者停产、转产、转（改）制等重大变化。显然，股权变动不能与前述情形相提并论。

以案说法

1. 公司股权变动并非劳动合同订立时所依据的客观情况发生重大变化的情形[①]

2007年1月，黄某与某房地产公司签订书面劳动合同，工作岗位为副总经理。2021年8月10日，房地产公司以集团公司股权发生重大变化为由，向黄某发出《解除劳动合同通知书》并支付了经济补偿。黄某申请劳动仲裁，仲裁裁决驳回黄某的请求，黄某不服提起诉讼。

【判词摘录】

◆ 房地产公司董事会免去黄某的高管职务原因为股权变动，但股权变动并不影响公司的正常生产经营，不属于劳动合同法所规定"劳动合同订立时所依据的客观情况发生重大变化，致使劳动合同无法履行"的情形。因此，房地产公司解除黄某的劳动合同构成违法解除，应向黄某支付赔偿金。

◆ 公司股权变动并非劳动合同订立时所依据的客观情况发生重大变化的情形，用人单位不能以此为由解除劳动合同。

[①] 参见《广东法院劳动争议典型案例》中案例之七，载广东法院网，https://www.gdcourts.gov.cn/gsxx/quanweifabu/anlihuicui/content/post_ 1151344.html，最后访问时间：2025年5月21日。

2. 公司股权变动不能证明公司存在经营困难的情况[①]

2005年1月，陶某入职五金公司担任会计，双方签订了劳动合同并缴纳社会保险费。2017年8月11日，五金公司向陶某发出辞职通知书，内容为"因公司生产经营困难，本公司决定将您辞退，终止与您的劳动合同关系。请您接到本辞职通知后，到公司相关部门办理离职手续，同时双方正式解除劳动合同关系。无故未及时办理离职手续者，视为您已认可，并自动放弃任何权利……"

当日，陶某不同意辞职，拒绝在该通知书上签字，并离开公司未再上班。

陶某认为，本案中，五金公司解除与陶某劳动关系的理由是生产经营困难，但五金公司不存在生产经营困难的情况，五金公司没有证据证明其经营困难，其提交的增值税并不能证明公司经营困难，公司股权变动也不能证明公司经营困难，公司经营良好的情况下也是可以进行股权变动的；公司即使存在经营困难，也不能随意解除员工的劳动关系，应该经过法定的程序才能解除。

2017年10月17日，陶某申请仲裁，仲裁委裁决：五金公司应自收到本裁决书之日起三日内支付陶某163236.58元。五金公司不服，提起诉讼。

【判词摘录】

◆ 法院认为，根据《劳动合同法》第四十条第三项的规定，劳动合同订立时所依据的客观情况发生重大变化，致使劳动合同无法履行，经用人单位与劳动者协商，未能就变更劳动合同内容达成协议的，用人单位提前30日以书面形式通知劳动者本人或者额外支付劳动者一个月工资后，可以解除劳动合同。

◆ 本案中，五金公司提供的增值税纳税申报表不足以证明双方订立劳动合同所依据的客观情况发生重大变化，五金公司也未提供证据证明其与陶某就变更劳动合同进行协商……从五金公司提供的证据的内容看，不能直接反映公司生产经营困难的情形……据上述分析，五金公司以公司生产经营困

[①] 厦门市翔安区人民法院（2018）闽0213民初137号民事判决书。

难为由辞退陶某依据不足，五金公司单方解除双方的劳动合同应认定为违法解除。

应对方案

如拟适用《劳动合同法》第四十条第三项规定的"客观情况发生重大变化"，与员工解除劳动合同的，应注意如下要点：

1. 因该条款属于无过失性辞退条款，公司承担较重的举证责任。公司应对客观情况发生重大变化以及已经和劳动者进行合理协商等事实承担相应的举证责任。

2. 公司如因经营需要进行架构调整，将员工原先工作的部门撤销，导致该员工原来的工作岗位被取消，属于公司的自主经营权范畴，不属于因客观情况发生重大变化而导致劳动合同无法履行的情形，用人单位应与劳动者进行协商变更岗位。若公司调岗无惩罚性、侮辱性，且调岗后的薪酬待遇与原岗位相当，但员工无正当理由拒不服从工作安排，公司可以按照相应规章制度进行处理。

法律依据

《中华人民共和国劳动合同法》

第四十条　有下列情形之一的，用人单位提前三十日以书面形式通知劳动者本人或者额外支付劳动者一个月工资后，可以解除劳动合同：

（一）劳动者患病或者非因工负伤，在规定的医疗期满后不能从事原工作，也不能从事由用人单位另行安排的工作的；

（二）劳动者不能胜任工作，经过培训或者调整工作岗位，仍不能胜任工作的；

（三）劳动合同订立时所依据的客观情况发生重大变化，致使劳动合同无法履行，经用人单位与劳动者协商，未能就变更劳动合同内容达成协议的。

七、公司公开离职员工的私密个人信息属侵犯隐私权

> 风险提示

《民法典》第一千零三十二条第一款规定："自然人享有隐私权。任何组织或者个人不得以刺探、侵扰、泄露、公开等方式侵害他人的隐私权。"第一千零三十三条规定："除法律另有规定或者权利人明确同意外，任何组织或者个人不得实施下列行为：……（五）处理他人的私密信息……"第一千零三十四条规定："……个人信息是以电子或者其他方式记录的能够单独或者与其他信息结合识别特定自然人的各种信息，包括自然人的姓名、出生日期、身份证件号码、生物识别信息、住址、电话号码、电子邮箱、健康信息、行踪信息等。个人信息中的私密信息，适用有关隐私权的规定……"近年来，国家一直重点强调和推进公民个人信息的保护，《民法典》专门对人格权独立成编，国家对人格权的重视程度显著提高，而个人信息保护是人格权的重要组成部分，同样也是我国法律重点保护的对象。

公司在用工过程中，需要收集并使用员工的私密个人信息，当中既涉及公司收集员工私密个人信息的范围，也涉及收集后如何处理和利用员工私密个人信息的法律问题。若公司对员工信息处理不当，就容易引发相关纠纷。

> 以案说法

1. 公司公开离职员工的私密个人信息，应承担相应的侵权责任[①]

陆某就职于商贸公司，2021年5月陆某提出辞职并通知了商贸公司，而商贸公司却在收到该通知书后，在公司内部的微信群中发送《关于对陆某擅自脱岗的通报》《催告函》等文件，文件内容包括陆某本人的手机号码、身份证号码、家庭住址以及其亲属的手机号码等各项个人信息。

陆某认为商贸公司的行为侵犯了其隐私权，起诉至法院，请求商贸公司公开道歉，并支付精神损害抚慰金4000元。

[①] 广州市白云区人民法院（2021）粤0111民初20124号民事判决书。

【判词摘录】

◆ 商贸公司在其公司内部微信群中先后发布的通报、催告函中所载明的陆某本人手机号码、身份证号码、身份证地址、家庭地址以及其家人手机号码均为陆某的个人信息，属陆某不愿为他人知晓的私密信息，陆某对此享有隐私权。商贸公司的行为已超出合理范畴，不具有合法性、正当性和必要性，侵犯了陆某的隐私权，应承担相应的侵权责任。判决商贸公司在涉案微信群中向陆某公开赔礼道歉，但未支持精神损害抚慰金。

2. 公司应妥善处理员工个人信息[①]

孙某与教育公司签有固定期限劳动合同，在该劳动合同中记载的孙某的家庭地址为北京×××201。

教育公司向孙某的上述家庭地址寄送了一封全国邮政特快专递（EMS），在该特快专递的快递详情单上记载了文件内容为限期返岗并归还公司财务通知书，同时在快递信封外面，教育公司用胶带粘贴了上述通知书的原件，通知书的内容为：孙某（中国公民，身份证号×××），你加入教育公司工作后，多次未按规定办理手续擅自离岗旷工，对于您最近的擅自离岗并盗取公司手机和机密文件，公司已多次电话联系，均无果。现通知您务必于2017年10月12日前回公司，归还盗窃财物，办理相关手续。逾期，公司将根据相关规定对您作出自动离职处理。

孙某认为，教育公司擅自将记录有孙某个人重要身份信息且尚未发生法律效力的其他文件在公共场合进行公示，其行为已明显侵犯孙某的隐私权，为此，孙某诉至法院。

【判词摘录】

◆ 隐私权是公民享有的私人生活安宁与私人信息依法受到保护，不被他人非法侵扰、知悉、搜集、利用、公开的人格权，公民的隐私权受法律的保护，侵犯公民隐私权应承担侵权责任。本案中，教育公司通过EMS的方式向孙某发送相关的通知，但其将通知的原件粘贴于快递信封的外部，使得孙某的身份证号处于公开的状态。法院认为，身份证号系与个人的身份密切

[①] 北京市朝阳区人民法院（2018）京0105民初2738号民事判决书。

相关的信息，教育公司作为孙某的用人单位应合理合法地持有和使用该身份信息。其向孙某寄送相关的函件已经在封面的快递单上记载了文件的具体名称，完全没有必要将含有个人信息的通知原件粘贴于信封外部，该种邮寄方式显属不当，已经侵犯了孙某的隐私权，给孙某的情感和精神造成了一定的伤害，法院酌情判令教育公司赔偿孙某 2000 元。

应对方案

1. 根据《个人信息保护法》的规定，个人知情同意是信息处理者收集和利用个人信息的重要基础。在收集员工个人信息之前，公司需要告知员工并取得员工的同意，建议让员工书面签字确认同意。另外，同意的文件中要写明个人信息的具体用途。例如，收集员工指纹或面部信息仅限于考勤等必要事项，不会超出工作事务泄露员工个人信息。

2. 公司应注意收集员工个人信息的范围不能过于宽泛。《劳动合同法》第八条规定了公司的告知义务和员工的说明义务，即公司招用员工时，应当如实告知员工工作内容、工作条件、工作地点、职业危害、安全生产状况、劳动报酬，以及员工要求了解的其他情况。公司有权了解员工与劳动合同直接相关的基本情况，员工应当如实说明。公司收集的员工个人信息仅限于与劳动合同直接相关的基本情况，基本情况一般应包括健康状况、知识技能、文化程度、工作技能、工作经历、职业资格等。公司不能为了解情况而侵害员工的隐私，员工对于与工作无关且侵害个人隐私权的问题，有权拒绝说明。因此，公司不能超出工作需要收集员工与工作无关的信息。

3. 个人信息的处理包括个人信息的收集、存储、使用、加工、传输、提供、公开、删除等。公司应妥善处理员工个人信息，不得泄露或者篡改其收集、存储的员工个人信息；未经员工同意，不得向他人非法提供其个人信息；应当采取技术措施和其他必要措施，确保其收集、存储的个人信息安全，防止信息泄露、篡改、丢失；发生或者可能发生个人信息泄露、篡改、丢失的，应当及时采取补救措施。

法律依据

《中华人民共和国民法典》

第一千零三十二条 自然人享有隐私权。任何组织或者个人不得以刺探、侵扰、泄露、公开等方式侵害他人的隐私权。

隐私是自然人的私人生活安宁和不愿为他人知晓的私密空间、私密活动、私密信息。

第一千零三十三条 除法律另有规定或者权利人明确同意外，任何组织或者个人不得实施下列行为：

（一）以电话、短信、即时通讯工具、电子邮件、传单等方式侵扰他人的私人生活安宁；

（二）进入、拍摄、窥视他人的住宅、宾馆房间等私密空间；

（三）拍摄、窥视、窃听、公开他人的私密活动；

（四）拍摄、窥视他人身体的私密部位；

（五）处理他人的私密信息；

（六）以其他方式侵害他人的隐私权。

第一千零三十四条 自然人的个人信息受法律保护。

个人信息是以电子或者其他方式记录的能够单独或者与其他信息结合识别特定自然人的各种信息，包括自然人的姓名、出生日期、身份证件号码、生物识别信息、住址、电话号码、电子邮箱、健康信息、行踪信息等。

个人信息中的私密信息，适用有关隐私权的规定；没有规定的，适用有关个人信息保护的规定。

《中华人民共和国个人信息保护法》

第十三条 符合下列情形之一的，个人信息处理者方可处理个人信息：

（一）取得个人的同意；

（二）为订立、履行个人作为一方当事人的合同所必需，或者按照依法制定的劳动规章制度和依法签订的集体合同实施人力资源管理所必需；

（三）为履行法定职责或者法定义务所必需；

（四）为应对突发公共卫生事件，或者紧急情况下为保护自然人的生命健康和财产安全所必需；

（五）为公共利益实施新闻报道、舆论监督等行为，在合理的范围内处理个人信息；

（六）依照本法规定在合理的范围内处理个人自行公开或者其他已经合法公开的个人信息；

（七）法律、行政法规规定的其他情形。

依照本法其他有关规定，处理个人信息应当取得个人同意，但是有前款第二项至第七项规定情形的，不需取得个人同意。

第十四条 基于个人同意处理个人信息的，该同意应当由个人在充分知情的前提下自愿、明确作出。法律、行政法规规定处理个人信息应当取得个人单独同意或者书面同意的，从其规定。

个人信息的处理目的、处理方式和处理的个人信息种类发生变更的，应当重新取得个人同意。

第二十九条 处理敏感个人信息应当取得个人的单独同意；法律、行政法规规定处理敏感个人信息应当取得书面同意的，从其规定。

八、推定协商一致解除劳动合同的认定

>[风险提示]

员工离职的原因，是公司是否需要向员工支付经济赔偿金或补偿金的重要依据。但司法实践中很多员工离职的案件，员工和公司都没有办法证明员工的离职原因，双方各说各话，使得法院难以判定责任。

有鉴于此，法院在审理员工离职纠纷案件时，如果员工和公司都没有办法证明员工的离职原因，法院通常会判决"视为用人单位提出且经双方协商一致解除劳动合同"。若被法院认定为双方协商一致解除劳动合同，公司需要向员工支付经济补偿金。所以，公司应当在处理员工离职时固定证据，避免难以证明是出于员工的原因解除劳动合同而产生责任风险。

以案说法

公司应证明员工的离职原因，否则存在支付经济补偿金的风险

刘某于2009年3月入职某公司工作，2016年6月，公司安排刘某到新北店担任超市店长职务。2017年3月，刘某不再担任店长，之后刘某未再到超市工作，公司也未向其支付报酬。2018年1月12日，刘某以公司未与其协商即安排别人代替其岗位，违法解除合同为由，主张某公司应向其支付经济赔偿金等申请仲裁，后仲裁裁决认为某公司不构成违法解除而未支持刘某的请求。刘某不服诉至法院。

【律师评析】

刘某与某公司互不认可对方主张的解除劳动合同关系，且对各自的主张均未提供有效的证据加以证明，基于公平原则，视为双方合意解除劳动合同关系，法院遂判决某公司支付刘某经济补偿金。

实践中，员工主张被公司口头辞退，公司主张是员工自动离职，应由各自承担举证责任，均不能举证证明的，基于公平原则，视为由公司提出，双方协商一致解除劳动合同关系，由公司向员工支付经济补偿金。

应对方案

1. 员工离职申请书是证明员工提出离职以及离职原因的重要证据。申请书由员工签名确认并由公司保存，对于出于个人原因离职的员工，建议公司要求员工在离职申请书上写明离职原因。

2. 对于一些员工口头提出辞职却不再回公司办理离职手续的情况，公司不能就此认为员工已辞职，而应要求员工回公司办理离职手续或交付离职确认书。若员工不予配合，为避免日后无法证明员工的离职原因导致公司存在支付经济补偿金的风险，建议公司向该员工发出限期返岗通知书，要求员工在限定期限内回到公司上班（公司给出的期限需合理），同时保留通知书的底稿和邮寄凭证，便于日后出现纠纷时用于举证。

法律依据

《中华人民共和国劳动合同法》

第三十六条　用人单位与劳动者协商一致，可以解除劳动合同。

第四十六条　有下列情形之一的，用人单位应当向劳动者支付经济补偿：

……

（二）用人单位依照本法第三十六条规定向劳动者提出解除劳动合同并与劳动者协商一致解除劳动合同的。

……

九、弄虚作假类型员工的解雇要点

风险提示

弄虚作假类型的员工一直是公司的痛点，主要有两类：入职类弄虚作假，如学历造假、体检报告造假、违反亲属关系回避、隐瞒竞业限制等；工作类弄虚作假，如考勤打卡造假、绩效造假、病假造假、虚假报销等。对于具体情形的认定，可以参考本书第一章"入职登记表中的告知信息可以作为解雇不诚信员工的重要证据"、第三章"员工代打卡考勤的认定"与"员工使用虚拟软件作弊打卡的认定"，以及第四章"如何应对员工'泡病假'的行为"。员工存在弄虚作假的情形，公司当然是无法容忍的，但切记不能贸然解雇员工，否则"占理也吃哑巴亏"。

对于弄虚作假类型员工的解雇，需要留意以下要点：制定规章制度、入职背景调查、关键证据搜集、落实通知程序，具体见下文应对方案。

以案说法

1. 员工违反利益冲突申报制度，公司有权解雇[①]

胡某于 2004 年 10 月入职某牛奶金山分公司，任职经理。

[①] 内蒙古自治区呼和浩特市中级人民法院（2019）内01民终3895、3896号民事判决书。

2016年1月8日，牛奶集团公司印发《牛奶集团利益冲突申报管理办法》，要求员工于每年3月31日前如实申报在企业内存在的亲属关系（配偶、直系血亲关系、员工及配偶的三代以内旁系血亲）及私人同学关系，并通过OA系统下发于胡某，胡某已阅读和进行申报至2018年7月14日。

牛奶金山分公司以胡某自2016年开始进行利益冲突申报以来，未如实申报其在本企业内部的亲属关系，及其舅舅史某（与胡某在同一部门工作）的利益冲突关系，且胡某在其员工履历表（登记表）上提供了虚假信息，故意隐瞒其母亲的相关信息情况为由，依据《牛奶集团员工奖惩制度》重大行为过失及违纪处理中第二项、第二十项与胡某解除了劳动关系并通知了工会。

胡某对解除劳动合同不服，申请劳动仲裁，请求依法裁决牛奶金山分公司向胡某支付赔偿金483506.85元。

【判词摘录】

◆ 本案中，牛奶金山分公司执行的《牛奶集团员工奖惩制度》及《牛奶集团利益冲突申报管理办法》内容符合法律规定，经过职工代表大会讨论并进行决议，给公司全员进行了下发，对公司成员具有约束力。

◆ 该制度规定要求公司成员申报在公司内部的亲属关系及私人同学关系，第二十项规定要求如实填写个人资料，胡某在2016年至2018年期间隐瞒其舅舅史某与其在同一部门工作的事实，且虚假申报其母亲的个人信息，其行为违反了《牛奶集团员工奖惩制度》及《牛奶集团利益冲突申报管理办法》的规定，牛奶金山分公司据此解除劳动合同的行为不属于违法解除劳动合同的情形，故牛奶金山分公司无须支付胡某违法解除劳动合同赔偿金483506.85元。

2. 员工入职时未填写疾病史的，公司应要求员工提供体检报告或者进行入职体检[①]

2018年7月10日，柏某向五金公司递交了《求职申请表》，其中"＊是否有重大疾病史"一栏并未填写。该表中柏某签署声明：本人在本表提供

---

① 广州市中级人民法院（2020）粤01民终2805、2806号民事判决书。

的个人信息、身份证明、工作经历等个人资料均真实，本人同意公司调查核实，如有弄虚作假或隐瞒的情况，视为欺诈，属于严重违反公司规章制度行为，本人同意公司有权解除劳动合同并不作任何补偿，公司因此遭受的损失，本人同意承担赔偿责任。

柏某于2018年7月18日入职五金公司处工作，担任保安一职。

2019年3月19日，柏某因病入院。柏某患有放射性脑病、鼻咽癌放疗后过敏性皮疹、中耳炎、双侧颈动脉硬化、双肾内多发结石、腰椎间盘变性、双侧乳突炎。次日，五金公司行政主管陈某以柏某身体不佳为由通知其办理离职手续。

2019年3月27日，柏某在《个人离职声明及考勤确认》上填写：本人于2019年3月27日离职，并签名确认。

柏某向法院提出诉讼要求五金公司支付违法解雇赔偿金及医疗补助费等。

【判词摘录】

◆ 柏某在《求职申请表》"是否有重大疾病史"一栏上未填写任何内容，没有以"无""没有"否认自己曾患有癌症的情况，客观上没有以虚构事实欺骗五金公司的故意。

◆ 柏某没有按照五金公司的要求填写必须填写的"是否有重大疾病史"一栏，在此情况下，五金公司也没有要求柏某提供体检报告或者进行入职体检。故即便柏某未告知其疾病史，也不足以使五金公司陷入错误认识构成欺诈。

◆ 用人单位要求劳动者如实告知自身情况应有明确的指示，且要求劳动者披露的内容应与应聘的工作岗位有关。同时，依据《劳动合同法》的规定，试用期内未达到录用条件的，用人单位可以解除劳动合同。五金公司在劳动合同约定的试用期内未发现柏某不符合录用条件，即柏某是否患有重大疾病并非五金公司的录用条件。

◆ 五金公司主张柏某的患病史是其应聘保安岗位必须披露的内容，证据不足。柏某在职期间，也没有因为身体疾病的原因不胜任工作，导致五金公司损失。综上分析，柏某不具有欺诈的故意。五金公司主张劳动合同无效,理由不充分,本院不予采纳。

3. 劳动者在求职时假造简历,公司可以解除劳动合同[①]

罗某在简历中虚构学历与工作经历信息,借此通过某信息技术公司考核,于 2016 年 11 月入职该公司,试用期为 6 个月。罗某本人签署的录用条件确认书显示,不符合录用条件的情况包括:向公司提供的材料和信息内容有虚假或有隐瞒的,如学历学位证书、工作经历、教育经历、体检证明材料等。

2017 年 3 月,某信息技术公司以罗某不符合试用期录用情形为由,与罗某解除劳动合同。

罗某认为,其工作状态良好符合录用条件,某信息技术公司解除劳动合同的行为属于违法解除,遂申请劳动仲裁。由于罗某对求职过程中简历造假行为不能作出合理解释,经二审法院查明,罗某在入职时存在学历造假、编造工作经历的事实,因此认定某信息技术公司与罗某解除劳动合同合法。

【判词摘录】

◆ 劳动者凭借假学历、假工作经历与用人单位订立劳动合同,属于欺诈行为。用人单位与劳动者在建立劳动关系以及履行劳动合同期间均应遵守诚实信用原则。某信息技术公司在录用条件通知书中,明确告知劳动者向公司提供的材料和信息内容有虚假或隐瞒的,属于不符合录用条件的情况。罗某存在学历造假以及编造工作经历的行为,某信息技术公司主张与罗某在试用期内解除劳动合同,法院予以认可。

◆ 诚实守信作为劳动合同的基本原则,贯穿于劳动合同的建立时、履行中,甚至终止后。招聘和求职应聘是建立劳动关系的前提,不能以"骗"的方式蒙混过关,否则必将适得其反。对于劳动者而言,在求职应聘过程中,应当保证简历信息真实,就学历和工作经历等招聘要求中着重强调的信息尤其值得注意,要纠正先夸大其词或者虚构事实入职,事后再弥补的侥幸心理。对于用人单位而言,在招聘过程中应当明确录用条件,就待遇、岗位要求要具体、明确,具有可操作性,当劳动者确实不符合录用条件时,才能够依法解除劳动合同。

---

① 参见《北京市高级人民法院劳动关系诚信建设十大典型案例》中案例之五,载北京法院网,https://bjgy.bjcourt.gov.cn/article/detail/2018/12/id/3594947.shtml,最后访问时间:2025 年 5 月 21 日。

应对方案

1. 制定规章制度。公司应当根据内部管理需求制定合理的规章制度，针对不同类型的员工弄虚作假的行为作出处罚措施，避免在员工犯错后无计可施。另外，规章制度应当经民主程序讨论，听取工会或职工代表意见并公示、告知员工，建议公司要求员工签收规章制度并完好保存。

2. 入职背景调查。公司应当建立完备的背景调查机制。对员工的学历证明、技能证书、工作经历等重要信息及时登录相关网站或者向有关单位、人员进行核实。

3. 关键证据搜集。在员工入职过程中，一定要让员工填写入职登记表、入职承诺书等，需明确表明"如员工提供的信息与其填写的资料不符，则公司可视其存在弄虚作假行为，可与其解除劳动关系并无须支付经济补偿金"。可让员工提供其本人相关信息的原件予以核对，并让员工在相关文件的复印件处签名确认，避免员工之后否认。

对于工作类弄虚作假，建议公司搜集员工造假的证据，如导出考勤记录并要求员工亲笔签名、在考勤区域进行视频监控、核验病假证明等。

4. 落实通知程序。在有充分证据证明员工提供虚假材料的情况下，公司可依据规章制度、相关劳动法律及诚实信用原则等处罚员工或与员工解除劳动合同。首先，处罚通知书或解除劳动合同通知书应当载明员工触犯具体哪一条规章制度、公司据此作出什么处罚，且应当遵守一事不再罚的原则。其次，如果公司设有工会，在解除劳动合同之前应当通知工会并取得工会书面意见，而不应只安排工会人员到场。最后，应当确认处罚或解除劳动合同的通知送达员工，最好取得员工亲笔签字确认，但大部分情况下员工是拒绝的。因此，处罚或解除劳动合同的过程应当全程录音，并通过劳动合同载明的员工有效送达地址寄送纸质通知书或发送电子邮件、短信等。

法律依据

《中华人民共和国劳动合同法》

第二十六条 下列劳动合同无效或者部分无效：

（一）以欺诈、胁迫的手段或者乘人之危，使对方在违背真实意思的情况下订立或者变更劳动合同的；

（二）用人单位免除自己的法定责任、排除劳动者权利的；

（三）违反法律、行政法规强制性规定的。

对劳动合同的无效或者部分无效有争议的，由劳动争议仲裁机构或者人民法院确认。

第三十九条　劳动者有下列情形之一的，用人单位可以解除劳动合同：

（一）在试用期间被证明不符合录用条件的；

（二）严重违反用人单位的规章制度的；

（三）严重失职，营私舞弊，给用人单位造成重大损害的；

（四）劳动者同时与其他用人单位建立劳动关系，对完成本单位的工作任务造成严重影响，或者经用人单位提出，拒不改正的；

（五）因本法第二十六条第一款第一项规定的情形致使劳动合同无效的；

（六）被依法追究刑事责任的。

十、消极怠工类型员工的解雇要点

风险提示

有的员工希望离职，但又不想直接辞职，而故意采取消极怠工的方式希望激怒公司管理人员，从而被公司解雇以获得经济补偿金或赔偿金，于是上班时间不做本职工作内容，故意降低工作效率，拖延工作进度，更有甚者在上班时间睡觉、刷视频、打游戏等。此类消极怠工的员工工作态度是很难量化的，其未能完成工作内容，也会主张是因不能胜任工作。而解雇不能胜任工作类型的员工，公司仍然要支付经济补偿金。面对这种类型的员工，公司是否有办法合法地降低解除成本呢？

一般来说，消极怠工类型的员工由于不想工作，在上班时间会出现种种消磨时间的行为，如打游戏、睡觉、迟到、早退等，对于这些行为，公司可以先在规章制度中作出禁止性规定并制定相应的处分措施，如警告、记过等，累计5次则视为员工严重违反规章制度，公司将予以解雇。

也有员工不会直接表现出前述行为,但是本来一天能完成三个工作任务,变成一天只完成半个工作任务。他们本身是能履行工作岗位职责的,公司可以在他们的工作职责内设置工作任务并明确告知员工完成时限与完成标准,如果未能完成则予以相应处分,从而合法地解雇消极怠工的员工。

以案说法

1. 针对员工消极怠工的行为,公司应当制定处分措施

报社与李某双方签订《劳动合同书》一份,约定:严重违反劳动纪律或报社规章制度的,报社可以随时解除劳动合同且不支付经济补偿金,双方依法办理退工手续。

《报社考勤管理办法》规定:严禁工作时间从事玩游戏、炒股等与本职工作不相关的事情,发现一次给予口头警告并扣发当日考勤奖20元,三次(含)以上内部通报,并扣发当月基础绩效工资、职级工资。三次后年度考核定为不合格。李某于2018年9月10日在签收表中签名确认,其中包括该考勤管理办法。

报社作出《关于对李某消极怠工的通报批评》称,报社安排李某至多元营销中心负责客户开发(广告、发行及其他项目)工作,要求其到岗并明确考核任务。但直至试聘期结束,李某始终未到客户开发专员办公室工作,而是在上班时间到二楼司机休息室玩手机,或在五楼综合管理中心用办公电脑玩游戏,完全没有履行岗位职责,开展相关业务工作,报社决定给予李某通报批评处分。

报社综合管理中心向多元营销中心发函要求确认李某在试聘期间未付出岗位要求的劳动,毫无业绩,构成事实上的旷工。多元营销中心对此予以确认。

报社向李某送达《解除劳动关系通知书》称,李某自2019年5月以来,每日仅到六楼考勤,未到新岗位办公,消极怠工,未付出基本劳动,无任何工作业绩,多次违反规章制度,经多次口头教育、公示通报批评后仍不改正,经工会同意,决定自2019年8月31日起解除与李某的劳动关系。李某于同日签收该通知书。李某认为,报社违法解除劳动合同,并主张经济赔偿金、经济补偿金。

【律师评析】

李某在被调整至新岗位后,未能积极履行职责,多次违反报社的规章制度,受到报社多次通报批评后仍未改正。根据《劳动合同法》第三十九条之规定,劳动者严重违反规章制度,用人单位可以解除劳动合同。李某对《劳动合同书》内容及报社制定的《报社考勤管理办法》内容应系明知,上述材料内容可以作为报社实施管理的依据。报社主张李某严重违反其规章制度,并据此作出解除劳动合同关系,符合法律规定和合同约定。故李某主张报社违法解除劳动合同,并主张经济赔偿金、经济补偿金,无事实和法律依据。

2. 消极怠工的员工未能完成其职责范围内合理的工作任务,达至严重违纪的,公司可与其解除劳动合同

2010年12月26日,何某入职固废处理公司。

2020年12月5日,何某反馈因整晚学习安全专业知识,导致睡眠不足,担心行车安全。后管理人员回复何某上午在站点休息,饭后开展正常转运工作,当天任务正常计算等。午饭后,何某清洗箱体后上班至15:00,未按工作任务要求进行垃圾转运,也未就站点的工作安排建议与站点沟通,导致收集车辆排队以及晚上滞留10个满垃圾的垃圾箱,影响站点生产工作秩序,固废处理公司依照《员工奖惩管理制度》给予何某警告一次。

2020年12月9日,固废处理公司管理人员在微信群中通知所有人需"至少按照任务量完成6车任务",未完成任务的会有相应的考核。针对何某反映的身体不适问题,固废处理公司亦明确回复可以请病假,或休息半小时后出车。休息后,何某当天共转运垃圾2车次,未能完成6车次任务的任务量,导致站点当晚滞留11个满垃圾的垃圾箱,影响站点生产工作秩序,固废处理公司依照《员工奖惩管理制度》再给予何某警告一次。

固废处理公司根据《员工奖惩管理制度》以何某一年内累计受到两次警告处罚为由,予以记小过。

2020年12月23日18:34,何某未按站点工作安排,提出下班离开。操作员与何某沟通传达后,何某并没有理会。当日18:48,站长在微信工作群里再次要求何某和其他司机落实好当值晚班工作安排，确保料槽零存留垃圾。信息发出后，何某没有回复，也没有回站点处理。次日，早班操作员反馈站点排队严重。固废处理公司依照《员工奖惩管理制度》规定，再给予何某警告一次。

2021年1月7日，固废处理公司再次出具《奖惩通知书》，何某在记小过处罚生效之日起一年内，受到任意级别处罚的，予以记大过。

2021年1月12日，固废处理公司作出解除劳动关系通知书，理由为：何某在职期间的行为违反公司规章制度要求，根据《员工奖惩管理制度》相关规定，属严重违纪行为，固废处理公司决定对何某处以记大过处分，并于2021年1月13日解除劳动合同关系。

【律师评析】

首先，2020年12月5日何某提出身体不适，固废处理公司的管理人员明确回复建议何某在站点休息后再进行出车转运，但何某当日并未请假亦未出车，应属未能完成当日工作任务。

其次，2020年12月9日，固废处理公司管理人员在微信群中通知所有人需"至少按照任务量完成6车任务"，未完成任务的会有相应的考核。针对何某反映的身体不适问题，固废处理公司亦明确回复可以请病假，或休息半小时后出车，而何某当日出车次数为2车次，并未完成6车次的任务要求。

最后，何某对2020年12月23日确实存在没有清空料槽垃圾的工作疏漏没有异议。综上，何某确实存在未能完成工作任务的情况。

固废处理公司据以解除与何某劳动关系的规章制度经过民主程序制定且已向何某进行了公示告知，规章制度的内容亦合法有效，故固废处理公司解除与何某的劳动关系属合法解除。

应对方案

1. 设置规章制度。公司应当根据内部管理需求制定合理的规章制度，针对员工消极怠工的行为如打游戏、睡觉、迟到、早退、无法完成工作任务而影响工作秩序等行为，根据过错程度制定梯度的处分措施，避免在员工犯错后却无计可施。为避免规章制度因未生效而无法适用的尴尬情况，规章制度应当经民主程序制定、公示、告知员工，建议公司要求员工签收规章制度并完好保存。

2. 布置工作任务。对于消极怠工的员工，公司可以在员工职责范围内布置合理的工作任务，明确工作时限与工作标准，建议通过书面或邮件、企业微信等方式通知留痕，确认员工收到通知。工作任务应当合理，而不应为逼走员工而设置过量工作或者非员工岗位职责范围的内容，否则员工有权拒绝。

若员工能完成工作任务，则不存在消极怠工。若员工拒绝工作或者完成不到位，公司就可以根据规章制度的相应条款对员工予以处分。

3. 固定怠工证据。对于消极怠工的员工，由于公司采取的是过失性辞退，所以员工的过失证据是解除劳动合同过程中的关键。公司可以安装监控视频，记录员工在工作时间的违纪事实。在员工出现违纪事实时，应当及时（最好在一周内）对员工作出处分，要求其写检讨或者对处罚通知书签名，以获得员工自认违纪的证据。

4. 注重解雇程序。如果公司设有工会，在解除劳动合同之前应当通知工会并取得工会书面意见，而不应只安排工会人员到场。另外，确认处罚或解除劳动合同的通知送达劳动者，最好取得员工亲笔签字确认，但大部分情况下员工是拒绝的。因此，处罚或解除劳动合同的过程应当全程录音，并通过劳动合同载明的劳动者有效送达地址寄送纸质通知书或发送电子邮件、短信等。

法律依据

《中华人民共和国劳动合同法》

第四条 用人单位应当依法建立和完善劳动规章制度，保障劳动者享有劳动权利、履行劳动义务。

用人单位在制定、修改或者决定有关劳动报酬、工作时间、休息休假、劳动安全卫生、保险福利、职工培训、劳动纪律以及劳动定额管理等直接涉及劳动者切身利益的规章制度或者重大事项时，应当经职工代表大会或者全体职工讨论，提出方案和意见，与工会或者职工代表平等协商确定。

在规章制度和重大事项决定实施过程中,工会或者职工认为不适当的,有权向用人单位提出,通过协商予以修改完善。

用人单位应当将直接涉及劳动者切身利益的规章制度和重大事项决定公示,或者告知劳动者。

第三十九条 劳动者有下列情形之一的,用人单位可以解除劳动合同:

(一)在试用期间被证明不符合录用条件的;

(二)严重违反用人单位的规章制度的;

(三)严重失职,营私舞弊,给用人单位造成重大损害的;

(四)劳动者同时与其他用人单位建立劳动关系,对完成本单位的工作任务造成严重影响,或者经用人单位提出,拒不改正的;

(五)因本法第二十六条第一款第一项规定的情形致使劳动合同无效的;

(六)被依法追究刑事责任的。

《最高人民法院关于审理劳动争议案件适用法律问题的解释(一)》

第四十四条 因用人单位作出的开除、除名、辞退、解除劳动合同、减少劳动报酬、计算劳动者工作年限等决定而发生的劳动争议,用人单位负举证责任。

第四十七条 建立了工会组织的用人单位解除劳动合同符合劳动合同法第三十九条、第四十条规定,但未按照劳动合同法第四十三条规定事先通知工会,劳动者以用人单位违法解除劳动合同为由请求用人单位支付赔偿金的,人民法院应予支持,但起诉前用人单位已经补正有关程序的除外。

十一、对抗管理类型员工的解雇要点

风险提示

员工对抗公司的管理制度,如违反安全生产要求、煽动非法停工、要挟支付赔偿金、打架斗殴等,会导致公司生产秩序混乱,甚至造成人身伤害或者损害公司生产经营。公司对于此类对抗管理类型的员工,如果不及时作出处理,就会给其他员工带来不良影响,鉴于此,公司必须严肃、及时处理。

以案说法

1. 员工严重违反公司生产管理制度已达解除劳动合同的程度，公司有权作出解雇处理[①]

吴某为某化工公司生产部业务工人。《劳动合同》第十二条约定：1. 乙方必须遵守《化工公司管理制度》所有条款……6. 您所在的区域的岗位，存在职业病危害因素……您应遵守公司职业卫生操作规程和制度，正确使用职业病防护设备和个人职业病防护用品。

2020年1月8日，化工公司生产部向吴某发出《安全生产整改指令书》，针对吴某存在的两次不服从上司工作安排及顶撞上司的违纪行为给予警告一次。

2020年2月18日，化工公司生产部再次向吴某发出《安全生产整改指令书》，载明：2020年2月18日13：30左右，吴某在液体车间作业时没有佩戴劳保防护眼镜，违反安全生产管理规定。给予口头警告一次。

2020年2月19日，化工公司生产部作出《安全生产隐患整改》，载明：因吴某公司给予口头警告后，仍不改正并且态度恶劣，影响公司安全，公司决定给予书面警告。同时，安全科要求吴某到医院检查视力，用半面罩面具替代之前使用的防尘口罩，解决有蒸汽呼出的问题。

2020年2月19日，化工公司向吴某发出《警告书》，载明：2020年2月19日，公司领导再三要求吴某佩戴防护眼镜去车间安全生产，但吴某仍拒不进车间到岗位进行生产……但吴某拒绝接收公司提供的半面罩面具，并坚持拒绝佩戴劳动防护眼镜、拒绝继续工作及消极怠工。本公司决定对吴某给予书面警告。

2020年2月20日、2月21日，化工公司再次向吴某发出两份《警告书》，均载明因吴某2020年2月20日仍拒绝佩戴护目镜上岗生产，拒不向公司提供正常劳动，不服从公司劳动管理……公司再次向吴某作出书面警告，如在2020年2月21日09：30前仍拒绝改正，公司将经过法定程序后依法与吴某解除劳动合同。

[①] 广州市中级人民法院（2020）粤01民终23026号民事判决书。

2020年2月24日，化工公司向吴某发出《解除劳动合同通知书》，载明因吴某严重违反公司规章制度（包括但不限于在培训过程中威胁顶撞上司、拒绝进行实操培训；沟通会过程中再次顶撞上司；拒不佩戴公司提供的劳保护目镜上岗安全生产、拒不提供正常劳动消极怠工）及安全生产管理制度，同时也违反与其签订的《劳动合同》第十二条的约定，在公司再三与其沟通并作出多次警告后仍不改正，化工公司在征询工会意见后，决定于2020年2月24日与其解除劳动合同。上述通知书上签收人处无签名，仅手写"以上不属实"。

【判词摘录】

◆ 首先，双方劳动合同中清楚载明吴某从事的岗位具有危险性，要求吴某工作过程中要穿戴劳动保护工具。吴某也参加了公司组织的培训，知悉公司生产管理制度。员工工作期间要穿戴劳保用品。化工公司在生产场所明显的地方张贴了提示，要求员工进入车间，应当穿戴劳动保护工具。吴某也承认其工作期间需要佩戴护目镜。因此，化工公司要求工作期间佩戴护目镜是其生产管理的要求。

◆ 其次，化工公司在生产安全巡查过程中发现吴某未按照要求佩戴护目镜，对其进行了批评教育。之后，吴某以佩戴护目镜影响其工作为由不予改正。化工公司又再向其发出书面警告。吴某否认其违反化工公司生产管理制度，与事实不符。

◆ 最后，《化工公司管理制度》规定："因违纪受公司三次口头警告或两次书面警告者，公司将对其不经预告给予除名处分，且不发放终止合同的所有补偿金。"化工公司因吴某拒绝参加实操培训、不按照规定佩戴护目镜等违反公司管理制度的行为，先后向吴某发出口头及书面警告。并且，在书面警告中告知了吴某违纪后果，吴某未及时改正。吴某违反化工公司的管理制度的次数已达到化工公司规定的解除劳动合同的程度。因此，化工公司对吴某作出解除劳动合同的处理，依据充分，法院予以支持。

2. 对员工的打架斗殴行为，公司能否解除劳动合同应以是否给公司的生产秩序、经营管理、财产损失及社会影响等造成严重影响为评价标准[①]

郑某是某钢铁公司员工，双方签订的劳动合同中明确郑某已完整阅读单位的《员工手册》以及各项规章制度，并会自觉履行各项规章制度。公司《员工手册》规定："工作时间参与聚众闹事、无理取闹、打架斗殴的，扣款50—200元，并视情节直至解除劳动合同。"

2017年3月，郑某与车间班组长因口角发生打架事件，双方不同程度受伤，后经公安机关调解，双方达成和解协议。2017年4月某钢铁公司以郑某违反《员工手册》规定为由对其作出扣款200元并除名的决定。郑某遂提请仲裁，主张某钢铁公司支付违法解除赔偿金。

【判词摘录】

◆ 从某钢铁公司《员工手册》中"工作时间参与聚众闹事、无理取闹、打架斗殴的，扣款50—200元，并视情节直至解除劳动合同"的规定来看，解除劳动合同对应的情节应属于最严重的情节，应当以是否给公司的生产秩序、经营管理、财产损失及社会影响等造成严重影响为评价标准。

◆ 而关于郑某发生的打架事件，当天经公安部门调解，当事双方已达成治安调解协议书，且协议书载明的主要事实是：双方因工作琐事在休息室内发生口角，后双方互相扭打，郑某用玻璃水杯砸了对方脸部一下，对方用拳头对郑某头部打了几拳，双方均不同程度受伤。

◆ 根据公安部门查明的上述主要事实以及打架双方已当天协商解决的结果来看，不能认定打架事件给公司的生产秩序、经营管理、财产损失及社会影响等已造成严重影响，公司也没有提供造成严重影响的证据，因此某钢铁公司现不能依据《员工手册》中的上述规定解除劳动合同，钢铁公司解除与郑某的劳动合同不符合《劳动合同法》第三十九条的规定，应当支付赔偿金。

[①] 参见《劳动人事争议十大典型案例》中案例之九，载微信公众号"常州人社"，2019年12月10日，https://mp.weixin.qq.com/s/8sjlfwky5jHfvo-HjFiVhQ，最后访问时间：2025年4月9日。

3. 公司在规章制度中应尽量列举员工违纪的行为，并设置相应处分①

1998年，陈某入职光电公司，曾担任光电公司M1厂生产部模组课组立组A组长职务，在双方解除劳动合同前为该组立组A一般员工。

2017年，光电公司M1厂生产线开始搬迁。

2018年3月11日，因担心M1厂搬迁会导致光电公司进行整合进而被兼并、公司员工可能会被要求解除劳动合同后再重新与新公司签订劳动合同的后果，M1厂发生员工集体停工事件，陈某亦参与其中。停工员工要求与光电公司解除劳动合同，并要求光电公司为员工补交少缴的五险一金、按高于法定协商解除劳动合同经济补偿标准进行补偿。

3月12日至3月16日，M1厂包括陈某在内的部分员工围堵厂区仓库门阻止出货，要求光电公司尽快给予补偿方案。3月16日下午堵门员工开始疏散，不再围堵仓库，但集体停工仍持续至4月19日，陈某亦未正常上班，仅在每日考勤打卡后前往光电公司休息室静坐。

《厂规厂纪》规定："上班时间不可擅自离开工作岗位，违者第一次记小过一次；再次违反者，比照前次应处以的惩罚等级加一级处罚直至解除劳动合同。若同人连续2日在上班时段触犯本条规定，属严重违反公司规章制度，予以解除劳动合同。""若同人多次违反本规定和公司其他规章（主要指轻微违规或不良习惯；包括已正式给予和未正式给予处罚之违规行为），屡教不改者，属于严重违反公司规章制度，公司有权解除劳动合同。本条中之'多次'包括1年之内触犯同一条规定3次（含）以上，或者1年之内触犯同一和不同规定合计达4次（含）以上。"《奖惩作业办法》规定："无正当理由月累计旷职达3日（含）以上者，或者一个年度内累计旷职6日者""威胁主管，违抗主管之公务任务调配，违抗主管之调岗、轮岗安排情节严重者"惩处等级均为解除劳动合同。《加班管理办法》规定："12小时制：正常出勤扣除用餐时间，每日实际上班时数以11.5小时计；如当天免加班，出勤为08：00—16：00 或 12：00—20：00 才可以8小时计。"

3月27日，光电公司以陈某在3月11日至3月24日期间违反公司规章制度且未履行基层主管工作职责为由，对陈某予以记小过处分一次，并取消

---

① 福建省福州市马尾区人民法院（2019）闽0105民初525号民事判决书。

其组长职务。此后，陈某仍未返回岗位正常上班。

4月12日，光电公司以陈某在2018年4月1日至9日期间再次违反公司规章制度为由，对陈某予以记大过处分一次。

由于光电公司因此次停工事件一直无法恢复生产，2018年4月11日至13日，光电公司通过电子邮件、微信、EMS快递等多种方式向陈某发送《工作安排通知书》，多次要求陈某到光电公司新厂报到并签到，其工作性质不变。

然而，陈某亦未按上述通知报到上班。4月17日，经过征询光电公司工会同意，光电公司以陈某在3月11日至4月16日期间违反法律规定、严重违反公司规章制度、违反双方劳动合同约定为由，决定从2018年4月17日起解除与陈某的劳动关系，并向陈某送达了《解除劳动合同通知书》。陈某认为光电公司违法解除劳动合同，应当支付经济赔偿金。

【判词摘录】

◆ 企业可根据不同行业的经营管理特征，从维护企业的正常工作秩序和生产秩序的角度，结合本企业的特点，制定本企业内部的规章制度。这些规章制度只要与有关法律、法规的规定不相抵触，并向劳动者公示，就是合法有效的，可以实施和执行。

◆ 本案中，光电公司制定的《厂规厂纪》《奖惩作业办法》《加班管理办法》已经职代会讨论通过并向其员工公示，陈某亦在所签的劳动合同中确认知悉光电公司的各项规章制度，因此《厂规厂纪》《奖惩作业办法》《加班管理办法》可以作为本案审理的依据。陈某等员工不服从光电公司管理、擅自长期集体停工并围堵仓库阻止出货，光电公司依规章制度分别给予其记小过处分、记大过处分后，已给其改过机会，但陈某仍继续停工并拒绝接受公司工作安排，其行为已经严重扰乱了光电公司正常的经营管理秩序，属于严重违反用人单位规章制度之情形。《劳动合同法》规定，劳动者"严重违反用人单位的规章制度的"，用人单位可以解除其劳动合同。据此，光电公司依据《厂规厂纪》《奖惩作业办法》的相关规定解除与陈某的劳动合同并无不当。

应对方案

1. 如果发生员工多人打架斗殴、毁损公司设备等情形，公司应及时报警，配合公安机关的处理，保存出警记录等，一方面是为了控制事态，减少公司损失；另一方面，出警记录是员工违纪的证据之一，单纯的监控视频可能只会拍到部分员工的背影或者因当事人戴上了口罩而无法识别众多人员。因此，对于群体性严重扰乱生产秩序的行为，应当及时向警方求助。

2. 在规章制度中应尽量列举员工违纪的行为，并设置兜底条款。

法律依据

《中华人民共和国劳动合同法》

第三十九条　劳动者有下列情形之一的，用人单位可以解除劳动合同：

（一）在试用期间被证明不符合录用条件的；

（二）严重违反用人单位的规章制度的；

（三）严重失职，营私舞弊，给用人单位造成重大损害的；

（四）劳动者同时与其他用人单位建立劳动关系，对完成本单位的工作任务造成严重影响，或者经用人单位提出，拒不改正的；

（五）因本法第二十六条第一款第一项规定的情形致使劳动合同无效的；

（六）被依法追究刑事责任的。

十二、违法及违反公序良俗类型员工的解雇要点

风险提示

根据《劳动法》第二十五条与《劳动合同法》第三十九条的规定，员工被依法追究刑事责任的，公司可以解除劳动合同。换言之，员工的违法行为要达到被追究刑事责任的程度，员工被处以行政处罚的情形并非法定的解除事由。虽然员工被处以行政处罚并非法定解除劳动合同的条件，但公司如果已经在规章制度中予以明确约定，且已经合法程序，则足以引以为据，以员工严重违反规章制度为由合法解除劳动合同。

员工被处以行政处罚的情形尚可通过行政机关作出的处罚作为界定,如果员工尚未违反行政法规,但违反了公序良俗,还对公司名誉造成了不良影响,又该如何处理呢?

《民法典》第八条规定:"民事主体从事民事活动,不得违反法律,不得违背公序良俗。"第十条规定:"处理民事纠纷,应当依照法律;法律没有规定的,可以适用习惯,但是不得违背公序良俗。"虽然我国民事法律中对违反公序良俗有禁止性规定,但对于公司能否依据法律法规及公序良俗解雇员工,一直都具有争议。笔者认为,公序良俗包括国家利益、社会经济秩序和社会公共利益,也包括社会公德、商业道德和社会良好风尚,员工在履行劳动合同的过程中,应当遵守公司的规章制度、劳动纪律和职业道德,同时还应当遵守最基本的社会公德和公民基本行为准则。如果员工明显违反基本的社会公德,对公司造成了不良影响,且公司的规章制度中明确规定违反公序良俗属于严重违纪,公司可以对违纪员工予以解雇。

以案说法

1. 公司在规章制度中明确员工受到行政处罚属于严重违反规章制度的,有权解除劳动合同[①]

刘某是百货公司营运部门员工,刘某于2020年5月2日在卖场内与顾客王某发生口角,后升级为互殴,社会影响极为恶劣,刘某被公安机关处以拘留3日的行政处罚。

百货公司认为刘某的前述行为已构成严重违反公司规章制度的行为,公司可以立即将其解聘。在充分考量了刘某的日常工作表现,并征询了刘某所在工会的意见后,百货公司于2020年5月9日向刘某送达《解除劳动合同通知》,因刘某拒绝签收,故以快递方式完成送达。

百货公司提交《员工手册》《确认书》《会议纪要》作为证据,《员工手册》显示"受到任何形式的行政/刑事处分,包括行政拘留、刑事拘留、被依法追究刑事责任等"为严重违反劳动纪律或规章制度的一项内容,该公司可以解聘;《确认书》内容显示,刘某已阅读并理解《员工手册》《道德

---

① 北京市昌平区人民法院(2020)京0114民初17838号民事判决书。

操守规范》《安全手册》的相关内容，同意并愿意遵守各项规定；《会议纪要》内容主要是就新版《员工手册》征求工会方意见。

【判词摘录】

◆ 刘某因被公安机关行政拘留而存在《员工手册》中严重违反用人单位劳动纪律和规章制度的事实，百货公司以严重违反规章制度、受到公安机关行政处罚为由，提出与刘某解除劳动合同，未违反法律规定。刘某要求支付违法解除劳动合同赔偿金的请求，于法无据，法院不予支持。

2. 员工的行为应当尊重社会公德，维护社会利益及公序良俗[①]

2012年5月1日，李某到诊所工作，双方未签订书面劳动合同，诊所为李某缴纳了社会保险。在职期间，李某与诊所员工赵某发生不正当男女关系。2019年9月5日，诊所出具解除劳动合同通知书，以李某严重违反规章制度、违反公序良俗为由解除与李某的劳动合同，并通知了街道工会委员会。李某不服该决定，要求诊所支付经济赔偿金、经济补偿金，于是申请仲裁，因不服仲裁裁决，又向法院起诉、上诉。

【判词摘录】

◆ 本院认为，民事行为应当尊重社会公德，维护社会公共利益及公序良俗，本案中，李某与诊所另一员工发生不正当关系，违反社会公序良俗，诊所据此解除劳动合同并无不当，李某诉请诊所支付经济赔偿金、经济补偿金于法无据，依法不予支持。

3. 公司在规章制度中明确规定收受代理商贿赂的行为属于严重违纪并因此与员工解除劳动合同，具有正当性[②]

孙某与某广告公司于2013年4月25日签订《劳动合同书》，该合同第8.1条约定：乙方应严格遵守法律法规和社会公德。签订劳动合同当日，孙某还签署了《员工廉洁自律承诺书》，该承诺书第1.4条载明：本人不会以任何名义接受、索要合同相对方以任何形式馈赠的礼品、礼金、有价证券及提供的劳务（如修建住宅等）；第2条载明：本人在从业期间，将严格执行

[①] 淮安市中级人民法院（2020）苏08民终2920号民事判决书。
[②] 大连市中级人民法院（2023）辽02民终3414号民事判决书。

上述声明及承诺，如本人违反上述声明及承诺内容，本人承诺将按公司管理制度和相关法律、法规的规定，接受公司处罚……

2019年10月11日，广告公司与某文化传媒公司签订《广告代理合同》，孙某作为签约代表负责该项目，某文化传媒公司的签约代表为程某。

2019年10月14日，孙某通过支付宝向其直属领导陈某转账5000元，并发送微信语音（转文字）："程总那边准备了这个公关，然后我想那就二一添作五。"该款由陈某通过支付宝到账后又退还给孙某，并通过微信告知。

2020年3月30日，广告公司决定解除与孙某之间的劳动关系并向孙某邮寄《解除劳动合同通知书》，该通知书载明："经核实，您任职广告公司区域代理商部销售主管期间，出现收受代理商贿赂行为，此行为已严重违反《员工手册》。根据《员工手册》的规定，收受贿赂，或利用该职务之便索取贿赂的视为严重违纪，公司有权与其解除劳动关系，并不做任何补偿，同时保留追究公司经济损失的权利。经公司研究决定，于2020年4月3日起解除与您之间的劳动合同关系。"

孙某认为该解除违法，于是向劳动人事争议仲裁委员会申请仲裁，因不服仲裁裁决，又向法院起诉、上诉。

【判词摘录】

◆ 一审法院认为，广告公司提供的证据可以确认孙某通过微信向直属领导明示收取合同相对方的公关费，并将一半转账给直属领导且已经通过支付宝完成了转账，孙某对该行为所作的解释均不具有合理性且无证据支持，该行为明显有悖公序良俗，鉴于在该行为发生时已生效的《民法总则》（已废止）已经将不得违背公序良俗确立为基本原则，该原则也同样适用于本案的劳动合同法律关系。

◆ 二审法院认为，孙某的前述行为违反了《员工廉洁自律承诺书》中自己的承诺。孙某的行为违反了销售人员的基本工作纪律和职业道德，广告公司依据《员工手册》"收受贿赂，或利用该职务之便索取贿赂的视为严重违纪"的规定与其解除劳动合同，符合法律规定。

应对方案

1. 劳动规章制度是公司用工管理的基石，是公司内部的"法律"。公司应在规章制度中明确将员工受到行政处罚及违背公序良俗的行为定义为严重违反规章制度，公司有权解除劳动合同。

2. 公司最好明确哪些行为属于违背公序良俗，如员工介入他人婚姻等，尽量列举并作兜底解释。

3. 公司要对员工违法或违反公序良俗的相关事件进行证据固定。公司可以采取与员工事后面谈（须录音取证）、公证等方式固定证据。

法律依据

《中华人民共和国民法典》

第八条　民事主体从事民事活动，不得违反法律，不得违背公序良俗。

第十条　处理民事纠纷，应当依照法律；法律没有规定的，可以适用习惯，但是不得违背公序良俗。

《中华人民共和国劳动法》

第三条　劳动者享有平等就业和选择职业的权利、取得劳动报酬的权利、休息休假的权利、获得劳动安全卫生保护的权利、接受职业技能培训的权利、享受社会保险和福利的权利、提请劳动争议处理的权利以及法律规定的其他劳动权利。

劳动者应当完成劳动任务，提高职业技能，执行劳动安全卫生规程，遵守劳动纪律和职业道德。

十三、解雇严重违纪员工的期限

风险提示

北京市房山区人民法院曾发布涉企业规章制度类劳动争议案件典型案例，其中提到用人单位在掌握劳动者违反公司规章制度的证据、有必要与劳动者解除劳动合同的情况下，客观上需要一定的时间和必要的程序去行使解除权。但用人单位不能怠于行使解除权，使双方之间的劳动关系一直处于不稳定、不确定的状态，损害劳动者的合法权益。[1]

目前法律并无关于用人单位行使解除权时效性的明确规定，不同地方的法院的规定也存在差异性。例如，《辽宁省职工劳动权益保障条例》第二十六条第二款规定：用人单位应当从知道或者应当知道职工违反规章制度行为之日起一年内作出处理决定。逾期未处理的，不得再追究其责任。《重庆市职工权益保障条例》第二十六条第二款规定：用人单位应当从知道或者应当知道职工违反规章制度行为之日起一年内作出处理决定。逾期未处理的，不再追究该违章责任。《浙江省高级人民法院民事审判第一庭、浙江省劳动人事争议仲裁院关于审理劳动争议案件若干问题的解答（二）》第八问的解答中提到：劳动者违反用人单位的规章制度，符合用人单位解除劳动合同的条件。用人单位一般应当自知道或者应当知道之日起5个月内行使解除劳动合同的权利。

当员工出现《劳动合同法》第三十九条规定的情形时，公司应当在一定合理期限内行使单方解除权。当前的司法实践经验是将双方当事人的合同履行情况和履行意愿作为公司行使过错解除权合理期限的考量因素。如果解除事由已经发生，但公司与员工均在以实际行动继续积极履行劳动合同，一般在此情况下公司突然行使劳动合同解除权，与劳动关系双方积极履行合同的行为以及签订合同初始预期相悖，在法律没有规定或双方没有约定合同解除权行使期限的情形下，可认定超过合理期限。

以案说法

公司应当在法律法规规定的合理期限内行使劳动合同解除权

浙江温州甲公司在原有的员工制度中已经明确规定"开始调查员工违纪违规行为之日起，处分决定一般应在两个月内完成。因情况复杂，在上述规定时间内确实无法完成的，可适当延长"。该单位规章制度已由员工签收确认。2021年7月19日甲公司员工林某因酒驾行为受到行政处罚，其行为已

---

[1] 参见北京房山区法院：《涉企业规章制度类劳动争议案件典型案例》，载微信公众号"最高人民法院司法案例研究院"，2022年5月27日，https://mp.weixin.qq.com/s/svZt9YI2aD5ahGxRnjELcQ，最后访问时间：2025年4月9日。

经严重违反了企业员工制度。基于林某岗位的特殊性，交警部门向甲公司抄送了《行政处罚告知书》。当甲公司得知这一员工处罚结果时，立即就该员工是否应当被解雇问题成立了调查研究小组。但由于公司内部的审批制度流程及调查核实时间较长，相关经手部门也并未注意原有员工制度关于处理违规员工的时效性规定，甲公司做出解除劳动关系通知书已经超过了7个月。

林某不服提起仲裁、诉讼，最终法院审理认为该企业的解除行为超出了员工制度规定的合理期限，因此被认定为违法解除劳动合同。

浙江省高级人民法院和浙江省劳动人事争议仲裁院在2014年时曾发布《关于审理劳动争议案件若干问题的解答（二）》，规定劳动者违反用人单位规章制度，符合用人单位与其解除劳动合同的条件，用人单位一般应在知道或者应当知道之日起5个月内行使劳动合同解除权。因案件发生在浙江，公司解雇林某已过期限。

【律师评析】

林某酒后驾车发生交通事故违反《道路交通安全法》，公司依法享有劳动合同解除权，但参照《浙江省高级人民法院民事审判第一庭、浙江省劳动人事争议仲裁院关于审理劳动争议案件若干问题的解答（二）》（浙高法民一〔2014〕7号）第八问的规定，劳动者违反用人单位规章制度，符合用人单位与其解除劳动合同的条件，用人单位一般应在知道或者应当知道之日起5个月内行使劳动合同解除权。林某于2021年7月19日受到温州市公安局交通管理局处罚，公司于2022年2月22日行使劳动合同解除权已超过5个月的期限，属于违法行使解除权，应支付赔偿金。

应对方案

1. 公司知道或者应当知道员工违反规章制度行为之时，应当及时予以处理，并决定是否对员工予以处罚、是否继续履行合同。公司如果因为怠于调查核实或者调查核实时间过长，而错过了双方约定的或地方法规规定的行使解除权的合理期限，则会被认定为违法解除劳动合同。

2. 对于员工的违纪行为，公司应当有相应的证据固定，包括但不限于员工谈话记录、认错书、公告书等方式，公司先要保证解除合同关系的合法性。

法律依据

《中华人民共和国劳动合同法》

第三十九条 劳动者有下列情形之一的，用人单位可以解除劳动合同：

（一）在试用期间被证明不符合录用条件的；

（二）严重违反用人单位的规章制度的；

（三）严重失职，营私舞弊，给用人单位造成重大损害的；

（四）劳动者同时与其他用人单位建立劳动关系，对完成本单位的工作任务造成严重影响，或者经用人单位提出，拒不改正的；

（五）因本法第二十六条第一款第一项规定的情形致使劳动合同无效的；

（六）被依法追究刑事责任的。

《辽宁省职工劳动权益保障条例》

第二十六条 因用人单位作出的解除和终止劳动合同、减少劳动报酬、计算职工工作年限等决定而发生的劳动争议，用人单位负举证责任。

用人单位应当从知道或者应当知道职工违反规章制度行为之日起一年内作出处理决定。逾期未处理的，不得再追究其责任。

《重庆市职工权益保障条例》

第二十六条 因用人单位作出的解除和终止劳动合同、减少劳动报酬、计算职工工作年限等决定而发生的劳动争议，用人单位负举证责任。

用人单位应当从知道或者应当知道职工违反规章制度行为之日起一年内作出处理决定。逾期未处理的，不再追究该违章责任。

《浙江省高级人民法院民事审判第一庭、浙江省劳动人事争议仲裁院关于审理劳动争议案件若干问题的解答（二）》

八、劳动者违反用人单位规章制度，符合用人单位与其解除劳动合同的条件，用人单位应在多长时间内行使劳动合同解除权？

答：劳动者违反用人单位规章制度，符合用人单位与其解除劳动合同的条件，用人单位一般应在知道或者应当知道之日起5个月内行使劳动合同解除权。

第三节　劳动关系的终止

一、公司结业时与员工终止劳动关系的合规操作

风险提示

当公司因各种原因面临结业时，如何与员工终止劳动关系？

1. 协商一致解除劳动合同，作为经济补偿计算基数的"月工资"是否包括加班费？《劳动合同法》第四十七条规定，"月工资是指劳动者在劳动合同解除或者终止前十二个月的平均工资"。对于"月工资"如何计算的问题，《劳动合同法实施条例》第二十七条规定，"劳动合同法第四十七条规定的经济补偿的月工资按照劳动者应得工资计算，包括计时工资或者计件工资以及奖金、津贴和补贴等货币性收入"，即不包含加班费工资。

2. 公司结业时，能否适用《劳动合同法》四十一条第一款第三项的规定直接与员工解除劳动合同？《劳动合同法》第四十一条是经济性裁员条款，其中第三项所指的是"企业转产、重大技术革新或者经营方式调整，经变更劳动合同后，仍需裁减人员的"，公司以此为由进行裁员时应当先变更劳动合同，如调整工作岗位等。如果公司未变更劳动合同就进行裁员，将承担违法解除劳动合同的后果。因此，如适用本条款的规定，公司需举证证明：一是公司存在转产、重大技术革新、经营方式调整的行为；二是这三种行为导致原劳动合同无法履行；三是双方未能就劳动变更达成一致。因此，公司应首先履行变更劳动合同的程序，如果变更劳动合同后，还不能扭亏为盈，才可以进行经济性裁员。

3. 解除劳动合同后，员工的年休假怎么处理？公司在与员工解除劳动合同后，当年度未安排员工休满应休年休假的，应当按照员工当年已工作时间折算应休未休年休假天数，并支付未休年休假工资报酬。

> 以案说法

公司决定提前与员工终止劳动合同的，需要提供公司决定提前解散、清算或破产的证据[①]

田某与咨询公司签订期限自2015年2月1日至2018年1月31日的劳动合同，田某的岗位为项目经理。

2017年3月31日，咨询公司出具《离职证明》，该证明记载双方劳动合同于2017年4月7日解除。

双方签订的《结业结算清单》记载：因公司经营不善，咨询公司将在2017年4月7日正式关停结业。

审理中，咨询公司称其正处于清算过程中，但无法提供关于提前解散、清算或破产的决议等相关证据；田某仅认可咨询公司目前系停业状态。

2017年4月27日，田某向劳动人事争议仲裁委员会申请仲裁，要求咨询公司支付：（1）违法解除劳动合同赔偿金105000元；（2）2017年3月1日至4月7日工资12431元；（3）2016年年终奖21000元。该仲裁委员会裁决咨询公司支付田某2017年3月1日至4月7日工资3612.43元，对田某的其余请求不予支持。田某与咨询公司均不服上述裁决，提起诉讼。

【判词摘录】

◆ 咨询公司是否应当支付田某违法解除劳动合同赔偿金。该项请求的争议焦点为双方的劳动合同是否合法解除。咨询公司主张双方系因咨询公司经营不善而协商解除劳动合同，并提供《结业结算清单》予以证明，但无法提供公司决定提前解散以及清算或破产的相关证据。根据现有证据，《离职证明》系咨询公司单方出具，《结业结算清单》中仅记载了咨询公司暂未发放的费用，而无双方协商一致解除劳动关系的相关表述，故法院认为咨询公司提供的证据无法证明双方系协商解除劳动合同，咨询公司应承担举证不能的法律后果。

◆ 此外，根据《劳动合同法》的规定，用人单位决定提前解散的，劳动合同终止。但咨询公司在审理中明确无法提供公司决定提前解散以及清算

[①] 上海市浦东新区人民法院（2017）沪0115民初89774号民事判决书。

或破产的相关证据，故亦不符合劳动合同提前终止的法定情形。

应对方案

1. 通过协商一致的方式解除劳动合同的，公司与员工需要签订书面的解除协议，并在协议中载明解除劳动合同是经双方平等自愿、协商一致的，不存在任何欺诈、胁迫或乘人之危的情形。

同时，协议中必须明确双方的权利义务（如员工协助办理交接工作的义务）、解除劳动合同的具体日期、经济补偿的金额以及无争议条款等。如果双方约定的经济补偿金额低于法定标准，还需在协议中明确员工放弃对不足额部分追索的权利。

2. 公司如拟适用《劳动合同法》第四十一条经济性裁员，在实体和程序上都有严格的要求。

公司应审查公司状况，选择正确的裁员理由，公司需要对经济性裁员的合理性、合规性承担举证责任。为避免公司承担举证不能的不利后果，裁员过程中应当固定各项关键证据。公司可考虑通过利润表、审计报告、员工社会保险个人权益记录、网页新闻等作为证据举证。

公司需要一次性裁减，裁减人员在 20 人以上或者占公司职工总数 10%的，需提前 30 日向工会或全体职工说明情况，听取工会或职工的意见，将裁员方案连同工会或职工意见共同提交至当地劳动行政部门报告，听取劳动行政部门的具体意见。

法律依据

《中华人民共和国劳动合同法》

第四十条 有下列情形之一的，用人单位提前三十日以书面形式通知劳动者本人或者额外支付劳动者一个月工资后，可以解除劳动合同：

（一）劳动者患病或者非因工负伤，在规定的医疗期满后不能从事原工作，也不能从事由用人单位另行安排的工作的；

（二）劳动者不能胜任工作，经过培训或者调整工作岗位，仍不能胜任工作的；

（三）劳动合同订立时所依据的客观情况发生重大变化，致使劳动合同无法履行，经用人单位与劳动者协商，未能就变更劳动合同内容达成协议的。

第四十一条 有下列情形之一，需要裁减人员二十人以上或者裁减不足二十人但占企业职工总数百分之十以上的，用人单位提前三十日向工会或者全体职工说明情况，听取工会或者职工的意见后，裁减人员方案经向劳动行政部门报告，可以裁减人员：

（一）依照企业破产法规定进行重整的；

（二）生产经营发生严重困难的；

（三）企业转产、重大技术革新或者经营方式调整，经变更劳动合同后，仍需裁减人员的；

（四）其他因劳动合同订立时所依据的客观经济情况发生重大变化，致使劳动合同无法履行的。

裁减人员时，应当优先留用下列人员：

（一）与本单位订立较长期限的固定期限劳动合同的；

（二）与本单位订立无固定期限劳动合同的；

（三）家庭无其他就业人员，有需要扶养的老人或者未成年人的。

用人单位依照本条第一款规定裁减人员，在六个月内重新招用人员的，应当通知被裁减的人员，并在同等条件下优先招用被裁减的人员。

第四十二条 劳动者有下列情形之一的，用人单位不得依照本法第四十条、第四十一条的规定解除劳动合同：

（一）从事接触职业病危害作业的劳动者未进行离岗前职业健康检查，或者疑似职业病病人在诊断或者医学观察期间的；

（二）在本单位患职业病或者因工负伤并被确认丧失或者部分丧失劳动能力的；

（三）患病或者非因工负伤，在规定的医疗期内的；

（四）女职工在孕期、产期、哺乳期的；

（五）在本单位连续工作满十五年，且距法定退休年龄不足五年的；

（六）法律、行政法规规定的其他情形。

第四十六条 有下列情形之一的,用人单位应当向劳动者支付经济补偿:

(一) 劳动者依照本法第三十八条规定解除劳动合同的;

(二) 用人单位依照本法第三十六条规定向劳动者提出解除劳动合同并与劳动者协商一致解除劳动合同的;

(三) 用人单位依照本法第四十条规定解除劳动合同的;

(四) 用人单位依照本法第四十一条第一款规定解除劳动合同的;

(五) 除用人单位维持或者提高劳动合同约定条件续订劳动合同,劳动者不同意续订的情形外,依照本法第四十四条第一项规定终止固定期限劳动合同的;

(六) 依照本法第四十四条第四项、第五项规定终止劳动合同的;

(七) 法律、行政法规规定的其他情形。

第四十七条 经济补偿按劳动者在本单位工作的年限,每满一年支付一个月工资的标准向劳动者支付。六个月以上不满一年的,按一年计算;不满六个月的,向劳动者支付半个月工资的经济补偿。

劳动者月工资高于用人单位所在直辖市、设区的市级人民政府公布的本地区上年度职工月平均工资三倍的,向其支付经济补偿的标准按职工月平均工资三倍的数额支付,向其支付经济补偿的年限最高不超过十二年。

本条所称月工资是指劳动者在劳动合同解除或者终止前十二个月的平均工资。

二、公司应与离职员工结清工资等费用

风险提示

员工离职时,公司应当与员工结清工资以及相关费用。双方协商一致解除劳动合同的,可能还会涉及双方协商确定的补偿金等费用。因为离职补偿费用的实际金额往往无法通过公式等明确算出,双方往往会通过"一口价"的形式确认最终的结算工资以及补偿等费用,所以员工离职时尤其是在双方协商一致解除劳动合同时,结算的费用数额往往是通过双方协商确定,公司

需要与员工签订一份离职确认书，列出结算的金额以及相关明细，同时要约定费用已结清，双方不存在任何争议，以避免员工在离职后以费用未完全结清为理由向公司主张其他费用。

以案说法

公司与员工协商解除劳动合同时，应列明结算费用所包含的项目并要求员工确认

王某在某公司工作 3 年，后双方产生劳动纠纷，通过协商解除劳动合同。

公司与王某商定，一次性向王某支付款项 50000 元，不管是经济补偿金还是工资、加班费等，王某嫌麻烦便同意了公司的决定。于是，双方签订了一份协商一致解除劳动合同的协议书，简单约定了在王某离职当日公司向王某支付补偿金 50000 元。

王某离职后，认为公司在他离职时支付的费用不足，提起劳动仲裁并举证证明自己离职前一年中多次加班的事实，要求公司补充支付加班费。公司认为其在王某离职时支付的 50000 元中已经包含了所有费用，并没有拖欠王某的加班费。

【律师评析】

公司与王某协商解除劳动合同，在签订解除协议时，应当明确约定公司支付的 50000 元包含了哪些项目。本案中，公司仅在协议中约定了向王某支付 50000 元补偿金，就意味着这 50000 元并不包括其他有可能涉及的未支付款项。王某有证据证明自己加班的事实，若公司在王某离职前没有对其结算加班费，就需要向王某补充支付该笔费用。

应对方案

公司与员工协商解除劳动合同时，公司往往会在协议中约定需要向员工支付的补偿费用。建议公司在协商一致解除劳动合同协议书中设置离职补偿费用条款和兜底条款，在协议中明确支付费用所包含的项目，注意要在列明的项目之前增加"包括但不限于"六个字，如包括但不限于经济补偿金、加班费、津贴。同时，考虑到约定时所列项目有可能无法涵盖所有情况而导致纠纷的发生，公司可以在协议中设定兜底条款，明确约定员工在领取协议约定的费用后，双方不存在任何劳动纠纷，员工不得向劳动仲裁委员会和法院提起法律程序以及向劳动行政部门投诉。

法律依据

《中华人民共和国劳动合同法》

第三十六条 用人单位与劳动者协商一致，可以解除劳动合同。

三、公司需要支付代通知金的情形

风险提示

笔者在为公司提供法律服务的过程中，常有人力资源管理人员提问："我们公司打算和某员工协商一致解除劳动合同，除了支付经济补偿金外，是不是还要提前一个月通知这个员工？如果不提前通知，到时公司是不是还要支付代通知金？"产生这个疑问，主要是因为没有弄清楚代通知金的支付条件，以至于会误以为只要没有提前30日通知就必须支付代通知金。

代通知金，是指公司在特定情形下依法提出解除或终止劳动合同时未依法提前30天通知的，应给付一个月工资作为代替。根据《劳动合同法》第四十条的规定，用人单位需要向劳动者支付代通知金的情形只有以下三种：（1）劳动者患病或者非因工负伤，在规定的医疗期满后不能从事原工作，也不能从事由用人单位另行安排的工作。（2）劳动者不能胜任工作，经过培训或者调整工作岗位，仍不能胜任工作。（3）劳动合同订立时所依据的客观情况发生重大变化，致使劳动合同无法履行，经用人单位与劳动者协商，未能就变更劳动合同内容达成协议。

因此可知，代通知金的适用范围很窄。而且，发生上述三种情况之一，公司提前30天通知劳动者解除劳动关系的，也无须向员工支付代通知金。像前述人力资源管理人员常问到的劳动关系双方协商一致解除劳动合同的情形，并不在公司应当支付代通知金的三种法定情形之内，所以公司无须向员工支付代通知金。

以案说法

劳动合同到期公司决定不续签的，不需要提前 30 天通知

刘某于 2017 年 11 月 1 日入职某信息科技公司，双方签订了期限为一年的劳动合同，从 2017 年 11 月 1 日至 2018 年 10 月 31 日。

2018 年 10 月 15 日，公司向刘某告知劳动合同到期后公司将不与其续签劳动合同。刘某认为自己的权利受到了损害，公司没有提前一个月告诉她不续签的事情，耽误了自己再找工作的时间。

于是，刘某提起劳动仲裁程序，她认为公司没有提前一个月通知不续签劳动合同事宜，应支付一个月工资作为代通知金。

【律师评析】

刘某的劳动合同到期，公司决定不与其续签劳动合同，不属于法律规定的必须提前 30 天通知的情况，所以公司没有提前 30 天通知刘某，也不需要向她支付代通知金。

应对方案

当出现《劳动合同法》第四十条规定的三种情形时，公司需要提前 30 天通知员工解除劳动合同，否则就需要额外支付一个月的工资作为代通知金。公司在履行通知义务时需要注意保存证据，在发生纠纷时需要提交能够证明自己已经提前 30 天通知员工的证明，如确认签收的信函、录音录像文件等。

法律依据

《中华人民共和国劳动合同法》

第四十条 有下列情形之一的，用人单位提前三十日以书面形式通知劳动者本人或者额外支付劳动者一个月工资后，可以解除劳动合同：

（一）劳动者患病或者非因工负伤，在规定的医疗期满后不能从事原工作，也不能从事由用人单位另行安排的工作的；

（二）劳动者不能胜任工作，经过培训或者调整工作岗位，仍不能胜任工作的；

（三）劳动合同订立时所依据的客观情况发生重大变化，致使劳动合同无法履行，经用人单位与劳动者协商，未能就变更劳动合同内容达成协议的。

四、劳动合同期满后员工仍在岗工作的法律风险

> 风险提示

根据《劳动合同法》第四十四条第一项的规定，劳动合同期满，公司和员工的劳动合同即终止。有的公司在员工的劳动合同期满后没有与员工续签劳动合同但安排员工继续上班，公司误认为劳动合同期满继续用工等同于自动延续了原来的劳动合同内容。实际上，员工在劳动合同期满后仍留在公司继续上班的，视为旧的劳动合同期满，双方又建立了新的劳动合同关系，在新的劳动关系建立的情况下公司没有与员工签订书面劳动合同的，将面临支付二倍工资的风险。

> 以案说法

劳动合同期满后员工仍在岗工作，公司应与员工签订新的书面劳动合同

赵某在某信息技术公司工作，双方签订的劳动合同期限从2015年6月1日起至2018年5月31日止。

2018年6月1日，赵某与公司的劳动合同已期满，但公司没有与赵某沟通是否续签劳动合同的问题，而赵某也在未与公司协商的情况下继续到公司工作。直到2018年10月，赵某因与公司产生纠纷而提出辞职，并称自2018年6月1日至离职期间双方没有签订书面的劳动合同，要求公司支付二倍工资差额。

【律师评析】

劳动合同期满，双方的劳动关系即终止。2018年6月1日之后，赵某与公司本已不存在劳动关系，但是赵某继续在公司上班且公司没有提出异议，实际上双方从2018年6月1日就开始了新的劳动关系，如果双方超过一个月没有签订新的书面劳动合同，那么公司就要从2018年7月1日起向赵某支付二倍工资差额。

应对方案

公司应汇总全体员工的劳动合同期限信息，每月查询掌握员工的劳动合同期限是否届满的情况，如果需要与员工续签劳动合同，要安排续签事宜，准备新的书面劳动合同。

法律依据

《中华人民共和国劳动合同法》

第四十四条　有下列情形之一的，劳动合同终止：

（一）劳动合同期满的；

……

五、"长期两不找"的劳动关系认定

风险提示

所谓的"长期两不找"，是指员工某日突然不辞而别不来上班，公司也没有联络员工，于是两方不再联系，在这段时间内，员工没有给公司提供过任何劳动，公司也没有给员工发放任何工资及福利待遇，但是公司一直没有正式与员工解除劳动关系。这种情况下容易出现的问题是，过了一段时间后，该名员工突然出现并要求回公司上班以及索要待岗期间的工资酬劳。

员工不来上班一段时间后，公司没有向员工发出返岗通知并与员工正式解除劳动关系的，并不能简单地理解为员工自动辞职。目前法律层面并没有针对这种"长期两不找"的行为应如何认定的明确规定，但是司法实践中许多地方法院会认定双方的劳动合同从员工离开之日起即解除，推定双方协商一致解除劳动合同，公司要向员工支付经济补偿金。因此当出现员工突然不辞而别的情形，公司应当催促其返岗并保留相关证据，证明自己已做出催促行为并在员工未按要求返岗后合法地解除与该员工的劳动合同，以免双方的劳动关系一直处于一种不确定的状态。

以案说法

公司与员工"长期两不找"的，公司存在向员工支付经济补偿金的风险

于某是某纸盒厂的印刷工人。2017年6月1日，工厂发现于某没有到工厂上班，打电话过去发现于某的手机关机，无法联系，工厂认为于某的行为属于自己辞职，也没有对这件事过多关注。

2018年3月，于某在春节假期后回到工厂要求上班，工厂认为于某从2017年6月起没有请假便不再上班，属于辞职，便不同意于某的上班要求。于某提起劳动仲裁要求裁决恢复自己与工厂的劳动关系。

【律师评析】

于某从2017年6月1日起便没有到工厂上班，也没有向工厂提出请假申请，在较长一段时期内工厂也没有正式与于某解除劳动合同。这种情况属于"长期两不找"，法院一般情况下会按照推定双方协商一致解除劳动合同的情况进行处理，认定双方的劳动合同在2017年5月31日解除，工厂需要按照于某的工作年限向于某支付经济补偿金。

应对方案

1. 员工在没有请假、没有与公司沟通的情况下长期不来上班，公司需要尝试用各种方法联系员工了解情况。公司如果放任这种"长期两不找"的情况发生，法院会认定劳资双方属于协商一致解除劳动合同，公司需要支付经济补偿金。公司应在员工不到岗的情况下发出限期返岗通知书，以证明不来上班属于员工的过错，即员工没有按照公司规定请假就不到岗上班。

2. 针对长时间不返岗上班又无法联系的员工，公司应当尽快与员工终止劳动关系。公司向员工发出限期返岗通知书但没有得到回应的，公司可以考虑解除与该员工的劳动合同，以防止双方的劳动关系继续处于不确定的状态。考虑到员工不辞而别，无法正常联络员工，公司可以将解除劳动合同的文件张贴在公司的公告栏或工厂门外。建议公司购买张贴公告当天的报纸，将报纸头版和公告一起张贴，或者使用带有时间水印的手机应用程序拍照记录，以证明公告文件贴出的时间。在涉及纠纷时，一般情况下如果公司证据材料做充分，法院还是会采信公司所提出的主张。

法律依据

《中华人民共和国劳动合同法》

第二十六条 下列劳动合同无效或者部分无效：

（一）以欺诈、胁迫的手段或者乘人之危，使对方在违背真实意思的情况下订立或者变更劳动合同的；

……

第三十九条 劳动者有下列情形之一的，用人单位可以解除劳动合同：

（一）在试用期间被证明不符合录用条件的；

（二）严重违反用人单位的规章制度的；

（三）严重失职，营私舞弊，给用人单位造成重大损害的；

（四）劳动者同时与其他用人单位建立劳动关系，对完成本单位的工作任务造成严重影响，或者经用人单位提出，拒不改正的；

（五）因本法第二十六条第一款第一项规定的情形致使劳动合同无效的；

（六）被依法追究刑事责任的。

《北京市高级人民法院、北京市劳动人事争议仲裁委员会关于审理劳动争议案件解答（一）》

22. 用人单位和劳动者长期两不找的，如何认定权利义务？

劳动者长期未向用人单位提供劳动，用人单位也长期不再向劳动者支付劳动报酬等相关待遇，双方长期两不找的，可以认定此期间双方不享有和承担劳动法上的权利义务。

《上海市高级人民法院民一庭关于审理劳动争议案件若干问题的解答》

（十二）劳动合同履行过程中，劳动者长期未提供正常劳动，用人单位又未依法解除劳动关系的，双方之间的劳动关系如何认定？

答：劳动者长期不提供正常劳动，用人单位又未解除劳动关系的，可以认定双方劳动关系处于中止履行状态，中止履行期间用人单位和劳动者不存在劳动法上的权利义务关系。

六、已达退休年龄或已享受基本养老保险的员工与公司的关系认定

风险提示

已达退休年龄或者虽然没有到退休年龄但是已经开始享受基本养老保险的员工，如果继续在公司上班，双方关系如何认定？在以往的司法实践中，法院通常将超龄返聘人员与用人单位之间的关系认定为劳务关系。然而，随着人口老龄化程度加深，超龄人员的就业权益保障问题日益凸显。若继续一概适用劳务关系处理相关问题，将导致这部分劳动者因无法受到《劳动法》及《劳动合同法》的保护而面临劳动权益保障缺失的风险。值得关注的是，《最高人民法院关于审理劳动争议案件适用法律问题的解释（二）》已明确废止了关于公司与其招用的已享受养老保险待遇或领取退休金的人员发生用工争议按劳务关系处理的规定。相应地，人力资源社会保障部也针对该人群的基本权益保障制定有关规定，公司依然需要与超龄员工签订书面用工协议，法院则可以根据用工协议的具体内容及用工实质综合判断其法律性质，而非一律认定为劳务关系。

以案说法

公司聘用已退休人员需通过签订用工协议明确双方关系[1]

许某于2020年9月9日与某服务公司签订了《退休人员返聘协议》，被公司派往服务的单位担任清洁员。许某当时已满51岁，在当时已达退休年龄。2023年6月，许某与公司之间因岗位调整以及加班费结算等问题产生矛盾，许某提起法律程序要求公司支付加班费及违约金等共计5万余元。

公司提交了返聘许某时双方签订的返聘用工协议，协议中明确约定双方是劳务关系，并约定了按照工作时间计算劳务报酬，不再另行支付加班费等。

---

[1] 广东省高级人民法院（2014）粤高法审监民提字第55号民事判决书。

【律师评析】

公司与许某签订的书面《退休人员返聘协议》是有效降低公司法律风险的关键所在。协议明确将双方关系约定为劳务关系，并具体规定了按工作时间计算劳务报酬的支付方式，同时清晰载明了公司不承担支付加班费的义务。法院在审查公司与许某之间的用工关系时，协议的详细约定能让企业在已退休员工主张劳动关系时降低败诉风险。

应对方案

公司聘用超龄员工已非简单的"劳务关系"可概括。公司需要摒弃旧有观念，并与超龄员工签订书面的用工协议，切实履行法律赋予的对超龄员工基本权益的保障义务，特别是安全生产、职业健康和工伤风险保障，考虑超龄员工的身体状况。同时公司应合理安排超龄员工的工作内容、强度和时间，并为其缴纳工伤保险。

法律依据

《中华人民共和国劳动合同法》

第四十四条 有下列情形之一的，劳动合同终止：

（一）劳动合同期满的；

（二）劳动者开始依法享受基本养老保险待遇的；

（三）劳动者死亡，或者被人民法院宣告死亡或者宣告失踪的；

（四）用人单位被依法宣告破产的；

（五）用人单位被吊销营业执照、责令关闭、撤销或者用人单位决定提前解散的；

（六）法律、行政法规规定的其他情形。

《人力资源社会保障部关于执行〈工伤保险条例〉若干问题的意见（二）》

二、达到或超过法定退休年龄，但未办理退休手续或者未依法享受城镇职工基本养老保险待遇，继续在原用人单位工作期间受到事故伤害或患职业病的，用人单位依法承担工伤保险责任。

用人单位招用已经达到、超过法定退休年龄或已经领取城镇职工基本养老保险待遇的人员，在用工期间因工作原因受到事故伤害或患职业病的，如招用单位已按项目参保等方式为其缴纳工伤保险费的，应适用《工伤保险条例》。

《广东省高级人民法院、广东省劳动人事争议仲裁委员会关于劳动人事争议仲裁与诉讼衔接若干意见》

十六、劳动者达到法定退休年龄或者已经享受基本养老保险待遇的，劳动关系终止。劳动者所受伤害如被社会保险行政部门认定为工伤，劳动者要求用工单位参照《广东省工伤保险条例》规定的工伤保险待遇支付有关费用的，应予支持，但不包括一次性就业补助金。

《浙江省高级人民法院民事审判第一庭、浙江省劳动人事争议仲裁院关于审理劳动争议案件若干问题的解答（二）》

十四、超过法定退休年龄的劳动者在工作中受事故伤害或者患职业病，其向聘用单位主张工伤保险待遇的，应否支持？

答：劳动者超过法定退休年龄，仍接受单位聘用的，其与聘用单位之间构成劳务关系，劳动者因工伤亡或者患职业病而向聘用单位主张工伤保险待遇的，不予支持。但劳动者尚未享受基本养老保险待遇或者领取退休金，且聘用单位已为其缴纳工伤保险费的，其工伤保险待遇应予支持。

七、女员工退休年龄的认定

风险提示

女员工达到法定退休年龄的，意味着公司与该员工的劳动合同终止。过去，关于女员工退休年龄的问题，实务中存在女干部年满55周岁、女工人年满50周岁的观点，其实是源于1999年《劳动和社会保障部关于制止和纠正违反国家规定办理企业职工提前退休有关问题的通知》的规定："国家法定的企业职工退休年龄是：男年满60周岁，女工人年满50周岁，女干部年满55周岁。"

工人和干部的身份标准产生于特定的时代背景，随着国家经济体制的发展变化，这种行政化管理的身份标准无法适用于市场经济体制下的所有用工主体，进而逐渐转变为管理岗位与非管理岗位的岗位标准，例如，《国家经济贸易委员会、人事部、劳动和社会保障部关于深化国有企业内部人事、劳动、分配制度改革的意见》规定："取消企业行政级别。企业不再套用政府机关的行政级别，不再比照国家机关公务员确定管理人员的行政级别。打破'干部'和'工人'的界限，变身份管理为岗位管理。在管理岗位工作的即为管理人员。岗位发生变动后，其收入和其他待遇要按照新的岗位相应调整。"

目前这种转变并未在国家层面作出明确统一的法律规定，为指导实践中个案的认定，各地出台了不同的政策文件，但可以确定的是，岗位标准将更加符合当下绝大部分企业的用工管理习惯。结合当前的司法实践，及《国务院关于渐进式延迟法定退休年龄的办法》的规定，目前通用观点为女员工退休年龄在非管理（工人）岗位上工作的原本按50周岁，从2025年1月1日起，法定退休年龄每2个月延迟1个月，逐步延迟至55周岁。在管理（技术）岗位工作的原本按55周岁，从2025年1月1日起，法定退休年龄每4个月延迟1个月，逐步延迟至58周岁。现岗位应以劳动合同中确定的岗位为准，在现岗位上工作一定时长的（各地政策不同），以现岗位认定其身份。

> 以案说法

1. 如工作内容无变化，女员工现岗位应以劳动合同中确定的岗位为准[①]

肖某是某学校的教师，属于编外合同制人员。肖某入职学校后，共签订多份劳动合同，最后一份劳动合同为无固定期限劳动合同，合同约定肖某在学生科工作，聘任行政职务。后肖某收到学校发出的办理退休手续的通知，以肖某年满50周岁达到法定退休年龄为由解除劳动关系。肖某认为自己在管理岗位，属于干部，因此退休年龄为55周岁。于是，肖某向法院起诉，要求学校继续履行无固定期限劳动合同。

---

① 广州市荔湾区人民法院（2021）粤0103民初13788号民事判决书。该案件发生时，国家延迟法定退休年龄政策尚未出台。

【判词摘录】

◆ 肖某是否已符合退休条件，应当以社保机构的审核结果为前提，而学校并未举证社保机构的审核结果。

◆ 学校无提供按其规章制度肖某的岗位为辅助性工作、属工人岗的相关规定。

◆ 肖某为学校的合同制人员，学校与肖某签订的劳动合同约定：肖某岗位为学生科工作、聘任行政职务，虽合同中无明确约定肖某的岗位属工人或管理技术岗位，但结合肖某劳动合同中所约定的内容可见，该期间的劳动合同已明确约定肖某的岗位为管理岗位，而该期间肖某的工作岗位、内容与肖某现工作内容并无变化，学校也一直按正式在编人员工资标准支付肖某劳动报酬。故此，对肖某现从事的岗位性质，应认定为管理岗位。

◆ 综上，肖某的岗位属区别于工人岗位的管理岗位，肖某相应的法定退休年龄为55周岁，现要求继续履行双方签订的无固定期限劳动合同、薪酬待遇按原标准的诉求予以支持。

2. 认定女员工的工作岗位性质，应结合约定岗位、具体工作、薪酬等因素进行综合判断

张某是甲公司的一名员工，日常主要负责甲公司行政方面的管理工作。张某已入职十余年，与甲公司先后签订三份劳动合同，最后一份为无固定期限劳动合同，合同中工作岗位一栏是行政人员，未明确约定其是否为干部身份。张某现已满50周岁，想办理退休手续。甲公司认为其从事管理工作，属于干部身份，且张某的日常表现突出，认真负责，执行力强，也熟悉公司的整体情况。甲公司想与张某继续履行劳动合同。于是双方就张某的岗位性质争执不下。

【律师评析】

关于女员工的工作岗位性质的认定，法院或相关主管行政机关会考虑劳动合同的约定岗位、具体工作、薪酬等因素进行综合判断。上述案件中，虽然劳动合同中写得较为模糊，但张某日常主要负责甲公司行政方面的管理工作。如果公司有证据证明张某确实在入职期间做了管理方面的工作，包括但不限于岗位确认书、工作内容记录等，法院很可能会认定张某为管理技术岗位身份。

3. 公司与员工应在劳动合同、规章制度等文件中对某类岗位的性质进行约定或规定[①]

刘某与制药公司签订《劳动合同》一份，合同载明：合同期限为无固定期限，工作岗位为办公室主任；刘某达法定退休年龄的，劳动合同即告终止等。

刘某于 2020 年 10 月 28 日年满 50 周岁后，制药公司向刘某发出《退休通知书》《办理交接通知》，载明刘某已达国家现行法定退休年龄（女性年满 50 周岁），刘某与公司的劳动合同将终止、薪资将发放至 2020 年 12 月 20 日等内容。刘某收到上述《退休通知书》，于 2020 年 12 月 14 日在该份通知书上书写"第一，未办理退休；第二，我现岗位为管理岗位，按国家政策为 55 周岁；第三，双方未谈妥，今天内去社保局了解政策，待定"。

刘某向劳动人事争议仲裁委员会申请仲裁，该委以刘某属于达到退休年龄的情形为由作出不予受理决定，并出具不予受理通知书。刘某不服诉至法院，请求确认制药公司解除劳动合同关系违法并支付违法解除劳动合同赔偿金。

【判词摘录】

◆ 在管理岗位工作的即为管理人员，管理人员是指企业内部担任各级行政领导职务的人员、各职能管理机构的工作人员以及各生产经营单位中专职从事管理工作的人员。管理岗位的界定主要由用人单位和劳动者在劳动合同中对劳动者从事岗位是否具有管理性质进行约定。

◆ 本案中，刘某最后签订的无固定期限劳动合同约定的工作岗位为办公室主任，制药公司确认刘某的工作岗位为办公室主任，但称其无法对该工作岗位的性质进行认定，制药公司在本案中也未提交其公司的规章制度体现刘某的工作性质，结合刘某关于"办公室主任即办公室部门的最高管理层，分管包括前台、司机以及行政、人事其他工作人员"的陈述，刘某办公室主任的身份符合管理人员的定义，可以认定刘某的工作岗位为管理岗，根据前述规定，刘某的法定退休年龄为 55 周岁。制药公司在 2020 年 10 月 28 日以

[①] 广州市中级人民法院（2022）粤 01 民终 7695 号民事判决书。该案件发生时，国家延迟法定退休年龄政策尚未出台。

刘某年满 50 周岁达法定退休年龄为由，终止与刘某的劳动关系不符合法律规定，属于单方违法解除劳动合同的情形。

应对方案

1. 如果公司考虑任用女员工直至其退休，公司应提前规避退休认定方面的争议，可以在劳动合同中明确员工的岗位性质。

2. 仅仅有形式上的规定还并不足以让法院认定员工的岗位性质，法院同时会考虑到该员工入职期间的具体工作。因此，公司对女员工的岗位确认书和日常工作内容的记录都要留存好，以便于法官判断其工作性质。

法律依据

《中华人民共和国劳动合同法实施条例》

第二十一条　劳动者达到法定退休年龄的，劳动合同终止。

《国务院关于渐进式延迟法定退休年龄的办法》

第一条　从 2025 年 1 月 1 日起，男职工和原法定退休年龄为五十五周岁的女职工，法定退休年龄每四个月延迟一个月，分别逐步延迟至六十三周岁和五十八周岁；原法定退休年龄为五十周岁的女职工，法定退休年龄每二个月延迟一个月，逐步延迟至五十五周岁。国家另有规定的，从其规定。

《劳动和社会保障部关于制止和纠正违反国家规定办理企业职工提前退休有关问题的通知》

一、要严格执行国家关于退休年龄的规定，坚决制止违反规定提前退休的行为

国家法定的企业职工退休年龄是：男年满 60 周岁，女工人年满 50 周岁，女干部年满 55 周岁。从事井下、高空、高温、特别繁重体力劳动或其他有害身体健康工作（以下称特殊工种）的，退休年龄为男年满 55 周岁、女年满 45 周岁；因病或非因工致残，由医院证明并经劳动鉴定委员会确认完全丧失劳动能力的，退休年龄为男年满 50 周岁、女年满 45 周岁。

……

《国家经济贸易委员会、人事部、劳动和社会保障部关于深化国有企业内部人事、劳动、分配制度改革的意见》

二、建立管理人员竞聘上岗、能上能下的人事制度

……

（二）取消企业行政级别。企业不再套用政府机关的行政级别，不再比照国家机关公务员确定管理人员的行政级别。打破"干部"和"工人"的界限，变身份管理为岗位管理。在管理岗位工作的即为管理人员。岗位发生变动后，其收入和其他待遇要按照新的岗位相应调整。

（三）实行管理人员竞聘上岗。管理人员是指企业内部担任各级行政领导职务的人员、各职能管理机构的工作人员以及各生产经营单位中专职从事管理工作的人员。除应由出资人管理和应由法定程序产生或更换的企业管理人员外，对所有管理人员都应实行公开竞争、择优聘用，也可以面向社会招聘。企业对管理人员竞聘的岗位和条件，要根据需要在尽可能大的范围内提前公布，对应聘人员严格考试或测试，公开答辩、公正评价、公示测评结果，按企业制定的竞聘办法决定聘用人员。实行领导人员亲属回避制度，企业财务、购销、人事等重要部门的负责人，原则上不得聘用企业领导人员的近亲属。

……

《广东省劳动厅、广东省社会保险基金管理局转发劳动和社会保障部关于制止和纠正违反国家规定办理企业职工提前退休有关问题的通知》

二、对女职工现岗位的认定，应按原劳动部《关于贯彻执行〈中华人民共和国劳动法〉若干问题的意见》（劳部发〔1995〕309号）第75条规定执行，即："用人单位全部职工试行劳动合同制度后，职工在用人单位内由转制前的原工人岗位转为原干部（技术）岗位或由原干部（技术）岗位转为原工人岗位，其退休年龄和条件，按现岗位国家规定执行"。对女职工现岗位的认定，以用人单位与劳动者签订的劳动合同为依据，即不论原身份是工人还是干部，其现岗位应以劳动合同中确定的岗位为准，凡在现岗位工作一年以上，均应以现岗位认定其身份。其退休年龄，在工人岗位工作的按50周岁，在管理岗位工作的按55周岁。

《湖北省劳动和社会保障厅关于完善企业职工基本养老保险若干政策问题的暂行处理意见》

二十、参加企业职工基本养老保险的单位女职工，其退休年龄按申报退休时所在岗位性质确定，即：申报退休时所在岗位为管理、技术岗位的，退休年龄为55周岁；申报退休时所在岗位为生产、操作岗位的，退休年龄为50周岁。……

八、女员工"三期"内劳动合同到期的处理

风险提示

女员工"三期"是指孕期、产期、哺乳期。根据《劳动合同法》第四十二条的规定，除非女员工存在过错行为，公司是不能解雇"三期"女员工的，否则需要承担经济赔偿金。笔者在为公司提供法律服务时，常遇到一些人力资源管理人员咨询：如果女员工刚好在"三期"期间劳动合同到期，公司能否直接支付补偿金而不与女员工续签劳动合同、结束双方的劳动关系呢？如果不签新的劳动合同，会不会自动续延旧的劳动合同呢？

我们先要明确续签和续延两个概念的区别，续签是指劳动合同到期后，公司与员工协商一致重新签订一份新的劳动合同，开始新的合同期限，双方权利义务可能会发生变化；而续延是指在原劳动合同的基础上延长合同期限，原来的权利义务不变。

法律法规并未规定必须与"三期"女员工续签劳动合同，公司是否需要续签劳动合同取决于是否属于连续订立二次固定期限劳动合同的情形，如果不属于连续订立二次固定期限劳动合同的情形，就不会产生应当续签无固定期限劳动合同的义务。

既然并非必须续签，那女员工在"三期"内合同到期应当如何处理？根据《劳动合同法》第四十五条的规定，劳动合同期满，女员工在"三期"内的，劳动合同应当续延至相应的情形消失时终止。期满之后，公司可以直接支付补偿金而终止劳动关系。

关于是否自动续延的问题，虽然实务中有观点认为，劳动合同是自动续

延至女员工"三期"期满之日。但笔者认为，公司是难以对双方确认自动续延的事实举证的，鉴于此，为避免双方发生争议，公司应当在合同到期前告知女员工劳动合同期限依法续延至女员工"三期"结束之日并依法支付工资待遇，最好签订劳动合同补充协议确认续延。

以案说法

1. 劳动合同期满，女员工在"三期"内的，劳动合同应续延至相应情形消失时终止

2020年3月1日，陈某入职某咨询公司，双方签订劳动合同的期限为从入职之日起至2023年2月28日止。

2023年1月，陈某因怀孕开始休产假。咨询公司于2023年2月28日后就对陈某停发了工资，认为双方的劳动合同已经到期，双方不再存在劳动关系。陈某对公司的做法不予认同，于是提起劳动仲裁，她认为自己与公司依然存在劳动关系，要求继续履行劳动合同并支付陈某"三期"待遇。

【律师评析】

根据《劳动合同法》第四十五条的规定，劳动合同期满，女员工在"三期"内的，劳动合同应当续延至相应的情形消失时终止。本案中，陈某的劳动合同虽然是在2023年2月28日到期，但是她在劳动合同到期日还处于产期，所以公司与陈某的劳动合同应当续延到陈某哺乳期期满为止。

法律规定了劳动合同应当续延，所以公司必须在2023年2月28日之前，与陈某进行协商并就劳动关系期限续延到哺乳期满的问题进行约定。公司在实际操作中直接认为2023年2月28日之后劳动合同终结不再支付工资的观点是错误的，因为劳动关系继续存在，公司应当支付陈某"三期"待遇。

2. 公司不续延在"三期"内女员工的劳动合同期限的，属于违法解除劳动合同[1]

2017年8月25日，卫生管理站向员工段某发出《通知》，载明"因你

---

[1] 参见《广州法院女职工权益保护典型案例（2020）》中案例之六，载广州审判网，https://www.gzcourt.gov.cn/xwzx/bps/2020/04/20085648698.html，最后访问时间：2025年5月21日。

试用合同（2016 年 10 月 1 日至 2017 年 9 月 30 日）一年已快到期，根据环卫站管理层决定，现提前一个月书面通知你，合同到期不再续签合同。有关事项协商处理"。

段某于 2017 年 9 月 4 日前往妇幼保健院就诊，诊断为妊娠状态；于 9 月 12 日在妇幼保健院进行超声检查，提示：子宫肌瘤并宫内妊娠，如孕 5+周，胚胎存活。2017 年 9 月 20 日，卫生管理站又向段某发出不再续签劳动合同的通知。同日，段某向卫生管理站提交《关于续签合同的报告》，并于 2017 年 9 月 21 日将妊娠证明单（报告）邮寄给卫生管理站负责人。2017 年 9 月 22 日，卫生管理站再次向段某发出通知，要求段某进行工作交接。2018 年 3 月 12 日至 16 日，段某在医院住院治疗，其间行引产手术。

法院判决卫生管理站向段某支付赔偿金 9837.2 元。

【判词摘录】

◆ 结合段某于 2018 年 3 月行引产手术的事实，双方劳动合同应依法延长至段某应享受的产假结束之日。

◆ 但卫生管理站明知段某怀孕，仍连续三次向段某发出通知，告知双方劳动合同在 2017 年 9 月 30 日到期后不再续签，明显属于违法终止劳动合同。

应对方案

1. 连续两次签订固定期限劳动合同的，员工可以在第三次要求与公司签订无固定期限劳动合同。所以，若在女员工"三期"期间劳动合同到期，建议公司在合同到期前向女员工发送《劳动合同到期续延通知书》，告知女员工劳动合同期限依法续延至"三期"期满之日止。当然，也不排除女员工工作表现优秀，公司并不想终止与女员工的劳动关系，这种情况下，公司可以在"三期"期满后按照正常的续签劳动合同流程与女员工第二次签订劳动合同。

2. 在发出《劳动合同到期续延通知书》后，建议双方在原劳动合同的基础上签订《劳动合同补充协议》，补充协议是对原劳动合同的补充约定，而非新一次劳动合同的签订，对公司较为有利。补充协议仅需对女员工的劳动合同期限进行补充约定，原劳动合同的其他条款无须调整，补充协议中只需要明确原劳动合同的到期日处于女员工的"三期"内，所以按照法律规定续延原劳动合同的期限。因为公司不好判断"三期"届满的准确日期，所以在《劳动合同补充协议》中建议直接约定公司与女员工的劳动关系期限延长至女员工"三期"期满之日止。

法律依据

《中华人民共和国劳动合同法》

第四十二条　劳动者有下列情形之一的，用人单位不得依照本法第四十条、第四十一条的规定解除劳动合同：

（一）从事接触职业病危害作业的劳动者未进行离岗前职业健康检查，或者疑似职业病病人在诊断或者医学观察期间的；

（二）在本单位患职业病或者因工负伤并被确认丧失或者部分丧失劳动能力的；

（三）患病或者非因工负伤，在规定的医疗期内的；

（四）女职工在孕期、产期、哺乳期的；

（五）在本单位连续工作满十五年，且距法定退休年龄不足五年的；

（六）法律、行政法规规定的其他情形。

第四十五条　劳动合同期满，有本法第四十二条规定情形之一的，劳动合同应当续延至相应的情形消失时终止。但是，本法第四十二条第二项规定丧失或者部分丧失劳动能力劳动者的劳动合同的终止，按照国家有关工伤保险的规定执行。

第六章
处理劳动纠纷的法律程序

第一节 工伤认定程序

一、工伤认定申请期限

> 风险提示

员工工伤有两种情形：一是员工发生事故伤害，二是被诊断、鉴定为职业病。员工如果要取得工伤待遇，必须先经社会保险行政部门予以工伤认定或视同工伤决定，方可取得赔偿。公司应当在法律规定的时限内申请工伤认定，根据《工伤保险条例》第十七条，公司应当自员工事故伤害发生之日或者被诊断、鉴定为职业病之日起30日内，向统筹地区社会保险行政部门提出工伤认定申请，遇有特殊情况，经报社会保险行政部门同意，申请时限可以适当延长。如果公司未在规定时限内提出申请，在此期间发生的工伤待遇等有关费用由该公司负担。需要注意的是，上述30日是指自然日，并非工作日。

公司未按前款规定提出工伤认定申请的，工伤员工或者其近亲属、工会组织在事故伤害发生之日或者被诊断、鉴定为职业病之日起1年内，可以直接向公司所在地统筹地区社会保险行政部门提出工伤认定申请。这里值得注意的是，除了员工本人，近亲属与工会组织同样具有申请工伤认定的权利。另外，由于不属于员工或者其近亲属自身原因超过工伤认定申请期限的，被耽误的时间不计算在工伤认定申请期限内，例如，不可抗力、人身自由受到限制、属于用人单位原因、社会保险行政部门登记制度不完善、当事人对是否存在劳动关系申请仲裁、提起民事诉讼。

> 法律依据

《工伤保险条例》

第十七条 职工发生事故伤害或者按照职业病防治法规定被诊断、鉴定为职业病，所在单位应当自事故伤害发生之日或者被诊断、鉴定为职业病之日起30日内，向统筹地区社会保险行政部门提出工伤认定申请。遇有特殊情况，经报社会保险行政部门同意，申请时限可以适当延长。

用人单位未按前款规定提出工伤认定申请的，工伤职工或者其近亲属、工会组织在事故伤害发生之日或者被诊断、鉴定为职业病之日起1年内，可以直接向用人单位所在地统筹地区社会保险行政部门提出工伤认定申请。

按照本条第一款规定应当由省级社会保险行政部门进行工伤认定的事项，根据属地原则由用人单位所在地的设区的市级社会保险行政部门办理。

用人单位未在本条第一款规定的时限内提交工伤认定申请，在此期间发生符合本条例规定的工伤待遇等有关费用由该用人单位负担。

《最高人民法院关于审理工伤保险行政案件若干问题的规定》

第七条 由于不属于职工或者其近亲属自身原因超过工伤认定申请期限的，被耽误的时间不计算在工伤认定申请期限内。

有下列情形之一耽误申请时间的，应当认定为不属于职工或者其近亲属自身原因：

（一）不可抗力；

（二）人身自由受到限制；

（三）属于用人单位原因；

（四）社会保险行政部门登记制度不完善；

（五）当事人对是否存在劳动关系申请仲裁、提起民事诉讼。

二、不服工伤认定结论的流程

风险提示

对于社会保险行政部门作出的工伤认定结论，如果公司或者个人对结论不认可，该如何救济？根据《工伤保险条例》第五十五条，有关单位或者个人可以依法申请行政复议，也可以依法向法院提起行政诉讼。

1. 如何申请行政复议？申请工伤认定的职工本人或者其近亲属、该职工所在的单位可以在收到工伤认定结论之日起60日内提起行政复议。

2. 如何提起行政诉讼？申请工伤认定的职工本人或者其近亲属、该职工所在的单位可以在收到工伤认定结论之日起 6 个月内提起行政诉讼。

3. 行政诉讼与行政复议的关系如何？提起行政诉讼不以行政复议为前提。行政复议机关是作出决定的社会保险行政部门的同一级人民政府或上一级社会保险行政部门，而行政诉讼是由人民法院管辖。此外，《认定工伤决定书》和《不予认定工伤决定书》上均会载明不服认定决定申请行政复议或者提起行政诉讼的部门和时限，应当予以关注。

法律依据

《中华人民共和国行政复议法》

第二十条 公民、法人或者其他组织认为行政行为侵犯其合法权益的，可以自知道或者应当知道该行政行为之日起六十日内提出行政复议申请；但是法律规定的申请期限超过六十日的除外。

因不可抗力或者其他正当理由耽误法定申请期限的，申请期限自障碍消除之日起继续计算。

行政机关作出行政行为时，未告知公民、法人或者其他组织申请行政复议的权利、行政复议机关和申请期限的，申请期限自公民、法人或者其他组织知道或者应当知道申请行政复议的权利、行政复议机关和申请期限之日起计算，但是自知道或者应当知道行政行为内容之日起最长不得超过一年。

《中华人民共和国行政诉讼法》

第四十六条 公民、法人或者其他组织直接向人民法院提起诉讼的，应当自知道或者应当知道作出行政行为之日起六个月内提出。法律另有规定的除外。

因不动产提起诉讼的案件自行政行为作出之日起超过二十年，其他案件自行政行为作出之日起超过五年提起诉讼的，人民法院不予受理。

《工伤保险条例》

第五十五条 有下列情形之一的，有关单位或者个人可以依法申请行政复议，也可以依法向人民法院提起行政诉讼：

（一）申请工伤认定的职工或者其近亲属、该职工所在单位对工伤认定申请不予受理的决定不服的；

（二）申请工伤认定的职工或者其近亲属、该职工所在单位对工伤认定结论不服的；

（三）用人单位对经办机构确定的单位缴费费率不服的；

（四）签订服务协议的医疗机构、辅助器具配置机构认为经办机构未履行有关协议或者规定的；

（五）工伤职工或者其近亲属对经办机构核定的工伤保险待遇有异议的。

《工伤认定办法》

第十九条 《认定工伤决定书》应当载明下列事项：

（一）用人单位全称；

（二）职工的姓名、性别、年龄、职业、身份证号码；

（三）受伤害部位、事故时间和诊断时间或职业病名称、受伤害经过和核实情况、医疗救治的基本情况和诊断结论；

（四）认定工伤或者视同工伤的依据；

（五）不服认定决定申请行政复议或者提起行政诉讼的部门和时限；

（六）作出认定工伤或者视同工伤决定的时间。

《不予认定工伤决定书》应当载明下列事项：

（一）用人单位全称；

（二）职工的姓名、性别、年龄、职业、身份证号码；

（三）不予认定工伤或者不视同工伤的依据；

（四）不服认定决定申请行政复议或者提起行政诉讼的部门和时限；

（五）作出不予认定工伤或者不视同工伤决定的时间。

《认定工伤决定书》和《不予认定工伤决定书》应当加盖社会保险行政部门工伤认定专用印章。

第二十三条 职工或者其近亲属、用人单位对不予受理决定不服或者对工伤认定决定不服的，可以依法申请行政复议或者提起行政诉讼。

三、工伤保险待遇的计算标准

风险提示

员工经工伤认定，享受工伤保险待遇，如果经劳动能力鉴定丧失劳动能力，享受伤残待遇。根据伤残程度，工伤保险待遇分为以下类型：

1. 未达到伤残等级（含声明放弃鉴定）：

工伤职工未达伤残等级的，按照有关规定，享受工伤医疗待遇。

2. 一级至四级伤残：

（1）一次性伤残补助金；（2）伤残津贴；（3）生活护理费；（4）工伤医疗待遇；（5）基本医疗保险。

3. 五级至六级伤残：

（1）一次性伤残补助金；（2）伤残津贴；（3）一次性工伤医疗补助金；（4）一次性伤残就业补助金；（5）工伤医疗待遇。

4. 七级至十级伤残：

（1）一次性伤残补助金；（2）一次性工伤医疗补助金；（3）一次性伤残就业补助金；（4）工伤医疗待遇。

5. 因工死亡：

（1）丧葬补助金；（2）供养亲属抚恤金；（3）一次性工亡补助金。

以广东省为例，不同的工伤待遇项目，其计算标准如表6-1、表6-2、表6-3所示。

表 6-1　医疗期间工伤保险待遇计发标准[①]

工伤待遇项目		享受条件	评残等级	待遇计发标准	
				标准	方式
医疗期间	医疗费	职工因工作遭受事故伤害或患职业病进行治疗的	未达到伤残等级或1—10级伤残	符合规定范围内的总额	工伤基金据实支付
	康复费	经劳动能力鉴定委员会确认可以康复的及可以安装辅助器具的		符合规定范围内的康复费(含康复器具)总额	
	伙食补助费	住院治疗工伤期间		按日计算	工伤基金一次性支付
	工资福利	停工留薪期内		原工资福利待遇	用人单位按月支付
	护理费	停工留薪期间生活不能自理需要护理，且单位未派人护理的		参照当地护工从事同等级别护理的劳务报酬标准	用人单位据实支付

表 6-2　医疗终结确定伤残等级后工伤保险待遇计发标准

工伤待遇项目		享受条件	评残等级	待遇计发标准		
				基数	标准	方式
医疗终结确定伤残等级后	伤残津贴	保留劳动关系，退出工作岗位或本人要求退出工作岗位、终止劳动关系，办理伤残退休手续	一级	本人工资	90%	工伤基金按月支付
			二级		85%	
			三级		80%	
			四级		75%	
		保留与用人单位的劳动关系，用人单位难以安排工作的	五级		70%	用人单位按月支付
			六级		60%	

[①] 表6-1、表6-2、表6-3的内容参见《"社保服务进万家"知识连载——工伤保险待遇有哪些?》，载广州市人力资源和社会保障局官方网站，https://rsj.gz.gov.cn/zzzq/shbz/sbfw/gzdt/content/post_9288283.html，最后访问时间：2025年4月9日。

续表

工伤待遇项目		享受条件	评残等级	待遇计发标准		
				基数	标准	方式
医疗终结确定伤残等级后	生活护理费	经劳动能力鉴定委员会确认需要生活护理的	护理一级	全省上年度职工月平均工资	60%	工伤基金按月支付
			护理二级		50%	
			护理三级		40%	
			护理四级		30%	
	一次性伤残补助金	保留劳动关系，退出工作岗位或本人要求退出工作岗位、终止劳动关系，办理伤残退休手续	一级	本人工资	27个月	工伤基金一次性支付
			二级		25个月	
			三级		23个月	
			四级		21个月	
		因工致残，并达到相应伤残等级	五级		18个月	
			六级		16个月	
			七级		13个月	
			八级		11个月	
			九级		9个月	
			十级		7个月	
	一次性工伤医疗补助金	本人提出与用人单位解除或者终止劳动关系的	五级	本人工资	10个月	工伤基金一次性支付
			六级		8个月	
		劳动、聘用合同终止或者依法与用人单位解除劳动关系的（除享受基本养老保险待遇或者死亡情形之外）	七级		6个月	
			八级		4个月	
			九级		2个月	
			十级		1个月	

续表

工伤待遇项目		享受条件	评残等级	待遇计发标准		
				基数	标准	方式
医疗终结确定伤残等级后	一次性伤残就业补助金	本人提出与用人单位解除或者终止劳动关系的	五级	本人工资	50个月	用人单位一次性支付
			六级		40个月	
		劳动、聘用合同终止或者依法与用人单位解除劳动关系的（除享受基本养老保险待遇或者死亡情形之外）	七级		25个月	
			八级		15个月	
			九级		8个月	
			十级		4个月	

表6-3 因工死亡工伤保险待遇计发标准

工伤待遇项目		享受条件	待遇领取人员类别	待遇计发标准		
				基数	标准	方式
因工死亡	丧葬补助	职工因工死亡	近亲属	全省上年度职工月平均工资	6个月	工伤基金一次性支付
	供养亲属抚恤金	由因工死亡职工生前提供主要生活来源，无劳动能力的亲属	配偶	本人工资	40%	工伤基金按月支付
			其他亲属		30%	
			孤寡老人或者孤儿		+10%	
	一次性工亡补助金	职工因工死亡	近亲属	上年度全国城镇居民人均可支配收入	20倍	工伤基金一次性支付

法律依据

《工伤保险条例》

第三十条 职工因工作遭受事故伤害或者患职业病进行治疗，享受工伤医疗待遇。

职工治疗工伤应当在签订服务协议的医疗机构就医,情况紧急时可以先到就近的医疗机构急救。

治疗工伤所需费用符合工伤保险诊疗项目目录、工伤保险药品目录、工伤保险住院服务标准的,从工伤保险基金支付。工伤保险诊疗项目目录、工伤保险药品目录、工伤保险住院服务标准,由国务院社会保险行政部门会同国务院卫生行政部门、食品药品监督管理部门等部门规定。

职工住院治疗工伤的伙食补助费,以及经医疗机构出具证明,报经办机构同意,工伤职工到统筹地区以外就医所需的交通、食宿费用从工伤保险基金支付,基金支付的具体标准由统筹地区人民政府规定。

工伤职工治疗非工伤引发的疾病,不享受工伤医疗待遇,按照基本医疗保险办法处理。

工伤职工到签订服务协议的医疗机构进行工伤康复的费用,符合规定的,从工伤保险基金支付。

第三十二条 工伤职工因日常生活或者就业需要,经劳动能力鉴定委员会确认,可以安装假肢、矫形器、假眼、假牙和配置轮椅等辅助器具,所需费用按照国家规定的标准从工伤保险基金支付。

第三十三条 职工因工作遭受事故伤害或者患职业病需要暂停工作接受工伤医疗的,在停工留薪期内,原工资福利待遇不变,由所在单位按月支付。

停工留薪期一般不超过12个月。伤情严重或者情况特殊,经设区的市级劳动能力鉴定委员会确认,可以适当延长,但延长不得超过12个月。工伤职工评定伤残等级后,停发原待遇,按照本章的有关规定享受伤残待遇。工伤职工在停工留薪期满后仍需治疗的,继续享受工伤医疗待遇。

生活不能自理的工伤职工在停工留薪期需要护理的,由所在单位负责。

第三十四条 工伤职工已经评定伤残等级并经劳动能力鉴定委员会确认需要生活护理的,从工伤保险基金按月支付生活护理费。

生活护理费按照生活完全不能自理、生活大部分不能自理或者生活部分不能自理3个不同等级支付,其标准分别为统筹地区上年度职工月平均工资的50%、40%或者30%。

第三十五条 职工因工致残被鉴定为一级至四级伤残的,保留劳动关系，退出工作岗位，享受以下待遇：

（一）从工伤保险基金按伤残等级支付一次性伤残补助金，标准为：一级伤残为 27 个月的本人工资，二级伤残为 25 个月的本人工资，三级伤残为 23 个月的本人工资，四级伤残为 21 个月的本人工资；

（二）从工伤保险基金按月支付伤残津贴，标准为：一级伤残为本人工资的 90%，二级伤残为本人工资的 85%，三级伤残为本人工资的 80%，四级伤残为本人工资的 75%。伤残津贴实际金额低于当地最低工资标准的，由工伤保险基金补足差额；

（三）工伤职工达到退休年龄并办理退休手续后，停发伤残津贴，按照国家有关规定享受基本养老保险待遇。基本养老保险待遇低于伤残津贴的，由工伤保险基金补足差额。

职工因工致残被鉴定为一级至四级伤残的，由用人单位和职工个人以伤残津贴为基数，缴纳基本医疗保险费。

第三十六条 职工因工致残被鉴定为五级、六级伤残的，享受以下待遇：

（一）从工伤保险基金按伤残等级支付一次性伤残补助金，标准为：五级伤残为 18 个月的本人工资，六级伤残为 16 个月的本人工资；

（二）保留与用人单位的劳动关系，由用人单位安排适当工作。难以安排工作的，由用人单位按月发给伤残津贴，标准为：五级伤残为本人工资的 70%，六级伤残为本人工资的 60%，并由用人单位按照规定为其缴纳应缴纳的各项社会保险费。伤残津贴实际金额低于当地最低工资标准的，由用人单位补足差额。

经工伤职工本人提出，该职工可以与用人单位解除或者终止劳动关系，由工伤保险基金支付一次性工伤医疗补助金，由用人单位支付一次性伤残就业补助金。一次性工伤医疗补助金和一次性伤残就业补助金的具体标准由省、自治区、直辖市人民政府规定。

第三十七条 职工因工致残被鉴定为七级至十级伤残的，享受以下待遇：

（一）从工伤保险基金按伤残等级支付一次性伤残补助金，标准为：七级伤残为 13 个月的本人工资，八级伤残为 11 个月的本人工资，九级伤残为 9 个月的本人工资，十级伤残为 7 个月的本人工资；

（二）劳动、聘用合同期满终止，或者职工本人提出解除劳动、聘用合同的，由工伤保险基金支付一次性工伤医疗补助金，由用人单位支付一次性伤残就业补助金。一次性工伤医疗补助金和一次性伤残就业补助金的具体标准由省、自治区、直辖市人民政府规定。

第三十九条　职工因工死亡，其近亲属按照下列规定从工伤保险基金领取丧葬补助金、供养亲属抚恤金和一次性工亡补助金：

（一）丧葬补助金为6个月的统筹地区上年度职工月平均工资；

（二）供养亲属抚恤金按照职工本人工资的一定比例发给由因工死亡职工生前提供主要生活来源、无劳动能力的亲属。标准为：配偶每月40%，其他亲属每人每月30%，孤寡老人或者孤儿每人每月在上述标准的基础上增加10%。核定的各供养亲属的抚恤金之和不应高于因工死亡职工生前的工资。供养亲属的具体范围由国务院社会保险行政部门规定；

（三）一次性工亡补助金标准为上一年度全国城镇居民人均可支配收入的20倍。

伤残职工在停工留薪期内因工伤导致死亡的，其近亲属享受本条第一款规定的待遇。

一级至四级伤残职工在停工留薪期满后死亡的，其近亲属可以享受本条第一款第（一）项、第（二）项规定的待遇。

第四十条　伤残津贴、供养亲属抚恤金、生活护理费由统筹地区社会保险行政部门根据职工平均工资和生活费用变化等情况适时调整。调整办法由省、自治区、直辖市人民政府规定。

第二节　劳动仲裁程序

一、劳动仲裁申请时效

风险提示

我国处理劳动争议的方式包括协商、调解、仲裁、诉讼。其中，诉讼须以劳动争议仲裁为前提。设定仲裁程序前置，目的在于尽量由专业的劳动争议仲裁委员会解决劳动争议，仲裁程序中有不当之处，诉讼中应当予以纠正。

根据《劳动争议调解仲裁法》第二十七条的规定，劳动争议申请仲裁的时效期间为一年，此为一般仲裁时效。劳动关系存续期间因拖欠劳动报酬发生争议的，劳动者申请仲裁不受一年仲裁时效期间的限制；但劳动关系终止的，应当自终止之日起一年内提出仲裁申请，此为特殊仲裁时效。如果仲裁时效期间届满，当事人将丧失胜诉权。因此，申请人应当在仲裁时效内提出仲裁申请；相应地，被申请人一方，可以且应当及时以仲裁时效届满作为抗辩理由。

《最高人民法院关于审理劳动争议案件适用法律问题的解释（二）》第二十条进一步明确了当事人提出时效抗辩的关键时间点：

1. 当事人在劳动争议仲裁阶段未提出仲裁时效抗辩，且是因自身原因所致，后在一审或二审诉讼期间才提出的，法院不予支持。

2. 当事人基于新发现的证据能够证明对方请求权确已超过仲裁时效期间的，法院应予支持。

3. 若当事人未按前述规定在仲裁或诉讼阶段提出时效抗辩，再以时效届满为由申请再审或提出再审抗辩的，法院不予支持。

由此可见，被申请人欲以时效届满进行抗辩，原则上必须在仲裁阶段及时、明确地提出。错过仲裁阶段再提出，将面临法院不予支持的风险，除非有新的关键证据证明时效确已届满。

法律依据

《中华人民共和国劳动争议调解仲裁法》

第二十七条 劳动争议申请仲裁的时效期间为一年。仲裁时效期间从当事人知道或者应当知道其权利被侵害之日起计算。

前款规定的仲裁时效，因当事人一方向对方当事人主张权利，或者向有关部门请求权利救济，或者对方当事人同意履行义务而中断。从中断时起，仲裁时效期间重新计算。

因不可抗力或者有其他正当理由，当事人不能在本条第一款规定的仲裁时效期间申请仲裁的，仲裁时效中止。从中止时效的原因消除之日起，仲裁时效期间继续计算。

劳动关系存续期间因拖欠劳动报酬发生争议的，劳动者申请仲裁不受本条第一款规定的仲裁时效期间的限制；但是，劳动关系终止的，应当自劳动关系终止之日起一年内提出。

《最高人民法院关于审理劳动争议案件适用法律问题的解释（二）》

第二十条 当事人在仲裁期间因自身原因未提出仲裁时效抗辩，在一审或者二审诉讼期间提出仲裁时效抗辩的，人民法院不予支持。当事人基于新的证据能够证明对方当事人请求权的仲裁时效期间届满的，人民法院应予支持。

当事人未按照前款规定提出仲裁时效抗辩，以仲裁时效期间届满为由申请再审或者提出再审抗辩的，人民法院不予支持。

二、劳动仲裁管辖权的确定

风险提示

劳动仲裁申请应当向有管辖权的劳动争议仲裁委员会提出，根据《劳动争议调解仲裁法》与《劳动人事争议仲裁办案规则》，仲裁管辖权的确认原则如下：

1. 劳动争议由劳动合同履行地或者用人单位所在地的劳动争议仲裁委员会管辖。

2. 双方当事人分别向劳动合同履行地和用人单位所在地的劳动争议仲裁委员会申请仲裁的，由劳动合同履行地的劳动争议仲裁委员会管辖。

3. 有多个劳动合同履行地的，由最先受理的仲裁委员会管辖。

4. 劳动合同履行地不明确的，由用人单位所在地的仲裁委员会管辖。

法律依据

《中华人民共和国劳动争议调解仲裁法》

第二十一条 劳动争议仲裁委员会负责管辖本区域内发生的劳动争议。

劳动争议由劳动合同履行地或者用人单位所在地的劳动争议仲裁委员会管辖。双方当事人分别向劳动合同履行地和用人单位所在地的劳动争议仲裁委员会申请仲裁的，由劳动合同履行地的劳动争议仲裁委员会管辖。

《劳动人事争议仲裁办案规则》

第八条　劳动合同履行地为劳动者实际工作场所地，用人单位所在地为用人单位注册、登记地或者主要办事机构所在地。用人单位未经注册、登记的，其出资人、开办单位或者主管部门所在地为用人单位所在地。

双方当事人分别向劳动合同履行地和用人单位所在地的仲裁委员会申请仲裁的，由劳动合同履行地的仲裁委员会管辖。有多个劳动合同履行地的，由最先受理的仲裁委员会管辖。劳动合同履行地不明确的，由用人单位所在地的仲裁委员会管辖。

案件受理后，劳动合同履行地或者用人单位所在地发生变化的，不改变争议仲裁的管辖。

三、申请人撤回劳动仲裁申请的后果

风险提示

申请人提出劳动仲裁申请后撤回的，能否再次提起劳动仲裁？这个问题取决于申请人的撤诉理由。

如果申请人是由于达成和解等原因主动申请撤回劳动仲裁请求，在仲裁裁决作出前可以撤回仲裁申请，撤回后可再次申请仲裁；但如果是因为无正当理由拒不到庭或者未经仲裁庭同意中途退庭，仲裁委按撤回仲裁申请处理，申请人就不能再次就原仲裁请求申请仲裁，即使提出申请，仲裁委员会也不予受理。因此，申请人及其代理人必须按时参与庭审，否则仲裁委员会按照撤回仲裁处理，且申请人无法再次就原仲裁请求申请仲裁。

法律依据

《中华人民共和国劳动争议调解仲裁法》

第三十六条　申请人收到书面通知，无正当理由拒不到庭或者未经仲裁庭同意中途退庭的，可以视为撤回仲裁申请。

被申请人收到书面通知，无正当理由拒不到庭或者未经仲裁庭同意中途退庭的，可以缺席裁决。

第四十一条　当事人申请劳动争议仲裁后，可以自行和解。达成和解协议的，可以撤回仲裁申请。

《劳动人事争议仲裁办案规则》

第三十五条　仲裁处理结果作出前，申请人可以自行撤回仲裁申请。申请人再次申请仲裁的，仲裁委员会应当受理。

第三十九条　申请人收到书面开庭通知，无正当理由拒不到庭或者未经仲裁庭同意中途退庭的，可以按撤回仲裁申请处理；申请人重新申请仲裁的，仲裁委员会不予受理。被申请人收到书面开庭通知，无正当理由拒不到庭或者未经仲裁庭同意中途退庭的，仲裁庭可以继续开庭审理，并缺席裁决。

《人力资源社会保障部、最高人民法院关于劳动人事争议仲裁与诉讼衔接有关问题的意见（一）》

四、申请人撤回仲裁申请后向人民法院起诉的，人民法院应当裁定不予受理；已经受理的，应当裁定驳回起诉。

申请人再次申请仲裁的，劳动人事争议仲裁委员会应当受理。

四、劳动仲裁先行裁决的适用

风险提示

当事人向劳动争议仲裁委员会申请仲裁，可以有一个或一个以上的仲裁请求。一般情况下，在同一个案件中，仲裁委员会在时限内对全部仲裁请求作出仲裁裁决。但实务中，争议案件所涉及的事实会出现容易查明、难以查明两种情形，对于已查明事实的部分，为及时维护当事人的合法权益，提高仲裁效率，仲裁庭可以依法就该部分作出先行裁决，但案件并未到此结束，其他仲裁请求仍需在相关事实查明后，通过后续裁决解决。

法律依据

《中华人民共和国劳动争议调解仲裁法》

第四十三条 仲裁庭裁决劳动争议案件,应当自劳动争议仲裁委员会受理仲裁申请之日起四十五日内结束。案情复杂需要延期的,经劳动争议仲裁委员会主任批准,可以延期并书面通知当事人,但是延长期限不得超过十五日。逾期未作出仲裁裁决的,当事人可以就该劳动争议事项向人民法院提起诉讼。

仲裁庭裁决劳动争议案件时,其中一部分事实已经清楚,可以就该部分先行裁决。

《劳动人事争议仲裁办案规则》

第四十九条 仲裁庭裁决案件时,其中一部分事实已经清楚的,可以就该部分先行裁决。当事人对先行裁决不服的,可以按照调解仲裁法有关规定处理。

五、劳动仲裁终局裁决的确定

风险提示

按照相关法律法规,追索劳动报酬、工伤医疗费、经济补偿或者赔偿金,不超过当地月最低工资标准十二个月金额的争议;因执行国家的劳动标准在工作时间、休息休假、社会保险等方面发生的争议。这两种劳动争议,仲裁裁决为终局裁决,裁决书自作出之日发生法律效力。

此处的"终局"是对用人单位而言的,仲裁裁决是否真正"终局",决定权由劳动者掌握,劳动者对终局裁决不服的,可以自收到仲裁裁决书之日起15日内向人民法院提起诉讼,而用人单位则不具有因不服仲裁裁决而向人民法院起诉的权利。如果用人单位不服终局裁决,只能向法院申请撤销裁决。如果当事人仲裁裁决被人民法院裁定撤销,可以自收到裁定书之日起15日内就该劳动争议事项向人民法院提起诉讼。

法律依据

《中华人民共和国劳动争议调解仲裁法》

第四十七条 下列劳动争议,除本法另有规定的外,仲裁裁决为终局裁决，裁决书自作出之日起发生法律效力：

（一）追索劳动报酬、工伤医疗费、经济补偿或者赔偿金，不超过当地月最低工资标准十二个月金额的争议；

（二）因执行国家的劳动标准在工作时间、休息休假、社会保险等方面发生的争议。

第四十八条　劳动者对本法第四十七条规定的仲裁裁决不服的，可以自收到仲裁裁决书之日起十五日内向人民法院提起诉讼。

第四十九条　用人单位有证据证明本法第四十七条规定的仲裁裁决有下列情形之一，可以自收到仲裁裁决书之日起三十日内向劳动争议仲裁委员会所在地的中级人民法院申请撤销裁决：

（一）适用法律、法规确有错误的；

（二）劳动争议仲裁委员会无管辖权的；

（三）违反法定程序的；

（四）裁决所根据的证据是伪造的；

（五）对方当事人隐瞒了足以影响公正裁决的证据的；

（六）仲裁员在仲裁该案时有索贿受贿、徇私舞弊、枉法裁决行为的。

人民法院经组成合议庭审查核实裁决有前款规定情形之一的，应当裁定撤销。

仲裁裁决被人民法院裁定撤销的，当事人可以自收到裁定书之日起十五日内就该劳动争议事项向人民法院提起诉讼。

《最高人民法院关于审理劳动争议案件适用法律问题的解释（一）》

第十六条　劳动争议仲裁机构作出仲裁裁决后，当事人对裁决中的部分事项不服，依法提起诉讼的，劳动争议仲裁裁决不发生法律效力。

第十九条　仲裁裁决书未载明该裁决为终局裁决或者非终局裁决，劳动者依据调解仲裁法第四十七条第一项规定，追索劳动报酬、工伤医疗费、经济补偿或者赔偿金，如果仲裁裁决涉及数项，每项确定的数额均不超过当地月最低工资标准十二个月金额的，应当按照终局裁决处理。

第二十一条　劳动者依据调解仲裁法第四十八条规定向基层人民法院提起诉讼，用人单位依据调解仲裁法第四十九条规定向劳动争议仲裁机构所在地的中级人民法院申请撤销仲裁裁决的，中级人民法院应当不予受理；已经受理的，应当裁定驳回申请。

被人民法院驳回起诉或者劳动者撤诉的，用人单位可以自收到裁定书之日起三十日内，向劳动争议仲裁机构所在地的中级人民法院申请撤销仲裁裁决。

第二十二条　用人单位依据调解仲裁法第四十九条规定向中级人民法院申请撤销仲裁裁决，中级人民法院作出的驳回申请或者撤销仲裁裁决的裁定为终审裁定。

第二十三条　中级人民法院审理用人单位申请撤销终局裁决的案件，应当组成合议庭开庭审理。经过阅卷、调查和询问当事人，对没有新的事实、证据或者理由，合议庭认为不需要开庭审理的，可以不开庭审理。

中级人民法院可以组织双方当事人调解。达成调解协议的，可以制作调解书。一方当事人逾期不履行调解协议的，另一方可以申请人民法院强制执行。

第二十五条　劳动争议仲裁机构作出终局裁决，劳动者向人民法院申请执行，用人单位向劳动争议仲裁机构所在地的中级人民法院申请撤销的，人民法院应当裁定中止执行。

用人单位撤回撤销终局裁决申请或者其申请被驳回的，人民法院应当裁定恢复执行。仲裁裁决被撤销的，人民法院应当裁定终结执行。

用人单位向人民法院申请撤销仲裁裁决被驳回后，又在执行程序中以相同理由提出不予执行抗辩的，人民法院不予支持。

第三节　诉讼程序

一、提起诉讼的时效

风险提示

除终局裁决的情形[1]，当事人不服劳动争议仲裁裁决的，可以自收到仲裁裁决书之日起 15 日内向人民法院提起诉讼；期满不起诉的，裁决书发生

---

[1] 详见本书第六章第二节第五部分。

法律效力。因此，当事人对于不服仲裁裁决的，应当及时在 15 日内向人民法院提起诉讼。另外，当事人在提起诉讼后又撤回起诉的，原仲裁裁决发生法律效力，当事人不得再申请仲裁亦不得又提起诉讼。

法律依据

《中华人民共和国劳动争议调解仲裁法》

第四十八条 劳动者对本法第四十七条规定的仲裁裁决不服的，可以自收到仲裁裁决书之日起十五日内向人民法院提起诉讼。

第四十九条 用人单位有证据证明本法第四十七条规定的仲裁裁决有下列情形之一，可以自收到仲裁裁决书之日起三十日内向劳动争议仲裁委员会所在地的中级人民法院申请撤销裁决：

（一）适用法律、法规确有错误的；

（二）劳动争议仲裁委员会无管辖权的；

（三）违反法定程序的；

（四）裁决所根据的证据是伪造的；

（五）对方当事人隐瞒了足以影响公正裁决的证据的；

（六）仲裁员在仲裁该案时有索贿受贿、徇私舞弊、枉法裁决行为的。

人民法院经组成合议庭审查核实裁决有前款规定情形之一的，应当裁定撤销。

仲裁裁决被人民法院裁定撤销的，当事人可以自收到裁定书之日起十五日内就该劳动争议事项向人民法院提起诉讼。

第五十条 当事人对本法第四十七条规定以外的其他劳动争议案件的仲裁裁决不服的，可以自收到仲裁裁决书之日起十五日内向人民法院提起诉讼；期满不起诉的，裁决书发生法律效力。

《最高人民法院关于人民法院对经劳动争议仲裁裁决的纠纷准予撤诉或驳回起诉后劳动争议仲裁裁决从何时起生效的解释》

第一条 当事人不服劳动争议仲裁裁决向人民法院起诉后又申请撤诉，经人民法院审查准予撤诉的，原仲裁裁决自人民法院裁定送达当事人之日起发生法律效力。

第二条 当事人因超过起诉期间而被人民法院裁定驳回起诉的，原仲裁裁决自起诉期间届满之次日起恢复法律效力。

二、诉讼管辖权的确定与争夺

风险提示

根据《最高人民法院关于审理劳动争议案件适用法律问题的解释（一）》第三条及第四条的规定，劳动争议案件由用人单位所在地或者劳动合同履行地的基层人民法院管辖，后受理的人民法院应当将案件移送给先受理的人民法院。

据此，双方当事人可能就同一劳动争议仲裁裁决分别向两处人民法院起诉，例如，若用人单位所在地为新疆，而劳动合同履行地及劳动者本人均在广州，用人单位先行争夺取得诉讼由新疆当地法院管辖，对劳动者而言，参与庭审的经济成本和时间成本将增加不少。因此，当事人在收到仲裁裁决后，应尽快向对己方更为方便的法院提起诉讼，争夺诉讼管辖权。

法律依据

《最高人民法院关于审理劳动争议案件适用法律问题的解释（一）》

第三条 劳动争议案件由用人单位所在地或者劳动合同履行地的基层人民法院管辖。

劳动合同履行地不明确的，由用人单位所在地的基层人民法院管辖。

法律另有规定的，依照其规定。

第四条 劳动者与用人单位均不服劳动争议仲裁机构的同一裁决，向同一人民法院起诉的，人民法院应当并案审理，双方当事人互为原告和被告，对双方的诉讼请求，人民法院应当一并作出裁决。在诉讼过程中，一方当事人撤诉的，人民法院应当根据另一方当事人的诉讼请求继续审理。双方当事人就同一仲裁裁决分别向有管辖权的人民法院起诉的，后受理的人民法院应当将案件移送给先受理的人民法院。

三、诉讼请求超出仲裁请求范围的处理

风险提示

根据劳动争议仲裁程序前置的规定，法院受理的劳动争议案件应当经过劳动仲裁，一般来说，诉讼请求的范围不应超过仲裁请求的范围。但是，如果当事人增加诉讼请求，法院审查增加的诉讼请求与仲裁的事项是基于同一法律关系或事实而产生，相互间有依附性，就可一并审理，如劳动者基于支付劳动报酬的法律关系，请求用人单位给付拖欠的工资。劳动报酬的范围很广，包括工人工资、加班费、奖金等报酬。劳动者提出支付拖欠工资的请求后，又增加请求支付加班费，加班费与工资是基于同一法律关系而提出，因此对两个请求的审理具有不可分性，这两个请求就可以合并审理。但如果劳动者申请仲裁时请求给付拖欠工资，诉讼中增加请求用人单位办理养老保险。增加的请求与原诉讼请求是基于不同的法律关系提出，亦是基于不同的事实而提出，二者属于不同的劳动争议，各自独立。这种情形，不应合并审理，并告知当事人就增加的诉讼请求向劳动争议仲裁机构申请仲裁。[①]

法律依据

《最高人民法院关于审理劳动争议案件适用法律问题的解释（一）》

第十四条 人民法院受理劳动争议案件后，当事人增加诉讼请求的，如该诉讼请求与讼争的劳动争议具有不可分性，应当合并审理；如属独立的劳动争议，应当告知当事人向劳动争议仲裁机构申请仲裁。

[①] 参见最高人民法院民事审判第一庭编著：《最高人民法院新劳动争议司法解释（一）理解与适用》，人民法院出版社 2021 年版，第 194 页。

图书在版编目（CIP）数据

劳动用工全流程法律风险防控指引 / 张扬，莫碧琪著. -- 北京：中国法治出版社，2025.8. -- ISBN 978-7-5216-5469-1

Ⅰ. D922.504

中国国家版本馆 CIP 数据核字第 2025AV4555 号

责任编辑：王佩琳（wangpeilin@zgfzs.com） 封面设计：李 宁

劳动用工全流程法律风险防控指引
LAODONG YONGGONG QUANLIUCHENG FALÜ FENGXIAN FANGKONG ZHIYIN

著者/张扬，莫碧琪
经销/新华书店
印刷/三河市紫恒印装有限公司
开本/710 毫米×1000 毫米　16 开　　　　　　　印张/ 26.5　字数/ 336 千
版次/2025 年 8 月第 1 版　　　　　　　　　　　2025 年 8 月第 1 次印刷

中国法治出版社出版
书号 ISBN 978-7-5216-5469-1　　　　　　　　　　定价：98.00 元

北京市西城区西便门西里甲 16 号西便门办公区
邮政编码：100053　　　　　　　　　　　　　　传真：010-63141600
网址：http://www.zgfzs.com　　　　　　　　　　编辑部电话：010-63141801
市场营销部电话：010-63141612　　　　　　　　印务部电话：010-63141606

（如有印装质量问题，请与本社印务部联系。）